Raising a Secure Child

〈애착중심 자녀양육〉
안정감 있는 아이
어떻게 키울까요?

Kent Hoffman · Glen Cooper · Bert Powell 공저
양명희 · 유중근 공역

학지사

역자의 말

-1-

　역자이기 전에 한 명의 독자로서 '모든 사람은 연결과 자율을 갈망하고 있으며, 그 균형 잡기의 성공 여부에 따라 행복의 크기도 달라진다.'는 사실을 그 이유와 방법에 이르기까지 이렇게 잘 풀어서 알려준 저자들에게 진심으로 감사드립니다. 이 책은 어린 자녀를 양육하고 있거나 이제 자녀양육을 계획하고 있는 젊은 부모들만을 위한 것이 아닙니다. 저처럼 손주를 맞이할 나이가 된 사람에게도, 자신의 자녀가 없는 사람에게도 그들이 맺고 있는 모든 '관계'를 재조명하고 그 관계들을 더욱 풍성하게 해 줄 수 있는 가장 기초적인 원리를 알려주는 참으로 유익한 책입니다. 저는 이 책을 읽고 번역하는 동안 여러 차례 반복해서 제 자신을 성찰할 수 있는 자리로 되돌아갈 수 있었습니다. 책과 함께하는 동안, 엄마로서 그리고 관계를 떠나 살 수 없는 한 인간으로서 제가 맺고 있는 모든 관계에 대하여 숙고할 수 있었습니다. 그 결과, 저의 관계들, 특히 저의 자녀들과의 관계가 더 선명하게 보이기 시작했고 그 아이들에게 좀 더 편안하게 반응하게 되었음을 고백합니다. 이 책을 읽는 모든 독자도 그런 시간이 주어지기를 소망합니다.

　번역하면서 저자들의 의도를 최대한 그대로 전달하고자 의역을 하지 않으려고 노력했고 문장부호까지 그대로 전하려고 했습니다. 그러한 번역 과정으로 인하여, 독자에 따라서는 쉽게 읽히지 않는 부분들이 있을 수 있을 것 같습니다. 그러나 한 문장 한 문장을 천천히 뜻을 생각하며 읽는다면, 여러분을 더 깊은 깨달음으로 인도해 줄 것입니다. 쉽게 술술 읽히는 짧은 책이 아니므로 조금은 긴 여행을 떠나는 마음으로 읽어 주기를 부탁드립니다. 이 책과 여행하는 독자들은 여행하는 동안 생각지 못한 광경 때문에 놀라기도 하고, 때로는 묻혀 있던 아픈 기억들이 떠올라 가슴이 먹먹해지거나 눈물 흘리기도 하고, 앞으로 계속 펼쳐질 광경들을 설렘으로 기대하기도 할 것입니다. 그리고 여행을 마칠 때는 삶을 바라보는 새롭고 더 나은 관점을 얻게 될 것입니다.

저에게 '애착'을 가르쳐 주신 유중근 박사님과 함께 이 책을 번역할 수 있어서 기쁘고 감사했습니다. 함께해 주서서 큰 힘이 되었습니다. 또한 긴 시간 동안 조용히 기다려 주고 격려해 준 가족이 있어서 번역이라는 작업을 포기하지 않고 마칠 수 있었습니다. 늘 고맙습니다. 그리고 제가 더 성장해야 할 영역이 어디인지 분명하게 드러내 준 저의 사랑하는 아들과 딸들에게 마음 깊은 곳에서부터 우러나오는 미안함과 고마움을 전합니다. 애착의 중요성을 아시고 기꺼이 이 책을 출판하도록 허락하신 학지사 김진환 사장님께 깊은 감사를 드리며, 편집의 수고를 묵묵히 감당해 주서서 읽기 편한 책으로 만들어 주신 편집위원들께도 감사드립니다. 이 책을 읽는 모든 분의 가정에서 관계의 긍정적 변화가 생겨나기를 간절히 기도합니다. 이 책을 선택하고 읽어 주서서 고맙습니다!

"예수께서 그 어린아이들을 불러 가까이 하시고 이르시되
어린아이들이 내게 오는 것을 용납하고 금하지 말라.
하나님의 나라가 이런 자의 것이니라." (누가복음 18장 16절)

– 우물가배움터 대표 양명희

-2-

  자녀를 잘 양육하고 싶은 부모의 마음은 예나 지금이나 별반 차이가 없습니다. 얼굴이 항상 어둡고 기죽어 있거나 별것 아닌 일에 쉽게 짜증을 내는 아이보다는 자기 생활을 즐거워하면서 밝고 행복한 아이로 자라나는 것을 모든 부모는 바랄 것입니다. 하지만 자녀양육이라는 것이 모든 상황에서 답을 내주는 특정한 공식이 있는 것이 아니다 보니 부모들은 난감한 상황을 마주할 때마다 혼란스러워합니다.

  이 책은 부모-자녀 사이에서 나도 모르게 벌어지는 무의식적 역동관계가 부모들의 난감한 물음표와 어떻게 관련되어 있는지 상세히 다루고 있어 자녀양육에 어려움을 느끼는 부모들에게 단비와 같이 느껴질 것입니다. 특히 부모-자녀 관계를 과학적 연구 결과에 기초하여 설명하고 있어서 바람직한 양육의 방향을 읽을 수 있습니다.

  특히 이 책은 동양과 서양을 막론하고 다양한 문화권에서 동일한 결과를 보여 준 애착이론의 연구 결과에 근거하고 있어서 안심하고 내 자녀의 양육에도 적용할 수 있습니다. 애착 이론은 국내에서도 많이 알려져 자녀양육 분야에서 자주 등장하는 주제입니다. 하지만 애착 연구에서 제시하는 결과들을 부모가 어떻게 적용할 수 있는지 구체적으로 제시한 책은 찾아보기 어렵습니다. 저자들은 학자들의 연구에만 집중되어 부모들이 읽을 만한 애착 이론에 기초한 양육 참고서가 별로 없다는 점이 이 책을 저술하게 된 강한 동기로 작용했다고 말하고 있습니다. 역자 역시 애착 이론의 전문가로 활동하면서 저자들과 동일한 마음으로 부모들을 위한 책을 저술한 경험이 있다 보니 이 책을 번역하는 내내 반가움과 함께 널리 알리고 싶은 마음이 컸습니다. 애착에 관심을 가져주시고 이 책을 함께 번역하자고 요청해 주신 양명희 박사님께 감사드리며, 부디 이 책을 읽는 모든 독자의 가정에서 자녀와 부모가 함께 웃으며 행복한 나날을 보내기를 희망합니다.

- 한국애착심리 대표 유중근

추천하는 말

여러분이 자녀의 발달을 최적화하는 데 필요한 애착을 형성하기 위해 실제적이고 현명하며, 과학에 기반하고 있으면서도 쉽게 적용할 수 있는 가이드를 찾고 계시다면 제대로 찾아오신 겁니다! 저자 켄트 호프만Kent Hoffman과 글렌 쿠퍼Glen Cooper, 버트 포웰Bert Powell은 매우 재능 있고 경험이 풍부한 임상 전문가들입니다. 그들의 안정감 서클(Circle of Security) 프로그램은 부모가 자녀를 잘 양육하는 데 도움이 되는 실제적이고 효과적인 방법이라는 것이 여러 연구에서 입증되고 있습니다.

저는 수년 전에 인간관계 전문가인 이 세 분을 처음 만났을 때 그분들의 감수성과 친절함과 인간성에 즉각적으로 깊은 인상을 받았습니다. 그분들은 안정감 서클을 개발해 가면서, 기초를 튼튼히 확립하기 위해 지속적으로 자신들의 창의적인 작업을 애착─즉, 아이들이 양육자와 어떻게 연결되어 있는가─에 대한 과학적 연구의 기반 위에 세워 왔습니다. 그분들은 더 나아가 자신들의 프로그램을 위해서뿐만 아니라 프로그램을 배웠던 전 세계의 사람들을 위해서 자기들의 모델이 효과적인지 검증하였습니다. 신경과학의 최신 발견을 기반으로 하는 이 접근 방식은 여러분에게 자녀양육 방법에 대한 가장 새롭고 훌륭한 정보를 제공할 수 있습니다.

애착은 포유류인 우리 인간이 성숙을 향해 성장해 가면서 애정 어린 돌봄을 받으려고 어떻게 양육자를 의지하는지를 주목하게 합니다. 우리가 선택한 소수의 애착 인물들은 생애 초기부터 우리와 의사소통하는 방식으로 자연스럽게 우리의 성장을 이끌어 갑니다. 애착 연구에 따르면 '안정'애착을 발달시킨 행운의 아이들은 잘 배려하고, 사려 깊고, 성찰적이며, 정서적으로나 사회적으로 유능하고, 회복력 있는 사람들로 잘 성장할 가능성이 가장 높은 것으로 나타났습니다.

만약 여러분이 자녀의 미래를 위해 찾고 있는 것이 그런 안정애착이라면, 양육을 위한 안정감 서클 접근법은 자녀가 긍정적으로 삶을 보게 하는 내면의 특성이 자라나도록 최적화하는 방법을 보여 줄 것입니다. 그러나 여러분은 그렇게 자연스러운 것에 관한 책을 왜 읽어야 하는지 의아할 수 있습니다. 왜 모든 사람이 안정애착을 갖지 못하는 걸까요?

연구는 많은 요인이 자녀를 양육하는 방법에 영향을 미치는데, 아이들 곁에 있으면서 아이들의 마음을 알아주면서 달래 주고, 안전하게 보호하면서 안정감을 주는 것이 행복한 자녀로 가는 관문이 된다고 말합니다. 그러나 그 길에는 많은 것이 놓여 있을 수 있습니다. 그중 하나는 우리 자신의 어린 시절 경험입니다. 하지만 연구는 확실하고 명확하게 말합니다. 아이들이 우리와 어떤 애착관계를 형성할지를 예측하는 데 결정적인 요소는 어린 시절에 우리에게 일어난 일 자체가 아니라, 그 어린 시절 경험이 우리에게 어떻게 영향을 미쳤는지를 감지하는 방식이라는 것입니다.

10,000명이 넘는 사람들을 대상으로 한 심도 깊은 연구들이 보여 주는 것은 우리가 그리 좋지 않았던 과거 일들을 어떻게 되새기며 살아왔는지, 그리고 그 경험들이 우리의 성장에 어떤 영향을 끼쳤으며 현재의 양육에는 어떤 영향을 미치고 있는지를 이해할 수 있는 것이 가장 중요하다는 사실입니다[연구 결과에 대한 요약을 보기 원한다면 저의 책 『마음의 발달(The Developing Mind)』(2012)을 읽어 보세요]. 그리고 우리 부모님과 우리를 돌보았던 다른 분들과의 애착관계가 안정적이었다고 하더라도, 누구든 자녀를 돌보는 방법에 대한 깨달음이 깊어지면 자녀양육에 그만큼 유익하게 됩니다. 배움과 성장에 대한 여지는 늘 있는 법입니다! 좋은 소식은 여러분의 인생을 이해하고 여러분이 사랑하는 사람들과의 연결을 강화하는 방법을 배우는 데 너무 늦은 때란 없다는 것입니다.

지금 자녀와의 관계를 성찰하는 방법을 배운다면, 여러분이 자녀와 소통하는 방법에서 저자들이 제시한 바대로 매우 보람 있는 방식으로 아이와 함께-있어 주기의 방법을 창조해 낼 수 있음을 더욱 분명히 보게 될 것입니다. 예를 들어, 여러분은 이 훌륭한 책을 여행하는 과정에서, '상어음악'(우리의 어린 시절 애착의 메아리에 대해 쉽게 연상할 수 있도록 저자들이 붙여 준 이름)이 무의식적인 기억의 형태에서 어떻게 행동으로 발현되는지 이해하는 기회가 주어질 것입니다. 우리 모두는 우리가 느끼지 못할 수도 있는 과거로부터 오는 정서, 심상, 신체 감각, 그리고 신념의 창고를 가지고 있는데, 이는 안정애착을 발달시키는 핵심적이고 학습 가능한 방법으로 자녀와 관계하려는 우리의 능력을 직접적으로 제한할 수 있습니다. 우리는 대개 상어음악이 자녀들과 연결하는 방식을 방해한다는 사실조차 모릅니다. 이 책은 여러분이 그러한 경험들에 어떻게 접근할 수 있는지, 그리고 그런 경험들이 양육을 방해하는 것으로부터 여러분을 어떻게 자유케 할 수 있는지 보여 줄 것입니다.

관계는 결코 완벽하지 않습니다. 여러분에게 완벽주의가 있다면, 실제로 자신에게 너무 부담을 주게 되어 양육에 긴장을 만들 수 있습니다. 이 책은 여러분이 자신에게 좀 더 친절해져서 그 결과로 자녀에게도 수용적인 모델이 될 수 있는 방법에 대한 실제적인 제안들로 가득합니다. 애착 연구에서 볼 수 있는 좋은 소식은 우리가 서로 잘 맞는 관계에서 불가피하게 균열을 경험하더라도 의도를 잘 세워 관계를 복구할 수 있다는 것입니다. 이 책은 그러한 균열을 어떻게 식별하고 깨진 관계를 어떻게 복구할 수 있는지 적절한 사례와 주요 복구 과정에 대한 명확한 설명을 소개하며 보여 줍니다.

저는 이 지혜의 글을 읽으면서, 겸손하면서도 헌신적인 안내자 역할을 하는 저자들이 보여 준 훌륭한 감수성과 명료성, 그리고 뛰어난 탁월함에 거듭거듭 감명을 받았습니다. 이 책은 우리와 자녀들과 그리고 온 세상에게 주는 선물입니다. 이런 걸작을 만들어 주신 켄트Kent, 글렌Glen, 버트Bert, 그리고 그들의 동료인 크리스틴 벤톤Christine Benton(작가 및 편집자)에게 감사드립니다. 그리고 이 책을 읽고 자녀의 삶에 안정감을 가져올 통찰력과 용기와 사랑을 가져주시는 독자 여러분께 감사드립니다. 앞으로의 여정을 즐겨 보세요!

– 다니엘 시겔Daniel J. Siegel, MD
『마음의 발달(The Developing Mind)』『Brainstorm』『Mindsight』, 『Mind』의 저자;
『Parenting from the Inside Out』『아직도 내 아이를 모른다(The Whole-Brain Child)』
『아이의 인성을 꽃피우는 두뇌 코칭(No-Drama Discipline)』의 공동 저자

저자의 말

우리는 여러분이 부모들과 함께하는 우리 프로그램에서 길을 찾은 것에 대해 기쁘게 생각합니다. 이 책이 부모들과 전문가들에게 공유되기를 바랍니다. 우리는 글로 된 말이 훈련이나 슈퍼비전을 대체할 수 없다는 것을 알고 있습니다. 그리고 우리는 이 자료를 읽는 것이 어떤 형태로든 안정감 서클® 프로그램을 실행하도록 적절히 준비시켜 줄 것이라고 생각하지도 않고 그런 견해에 동의하지도 않습니다.

안정감 서클 프로토콜의 저작권이 유지되는 것은 매우 중요한 일입니다. 이를 위해 안정감 서클(Circle of Security)이라는 이름이 등록되었으며, 이 책에 포함된 그래픽은 저작권의 보호를 받습니다. 전문가적 목적을 위해 이 작업에 대한 자세한 내용이 필요하다면 우리의 책『건강한 부모−자녀 관계를 만드는 부모교육서: 안정성의 순환 개입(The Circle of Security Intervention: Enhancing Attachment in Early Parent-Child Relationships)』을 참조하십시오. 홍보 자료나 연구를 위해 안정감 서클(Circle of Security) 또는 안정감 서클 양육(Circle of Security Parenting)이라는 이름을 사용할 수 있는 권한을 얻으려면 다음 웹사이트를 방문하십시오: www.circleofsecurity.com. 안정감 서클의 저작권을 보호하는 데 도움을 주서서 감사합니다.

이 책은 전 세계에서 우리의 교육을 이수한 많은 개인의 아낌없는 공헌 덕분에 더욱 풍성해졌습니다. 그들의 인용문은 책 전체에 흩어져 있고, 그들의 글은 본문에 실려 있습니다.

　이 책에 나오는 애착관계의 일화와 삽화는 우리가 개인적으로 그리고 직업상 알고 있는 가족들의 이야기를 기반으로 하고 있습니다. 이야기는 개인의 사생활을 보호하기 위해 철저하게 위장되었으며, 재구성되었고, 애착에서의 공통 주제를 대표하고 있습니다.

들어가며

부모(또는 예비 부모)로서 우리 모두는 자녀를 위해 최선을 다하기 원합니다. 우리는 최신 육아 이론이나 육아 간행물을 읽고, 최고의 소아과 의사와 교사를 찾고, 어떤 음식이 건강한 성장을 촉진하는지 알아보며, 다른 부모들이 저지르는 실수―또는 우리의 부모들이 해 버렸던 실수들―를 하지 않겠다고 맹세하기도 합니다.

그러나 밝혀진 바와 같이, 선의의 부모가 범할 수 있는 한 가지 큰 실수가 있습니다. 그것은 완벽한 부모가 되려고 노력하는 것입니다―적어도 실수를 하지 않으려고 노력하는 것에 초점을 맞추는 것이죠.

이 책에 깔려 있는 메시지는 우리는 이미 좋은 부모가 되는 데 필요한 것을 가지고 있다는 것입니다. 인간으로서, 우리는 아들과 딸에 대한 긍정적인 의도를 갖추고 있으며, 그들과 긴밀하고 지속적인 애착형성을 위해 필요한 고유한 생득적 행동 성향(drive)을 갖추고 있습니다. 우리는 아이들에게 인간이 된다는 것―혼란스러운 욕구와 불편한 정서들로 가득 차 있으며, 불운하고 흠이 있으며, 사랑스럽지만 불완전하여 끊임없이 배워야 하는 상태로 비틀거리는 것―이 무엇을 의미하는지 가르치기 위해 그런 타고난 자질을 사용할 수 있습니다. 우리 아이들은 안정애착을 통해 모두가 공유하는 힘든 내적 경험에서 안정감과 보살핌을 느낄 수 있습니다. 아이들은 삶의 피할 수 없는 고통을 달래기 위해 누군가를 의지할 수 있다는 신뢰를 가지고 크고 넓은 세상으로 나가서 자신이 누구인지-그리고 어떤 사람이 될 수 있는지-알아가는 데 필요한 자신감을 얻습니다.

지난 30년 동안, 우리 셋은 우리가 우리 자녀들에게 제공할 수 있는 가장 중요한 토대는 안정애착이라는 점을 점점 더 확신하게 되었습니다. 그것은 영양공급, 의료 및 교육만큼이나 중요합니다. 사실, 그것은 그 어떤 불가결한 것들보다 더 중요할 수 있습니다. 왜냐하면 초기 경험이 안정애착 중심으로 이루어진 아이는 생존하기 위해서뿐만 아니라 풍성하게 살아가기 위해 자기가 필요한 것이 무엇인지 알 수 있고, 그것을 요구하는 것을 편안하게 느낄 수 있으며, 자기가 찾는 도움을 얻을 것이라고 믿을 수 있기 때문입니다.

연구 증거에 따르면 적어도 한 명의 성인과 안정애착을 가진 아이는 학교생활을 더 잘하고, 더 나은 우정을 가지며, 더 나은 신체 건강을 누리고, 평생 더 친밀하고 만족스럽고 지속적인 관계를 유지합니다. 온갖 종류의 어려움을 겪는 사람들을 돕는 전문가로 일하면서 우리는 많은 어려움의 근원이 어린 시절 안정애착의 결핍에 있다는 것을 깨닫기 시작했습니다. 어린 시절에 충분히 자주 곁에 있어 주는 사람이 아무도 없으면, 성인이 되었을 때 만족스러운 친밀한 인간관계를 맺는 것이 어렵습니다. 그런 사람들은 자기-의심과 씨름했고 성취도가 낮거나 너무 과하기도 했습니다. 그들은 스트레스와 관련된 건강 문제를 겪거나 삶에 대해서 그리고 가까운 관계에서 만성적으로 불만을 느꼈습니다. 어린 시절에 여러분의 필요를 이해하고 관리하는 데 도움을 주었던 사람이 아무도 없으면, 여러분은 성공에 대한 갈망을 조절하는 것도, 자신이 무엇을 원하는지를 아는 것도, 선택할 수 있는 것들을 쉽게 탐색하는 것도 어렵습니다. 내담자들이 자기 자녀를 갖기 시작했을 때는 어떠했을까요? 여러분은 이미 짐작했을 것입니다. 그들은 부모로서 최선을 다하기 위해 애썼고 아기와 유대감을 형성하고 싶은 깊은 본능적 충동을 느꼈습니다. 그러나 그들은 단지 방법을 몰랐습니다. 아니면 책을 읽고 나서 방법(결국 모든 책을 읽었습니다)을 안다고 생각했지만, 자신의 어린 시절 문제가 사랑하는 아들이나 딸과의 관계에서 거울을 비추듯 똑같이 발생한 것입니다.

우리는 안정애착으로 가는 길을 제시하기 위해 이 책을 썼습니다. 30년 전에 우리는, 정신과 의사인 존 볼비John Bowlby와 심리학자 메리 에인스워스Mary Ainsworth가 1950년대에 시작하여 수십 년에 걸쳐 다듬은 획기적인 이론에 단순성과 접근성을 부여하고, 애착이 주는 유익을 각 가정 안으로 들여오기 위한 탐구를 시작했습니다. 부모와 자녀 사이의 안정감 있고 신뢰에 기반하는 정서적 유대가 건강한 발달을 이루는 열쇠라고 말하는 이 이론은 오랫동안 타당하고 중요하다고 찬사를 받아 왔지만, 아직 실제적이고 부모 친화적인 방식으로 적용되지는 않았습니다. 과학자들은 안정애착은 성장하는 아이들에게 그리고 그 아이들이 자라 어른이 되었을 때 그들에게 '심리적 면역' 그 이상을 제공한다며 환영했지만, 안정감의 유익과 필요성을 보여 주는 수천 개의 연구의 놀라운 결과들은 부모들이 접근할 수 없는 논문들 속에 숨겨져 갇혀 있었습니다. 우리는 이러한 통찰력을 최대한 활용할 수 있는 분들(부모들과 다른 양육자들)에게 그 지혜를 전달할 수 있겠다는 가능성에 사로잡혔습니다.

그것이 바로 우리가 안정감 서클이라고 부르는 프로그램의 시작이었습니다. 유치원생이나 그 이전 나이의 어린 자녀들과의 관계로 어려움을 겪고 있는 부모들을 위한 20주 집단 프로그램으로 만들어졌는데, 이후에 개인 상담이나 다른 곳ー전 세계에 걸쳐 학교, 사회 서비스 기관, 위탁 가정 등ー에서 다양한 용도로 사용되고 있습니다. 우리는 정말 힘든 수정작업을 거쳤고, 사실 지금도 이 심오하고 근본적인 관계의 깊이를 측량하고 조사하면서 매일 발전시키고 있습니다.

연구에서 안정감 서클 프로그램은 가장 힘든 상황ー빈곤, 투옥, 낮은 학력, 학대 이력 등ー에 처해 있는 부모들이 자녀와 안정애착을 형성하도록 하는 데 도움이 되는 것으로 입증되었습니다. 이런 성인들 대부분은 건강한 양육에 대한 모델이 전혀 없었습니다. 임상전문가와 과학자로서, 이러한 연구 결과는 우리에게 대단히 만족스러운 것이었습니다. 하지만 그런 결과와 비교할 수 없는 것들은 우리가 우리 자신들의 관계에서 얻게 된 것, 우리가 안정감 서클에서 훈련시킨 치료사들이 보고한 개인적인 통찰력들, 또는 매번 누군가에게 안정감 서클 이야기와 안내도(map)가 소개될 때마다 우리가 실제로 목격하게 되는 것들입니다. 애착에 대한 안정감 서클의 안내도는 우리 모두에게ー문화와 상관없이ー본능적 수준에서 서로 어떻게 관계를 맺는지 그리고 인간으로서 우리는 누구인지에 관하여 말해 주는 것 같습니다. 우리 세 명의 저자들에게 있어서 안정감 서클이라는 렌즈는 우리의 결혼과 자녀들과 동료에 대한 이해를 넓혀 주었고 심화시켜 주었습니다. 또한 위탁 양육, 친구 관계, 상담과 자원봉사 활동에 대해서도 이해를 넓혀 주었습니다. 또한 우리뿐만 아니라 다른 많은 사람에게 선하고 더욱 긍정적인 세상을 향한 믿음과 소망을 새롭게 해 주었습니다.

자녀와 유대감을 형성하는 가장 어려운 도전을 극복할 수 있었던 부모들은, 좋은 부모가 되기 위해 필요한 자질을 우리 모두가 가지고 있다는 우리의 확신을 거듭 확인시켜 주었습니다. 때로 우리는 되돌아갈 길을 찾기 위해 안내도가 필요합니다. 아마도 우리가 받았던 양육이 정서적인 유창함에 공백을 남겼을 것입니다. 아니면 우리의 기본적인 필요에 대해 우리를 도와줄 양육자에 대한 불가용성이 많은 경우 양육자의 잘못이 전혀 아니지만 우리를 신뢰가 부족한 사람이 되게 했을 것입니다. 아니면 정신 없이 살아가는 성인의 삶이 바로 지금 우리가 그렇게도 소원하는 자녀들과의 연결로부터 우리를 더욱더 멀어지게 했을지도 모릅니다. 이 책은 여러분이 계속해서 안정감 서클로 되돌아오도록─또는 계속 머물러 있을 수 있도록─도우려는 우리의 작은 시도입니다. 우리는 여러분이 끝까지 해낼 것이라고 믿습니다.

그리고 대부분의 시간 동안 그렇게 하게 될 것입니다. 연구에 따르면 부모들의 약 60%가 자녀들과 안정애착을 형성합니다. 안정감은 엄격하게 정확히 측정할 수가 없습니다. 그래서 때로는, 유대관계의 정도를 '대체로 안정적인' 또는 '어느 정도 안정적인'이라는 조건적 설명을 가지고 평가하게 됩니다. 안정감은 또한 배움으로도 얻을 수 있다는 것이 우리의 연구를 통해 밝혀졌습니다. 그리고 안정애착일지라도 언제나 훌륭한 것은 아니라는 사실을 아는 것이 중요합니다. 모든 것이 잘 돌아가고 있어도, 아이와 안정애착을 이룬 부모도 실수합니다. 그리고 그들이 자녀의 필요에 민감하게 반응하는 것은 단지 많은 시간에 그렇게 한다는 것이지 항상 그렇게 하는 것은 아니랍니다.

"충분히-괜찮은(good-enough) 양육"이 우리의 의무입니다.[1]

사랑하는 사람이 자기를 위해 거기 있어 주려고 노력하는 것을 믿을 수 있다는 것은 자녀가 남은 생애 동안 좋은 관계를 갖는 데 결정적으로 중요한 것입니다. 온 세상이 점점 더 인정하는 바와 같이, 관계란 바로 우리가 사는 곳입니다. 관계는 우리의 가족, 우리의 지역사회, 우리의 직업이라는 실들로 짜여진 섬유직물입니다. 요구 사항이 많고 완벽주의적인 상사가 여러분에게 있거나, 배우자가 여러분의 모든 필요를 다 알고 있을 거라고 기대해 왔다면, 여러분은 관계에서는 '완벽하다는 것'이 작용하지 않는다는 것을 알고 있을 것입니다. 관계에서 작용하는 것은 유연하고 반응적인 민감성(sensitivity)과 가용성(availability)[2]입니다. 관계에서 작용하는 것은 과실과 실수를 인정하고 실수를 만

---

1) 역주: 부모로서의 의무는 완벽한 양육을 해야 하는 것이 아니라는 의미입니다.
2) 역주: 필요할 때 사용할 수 있다는 의미입니다.

회하기 위해—그리고 실수로부터 배우기 위해—우리가 할 수 있는 것을 하는 것입니다.

가장 가까운 관계들의 극한 어려움 속에서, 우리는 가장 깊은 필요에 대해 다른 사람을 신뢰할 수 있을 뿐만 아니라 우리 중 가장 공감을 잘하는 사람도 실수하고 관계가 단절되기도 한다는 것, 그리고—흔히, 사실인데—이러한 일상의 균열은 복구될 수 있다는 것을 배웁니다. 우리가 실수 없는 '완벽한' 양육을 목표로 한다면, 우리는 자녀들에게 우리의 성취가 그들의 필요를 채우는 것보다 더 중요하다는 메시지를 보내는 것입니다. 또한 우리가 평생 동안 비현실적인 기대를 설정하는 것입니다. 완벽한 사람은 **없습니다**. 완벽을 기대하는 관계는 실패를 자초할 뿐입니다. 인간의 필요와 서로의 비슷한 점과 차이점을 알아가기 위해서 불가피한 갈등에 대한 이해를 잘 활용하는 두 개인의 관계는 성장과 만족을 위한 무한한 잠재력을 가지고 있습니다. 그런 우정과 직장 관계, 파트너십, 결혼 생활이 바로 우리 자녀들이 자라서 가지게 되기를 바라는 것 아닌가요?

모든 것은 우리에게서 시작됩니다. 낙심한 표정으로 학교에서 집으로 돌아오는 여섯 살 된 자녀를 상상해 보세요. 단지 아이에게 간식을 주고 기분이 나아지기를 바랄 건가요? (승진에서 떨어졌거나 친한 친구에게 거절당했는데 배우자가 쿠키를 주면서 도와주려 한다면 여러분 기분이 어떨까요?) 이 아이에게 힘을 돋워 주려면 간식 이상의 것이 필요하다는 것을 알기 위해 심리학자나 노련한 부모가 필요한 것은 아닙니다. 하지만 어제 가장 친했던 반 친구가 오늘은 다른 아이와 놀려고 하는 것이 어린 자녀에게는 얼마나 슬프고 혼란스러운 일인지 알아줄 필요가 있다는 것을 때때로 우리에게 생각나게 해 줄 사람이 필요합니다. 아이는 포옹이나 스킨십이 필요하고, 재정비를 위해 함께 조용한 시간을 갖는 것이 필요할 수도 있습니다. 아이는 자신이 어떻게 느끼는지 정확히 이해하는 데 여러분의 도움이 필요하고, 자신의 힘든 감정은 여러분과의 관계 안에서 자기에게 속한 것이라는 점에 대한 여러분의 확언을 필요로 합니다.

그렇게 반응하는 것의 모든 측면은 부모로서 매우 자연스럽게 나올지도 모릅니다. 하지만 그 반응이 아이에게 얼마나 심각하게 중요한지는 깨닫지 못할 수 있습니다. 여러분은 단지 그 순간에 아이를 기분 좋게 만들어서 밖에 나가 놀 수 있거나 숙제에 집중할 수 있게 하려고 한 것이 아닙니다(비록 그렇게 하고 있을지라도 말입니다). 아이가 "아파!"라고밖에는 표현할 수 없는 그때에 아이가 느끼는 것이 무엇인지 알려주고 있는 것입니다. 비록 아픔이 있지만 슬픔 같은 정서를 느끼는 것은 괜찮다고 아이에게 말하고 있는 것입니다—이러한 정서는 중요한 메시지를 전하고 있습니다. 고통은 다른 사람의 도움을 통해 극복될 수 있다고 아이에게 알려주는 것입니다. 아이가 자신이 누구인지—우정을 소중히 여기고 충성심을 높이 평가하는 사람—에 대해 배우도록 돕는 것입니다. 다시 말하면, 여러분은 아이가 성장하도록 돕고, 건강한 자아 발달을 촉진하고, 모든 관계에서 거친 물살을 항해하는 방법을 알아내도록 돕는 것입니다.

그러나 여러분이 이해심과 사랑으로 반응하지 않고 아들과 잠시의 시간도 보내지 않는다면 어떻게 될까요? 아이가 토라져서 집으로 돌아왔을 때 여러분은 가정의 재정 문제를 처리하느라 바빴다고 가정해 봅시다. 아이가 여러분에게 와서 소매를 잡아당기면서 컴퓨터에 집중하지 못하게 방해했습니다. 여러분은 화면에 시선을 고정하고 조급하게 말했습니다. "지금은 안 돼, 아들! 이걸 끝내야 해." 아들은 거실로 들어갔고, 30분이 지나서야 여러분은 소파에 웅크리고 조용히 코를 골고 있는 아이를 발견했습니다.

이제 훨씬 더 중요한 교훈이 될 수 있는 것을 전수해 줄 기회가 주어졌습니다. 여러분의 피곤함과 조바심(청구서와 세금은 결코 재미없습니다!)을 떨쳐버리고, 아이 옆으로 다가가 앉아서, 아이의 등을 부드럽게 쓰다듬으며 무엇이 문제인지 묻습니다. 아이가 속 얘기를 꺼내는 데는 약간의 노력이 필요합니다. 아이는 여러분의 사과와 약간 늦은 감이 있는 위로의 제안에 즉각적으로 반응하지 않겠지만, 이내 돌아옵니다. 이것은 훨씬 더 중대한 결과를 가져오는 해피엔딩이 됩니다. 여러분은 자녀에게 어른들은 실수하지만 노력한다는 것을 가르쳤습니다. 여러분은 아이에게 부모가 나를 위해 곁에 있다는 것을 여전히 믿을 수 있고 내가 부모님에 대해 가끔은 인내심을 가져야 할 수도 있다는 것을 가르쳤습니다. 여러분은 자녀의 남은 생을 위한 건강한 관계—갈등과 해결, 균열과 복구를 포함하는 관계—의 기초를 확립했습니다.

이 책의 사용법

이 책은 부모로서 타고난 여러분의 능력과 여러분 안에 깊이 내재되어 있는 긍정적인 의도를 존중하기 위해 쓰였습니다. 또한 여러분이 혼란스럽거나 가이드가 필요하다고 느끼기 시작할 때마다 지지와 균형을 제공해 주면서 매일 여러분 곁에서 명확하고 기억할 수 있으면서도 연구에 기반하고 있는 배움을 제공하도록 계획되었습니다. 이 책에서 우리가 해야 하는 말을 쉽고 단순하게 유지하려고 애쓴 이유는 양육에서는 중요한 순간에 "217쪽에서 뭐라고 했더라?"와 같이 물어야 하는 복잡함 대신에, "이 다음에 뭘 해야

할지 알겠어."와 같은 단순성이 필요하기 때문입니다. 이 책을 탐험해 가면서 부모의 특권을 가지고 계속 나아가는 동안 우리의 말이 지지적이고, 의미 있고, 쉽게 이해되는 동반자가 되기를 소망합니다.

우리는 이 책을 2부로 나누었습니다. 여러분 중 어떤 분들은 1부는 양육에 대한 새로운 시각을 얻는 데 필요한 전부라는 것을 알게 될 것입니다. 여기에서 우리는 애착이 왜 그렇게 중요한지—수십 년 동안의 연구가 무엇을 밝혀 냈는지—그리고 왜 안정감은 잘 잡히지 않지만 상대적으로 개선해 가는 것은 쉬운지 그 이유를 설명했습니다. 우리 모두는 때때로 아이들(그리고 사랑하는 다른 사람들)과의 친밀한 연결에서 벗어납니다. 삶은 우리를 다그칩니다. 위기가 발생합니다. 부득이하게 주의를 돌리게 됩니다. 이런 때가 바로 아이의 필요를 보지 못하고 서로 연결되었던 유대관계를 약화시킬 수 있는 때입니다. 그러나 마음속에 확고하게 자리 잡은 안정감 서클의 안내도(map)가 있으면, 가장 중요한 관계의 단순한 선함으로 돌아가는 길을 쉽게 찾을 수 있습니다.

안정감 서클은 성장하는 어린아이에게는 두 가지 종류의 필요가 있음을 보여 줍니다. 한쪽에는 위로와 안전에 대한 필요가 있고, 다른 한쪽에는 탐색에 대한 필요가 있습니다. 아이들은 하루 종일 이러한 필요들 사이를 계속해서 오가지만, 우리는 아이들이 무엇을 추구하는지 항상 이해하지는 못합니다. 우리가 보는 것은 그들의 행동이고, 그 행동이 다루기 어렵다면, 우리는 그것에 반응합니다. 이러한 필요를 눈치채지 못하게 하는 요인은 수십 가지이고, 안정감 서클 안내도는 아이들이 하는 모든 것에서 평범한 곳에 숨겨진 것들이 무엇인지 그리고 그들이 우리에게 필요로 하는 것이 무엇인지에 대해 우리의 눈을 뜨게 하기 위해 만들어졌습니다. 3장에서는 서클의 삽화를 보여 주고 이러한 근본적인 필요를 전 세계 부모들이 공감하고 기억에 남을 만한 방식으로 설명했습니다.

성취의 시대에, 불편함을 야기하는 것이 무엇이든 답을 찾아 빨리 고치려고 노력하는 것보다—우리 자신과 다른 사람들의—정서적 경험과 함께 앉아 있는 것은 훨씬 더 어렵습니다. 이것은 확실히 부모로서 우리에게 해당되는 것입니다. [구글(Google)에서 '헬리콥터 부모'를 검색하면, 2015년 말 기준으로, 거의 600만 개의 결과가 나타납니다]. 그러나 우리 자녀를 위한 안정애착을 만드는 핵심은 우리가 함께-있어 주기(Being-With)라고 부르는 것을 실천하는 데 있습니다. 이것은 단지 자녀가 좋아하는 비디오 게임에서 괴물을 무찌르거나 또는 난이도 높은 축구 동작을 보여 줄 때 만족스럽게 앉아서 '질적인 시간'을 보낸다며 몸만 같이 있는 것을 의미하는 것이 아닙니다. 이것은 여러분의 아이가 모든 인간은 공통적인 핵심 감정을 가지고 있음(동시에 모든 개인은 감정을 독특하게 경험한다는 것)을 배움으로써 공유된 정서적 경험을 만든다는 것을 의미합니다. 자녀와 함께-있어 주기에서의 강조점은 여러분을 도와서 흔히 평범한 곳에 숨겨져 있는 필요를 보는 것을 우선하도록 하는 것입니다. 여러분의 자녀와 함께-있어 주기는 아이가 여러분과 함께 정서를 조절하고 힘든 정서를 관리하는 법을 배우면서 동시에 공감력을 키우고 정서적 능력에 대한 자신감을 발달시키도록 돕습니다. 함께-있어 주기는 4장의 주제입니다.

우리가 여러분은 좋은 부모가 되기 위해 필요한 것을 이미 가지고 있다고 말했을 때, 그것은 여러분에게 부정적 충돌에 대한 본능적 면역력이 있다거나 아무 노력을 하지 않아도 여러분이 가지고 있는 것이 잘 작동된다는 것을 의미한 것이 아니었습니다. 여러분의 부모님이나 다른 양육자가 여러분을 어떻게 양육했는가가 여러분의 애착유형에 영향을 미치는 것과 마찬가지로 여러분이 자녀를 어떻게 양육하느냐가 그들의 애착유형에 영향을 미칠 것입니다. 이것은 우리 모두에게 해당되는 것이며, 각 개인은 특정한 애착유형의 정서적 필요에 대한 약간의 불안정성을 보일 수 있습니다. 이런 영향을 매번 인식하지는 못할 것입니다. 왜냐하면 그러한 영향은 여러분이 말을 배우기 전에 형성된 기억 속에 저장되기 때문입니다. 하지만 놀랍게도, 여러분의 아기는 그러한 영향을 감지하도록 신경적으로 연결되어 있어서, 여러분이 불편해하는 것으로부터 여러분을 보호하기 위해 아무 필요가 없는 것처럼 가장하는 것으로 행동할 것입니다. 이런 것들은 여러분이 고군분투하게 될 영역일 것이고, 이러한 경향성은 다음 세대로 전달됩니다. 5장과 6장은 자녀와 손자들을 동일한 측면에서 양육의 어려움을 겪는 것으로부터 보호하는 것을 다룹니다. 무엇이 여러분의 끈들을 당기고 있는지 알게 되면, 여러분은 자녀를 위해 적극적으로 안정감을 선택할 수 있습니다.

안정감 서클을 소개받은 많은 사람은 부모와 자녀 사이의 유대감에 대한 새로운 이해가 안정감을 선택하는 데 필요한 핵심이라는 것을 알게 되었습니다. 그들은 스트레스를 받거나 혼란스러운 상황이 되면 단순히 안정감 서클의 마음속 안내도를 꺼냅니다 (아니면 냉장고에 붙여 놓은 안내도를 봅니다). 그러나 우리 중 일부는 그 과정이 좀 더 어렵다고 생각합니다 (그리고 우리 모두는 특정 시간, 특정 상황에서는 어려울 것입니다). 우리는 안정감이 완벽하게 제공된 것은 아니었던 배경에서 자랐다는 것을 알고 있습니다. 그래서 우리에게는 무엇이 방해가 되는지에 대해 더 탐구해 가는 것이 중요해졌습니다―그리고 진실로, 무엇이 방해가 되는지 아는 것은 모두에게 엄청난 깨달음을 줄 수 있습니다.

2부에서는 과거의 양육배경에서 세팅된 무의식적인 경보음(alarm)을 탐험하고 싶은 호기심과 의지를 키우는 일에 대해 집중합니다. 거기에서 자기 탐구를 위한 설문지를 찾을 수 있고 다양한 상황에서 애착이 어떻게 나타나는지에 대한 추가 설명을 찾을 수 있습니다. 유아기부터 청소년기에 이르기까지 애착의 중요성을 실천하는 많은 부모와 자녀들을 여러분에게 소개합니다. 여러분은 우리 모두가 어떻게 고군분투하는지, 어떻게 실수하는지, 어떻게 그 실수를 복구하여 자녀들이 잘 성장하도록 돕는 것이 가능한지를 보게 될 것입니다.

클럽에 오신 것을 환영합니다.

차례

1부

서클 주변의 모든 것:
애착과 안정감의 중요성 이해하기

1장 **애착 – 왜 중요한가요**   29

2부

서클을 만들고 유지하기:
더 크고, 더 강하고, 더 지혜롭고, 자상한
– 그리고 충분히 괜찮은 부모가 되는 방법

서클 주변의 모든 것

애착과 안정감의 중요성 이해하기

하나와 하나가 둘을 만들기 때문에,
여러분은 둘을 이해한다고 생각합니다.

그러나 둘의 특성을 정말로 이해하기 위해서는
여러분은 먼저 … 하나를 이해해야 합니다.

— 루미|Jalaluddin Riumi, 13세기의 시인이자 학자

애착

왜 중요한가요

부모와 자녀 사이에 뭔가 특별한 일은 가장 평범한 일상의 순간에 일어납니다:

대니^{Danny}는 다른 아이들이 놀고 있는 모래상자로 기어오르기 전에 엄마의 안
심시켜주는 미소를 기다립니다.

한 살 된 엠마^{Emma}는, 아빠가 전화기를 가볍게 두드리면서 자기는 거의 쳐다
봐 주지 않는 것 같은 상황일지라도, 아빠가 자기를 무릎 위에 올려주는 즉
시 차분해집니다.

제이크^{Jake}는 엄마가 자기한테 장난감 드럼을 그만 두드리라고 말하다가, "와
우, 너 대단한 리듬감을 지녔구나!"라고 감탄할 때, 장난감 드럼을 함부로
마구 두드리던 것을 멈춥니다.

이런 순간들은 너무 평범해서 눈에 띄지도 않고 쉽게 잊혀집니다. 하지만 그런 순간
들이 모이면 아이들에게는 아주 의미 있는 것이 됩니다. 자녀가 위로와 확신을 필요로
할 때마다 적절히 반응해 주는 것은 자녀와 깊은 신뢰의 유대를 쌓고 있는 것입니다. 여
러분이 자녀가 어떻게 느끼는지, 무엇을 원하는지 이해하고 있다는 것을 자녀에게 보여

줄 때마다, 여러분은 우리 모두가 태어날 때부터 추구하고 있는 원초적 연결의 힘을 보여 주고 있는 것입니다. 여러분의 갓난아기나 돌쟁이가 한 명의 인간이 되어 가는 데 있어서, 전혀 새로운 존재가 되는 것에 대한 불편함과 좌절을 다루도록 도와줄 때마다, 여러분은 자녀에게 자신과 다른 사람들의 정서(추한 정서까지도)를 수용하는 방법을 가르치고 있는 것입니다.

이것이 애착이 주는 선물입니다. 부모나 주 양육자가 아이에게 다음과 같이 해 줄 때 안정애착이 자연스럽게 형성됩니다:

- 아이가 놀랐거나 불편할 때 안전하다고 느끼도록 도와주기
- 성장과 발달에 필수적인, 세상을 탐험하는 것을 충분히 안정적으로 느끼도록 도와주기
- 아이가 자기의 정서적 경험을 받아들이고 다루도록 도와주기

부모와 자녀는 모두 원래부터 애착에 관한 것이 내장되어 있습니다. 여러분은 자녀가 출생하기 전부터 자녀와 유대를 맺기 시작합니다. 그리고 갓 출생한 여러분의 아이도 여러분과 아주 가까워지기 위한 강력한 본능을 기적과 같이 드러냅니다. 아기가 신체적으로 생존하는 데 필요한 음식과 따뜻함과 보호를 제공할 수 있는 다른 어른들이 많이 있을지라도, 아기는 단지 아무 어른에게나 그렇게 하지는 않을 것입니다. 수십 년간의 연구에 따르면, 아기들이 부모의 얼굴에 정확히 초점을 맞출 수 없으면서도 즉각적으로 부모의 얼굴과 사랑에 빠지는 이유는 아기들이 부모의 사랑과 헌신을 감지할 수 있기 때문이라고 합니다. 아기들은 자기를 위해 여기 있어 줄 사람이 바로 이 사람임을 직관으로 아는 것입니다. 자기에게 이 혼란스러운 신세계를 이해시켜 주고 그 안에서 선한 것을 찾을 수 있도록 도와줄 사람을 아는 것입니다.

부모로서 우리의 공통점은 우리 모두가 자녀들을 위한 선한 것들(사랑과 관용, 이해와 용납, 의미와 성취)을 원한다는 것입니다. 그리고 아이들은 우리로부터 그런 선한 것을 원하고 또 필요로 하면서 세상 속으로 온다는 것입니다. 우리의 가장 중요한 멘토 중 한 명인 발달심리학자 캐시디Jude Cassidy와 사회심리학자 쉐이버Phillip Shaver는 최근에 애착 안정감을 '선함의 가능성에 대한 자신감'이라고 정의했습니다. 우리의 관점에서 보면,

이것이 바로 정확한 논쟁점입니다. 우리는 자녀를 위해 가장 필요한 그것, 대단한 그것, 자녀를 충족시켜 주는 그것을 원합니다. 그런데 그 정확한 요구를 가진 우리의 자녀들은 독특하고 기적적이며 신선하기까지 하고, 때로는 까다로운 방식으로 우리에게 옵니다. "제발, 엄마아빠의 선함과 저의 선함과 우리의 선함을 믿을 수 있게 도와주세요!" 물론, 이것이 우리가 여기에서 제의하려는 것입니다.

'그리고'의 결정적 중요성

우리 모두는 삶을 다른 사람들과 분리된 채로 시작하기보다는 서로 더 통합된 채로 시작합니다. 그것이 단지 출생 전에 몸을 함께 나누었다는 사실이 엄마와 아기의 유대를 만들어 내고, 그 후에 그 유대를 지속하도록 한다는 것을 뜻하는 것은 아닙니다. 아기들은 또한 아빠에게도, 조부모에게도, 또는 "나는 널 위해 여기 있는 거야."라고 말하는 눈빛을 지닌 어느 누구에게라도 애착을 보이며, 오랜 시간 동안 그 약속을 잘 지킵니다. 아주 어린 아기들은 이런 헌신을 알아보고, 그들 생애의 첫 며칠 동안 친절로 반응하는 것 같습니다. 그 애들은 우리를 눈으로 따라오고, 우리가 일을 마치고 돌아올 때 흥분하며 팔을 펄럭거리며, 그들을 향한 우리의 미소에 대해 그들의 첫 미소를 우리에게 보내며 반응합니다—그 첫 미소는 적잖은 부모들이 절대로 잊지 못하는 선물입니다. 안정감 서클이라는 프로그램에서 우리는 부모들에게 자신들이 자녀들에게 얼마나 중요한 존재인지를 알려주기 위해서, 부모와 자녀 사이의 애착의 순간을 담은 비디오 클립을 보여주면서 코커Joe Cocker의 'You Are So Beautiful(당신은 참으로 아름다워요)'이라는 노래를 들려주곤 합니다.

소아과 의사이며 정신분석가인 위니컷Dornald Winnicott은 "여러분이 아기에 대해 말하려고 할 때, 여러분은 아기 그리고 어떤 한 사람을 묘사하고 있는 자신을 보게 될 것입니다."라고 말했습니다. 그가 주목시키려는 것은 우리가 우리의 갓난아이들에게 얼마나 중요한 존재인가 하는 것입니다. 아기 기노Gino나 아기 사샤Sasha, 아기 히로토Hiroto는 각자의 팔다리와 얼굴을 가지고 있지만, 정말로 아직은 온전한 하나의 인간인 개인으로 존재하지는 않습니다. 우리는 아기들을 그들의 마음 깊은 곳에서는 자기들이 무엇을 느끼고 무엇을 필요로 하는지 그리고 자기들이 누구인지 알고 있지만, 아직 그것을 언어로 표현할 수는 없는, 완전하게 만들어진 작은 창조물로 보는 경향이 있습니다. 그런데 실제로는, 갓 태어난 아기들은 그런 것들을 알 수 없고, 어려운 무언가가 수없이 많이 자기들에게 일어나기 시작한다는 것 외에는 무엇을 느끼는지에 대한 명확함이 없습니다(그들은 무언가가 필요합니다)—미발달된 갈망이 자라기 시작하는 것입니다. 엄마나 아빠가 곤궁에 처한 아기의 눈을 쳐다보고 "오, 저런, 저런" 하며 정답게 소곤거리며 아기가 필요한 것이 무엇인지 기적같이 알아내 줄 때—심지어 필요한 그것을 제공해 주기까지 할 때!—부모는 아기에게 "난 여기 너와 함께 있단다. 우린 서로 같은 감정을 나누면서 이것을 함께 알아갈 거야."라고 말해 주고 있는 것입니다. 이런 교환이 또다시 반복되면, 아기는 인간의 정서란 자연스럽고, 받아들여질 수 있으며, 서로 나눌 수 있는 것임을 배우게 된답니다. 아기는 이 특별한 어른은 자기를 위해 이런 것들을 다룰 수 있고 자기가 점점 스스로 이런 것들을 다룰 수 있도록 도와줄 수 있다는 것을 알게 됩니다—'정서의 상호조절'이라고 부르는 과정입니다. 아기는 자기와 부모가 많은 부분에서 공통점이 있지만, 각자는 또한 독특하다는 것을 배워 갑니다. 아기는 관계—'그리고'—란 자기를 형성하는 데 결정적이라는 것을 배우는 것이지요.

20세기 중반까지, 자기—다른 인간들과 분리된 존재—는 발달심리학의 중심이었습니다. 서구 사회에서, 이런 강조는 우리의 전 생애 동안 어떻게 행동해야 하는가에 대한 많은 의견과 기대들을 알려주었습니다. 우리는 가능한 한 빨리 스스로를 돌볼 것이 기대되었으며, 사회정책은—최소한 미국에서는—흔히 공동체의 필요보다는 개인의 권리를 편들었습니다. 그런데 우리는 안정감 서클 프로그램을 가지고 일하면서 반대의 관점을 갖게 되었습니다: '그리고'가 중요하다는 것입니다. 우리는 이렇게까지 말하게 되었습니다: 자기충족(self-sufficiency)은 신화입니다. 출생에서 노년에 이르기까지, 자율성을 가지고 행할 수 있는 능력은 연결을 할 수 있는 능력과 직접적 관련이 있습니다. 이런 말이 어린아이를 기르고 있는 부모에게 무엇을 의미할까요? 만약 우리 아이가 세상에 나가 독립적이기 원한다면, 우리는 그 아이들이 필요할 때 우리에게 돌아올 수 있는 자신감을 충분히 주어야 합니다. 자율 그리고 연결: 그것이 안정애착입니다.

그것은 다음과 같이 보일 수 있습니다:

레이Lei는 세 살입니다. 그 애는 활기 넘치고, 잘 놀고, 호기심이 많습니다. 레이와 아

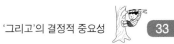

빠는 흔히 하던 대로, 집에서 두 블록 떨어진 공원으로 산책을 갔습니다. 정글짐에 이르렀을 때, 레이는 뒤돌아서 잠깐(1/1000초 정도의 시간만큼) 아빠를 보고는, 자기가 이름 붙인 에베레스트 산으로 돌진합니다. 이 장면을 무심결에 보고 있는 사람은 그 짧은 순간에 레이가 정확하게 이 새로운 모험을 감행하기에 충분히 괜찮은지 알아보기 위해 자기에게 필요한 지지와 허락―아빠는 나를 대충 보고 있는 것일까? 아빠의 눈에 뭔가 다른 것이 있을까?―을 얻으려고 아빠의 승인을 확인했다는 것을 알아채지 못할 것입니다.

14초 뒤에 레이는 이미 정글짐 꼭대기에 올라가서 온몸에 흐르는 자긍심을 가지고 아빠를 뒤돌아보며 자신의 성취감을 외치고 있습니다: "나는 큰~ 언니야!"

아빠가 맞받아 대답합니다. "맞아, 레이야, 넌 이제 다 큰~ 언니야. 맞아. 다 컸네." (아빠가 딸이 떨어지지는 않을까 걱정되어서 주변을 서성거리면서도 레이에게 간섭하지 않으려고 많이 애써야 했다는 사실을 레이는 모릅니다. 이 정글짐에서의 지난 경험들에 기초해 볼 때 아빠는 정글짐 가까이에서 보호해야 할 필요를 느꼈지만, 이제 딸이 정글짐에서 자신만의 방법을 찾기 위한 열정과 균형감과 힘이 있다는 것을 알게 되었습니다.)

20초 정도가 더 지나가고, 레이는 정글짐에서 내려옵니다. 그 애는 여전히 신이 나 있고, 점점 커지는 자기능력을 즐기고 있지만, 아빠에게 다시 달려가서 함박웃음으로 매우 흡족해하는 자기의 성취를 보여 줍니다. 레이는 아주 기뻐합니다. 아빠도 몹시 기뻐합니다. 레이가 아빠의 눈을 볼 때 두 사람의 눈길이 짧게 만납니다. 그리곤, 레이는 미끄럼틀로 달려갑니다. 또 다른 흥분되는 기쁨을 위한 준비가 된 셈이니까요.

다시, 그것이 안정애착입니다. 이 짧은 순간에 레이의 아빠는, 레이가 자기의 세상을 탐험하는 조금은 무서운 과업을 하려고 할 때, 딸이 경험하는 동안 계속 바뀌는 아이의 필요에 대해 적절히 반응하면서 레이와 함께 거기에 있었습니다. 의미 있는 것은 레이 또한 아빠가 반응해 줄 거라는 것을 알았다는 것입니다. 아빠가 이전에도 수없이 자주 그렇게 해 주었기 때문입니다. 바로 그것이 이런 일련의 장면이 자동적이고 한결같아 보이는 이유입니다. 레이가 자기의 기본적인 심리적 필요에 대해 표현하고 그것에 대해 아빠가 응답하는 것이 그들 관계의 기초적 구조가 된 것입니다.

애착: 영구한 유산

레이와 아빠는 이렇게 상호작용하는 것에 대해 의식적으로 생각했어야 할 필요가 없었을지 모르지만, 그들의 안정애착의 혜택은 우리 모두에게 그런 것처럼, 지속되는 힘이 있었습니다. 아주 친밀해서 '하나'로부터 거의 구별할 수 없는 '둘'을 만드는 그 처음의 관계는 나비가 오래오래 행복하게 살기 위해 몸을 비틀어 번데기를 벗고 날아가 버리는 것과 같은 방법으로 떨쳐버리는 어떤 것이 아닙니다. 그것은 우리가 우리의 모든 관계와 모든 일과 모든 의사소통 속으로 가지고 가는 어떤 것입니다. 그리고 그것이 안정애착이라면, 그것은 바로 '오래오래 행복하게 사는 것'으로 이끌어 줄 것입니다.

50년의 연구가 보여 주는 안정애착 아동은:

- 부모와 더 많은 행복을 누립니다.
- 부모에게 분노를 덜 느낍니다.
- 친구와 더 잘 어울립니다.
- 더 강한 우정을 갖습니다.
- 친구들과 함께 문제를 해결할 수 있습니다.
- 형제자매와 더 좋은 관계를 갖습니다.
- 더 높은 자아존중감을 갖습니다.
- 대부분의 문제는 답이 있다는 것을 압니다.
- 좋은 것들이 생길 거라고 믿습니다.
- 사랑하는 사람들을 신뢰합니다.
- 주위 사람들에게 어떻게 친절하게 대하는지 압니다.

수십 년의 연구는 주 양육자와 안정애착을 갖는 것은 실제로 다음과 같은 면에서 좀 더 건강하고 행복한 것을 아이들에게 남겨 준다는 것을 보여 줍니다─능력과 자기확신, 공감과 자비, 인내와 회복탄력성에서 … 정서를 조율하고, 지적인 역량을 깨우고, 육체적 건강을 유지하는 능력에서 … 인생의 과업을 수행하고 삶을 완수하는 데서 말입니다.

아마도 가장 중요한 것인데, 아기의 첫 관계에서의 안정애착은 그 아이가 살아있는 내내 좋은 관계를 위한 기초를 깔아 줍니다. 이제 우리는 의심 없이, 관계란 삶의 모든 영역의 만족과 성공을 위한 엔진과 골격 같은 것임을 압니다. 연구들은 사회적 관계가 정신과 신체의 건강을 증진하고 죽음의 위험률까지도 낮춘다는 것을 보여 줍니다: 많은 나라에서 실시한 연구 분석이 반복해서 보여 주는 것은 더 많은 사람과 사회적 관계를 지닐수록 너무 일찍 죽을 가능성이 줄어든다는 것입니다─사실, 가장 고립되어 있는 사람은 가장 사회적인 사람에 비하면 두 배로 일찍 죽을 가능성이 있습니다. 서구 사회의 여러 책들과 TED 강연에서 취약성의 가치가 관심을 끌어가는 것을 볼 때, '그리고'의 중요성을 이해하는 쪽으로 옮겨가는 것 같습니다. 우리의 관계들은 단지 '가외의 것'이 아님을 인지하기 시작한 것이지요. 흔히 동료들과 가장 잘 어울리는 사람들이 가장 먼저 승진을 합니다—그것은 그들이 똑똑한 동맹관계를 맺었기 때문만은 아닙니다. 그들은 흔히 가장 생산적이랍니다. 비록 우리가 강박적으로 자녀들 주변을 맴돌고 다니며 떠나지 못하는 것이 도움이 안 된다는 것을 안다고 할지라도, 우리가 오늘날 인정해야 하는 것은 일관되게 아기들을 달래 주는 것은 아이들 주변을 떠나지 못하고 맴도는 것도 아니며, 그렇게 하는 것이 아이들의 평생을 망쳐버리게 되는 것도 아니라는 것입니다. 우리가 만드는 관계들이 우리를 지탱해 줍니다—심지어 우리를 정의합니다—왜냐하면 우리가 형성하는 모든 '그리고'의 속에서, 우리는 우리가 홀로인 것 보다는 더 많은 뭔가가 되어가기 때문입니다.

> "저는 제 자신에게 '내 아들은 언제나 자원이 넘치고, 회복력이 있으며, 자신감이 있었다.'고 안심시켰습니다. 이틀 뒤에, 그 애는 … 자기의 성공에 대한 기쁨이 충만한 채 저에게 전화했습니다. 저는 그 애가 듣기 원했던 말이 정확히 무엇인지 알기에, '너의 모험에 행운을 빌게.'라고 말했습니다. 저는 그 애가 수년 동안의 안정된 애착 경험에서 얻은 자원들과 사랑과 애착의 도구들을 가지고 있다는 것을 알기에, 그를 멀리 보낼 수 있었습니다. 그가 더 멀리 더 멀리 탐험할 수 있었던 것은 그의 안정된 애착 때문이었습니다."
>
> — 로이벌Heidi S. Roibal, 뉴멕시코 엘버커키,
> 그녀의 23세 된 아들이 홀로 전국 일주 여행을 떠난 뒤에

애착: 정말로 중요합니다

직관적으로, 여러분은 '그리고'의 중요성에 대해 이미 알고 있습니다. 다른 사람들에 대한 안정감과 신뢰는 관계를 변형시킬 수 있습니다—여러분의 부끄러운 비밀을 털어놓을 때 우정이 깊어지고, 위험을 무릅쓰고 청혼할 때 친밀한 관계가 굳혀지며, 마땅히 받을 만한 승진을 요구할 때 동료 간의 협력관계와 상호존중이 만들어집니다. 다른 사람들을 포함시키지 않고 이루어 내는 큰 성취 같은 것들—최고의 그림을 그리는 것, 직장에서 엄청난 혁신을 제안하는 것, 멋진 연설문을 쓰는 것—도 흔히 안정감에 의해 가능할 수 있습니다. 우리가 일반적으로 다른 사람에 대한 개방성과 수용성을 신뢰할 때,

창의성과 적격성과 위험을 무릅쓴 현명한 선택능력과 선명한 사고력은 우리에게 더욱 쓸모 있게 된답니다. 왜냐하면 우리의 제안이 안전한 환경에서 이해받고 환영받을 것이라고 기대하게 되니까요. 그리고 그들이 그렇게 이해하고 환영할 때 우리는 성공합니다. 그러면 애착의 중요성은 다른 사람들과 기쁨을 나누는 충만감으로 더욱 강화됩니다.

안정애착은 가상의 곰인형과 같습니다. 여러분이 저와 함께 우리의 선함에 대한 신뢰와 확신이 있다면, 매일의 삶에서 중요한 변화와 변동이 있을 때 그 신뢰를 기억할 것입니다. 사실, 우리 어른들은 일반적으로 우리의 관계가 어떻게 되어 가는지에 따라 삶이 어떻게 되어 갈지 측정할 수 있습니다. 만약 관계들이 잘 되어 간다면, 삶은 잘 되어 갑니다. 사랑이 제자리에 있을 때, 우리는 잘 합니다.

안정애착은 '누군가가 당신의 등을 가지고 있다.'[1]는 것을 아는 것이고,
누군가가 당신의 등을 가지고 있다는 것을 아는 것은 새로운 가능성의 세계를 열어 줍니다.

만약 여러분이 안정애착의 유익한 효과들을 경험했다면, 애착의 완전한 부재는 치명적일 수 있다는 것에 놀라지 않을 것입니다. 13세기까지 거슬러 가면, 로마 황제 프레드릭Frederick 2세는 갓난아기들이 자기 주변 어른들의 언어에 노출되지 않는다면, 아담과 하와의 언어로 말할 수 있게 되는지 알아보려는 실험을 수행하기로 했습니다. 그래서 유모들에게 한 집단의 아기들에게 말이나 몸짓을 사용하지 말라고 지시했는데, 그 아기들은 모두 몹시 쇠약해졌습니다. 700년 뒤, 1930년대와 1940년대에 고아원 아이들의 30%가 죽었던 놀라운 사망률은 그 사건을 연상하게 합니다. 생명유지를 위해 명백히 불가결한 의식주가 제공되었어도, 수많은 아이가 주 양육자에 의한 애착 없이는 생존할 수 없었던 것입니다.

이런 증거가 있는데, 어떻게 애착이 그 가치를 평가받는 데는 이렇게 오래 걸린 걸까요? 새로운 이론을 채택한다는 것은 이미 자기 입장을 군혀 확고히 자리 잡은 다른 이론들을 대체한다는 것을 의미하기에, 흔히 그렇듯이 이런 일들은 시간이 오래 걸립니다. 20세기 초 아동 발달에 관한 생각에는 두 개의 유력한 학파가 있었는데, 프로이트Sigmund

---

1) 이런 통찰에 대해 캐시디Jude Cassidy에게 감사합니다. (역주: 누군가가 내 등을 가지고 있다는 것은 내 등 뒤에서 받쳐주고 밀어주는 사람이 있다는 뜻입니다.)

Freud와 그의 동료들을 중심으로 한 정신분석 이론들과 왓슨^{John B. Watson}과 스키너^{B. F.}
^{Skinner}와 다른 학자들을 중심으로 하는 행동주의 이론들이었습니다:

- 프로이트는 자기가 어른 환자들에게서 본 심리적 문제들은 유아기에 윙윙거리며 시작되어, 성장하면서 지속적으로 그 효력을 발휘하는 다양한 무의식적 사고과정들에 뿌리를 두고 있음을 분명히 했습니다. 이런 무의식적 사고과정들이 아기로 하여금 부모와 어떻게 상호작용할 것인지, 음식과 다른 돌봄에 더해서 무엇을 더 필요로 할 것인지를 결정하게 했다는 것입니다. 이런 이론들은 일부 발달심리학자들 (그리고 성인을 다루는 정신분석가들)이 실제 세계에 살고 있는 사람들과 공명하지 않았던 무의식적 정신에 관한 비밀스러운 신비한 개념들에 초점을 두는 것이었습니다.

- 행동주의자들이 주재하는 다른 진영에서는 아기들이 엄마²⁾를 위한 미소를 따로 간직해 두고, 다른 돌보는 사람들이 있어도 엄마가 떠나면 울고, 엄마의 팔에 안기면 기적같이 안정이 되는 것은 그 아이들 마음에는 오직 한 가지 생각만 있기 때문이라고 주장했습니다. 그것은 바로 보상이었습니다: 만약 아기들이 미소 지었다면, 엄마는 행복해 보였을 것이고 그들에게 가까이 왔을 것입니다. 만약 아기들이 울었다면, 엄마는 흔히 다시 돌아왔을 것입니다. 그 아이들이 엄마 팔 안으로 다가붙었다면, 엄마는 아기가 팔에 머물도록 해 주었을 것입니다. 왓슨이 중요하게 여긴 것은 아기들이 엄마에게 애착을 보이는 것은 자기들이 필요할 때 음식과 따뜻함과 마른 기저귀를 나눠줄 수 있을 만큼 엄마가 가까이 있도록 하기 위함이라는 것입니다. 현대에는 인간이 보상에 대해 긍정적으로 반응한다는 것을 부인하는 사람들은 거의 없습니다. 이러한 초창기 행동주의를 신봉하는 것의 문제점은 왓슨이 엄마들에게 지나친 사랑을 아이에게 보여 주지 말도록 조언했던 것에 있습니다. 그는 자기 조언대로 하지 않으면 아이들이 세상에서도 똑같은 대우를 받을 것으로 기대하면서 자라게 되어 허약하고 힘없는 존재로 자랄 거라고 경고했습니다.

---

2) 역주: 고딕체로 쓰인 엄마, 아빠, 아기는 모든 엄마나 아빠나 아기를 칭하는 의미입니다.

영국 심리학자 볼비 John Bowlby**의 논리적 설명을 들어 보세요.** 제2차 세계대전 후 볼비는 세계대전의 고아들과 병원에 입원한 아이들에 관한 세계보건기구(World Health Organization: WHO)의 연구에 참여하게 되었습니다. 아이들은 모두 최적의 돌봄을 받고 있었습니다. 아이들은 전쟁 이전처럼 잘 먹여지고, 적절히 입혀지고, 따뜻한 침대가 주어지고, 세심한 건강 돌봄이 주어졌습니다. 그들이 갖지 못한 것은 엄마나 아빠였습니다. 그리고 수십 년 전의 고아들처럼 모두 주 양육자의 위로와 사랑과 친밀함 없이 끔찍하게 고통을 겪었습니다. 비슷하게, 1950년대에 볼비와 동료 로버트슨 James Robertson은 병원에 10일간 입원해 있는 동안 하루에 30분밖에 부모를 볼 수 없었던 두 살짜리 아이 모습을 필름에 담았는데, 이 작은 여자 아이는 활기 있는 모습에서 완전히 기가 죽은 모습으로 변해 갔습니다.

볼비의 관찰 결과는 병원 면회에 대한 규칙을 영원히 바꿔놓았고, 이 사실은 그 이후 아이들을 돌보는 전문가들에게 전해졌습니다. 그뿐만 아니라 볼비의 관찰들은 인류의 새벽이 시작된 때부터 물었어야 했던 백만 불짜리 질문에 답하려는 그의 노력을 낳게 되었습니다: 아이가 자라는 데 필요한 모든 것이 제공되는 것 같은데 부모나 다른 돌보는 자들이 없다는 것이 왜 그렇게도 중요했을까요?

전형적인 과학적 진보가 보여 주는 다른 경우들처럼, 그 대답은 다른 학문 영역들에서 모여든 증거들에 잘 나와 있습니다. 그 내용은 〈글상자 1〉에 요약되어 있습니다.

볼비가 요약한 대로, 아기들은 인류의 생존을 돕도록 설계된 본능적인 생득적 행동 성향³⁾이 내장되어 있어서 주 양육자에게 애착하도록 되어 있는 것 같습니다. 어린아이 입으로 말미암아⁴⁾: 비언어적 수준에서 아기들은 애착이 얼마나 중요한지를 우리 어른보다 더 많이 이해하는 것 같습니다. 그래서 그 아이들은 그렇게 필사적으로 애착을 추구하는 것입니다. 볼비와 에인스워스는 이미 인생 초기에 애착의 결핍이 아이에게 해로울 수 있다는 수많은 증거를 가지고 있었습니다. 그래서 그들은 20세기의 절반에 해당하는 기간 동안, 애착을 연구하는 데 헌신했습니다. 그들은 애착이라는 우산 아래에 있는 다음과 같은 3개의 하위체계를 확인했습니다:

---

3) 역주: drive(추동)를 이 책에서는 '생득적 행동 성향'이라고 번역하였습니다.
4) 역주: 성경 시편 8장 2절, '어린아이와 젖먹이의 입으로 말미암아 권능을 세우심이여'에서 인용된 표현입니다.

- 돌봄추구(careseeking): 자기감정을 위로하고 보호하고 조직해 줄 수 있는 누군가에게 가까이 붙어있으려는 본능
- 탐험(exploration): 자기의 호기심을 따라 행동하고 숙달을 추구하려는 본능
- 돌봄/양육(caregiving): 아기가 요구하는 돌봄을 제공하고 아기와 유대를 맺으려 하는 본능

3장에서 보겠지만, 이 세 가지 본능적인 생득적 행동 성향은 안정감 서클을 위한 밑그림을 만들었습니다. 이러한 본능적인 행동 성향은 아기들이 생존하고 성장하기 위해, 개별적 인간이 되기 위해, 그리고 잘 살기 위해 왜 안정애착이 필요한지 설명해 줍니다. 반어적으로, 오늘날 많은 사람이 여전히 아이를 기르는 데 있어서 행동에 초점을 맞추고 있는데, 아마도 그것은 우리가 무엇인가를 볼 수 있기 때문이고, 우리가 보이는 행동을 바꿀 수 있다면 발생하는 모든 문제를 해결했다고 확신하기 때문입니다. 그러나 행동은 단지 필요에 대한 표현일 뿐입니다. 행동은 메시지입니다―평범한 광경 속에 숨겨져 있는 애착필요에 대한 메시지 말입니다.

평범한 광경 속에 숨겨진 것: 왜 행동관리는 충분하지 않은가요

진짜 한번 봅시다: 부모나 예비부모로서 우리는, 상상하기에는 너무 먼 미래 속 인류의 진보나 향상보다는 훨씬 더 즉각적인 것에 관심이 있습니다. 우리는 접시에 이미 너무 많은 것을 가지고 있습니다. 아이들의 건강한 발달을 보장하기 위한 우리의 노력은 가히 압도적입니다. 물론 이것이 바로, 아이들을 돌보는 수많은 사람들이, 아이들이 최고로 느끼고, 최고로 행동하고, 최고의 존재가 되도록 하기 위해 행동관리에 의존하는 이유입니다. 우리가 말했듯이, 보상은 아이 양육이나 다른 여러 곳에서 그 자리를 차지하고 있습니다. 그러나 만약 우리가 하는 모든 것이 우리 눈앞에 있는 보이는 행동을 해결하기 위한 것이라면, 우리는 칭찬 스티커를 붙이는 차트나 타임아웃(Time-Out)을 영원히 사용하려는 아이디어에 익숙해지는 것이 더 나을 것입니다. (여러분의 서른 살 된 딸

에게, 부모에게 전화하도록 만들려고 매주 10달러를 보내는 모습을 그려 보세요.) 행동을 목표로 삼는 것은 질병의 증상만 다루고 그 원인은 무시하는 것과 같습니다.

애착 이론의 발달

만약 겉으로 보기에 생명유지를 위해 필요한 모든 것들을 제공받은 아기들이 풍성한 삶을 누리는 데 실패한다면, 아마도 사람에게는 더 깊숙이 있는 생득적인 행동 성향이 애착을 자극하는 것일 거라고, 볼비는 추론했습니다: 그 뒤에는 진화론적인 생득적 행동 성향이 있는 걸까요? 인류의 보존을 위해서, 아기의 생존을 위해서 필요한 그 이상의 것을 부모가 제공할 필요가 있었을까요?

동물 연구에서는 그렇다고 말합니다. 동물 행동 연구의 선구자적 전문가인 로렌츠Konrad Lorenz는 '각인(imprinting)' 현상을 통해 새끼 거위들이 알에서 깨어 처음 보게 되는 사물이나 동물을 따라다니는 것을 발견했습니다. 심리학자인 할로Harry Harlow는 새끼 원숭이의 행동을 연구하면서 어미와 새끼의 유대를 탐색하게 되었습니다. 첫째, 다른 원숭이들로부터 고립되어 실험실에서 길러진 원숭이들은 적막해져서 정상적인 사회화를 할 수 없었고, 부자연스러운 두려움과 분노를 나타낸다는 것을 발견했습니다. 둘째, 새끼 원숭이에게 먹이를 줄 수 있도록 젖병을 달아놓은 철사 원숭이와, 먹이는 주지 않지만 천으로 둘러진 원숭이 중에서 선택하도록 했을 때, 새끼 원숭이들은 자기들에게 어떤 먹을 것도 주지 못하지만 어미의 털과 비슷하게 느껴지는 천으로 둘러진 원숭이를 압도적으로 선택하는 것을 발견했습니다. 일단 이 새끼 원숭이들에게 대리모가 소개되자, 그들은 반복해서 같은 선택을 했습니다―'애착'이라고 알려지게 된 것에 대한 명백한 표시를 보여 준 것입니다.

다음 수십 년 동안, 볼비는 애착 이론을 체계적으로 소개했습니다. 이 이론은 주 양육자와의 연결을 추구하는 것이 어떻게 개인의 생존을 돕고 인류의 보존에도 도움이 되는지를 설명합니다. 원시적인 애착 행동의 한 종류와 같은 '각인'은 갓 태어난 동물에게 자기의 종을 소개하는 방법으로 보입니다―그래서 새끼는 같은 필요를 지닌 동물에게서 살아남는 방법과 그 필요를 만족시키는 경험을 배울 수 있을 뿐 아니라 짝짓기와 번식을 위해 어떤 다른 동물을 찾아야 하는지도 식별할 수 있게 됩니다.

그러나 인간은 어느 정도까지 동물들과 비슷할까요? 인류의 보존이 애착에 의해 어떻게 강화될까요? 가장 간단한 대답은 인간 아기가 자기를 보호해 주고 돌봐 주는 어른에게 가까이 붙어 있을 때, 각자가 오래 살아남을 확률이 높아지며, 그래서 더 많은 갓난아이가 성인기에 도달할수록 더 많은 인류가 영속된다는 것입니다. 우리는 이제, 애착이 인간발달을 증진시키고, 단지 몸만 어른인 한 인간이 아니라 더 나은 인간을 만든다는 것을 압니다. 명백히 안정애착은 인류를 보존시킬 뿐만 아니라 더욱 발전시킵니다. 그것이 그렇게 강력하다면, 우리는 가능한 한 안정애착이 자주 발생하게 하는 구조를 어떻게 이해할 수 있을까요?

사람 대상 실험으로 되돌아가서, 발달심리학자 에인스워스는 런던의 볼비 연구팀에 합류하여서, 애착의 발생에는 패턴이 있음을 보여 주는 데 도움을 주었습니다. 에인스워스는 우간다에서 실시한 개척적인 연구와 미국 볼티모어 연구에서의 관찰을 토대로, **엄마**(또는 주 양육자)와 **아기** 사이에 일어나는 애착은 서로 다른 유형들이 있음을 확인했습니다. 또한 애착 유형을 식별하기 위해 특정한 부모-자녀 쌍을 연구하는 어마어마하게 가치 있는 연구 절차를 제안했습니다. 4장에 자세히 설명되어 있는, 에인스워스의 이른바 낯선상황절차(Strange Situation Procedure: SSP)는 오늘날 애착을 평가하는 표준이며, 우리가 여러 가족과 일할 때의 중심 부분이기도 합니다. 그 실험은 우리와 애착 영역에서 일하는 다른 사람들로 하여금 어디에서 애착이 안정적이지 않게 되며, 어떻게 부모와 자녀가 안정애착이 되게 하는지 이해하도록 도와줍니다.

'행동을 분출'하거나 괴로움이 많은 수동적인 아이를 만났을 때, 평범한 광경 속에 숨겨진 것에 대해 생각하게 됩니다: 이 아이는 자기에게 위로가 필요하다는 것을 우리에게 이해시킬 수 없다는 감정 때문에 좌절한 것일까요? 이 작은 여자 아이는 어른의 자상한 이해와 확신 있는 경계설정을 통해 자기감정을 조절하는 것을 배우지 못했기 때문에 '그렇게 감정적'인 걸까요? 이 작은 남자 아이는 자신의 모험에 대한 설계자가 되어야 할 필요를 전하는 데 정신이 팔려서, 글자를 배우는 것에 대해 발버둥치고 있는 걸까요? 여러분 앞에 있는 이 아이는 다른 사람의 선한 의지를 믿지 못하기 때문에 친구를 사귀는 데 말썽을 일으키는 것일까요?

신경심리학 연구자들을 이끌어 가는 알란 쇼Allan Schore는 우뇌(생애 첫 3년 동안을 지배하는)에 있는 조절과 생존에 관한 많은 기능은 성장하기 위한 아기의 경험, 특히 주 양육자와의 애착경험에 의존한다는 것을 발견했습니다.

지난 50년 이상, 연구자들은 평범한 광경 속에 무엇이 숨겨져 있는지 광범위하게 보아 왔습니다. 이제 우리는 애착이 아이의 스트레스 수준에서의 균형, 정서적 경험을 관리하는 능력, 학습 역량, 신체적 활력, 사회적 여유 등을 예상할 수 있게 한다는 것을 압니다. 우리 부모들 각자가 아이의 행동 밑에 있는 평범한 광경 속에 숨겨진 것을 더 많이 알수록, 아이와 더욱 안정애착을 형성해야 할 것으로 느끼게 됩니다.

안정애착은 아이들을 치명적 스트레스로부터 보호해 줍니다

만약 애착이 끈질기고 근본적인 생득적 행동 성향이라면, 그것이 방해를 받는 것은 얼마나 스트레스가 될지 상상해 보세요. 애착욕구가 채워지지 않는 스트레스는 아이의 행동에 확실하게 드러날 수 있습니다. (여러분은 스트레스가 많은 경우에 어떻게 행동하시나요?) 우리는 많은 연구를 통해 그런 스트레스가 아이들의 정신적, 정서적, 사회적, 신체적 성장과 발달을 어렵게 한다는 것을 압니다.

무력한 신생아로 있어야 하는 고통이 부모의 위로에 의해 진정되지 않는 영아기부터 시작되는 그런 스트레스 종류를 '치명적 스트레스(toxic stress)'라고 합니다. 그렇게 불리는 이유는 그런 스트레스는 뇌에 경로를 만들어서 아이가 위험에 대해 높은 경계심을 갖도록 하여, 학습에 집중하는 것을 어렵게 하고, 흔히 '일단 저지르고 생각은 나중에 하는' 성향을 만들기 일쑤이기 때문입니다. 아기가 배고프거나, 기저귀가 젖었거나, 놀랐을 때, 스트레스 호르몬인 코르티솔(cortisol)이 뇌를 통해 순환하게 됩니다: 코르티솔은 갓난아기가 말로 분명하게 표현할 수는 없지만 강렬하게 느끼는 일종의 '블랙홀' 같은 갈망을 유발시킵니다. (과도한 스트레스가 건강에 끼치는 영향에 관해서는 〈글상자 2〉를 참고하세요).

사랑하고 의존할 만한 양육자 곁에서 느끼는 안정감은
스트레스를 받는 동안에 우리를 보호해 주는 제2의 피부 같은 것입니다.

애착은 아이들이 자라면서 건강한 발달 트랙 위에 있도록 지켜 줍니다

애착의 필요가 충족되지 않은 스트레스는 영아기 때뿐만 아니라 성장하는 내내 아이를 괴롭힙니다. 특정 발달지표의 성취에 있어서 안정애착이 직접적으로 어떻게 영향을 준다고 확정하기는 어려울지라도, 1970년대 중반 미네소타 주립대학에서 시작하여 30년간 진행된 획기적인 연구에서는 안정애착과 발달의 특정 양상 사이에 장기적 패턴이 있음을 발견했습니다. 엄마가 유방암에 걸렸거나 혼자 가정을 부양하는 아빠가 직장을 잃어버린 가정의 아홉 살짜리 아이를 상상해 보세요. 이와 같은 생애 사건들은 비극적이며, 공통적으로 엄청난 스트레스를 줍니다. 그러나 애착에서 비롯된 안정은 그런 상황에서도 아이를 구출해 줍니다. 예를 들어, 미네소타의 연구자들은 안정애착 경험이 많은 4학년 정도 되는 아이들은 자기 가족이 엄청난 스트레스 가운데 있을 때에도, 안정 애착 경험이 없는 아이들보다 행동문제가 적었음을 발견했습니다.

✏️ **글상자 2**

스트레스와 건강

인간의 몸은 위협을 취급하기 위한 멋진 시스템을 갖추고 있습니다. 그렇다고 우리가 당면하는 위협들—재정이나 가족 간 갈등, 위험한 주거환경에 대한 지속적인 염려, 또는 갓난아이에게 민감하고 반응적인 양육자가 통상적으로 곁에 있어 줄 것이냐는 것—을 언제나 조절할 수 있는 것은 아닙니다. 그리고 이런 상황이 스트레스가 되는 때입니다. 위협에 대한 지각은 일련의 복잡한 신경화학적 사건들을 일으키는데, 코르티솔이라고 알려진 스트레스 호르몬이 여기에 관여합니다. 코르티솔이 하는 주된 일은 스트레스 뒤에 몸을 균형 잡히고 안정된 상태(항상성)로 되돌리는 것입니다. 문제는 몸에서 스트레스에 영향을 받은 다양한 시스템을 조절할 때, 주로 신진대사에서 코르티솔이 다른 시스템들, 특히 면역체계에 악영향을 끼칩니다. 그런 일을 할 때, 코르티솔은 몸에게 싸움을 멈추고 평정상태로 되돌아가라고 말하는데, 그것 때문에 면역성은 더 낮아지고, 몸은 질병에 더 취약한 상태가 됩니다. 그것이 만성적 스트레스 아래 있는 사람들이 다른 사람들보다 자주 아프게 되는 한 가지 이유입니다. 불행히도, 반복되는 격렬한 스트레스 상황과 만성적 스트레스 상황을 통해 과도한 코르티솔이 방출되는데, 그런 것은 기억과 인지를 손상시키고, 심지어 심혈관의 위험을 수반하는 복부 지방까지도 증가시킵니다. 애착욕구가 충족되지 않은 아기들은 신체와 정신건강에 있어서 불리한 조건에서 삶을 출발하는 것입니다.

우리 어른들은 이런 흔한 문제들이 갓난아이에게 얼마나 스트레스가 되는지 이해되지 않지만, 아기에게는 충족되지 않은 어떤 필요라도 코르티솔을 치솟게 할 수 있습니다—그리고 블랙홀은 확장됩니다. 그런데 다행히도 해독제가 있습니다. **엄마**나 **아빠**로부터의 위로입니다. 실험 연구가 보여 주는 것은, 어떤 스트레스 상황에서라도 아기들이 엄마 아빠에게 들어올려져 품에 안기게 될 때 코르티솔 수준이 수직으로 떨어진다는 것입니다.

연구자들은 또한 불안정성과 나중의 심리적 문제들과의 연관성을 발견했습니다. 안정성은 필요할 때 위로를 위한 안전한 피난처를 제공하고 탐험을 위한 안정된 기지를 제공하는 형태로 주어지는 것입니다. 앞에서 묘사했던 사례에서 레이의 아빠는 딸에게 이 두 가지를 모두 제공했습니다. 미네소타 연구에 의하면, 위로를 주는 데 있어서 정서적

으로 응할 수 없었던 부모의 아이들은 청소년 시기에 행동장애를 나타내는 경우가 더 많았고, 아이들이 탐색해 보도록 허락하는 것을 저지했던 부모의 아이들은 청소년 시기에 불안장애를 나타내기가 더 쉬웠습니다. 그 연구는 또한 불안정성과 우울증 사이에 (강하지 않을지라도) 연관이 있음을 발견했습니다―아이들은 무력감과 고립을 느꼈거나 무력감과 불안을 느꼈습니다.

> 미네소타 연구에서, 스로우페L. Alan Sroufe와 이글랜드Byron Egeland, 칼슨Elizabeth A. Carlson, 앤드루W. Andrew는 180명의 아이들의 발달과정을 임신 마지막 3개월부터 성인기까지 관찰하였고, 그 결과, 안정적인 출발이 모든 세월 동안 지속적으로 스트레스의 피해로부터 측정할 만한 보호를 제공했다는 것을 발견했습니다.

발달 경로에는 여러분의 아기가 해야 할 과업들과 배워야 할 기술들 및 발달해야 할 역량들로 가득 차 있습니다. 애착이 어떻게 그런 것들 속에서 결정적 역할을 하는지 여기에 설명하겠습니다.

정서조절 배우기

막 태어난 몇 달 동안은 기쁨의 꾸러미와 고통의 꾸러미가 비슷한 것 같습니다. 발달심리학 전문가들은―심리학 영역에서 '애착 대상'이라고 부르는―신뢰할 만한 부모나 양육자를 갖는 것의 주요 목적은 갓난아이의 불안에 도움을 주는 것이라는 것에 일반적으로 동의합니다. 명백히, 아기들은 일정하지 않은 정서 경험과 그 강도를 자기들 스스로는 처리할 수 없습니다. 먼저, 엄마나 아빠가 바깥에서 아기의 정서를 조절합니다―울음을 달래주고, 자장가를 불러주고, 바라보며 부드럽게 미소 지어 주고, 흔들어 주는 것입니다. 아기가 어려운 감정들을 수용하고 다룰 수 있도록 누군가가 도와준다는 것을 알게 되면, 아기는 필요가 있을 때 그 양육자에게 향하는 것이 점점 늘어나고, 이는 아기가 자신을 진정시키는 방법을 배우기 시작하는 것을 도와줍니다. 궁극적으로, 모든 것이 발달 계획대로 되어갈 때, 아이는 자기 자신의 정서를 조절하는 것을 배웁니다. 아이는 이제 유치원/어린이집에 떨어뜨려졌을 때 울면서 아침 시간을 보내는 대신에, 자기를 위로하는 능력을 나타내기 시작합니다. 이제 아이는 자기를 달래는 능력이 없는 채 안심시켜 줄 것을 끝없이 찾는 대신에, 때때로 침대 아래에서 귀신을 두려워하는 데서 나와서 자신에게 혼잣말을 할 수 있게 됩니다. 이제 아이는 새로운 사람을 만나 부끄러움을 느낄 때 잠시 외면하다가 자기가 진정되면 다시 뒤돌아볼 수 있게 됩니다. (또한 중요한 것은, 아이는 평생을 살면서 필요할 때는 상호조절을 위해 다른 사람들에게 갈 수 있다는 귀한 지혜를 배운 것입니다.) 정서적 각성을 조절할 수 있는 것은 배우고 자라며 더 나아가는 데 있어서 아이를 자유롭게 하고, 코르티솔의 위험한 축적을 막아 주어 신체적 건강도 증진시킵니다. 최근에 진행되고 있는 연구는 정서를 조절할 수 있는 것은 폭넓은 혜택이 있음을 보여 줍니다. 왜냐하면 장기적으로 끌거나 과장된 정서의 스트레스 넘치는 각성에서 자유롭게 된다는 것은 삶을 살아가는 데 최대한 자유롭게 된다는 것을 의미하기 때문입니다.

> 미네소타 연구는 안정성은 아이들이 사회적 문제에 직면했을 때 덜 짜증나게 하고 덜 공격적이 되게 하며, 단지 포기해 버리고 떠나버리는 일도 덜 하게 한다는 것을 발견했습니다. 그런 아이들은 더욱 끈기 있고 유연하며, 일반적으로 덜 징징거리고 덜 투덜댑니다.

　정서적 조절 기술은 삶 전체를 통해 한결같이 도움이 됩니다. 일에서 생산성을 촉진하며, 성가시게 구는 이웃을 친절하게 효과적으로 대하도록 도와주고, 여러분이 원하는 방법으로 '세상을 바꾸기' 위한 열정을 흘러보내게 해 줍니다. 정서조절은 관계를 위한 대단한 것입니다. 그 이유는 여러분이 정서를 조절할 수 있으면, 친구들의 '둔감함'에 대해 몹시 괴로워하지 않거나 짜증을 부리는 여러분의 돌쟁이를 실제로 '제압'하지 않을 것이기 때문이 아니라, 정서를 상호조절할 수 있는 것이 친밀감의 큰 부분이 되기 때문입니다. 겁이 나는 병원 예약에 시간 맞춰 가려 하나요? 그때 단지 여러분에게 부모나 친한 친구가 있다는 사실이 여러분의 두려움(그리고 코르티솔)을 관리할 만한 수준으로 유지하도록 도와줄 것입니다. 여러분이 신뢰하는 누군가와 함께 상실감에 대해 울고 나서 비통함이 생각한 것보다 빠르게 가라앉는 것을 발견한 적이 있나요? 만약 그렇다면, 그 순간을 상기할 때 그 사람에 대해 지금은 어떻게 느끼나요?

경고: '정서조절'을 정서를 억누르거나 거부하는 것으로 착각하지 마세요. 아기들과 아이들은 안정애착의 요람에서 정서란 정상적인 것이고, 수용될 만한 것이며, 유용하다는 것을 배운답니다. 단지 정서를 수용하기만 하는 것으로도 통제불능 상태에서 벗어나거나 정서의 유용성을 오래 유지하는 데 큰 도움이 된답니다. 우리는 아기들이 넘쳐나는 다양한 경험을 할 때 그들과 함께-있어 주기(Being-With)를 하는 것으로 이런 귀중한 기술들을 배우도록 도울 수 있습니다. 이것은 4장의 주제입니다.

　또한 아이의 정서에 특권을 주는 것을 주의하세요. 4장에서 설명했지만, 아이의 정서적 필요에 민감해지려고 노력하는 과정에서, 무심코 아이들에게 그들이 갖는 모든 감정은 최고이며, '지금 당장' 돌봐 줘야 하는 것이라고 가르치는 경우가 있는데, 그것은 실제로 회복력을 방해합니다.

개별적 인간이 된다는 것-홀로 있음(Being Alone) 없이

여섯 살짜리 아이의 작은 두 손이 가만히 있지를 못하고 아빠가 옷걸이 중앙에 매어 놓은 양초 심지를 만지작거립니다. 아이 앞에 놓여 있는 것은 따뜻한 물이 담긴 흔히 보는 가정용 양은 냄비와 녹아 있는 왁스가 반쯤 채워진 용기입니다. 아주 신중하게, 초등학교 1학년생 수준의 떨리는 정확성으로, 보글거리고 있는 왁스에 양초 심지를 조금씩 담급니다. 엄마 아빠께 검사 받으려고 심지를 꺼내놓을 때, 첫 덧칠은 겨우 알아볼 수 있는 정도였습니다. 아이가 확신하지 못하는 것을 알아차린 아빠가 양초는 심지를 담그는 것을 반복할 때마다 조금씩 만들어지는 것이라고 안심시켜 줍니다. 두 번, 세 번 반복할수록 결과가 점점 보이게 됩니다. 그러면, 아이는 깜짝 놀랄 기쁨의 순간에, 자기 눈앞에 매달려 있는 실에 왁스가 입혀져 가는 것을 보기 시작합니다. 또다시 아이는 실을 담급니다. 양초의 굵기가 커져갈 때 아이는 엄마의 미소를 보려고 반복해서 엄마를 쳐다 봅니다. 아이가 바로 조금 전에 필요로 했던 안도감은, 양초 만드는 과정을 계속해 갈 때 이제 확실히 아이 자신의 경험이 되어 갑니다. 지금으로부터 몇 달, 몇 년이 지나도 이 특별한 양초는 빛나고 있으며, 양초를 만들며 경험했던 그 안도감과 확신, 즐거움과 기쁨을 양초가 타오르는 매 순간마다 다시금 경험하게 되는 것이 가능해집니다.

초기에 학습된 신뢰는 나중에 빛을 발합니다. 이 여섯 살짜리 아이는 태어난 순간부터 알아왔던 자신의 자원인 부모의 보살펴 주는 반응에 다시 한번 감싸이게 됩니다. 이 아이가 어린 시절에 경험해 온 것은 돌봄이 있는 환경에 잘 적응하고 자신감을 갖게 해 주는 조율과 민감함이었습니다. 어린아이들은 자기들의 신체와 정서적 필요를 돌보는 것에 헌신하는 누군가를 믿을 수 있다는 것을 알 필요가 있습니다. 자신과 타인에 대한 신뢰는 반응적으로 돌봐 주는 최소한 한 명의 민감성과 가용성에 의지할 수 있는 어린 시절의 경험—즉, 애착을 매개로 하는 안정감—위에 세워지는 것입니다.

발달심리학에서는 성격이나 정체성 등의 일관된 자기감(a sense of self)의 형성이 주요 목표입니다. 부모가 아이의 아주 어린 시절의 필요에 대해 민감하고 따뜻하게 반응해 줄 때, 모든 상호작용 속에서 자기가 형성되는데, 이는 마치 양초 심지가 왁스에 반복해서 담가질 때 양초가 되어 나타나는 것과 같습니다. 여기에서 강조하는 것은 상호작용에 있습니다: 아기의 개별성이 계발되는 것이 바로 첫 관계 속에서인데, 일생을 통해 다른 사람과의 관계들 속에서 계속 발전시키는 것도 그것입니다. 애착이 안정적이면, 성장하는 아이의 모든 심리적 능력은 일관된 자기형성을 위한 영양분을 공급받습니다─개인의 기억과 자아상은 그런 것들을 형성하도록 했던 자신의 과거사와 일맥상통합니다.

우리가 오직 다른 사람들과 관계하는 환경 안에서만 강한 자기감을 만들어 간다는 것은 역설적으로 보입니다: 그러나 그것은 전혀 역설적이지 않을 수 있습니다. 아기가 '나'와 '너'는 '우리' 안에 있다는 것을 알아차리지 못한 채, 어떻게 자기가 개별적인 사람이라는 것을 인지할 수 있을까요? 돌봐 주는 어른에 대한 안정애착은 아기들에게 홀로 남겨지고 무력하게 되는 혼란과 고통을 스스로 다루라고 요구하지 않음으로써, 아기들이 분리된 개인들이 되어 가는 데 필요한 지지를 해 주는 것입니다. 아기의 떠오르는 자기감에 있어서 흔히 어렵고 혼란스러운 경험을 지나가기 위해 아기들은 이해해 주고 공감적으로 조절해 주는 가용적인 '다른 사람'이 필요합니다. 수없이 달래지고, 위로받고, 감각적으로 자극을 받고, 차분해지는 경험들은 마치 아기의 본질적인 자기라는 양초 심지가 아기를 돌봐 주는 환경이 제공하는 관계의 질 속으로 반복해서 담겨지는 것과 같습니다.

갓 태어난 아기에게 홀로 있지 않는다는 것은 당연히 생명을 보존하는 것입니다. 그러나 애착 이론과 대상관계 이론[5]의 학자들은 생존이란 심장이 뛰고 위장이 가득 차는 것, 그 이상임을 강조합니다. 아기들에게는 그들이 자신들을 발견한 이 혼란스러운 세상을 이해할 수 있도록 도와줄 수 있는 '다른 사람'과 연결되기 위한 생득적인 행동 성향이 있습니다. 그런 연결을 찾지 못한다는 것은 공포스러운 공허함입니다. 위니컷^{Donald Winnicott}과 같은 정신분석학자는 말로 단어를 만들어 낼 수 없는 어린 시기에 버려지고 홀로 되는 공포를 '원초적 고뇌'라고 했습니다. 서커스용 공중그네에서 떨어지는 것을 상상해 보세요─동료 곡예사의 두 손에 닿기 위해 잡고 있던 막대기를 버려 두고 동료의 두 손을 잡으려는 순간 … 거기에 아무도 없다는 것을 발견합니다. 만약 우리가 다른 사람들과 함께 있는 환경에서 자기를 찾아가도록 그렇게 태어났다면, 거기에 아무도 없음을 발견하는 것은 확실히 우리의 생존을 위협하는 것입니다. 이제 이런 버려짐에 대한 느낌을 상상해 보세요─자유 낙하의 두려운 이 느낌─이런 느낌은 여러분의 나머지 생애 동안

---

5) 역주: 불분명한 이름으로 심리학 연구에서 주의를 끄는 영역으로, 우리가 어떻게 다른 사람들과의 관계에서 자기감을 발달시키는지와 어떻게 다른 사람들에 대한 이미지를 나중의 관계 속으로 나르는지에 관해 밝혀 주는 이론이지만, 복잡한 이론입니다.

잠재의식적 생각들 속에서 윙윙거리게 됩니다. 스트레스에 대해 말해 보십시오!

학습을 위해 정신(mind)을 자유롭게 하기

아이들이 안전하고 지지받는다고 느낄 때, 학습은 자연스럽게 이루어지는 것이라고 말하는 것은 과장이 아닙니다. 우리는 선천적으로 호기심이 있습니다: 이에 대해 더 얘기할 필요가 없겠지요. 우리는 인지에 대해 질문 받을 필요가 없습니다("이건 무슨 색이야?"). 아이들은 숙달을 위한 자기들의 타고난 욕구에 접근하는 것을 허락받아야 할 필요는 없습니다. 이 욕구는 자연스럽게 그 초점과 속도를 찾아갈 것입니다. 네 살인 제이콥^{Jacob}에게 이것은 거실 바닥 전체에 동물로 가득 찬 플라스틱 동물원입니다. 일곱 살이 되면, 그것은 아이패드의 마인크래프트(Minecraft)일 것입니다. 일곱 살인 다른 남자 아이에게는 그것이 그림 그리기이거나 소셜 미디어의 클럽 펭귄(Club Penguin)일 것입니다. 세 살인 레이가 놀이터에 있지 않을 때, 그것은 자기 마음에 떠오르는 어떤 대본이든지 연기할 수 있는 작은 사람들로 변하게 할 수 있는 모든 것입니다. 열 살이 되면, 그것은 세상에서 가장 높은 빌딩의 건축 방법이나 부모는 한 번도 들어본 적이 없는 수학이 될 것입니다.

> 미네소타 연구에서, 안정된 아이들은 문제해결에 있어서 더 개방적이고 유연하며, 새로운 상황을 잘 받아들이고, 힘든 학습 과제를 처리할 때 좌절감과 불안을 덜 느끼는 것으로 나타났습니다. 이것은 우리에게 놀라운 일이 아닙니다. 아이의 애착 욕구를 충족시키려는 노력의 핵심은 "우리는 이걸 함께 해결할 거야."라는 생각, 즉 감정적 어려움은 '그리고' 안에서 해결될 수 있다는 생각입니다.

물론 아이들의 지적 능력은 다양합니다. 그러나 안정애착을 가진 아이들은 모두 최소한 그들의 독특한 잠재력을 성취할 준비가 된 것입니다. 안정감 없는 아이들은 충족되지 않은 욕구의 불모지와 그들이 깊이 생각할 수 없는 연결감의 결핍으로 매우 고통 받습니다—이것은 적어도 매우 효율적이지 않습니다. 교사와 부모에게 애착과 인지에 대해 말할 때, 우리는 자주 이렇게 말합니다:

아이들은 머리카락에 불이 붙어 있을 때는 배울 수 없어요.

엄청난 스트레스와 함께 자란 아이들은, 다른 필요들 중에서도 위로의 부족 때문에, 위험을 준비하느라 너무 분주해서 집중을 할 수 없습니다.

그들은 또한 사회적 연결이 없는 곳에서는 잘 배우지 못하는 것 같습니다. 아이의 읽기 능력을 위해 아이에게 책을 읽어 준 부모의 기여와 정말 좋은 교사의 가치를 모르는 사람이 있을까요? 안정애착은 여러분의 아기가 학습을 시작하도록 돕는 첫 사회적 연결입니다. 그것이 작동하는 방법은 이렇습니다:

1. 부모는 아기가 탐험할 수 있는 곳에서 안정된 기지로 있어야 합니다. 레이의 경우, 탐험하는 것은 놀이터나 화학놀이 세트입니다.
2. 부모에 대한 신뢰는 안정애착 아이들이 부모에게 학습에 대한 도움을 청하는 것을 더 쉽게 해 줍니다.
3. 부모와 아이 사이의 풍성하고 즐거운 상호작용은 명백히 그들의 정보교환을 촉진합니다.
4. 애착을 통해 아이들은 자신과 다른 사람들에 대한 일관된 감각을 발달시켜서 생각에 대해 명확하게 할 수 있고, 사고 과정을 효율적으로 조절할 수 있게 됩니다.

안정적으로 애착된 돌쟁이들은 탐험도 더 활동적으로 하고 주의집중도 더 오래합니다. 어떤 연구에서는, 두 살 된 아이들이 안정적으로 애착되었을 때 상징놀이에 더 많이 참여하는 것을 발견했는데, 상징놀이는 건강하고 창의적인 상상의 발달을 돕는 놀이입니다(〈글상자 3〉을 보세요). 연구자인 루이터Cornie de Ruiter와 아이젠둔Marinus van IJzendoorn

> 미네소타의 장기적 연구는 불안정적으로 애착된 유아들은 안정적으로 애착된 또래들에 비해 교사에게 훨씬 더 의존한다는 것을 보여 주었습니다. 그 아이들이 열 살이 되었을 때 똑같은 패턴이 여름 캠프에서도 입증되었습니다.

은 부모가 민감하고 부드럽게, 벌주는 형태가 아닌 가르침과 비계(scaffold)[6]를 제공함으로써 자녀들과 안정애착을 형성할 때, 자녀들의 자부심과 동기부여 능력, 주의집중 조절력, 과제에 대한 지속력, 초인지 기술을 쌓아올리고 있는 것임을 보여 주는 도식을 만들었습니다. 이런 모든 능력은 학업성취에 기여합니다.

---

6) 역주: 비계란 건물을 지을 때 인부들의 작업을 돕기 위해 외벽에 설치하는 임시 구조물로, 현재는 아이에게 드러나지 않지만 다른 사람의 도움을 조금만 받으면 발전할 수 있는 영역에서 아이에게 주어질 수 있는 적절한 도움을 의미합니다.

안정감 → 자신감 → 자기 신뢰

인간을 생물 분류상 한 종으로 볼 때, 우리는 홀로 있거나 전적인 자력으로 독립적이 되도록 예정되지 않았지만, 적절하게 독립적이 될 수 없을 때는 오래 살 수 없을 것입니다. 표면적으로는 역설적이게 보여도 우리가 '자기'를 발달시키기 위해 '다른 사람'이 필요한 것처럼, 출생 때부터 어른을 의존할 수 있는 아이들은 자라면서 자기를 의존할 수 있을 것입니다—특히 그들은 신뢰할 수 있는 다른 사람의 조언이나 위로를 언제 구해야 하는지를 알게 될 것이기 때문입니다. 물론 그 역도 맞습니다: 안정애착이 없는 아이들은 나이가 들었을 때 자신을 의존하는 데 어려움을 겪을 수 있습니다 (아니면 자신 외에는 아무도 의존할 수 없게 될 수 있습니다).

✏️ **글상자 3**

애착이 아이의 상상력 발달에 도움이 되나요?

우리는 자녀들이 현실을 확고히 붙잡고 자라기를 바라지만, 건강한 상상력이 유익하다는 것에는 의심의 여지가 없습니다. 초기 사회–정서 발달의 전문가인 엠드^{Robert Emde} 박사는 상상력이란 '정서적 심각성에 대해 적응하려는 심리적 기능'이라고 했습니다. 애착 연구자이고 학자인 브레더톤^{Inge Bretherton}은 창의력과 학습의 혜택을 상상력의 공으로 돌렸습니다. 아이가 이야기하기 위해 상상력을 사용할 수 있을 때, 아이는 상상력의 '마치 ~인 것처럼'을 대안적 미래를 창조하고 실험해 보는 인지의 '만약에 ~라면'으로 바꿀 수 있는 것입니다. 이는 상상력이 사회적 상호작용도 증진시킬 수 있음을 의미하는데, 아이들이 자기 친구들과 양육자가 결과적으로 어떻게 행동하고 말하고 반응할 것인지를 그려보려고 애쓸 때 그렇다는 것입니다.

대부분의 아이들은 세 살이나 네 살에 상상력을 발달시키는데, 연구가 밝혀주는 것은 심지어 두 살 된 어린아이도 부모와 공상하는 것을 즐기고 흔히 현실과 공상을 구별할 수 있다는 것입니다. 그럼에도 흥미로운 것은 어린아이들은 스트레스 상황에서는 그것들을 구별할 수 없고 매우 혼란스러울 수 있다는 것입니다. 아이들의 순간순간의 스트레스와 장기적 스트레스를 줄여 주는 데 있어서, 애착의 안정성은 건강한 상상력의 부산물을 나이 어린아이에게 제공해 줄 것입니다.

진정한 자존감을 위한 기초

자녀는 부모가 대부분의 시간에(모든 시간이 아니라—이 책 전체에서 계속 깊이 탐구할 중요한 순간에) 자기를 위해 곁에 있어 줄 때, 자기는 충분히 그럴 만한 가치가 있다는 메시지를 갖게 됩니다. 우습게 들릴지 모르지만—그게 엄마나 아빠가 할 일 아닌가요? 그것은 보상으로 주는 것이 아닙니다. 아기가 말을 할 수 있다면 이렇게 생각하는 것을 상상해 보세요. "흠, 내가 울었고 엄마가 와서 나를 들어 올려 안아주었네. 그녀는 내 눈을 보면서 슬픈 표정을 지으면서, 부드럽게 '내가 알아, 내가 알아, 그게 힘들다는 걸…'이라고 말하네. 그녀는 어떻게 내가 느끼는 것을 알았을까? 글쎄, 어쨌든, 여기 그녀가 있고, 난 기분이 나아지기 시작했어." 그러면, 다음번에 비슷한 일이 있을 때도, "과연, 이걸 좀 봐. 엄마의 등이야. 그녀가 뭔가를 하면서 엄청 빠르게 뛰어다녀. 하지만 내가 울면 여전히 이리로 오네." 그리고 다시, "봐, 봐! 그녀가 여기 있잖아! 내가 지금 막 조금 걱정되기 시작했는데—그녀가 잠깐 안 보이고 어디로 갔는지 몰랐었거든. 그런데 내가 울지도 않았는데, 여기 그녀가 있잖아!" 아기는 이런 패턴으로부터 결론을 도출합니다:

엄마는 이렇게 말하지. "난 여기 있단다. 넌 그럴 가치가 있단다."
난 이런 결론을 내려. "엄마가 여기 계시니, 난 정말 가치가 있군요."[7]

미네소타의 장기적 연구에서는 정서조절 또한 안정된 애착관계에서 획득된 부산물임을 발견했습니다. 고통스러운 정서를 조절하도록 도와준 자기들의 부모를 신뢰하는 것을 배운 아이들은 또한 정서조절 능력에 대한 자신감을 축적하게 되고, 이것은 유아기와 10세까지 더 큰 자신감과 자존감이라는 결과를 얻게 합니다.

안정된 아기들은 큰 이점을 가지고 인생을 시작합니다: 그들이 세상을 이해할 수 없을 때, 고통과 두려움과 슬픔이 어디에서 오는지 모를 때, 이미 그때, 그들을 함께 있을 가치가 있다고—무슨 일이 있을지라도—그렇게 생각하는 사람을 가진 것입니다.

의심할 여지없이, 여러분이 아는 대로 '자존감'은 쟁점이 되는 개념입니다. 몇 년 전까지, 많은 부모와 아이들을 다루는 많은 다른 어른은 자존감이란 아이들이 다른 사람들에 비해 자기들이 열등하다고 느끼지 않는 확

7) 캐시디Jude Cassidy에게 감사합니다.

신에서 오는 것이라고 믿었습니다. 모두를 위한 황금별인 것이죠! 능력이 자존감을 키우는 것이라는 반론은 전통적인 관념에서는 성공했는데, 다행히도 우리가 이미 살펴본 바와 같이, 안정애착은 능력 개발에 필요한 자신감과 여러 다른 특질들을 위한 기초이기도 합니다. 낮은 자존감은 스트레스를 증가시킨다는 생각은 자명한 것 같습니다. 우리는 자녀들이 자신이 누구인지, 자신이 무엇을 할 수 있는지에 대해 좋게 느끼기를 바라고, 그들이 자기 가치를 증명하기 위해 질투나 끊임없는 경쟁으로 파선되지 않기를 바랍니다.

또다른 경고: 자존감은 애착 안정성에서 나옵니다. 다른 사람들보다 우월하다고 들려주는 것에서 나오는 것이 아닙니다. 2015년 암스테르담 대학 연구자들은 500명의 초등학생들을 대상으로 한 장기 연구에서, 부모가 자기들을 사랑하는 것을 알게 해줬다고 말한 아이들은 6개월 뒤에 더 높은 자존감을 갖게 된 반면에, 다른 사람들보다 자기들이 더 특별하다고 말해 준 부모의 아이들은 자존감이 더 크지 않았고 더 많은 자기중심주의를 나타냈다고 보고했습니다. 적어도 부분적으로, 자존감은 과대평가받는 것에서가 아니라 수용되는 것에서 옵니다.

사회적 능력 키우기

미네소타 연구에 의하면, 안정애착을 지닌 아이들은 '관계에 대한 그들의 기대와 표상[8]'으로부터 다른 사람들과 관계하고 상호작용하는 기술과 그들에 대한 평판에 이르기까지'의 사회적 능력을 나타내 보입니다. 스로우페Sroufe와 동료들은 안정된 아이들이 유아기와 초등학교 저학년 시절에 또래집단에 좀 더 적극적으로 참여하고 덜 고립되는 것을 발견했습니다. 그런 유아들은 많은 공감과 상호적 관계를 보였습니다. 열 살에는 친밀한 우정을 쌓고 더 큰 또래집단 속에서도 그 관계를 유지할 수 있었습니다. 안정된 아이들은 십대가 되어서 그들이 취약하다고 느끼는 사회적 무대에서도 잘 기능하고 지도력을 보여 주었습니다.

이 책의 서론 부분에서 관계들—삶의 '그리고'—이 건강과 행복이 측정될 수 있는 모든 영역에서 핵심이라는 확고한 신념을 특별하게 언급했습니다. 그러므로 우리에게 '능력(competence)'이라는 용어는 너무 밋밋한 것 같습니다. 그 용어의 뜻은 삶의 사회적 영역에서 우리가 혜택을 받을 수 있는 모든 것을 포함합니다: 친밀감과 상호적 지지와 공감

---

8) 역주: 표상(representation)은 어떤 실체나 경험에 뒤따르는 '마음에 떠올려지는 것'으로 주관적인 것입니다.

과 삶의 전 범위, 즉 학교에서부터 직장과 가정과 지역사회까지의 모든 범위에서 잘 지내는 것입니다. 건강정책 수립에서 사회적 관계가 우리의 웰빙(wellbeing)에 도움이 되는 방법을 어떻게 고려할 수 있는지에 관한 기사에서, 저자들은 "사회적 관계는 정신건강, 신체건강, 건강습관, 사망 위험을 포함하는 다양한 건강 결과에 영향을 미친다."고 결론지었습니다.

더 나은 신체적 건강

다른 사람들과의 지지적인 상호작용은 면역체계와 내분비 및 심혈관 기능에 도움을 주고, 스트레스 반응에 관여하는 생리 시스템을 만성적으로 지나치게 사용해서 몸이 마모되는 것을 줄여 줍니다. 이러한 과정들은 건강에 영향을 미치면서 전 생애에 걸쳐 전개됩니다. 어린 시절에는 다른 사람(주 양육자 같은)으로부터의 정서적 지지가 소화, 기분, 에너지, 스트레스에 대한 전반적 반응 등을 포함한 다양한 조절 시스템의 정상적 발달을 도와줍니다. 어른들에게도, 경험 중인 스트레스와 예상되는 스트레스들이 마음에 부정적인 영향을 미치는 것으로부터 사회적 지지가 우리를 지켜줄 수 있습니다. 결혼상태에 있는 사람들은 사별이나 이혼으로 결혼상태를 상실한 사람들보다 심혈관 질환에 걸릴 확률이 낮습니다.

건강에 대해 말하자면, 신체 발달은 선천적인 것(유전적 특징과 질병 같은 다른 생물학적 영향)과 양육에서 나오는 복잡한 요인들에 달려 있습니다. 그 두 가지 사이의 경로가 잘 정의되어 있지 않더라도, 안정애착은 더 나은 신체적 건강과 연결되어 있습니다. 만약에 애착이 우리가 아는 바와 같이 사회적 관계를 증진시킨다면, 사회적 관계는 우리가 아는 대로 신체적 건강을 촉진합니다. 그렇다면 우리는 애착이 신체적 건강 역시 증진시킨다는 것을 짐작할 수 있습니다. 우리는 안정애착에서 오는 심리적 면역이 모든 질병을 일으키는 신체의 마모를 줄여 준다는 것을 알 것입니다.

애착: 그것은 인간이란 무엇을 의미하는지에 대한 열쇠인가요

아마도 애착의 뒤에는 진화론적인 생득적 행동 성향보다 더 많은 것이 있을 것입니다. 애착에 관한 무언가가 우리 안에 깊숙하게 있는 특별한 감정을 울립니다. 어쩌면 그것은 부모와 갓난아이 사이의 상호작용들이, 우리가 세상으로 움직여 가면서 본성과 양육의 영향들을 헤치고 나아가는 방법의 표상인 삶의 본질 속으로 아이가 입문하는 것이기 때문일 것입니다. 한 연구자는 엄마-아기 관계를 '유전과 심리적 환경의 첫 마주침'이라고 했습니다. 애착이 일어난다는 사실은 우리가 본질적으로 관계적 존재라는 것을 상기시켜 줍니다.

친밀한 관계에 대한 우리의 첫 경험이 첫 양육자와의 접촉에 있기 때문에, 이 연결의 질은 관계에 대한 우리의 모든 미래의 관점에 영향을 미칠 것입니다. 스로우페^{Alan Sroufe}는 그것을 이렇게 설명했습니다: "갓난아이-양육자의 애착관계는 그 영향력이 어떠하든지 간에 다른 모든 경험이 구조화되는 데 있어서 핵심입니다. 그래서 초기 경험은 결코 잃어버리거나 사라지는 것이 아니고, 이후 발달에서 많은 변형으로 나타난다는 것이 우리의 견해입니다."

태어나서 죽을 때까지, 두 가지, 즉 자라는 것과 더 풍성하게 잘 자라는 것이 필요합니다. 위니컷이 암시한 것처럼, 그것은 '그리고'에 관한 모든 것입니다. '그리고'는 심오한 것입니다—심오하게 중요한 것입니다. 카렌^{Robert Karen}은 1990년 『아틀란틱(Atlantic)』 일간 신문의 '애착되어 가기'라는 기사에서 애착의 개념을 일반 대중에게 소개하면서 이렇게 말했습니다. "애착 메시지에는 단순하면서 삶의 확신을 주는 무언가가 있는데, 그것은 여러분의 아이가 정서적으로 잘 성장하기 위해 필요한 유일한 것은 여러분의 정서적 가용성과 반응성이라는 것입니다."

사실, 애착 메시지는 삶의 의미와 목적에 대한 심리학, 철학, 신학에 이르는 사상가들의 견해를 확증합니다: 많은 사람은 인간으로서 우리의 공통된 유대는 사랑하고 사랑받고자 하는 열망이라는 것을 발견했습니다. 이 필요는 그것을 측정하는 과학의 범위를 넘어설 만큼이나 보편적입니다. 애착과 유대를 맺으려는 행동은 종의 생존을 위해 명백히 필수적이지만, 부모가 어떻게 아이와 사랑에 빠지는지에 대한 신비를 설명해 주지 않습니다. 또한 아이가 어떻게 부모와 사랑에 빠지는지도 설명해 주지 않습니다. 보호하고 보호받아야 할 필요가 부드럽게 양육하고 양육받아야 할 필요를 완전히 밝혀 주지는 않습니다. 즐거움과 상호적 기쁨에 중심을 둔 관계에 대한 아이의 요구를 설명해 주지도 않습니다.

애착은 우리에게 사랑은 단지 따스한 느낌만은 아니라는 것을 보여 줍니다. 발달연구자인 트레바덴^{Colwyn Trevarthen}은 모든 갓난아이는 '경험되는 것을 경험하기' 위해 기다리는 세상으로 온다고 말합니다. 강한 정서 가운데 있을 때 도움을 구하고 받는 과정이 애착의 핵심인데, 이런 과정은 아이가 관계란 경험되는 어떤 정서보다 더 강하다는 신념을 갖는 데 기여합니다. 이런 신념은 평생 동안의 강한 관계들뿐 아니라 더 넓게는 강한 지역사회들, 세상의 강한 나라들의 기초가 될 수 있는 것입니다. 우리는 이런 힘이 어디에서 발생하는지 추측하고 토론할 수 있지만, 그것이 인류에게 가장 큰 선물 중 하나가 될 것이라는 점에는 의문의 여지가 없습니다.

질문이 무엇이든, 연결되어지기 위해 배운다는 것은 정답의 큰 부분입니다.

> "다른 인간들에 대한 친밀한 애착은 갓난아이나 돌쟁이나 초등학교 아이들뿐 아니라 청소년기와 성숙의 해들을 거쳐 노년기에 이르기까지 한 사람의 생을 운행하는 데 중심축입니다. 이러한 친밀한 애착으로부터 사람은 삶의 힘과 즐거움을 끌어오고, 자신이 기여하는 것을 통해, 다른 사람들에게 힘과 즐거움을 줍니다.
>
> 이런 것들은 최신의 과학과 전통적 지혜가 하나가 되는 문제입니다."
>
> – 볼비, 『애착과 상실, 3권』[9]

이제 피할 수 없는 가시 돋친 질문이 있습니다: 만약 애착이 인간 작동 시스템에서 철저하게 생득적이고, 본능적이고, 깊이 배어 있는 것이라면, 왜 우리는 그것에 대해 이야기해야 할까요?

---

9) 이 인용문은 성별을 구분하는 용어를 제거하기 위해 의역되었습니다.

2장

안정감
불완전함을 친구 삼기

갓난아이는 이제 겨우 6주 되었습니다. 새벽 2시이고, 아이는 울고 있습니다. 반복되네요. 엄마는 지난 6주 동안, 밤에 2시간 이상을 자본 적이 없습니다. 그날 오후에 기저귀를 사려고 가게로 걸어가고 있을 때, 그녀는 다른 사람들이 자신을 넘어서 계속 지나갈 것처럼 보이는 보도바닥으로 구겨질 것만 같았습니다. 그녀는 괜찮았을 겁니다. 낮잠을 잤더라면 말입니다. 이제 가족이 그녀를 도우려고 합니다. 남편과 시어머니가 거실에서 번갈아가면서 소피^{Sophie}를 달래려고 합니다. 소피의 울음은 다른 사람이 있을 때 멈추지만, 잠시뿐입니다. 한나^{Hannah}는 뒤척이다가, 천장을 응시합니다. 소용없습니다. 그녀는 딸이 괴로워하고 있을 때는 잠을 잘 수 없습니다.

잠옷가운을 걸치며, 어두운 거실을 향해 나가면서 시어머니에게 아이를 넘겨달라는 신호를 보냅니다. 소피는 자기 몸에 엄마의 팔을 느끼는 순간 조용해집니다. 한나는 익숙한 동그라미를 그리며 방안을 돌기 시작합니다.

엄마가 만지는 순간, 즉시 아이가 진정된다는 사실은 아이의 아빠와 할머니(다섯 자녀를 낳아 기른 분입니다), 무엇보다도 소피의 엄마인 한나를 놀라게 했습니다. "아무도 나에게 이런 사실을 말해 준 적이 없었어!" 그녀는 수년 뒤에 감탄하며 외쳤습니다. 그러나 그날 밤에, 아기 곁에 있는 것만으로 아기의 불편함을 달래 줄 수 있었다는 안도감에 뒤이어, 즉시, 분노는 아닌데 마음의 고통이 약간 밀려왔습니다. 자기 아이의 행복에 대해 이런 종류의 권한을 갖는다는 것은 끔찍한 책임을 부과하는 것입니다, 그렇지 않나요? 만약에 다른 사람은 할 수 없는데, 자기는 소피의 고통을 달래 줄 수 있다면, 매 순간 그녀가 거기 없으면 어떻게 될까요? 그녀가 실수를 하게 된다면 어떡하죠?

한나는 육아의 불완전함을 맛보고 있는 중입니다. 만일 여러분이 이미 부모라면, 아마 여러분도 똑같은 상반된 반응을 보였을 것입니다: 그 반응은 여러분이 거기 있는 것만으로도 아이가 달래지는 것(여러분은 어디에서 이런 힘을 갖게 되었을까요?)에 대한 안도감과 약간의 외경심인데, 그 외경심은 저항, 특히 두려움과 결합된 것입니다. 여러분은 어떻게 이런 중요한 과업을 계속할 수 있을까요? 어떻게 이런 멋진 아이가 마땅히 가질 만한 부모가 될 수 있을 만큼 충분히 좋고, 충분히 지혜롭고, 충분히 참을 수 있고, 충분히 활기찰 수 있을까요? 만약 여러분이 첫 아이를 기대하고 있다면, 의심의 여지없이 최고의 부모가 될 수 있는 능력에 대해 똑같은 불안이 있을 것입니다.

부모가 되기 위해 갖추어야 할 것에 대한 이런 선입견, 걱정, 의심이 널리 퍼져 있기 때문에, 우리는 애착과 안정감의 중요성에 대해 이야기해야 합니다. 자녀양육에서 어느 정도의 완벽함─또는 최소한 심각한 실수를 만드는 것은 피할 정도─의 형태를 갖추려는 부모들에게 주어지는 압박과 압력(안팎으로)은 마치 악의는 없지만 숨 막히게 하는 방 안의 코끼리처럼 우리 마음과 정신에 자리 잡고 있습니다. 우리는 자녀양육이란 세상에서 가장 자연스러운 것이라고 알고 있습니다(그리고 그렇게 들어왔습니다). 이것은 쉽게 하게 되어 있어야 합니다, 그렇지 않나요? 자녀들을 위해 최선을 다할 수 있는 방법을 정확하게 아는 것은 우리의 타고난 프로그래밍의 일부이어야 합니다, 그렇지 않나요? 우리는 이런 모든 순간을 사랑해야 합니다, 맞지요? 물론, 그것이 그렇게 간단하거나 절대적인 것은 아니라는 것을 압니다. 우리는 부모님이나 조부모님처럼 노련한 엄마 아빠들뿐만 아니라 새로 부모가 된 다른 사람들과 이것에 대해 농담을 합니다. 하지만 마음 깊은 곳에서, 여전히 우리의 엄마나 아빠로부터 가장 최고의 것을 기대합니다─왜냐하면 자녀에 대한 우리의 타고난 긍정적 의도들이 우리에게 이 역할은 그만큼 중요하다고 말해 주기 때문입니다.

이 책의 핵심에는 세 명의 저자가 수십 년 동안 부모들과 반복해서 관찰할 수 있었던 간단한 발견이 있습니다: 모든 부모는 자기 자녀를 위한 최상을 원한다는 것, 즉 모든 부모는 자녀들에게 사랑과 안정감을 제공할 수 있도록 갖춰져 있다는 것을 믿게 된 것입니다. 비록 이것이 사실이 아닌 것처럼 보이는 경우에도, 중심에서 벗어나 문제가 될 만큼 고통스러운 방식으로 자녀를 대하는 부모들과 함께 일한 경우에도, 우리는 나쁜 부모가 되는 방법에 대해 음모를 꾸미면서 아침잠에서 일어나는 부모는 한 번도 본 적이 없습니다.

그리고 아직 우리 대부분은 여전히 양육에서 그다지 좋지 않은(또는 심지어 나쁜) 자로 판명될까 봐 걱정합니다. 왜 그렇죠?

우리는 단지 인간이고, 불완전한 세계에서 살고 있다는 것을 압니다. 그것에 더하여 좋은 양육자가 되려는 생득적 열망은 우리에게 자녀양육에 모든 것을 바치라고 말합니다. 그리고 사회는 우리를 위한 매우 높은 기준을 설정합니다. 이 두 가지 힘은 우리를 완벽추구로 밀어 넣으려고 서로 결탁합니다. 우리는 훌륭한 부모가 되기 위해 우리가 가진 모든 힘을 다하지 않는다면 옳지 않은 것이라 느끼고, 그래서 자녀 기르기에 대한 A철학이나 육아에 대한 B조언을 얼마나 잘 따르는가에 따라 우리 자신을 측정하려는 충동에 굴복합니다. 좋은 육아를 그 자체(우리가 그것을 할 때)로 돌보는 과정이 아니라 성취나 성과(완벽한 아이? 절대 외롭지 않은 아이? 항상 행복한 아이? 절대로 깊이 슬퍼하지 않는 아이?)로 끝내야 하는 목적으로 취급하기 시작합니다. 우리는 '실수'를 우리와 자녀를 위해 안정감을 굳히고 좋은 관계를 촉진하는 교훈으로 해석하기보다는 실패로 해석합니다.

아무리 자주 말해도 충분하지 않은 것이 이것입니다: 완벽을 따라하고 추구하는 것이 건강한 발달을 촉진하지는 않습니다. 항상 육아를 옳게 하려고 자신을 압박하거나 우리가 자라면서 경험했을지도 모르는 고통을 아이들은 결코 경험하지 않도록 보장하려는 것은 어린 자녀들에게 불안을 만들어 냅니다. 우리가 너무 열심히 노력하는 것은 실제로 아이들이 관계 안에서 우리의 믿음을 신뢰해야 하는 필요성을 타협하게 합니다. 그런데 아이들이 관계 안에서 우리의 믿음을 신뢰하는 것은 그들의 전 생애 동안 안정감의 가장 중요한 토대가 됩니다.

그러니 방 안에 있는 코끼리를 야외로 데려갑시다. 이번 장에서 우리는 '완벽한' 또는 '실수 없는' 또는 '완전히 가용적인' 부모가 되려는 압박감이 안정애착을 위협할 수 있는 다양하고 교활한 방식들에 대해 조명하려 합니다. 우리는 다양한 문화와 모든 연령층과 모든 인구 통계학적 집단으로부터 온 부모들과 일하면서, 이러한 잘못된 기대와 양육 관행을 폭로하는 것이 자녀양육에 있어서 긴장을 푸는 데 도움이 된다는 것을 발견했습니다.

우리가 이 장에서 설명한 대로, 여러분이 긴장을 풀고 자녀와 유대감을 형성할 수 있을 때, 여러분은 양육에서 차분하고 적절히 반응하는 자신감을 발산할 수 있습니다. 그런 양육은 여러분이 아이를 위해 거기에 있다는 것에 대한 아이의 신뢰를 구축하며, 아이에게 남은 인생 동안 같은 방식으로 신뢰할 수 있는 사람을 찾을 수 있음을 가르쳐 줍니다. 그것이 안정감 서클에 대한 모든 것입니다. 우리가 이것을 제공하는 것은 부모들의 스스로에 대한 믿음과 자녀들과의 관계를 지지하기 위해서입니다. 이어서 우리는 서클이 어떻게 그 지지를 제공하는지, 그리고 이 책의 나머지 부분에서 여러분이 무엇을 기대할 수 있는지를 보여 주려 합니다.

불완전한 세상의 압력

이 문제를 해결해 봅시다. 양육이 언제나 아름다운 것은 아닙니다. 그것은 특권이고 기쁨입니다. 그런데 그것은 또한 번거롭고, 때로는 고통스럽게도 감사할 수 없는 일이기도 합니다. 때때로 여러분이 무엇을 하든지, 아이는 행복하지 않거나, 건강하지 않거나, 갑자기 극도로 힘들어하면서, 여러분의 존재가 불행의 원인이라고 주장하는 것 같습니다. 최소한 오늘은 그렇습니다. 이것이 한나가 자기 딸이 다른 누구보다도 자기와 함께 있을 때 편안함을 느낀다는 것을 깨달았을 때, 찌르는 듯한 분노의 아픔을 느꼈던 이유입니다.

이런 반응은 완전히 정상입니다. 그러나 만일 여러분이 모든 것을 정확히 올바르게 해야 한다고 느낀다면, 그것은 여러분을 불편하게 느끼게 해서 어찌하든 그렇게 느끼는 것을 멈추게 하고 싶을 것입니다. 때때로 여러분은 아기가 점점 심해지는 것에 대해 조용히 비난할지도 모릅니다. 부모에게 애착을 갖기 원하는 아기는, 여러분이 자녀에게 긍정적인 의도를 지닌 것과 똑같이, 거부할 수 없는 여러분의 얼굴을 찾는 가장 긍정적인 의도를 가지고 있습니다. 아기는 단지 관심 자체를 위해서 관심을 얻으려 하거나 두 사람 모두의 삶을 힘들게 하려는 것이 아닙니다. 아기는 자기의 감정적 삶이 달려 있는 연결을 찾고 도움을 구하기 위해 우는 것 말고는 무엇을 할지 모르는 것뿐입니다. 상식은 대개 이런 것을 알려줍니다. 그러나 만약 여러분이 (피할 수 없는 분노와 압도의 순간들과 반대 방향으로 달려가고 싶은) 양육의 불완전성과 귀찮음을 받아들일 수 없다면, 상식이 통하지 않을 것입니다.

때로 우리가 고르는 또 다른 선택은 우리가 느끼는 어떤 분노도 부정하고 그것에 대해 자신들을 꾸짖으며 스스로를 탓하는 것입니다.

육아에 대한 양면성은 방 안의 코끼리입니다: 아이들을 기르는 것은 어렵고, 양육은 우리를 불편하게 하지만, 우리들 중 많은 수는 그 사실을 인정하는 것이 허락되지 않은 것처럼 느낍니다. 독일의 성인이 이혼, 배우자와의 사별, 또는 실직보다 부모가 된 첫 2년이 스트레스가 더 많다는 것을 발견했다고 보고한 2015년의 한 연구에서 선택한 연구방법이 이것을 명확하게 보여 줍니다. 연구자들은 부모들이 육체적 피로, 감정적 혼란, 친밀한 관계의 붕괴, 그리고 부모시절의 부모됨(parenthood)에 대한 다른 부차적 결과에 대해 불평하는 것은 자기들의 체면을 손상시킬까 봐 두려워한다는 것을 알고 있었습니다. 결국, 완벽한 엄마나 아빠의 이미지는 부모시절의 부모됨에 대한 불평은 포함시키지 않습니다. 그래서 부모들에게 부모시절의 부모됨이 그들의 행복에 얼마나 영향을 끼쳤다고 느끼는지 직접 물어보는 대신에, 단순히 그들에게 자녀를 갖기 전의 행복 정도와 아이가 두 살이 되었을 때의 행복 정도를 각각 평가하도록 요청했습니다. 때로는 거대한 코끼리를 드러내기 위해서 약간의 속임수를 사용하는 것입니다.

도움은 더 필요하고…

자녀양육은 노력과 자원이 필요하고 항상 재미있는 것은 아니라는 것을 부인하지 않습니다. 하지만 우리 사회가 부모들이 도움 없이 그 일을 다룰 수 있어야 하는 것처럼 여길 때 부모들이 갖게 되는 메시지는 무엇일까요? 미국에서는, 부모들은 아기를 낳은 뒤에 빠르게 일터로 되돌아갈 것이 기대됩니다. 엄청난 수의 여성들이 빈곤 수준에서 생존하려고 애쓰고 있습니다. 그리고 우리에게 쏟아지고 있는 메시지는 자녀들에게 경쟁의 우위를 제공해 주지 못하면, 그 아이들은 뒤처져서 밝은 미래를 위한 잠재력을 뺏길 거라는 것입니다. 여러분이 그런 압력을 받고 있든 아니든, 21세기에 부모가 되려는 것은 큰 도전입니다. 함축된 메시지는 이렇습니다: 여러분이 아이와 안정애착을 만들어 내기 위한 지원—숨 쉴 공간조차—이 필요하다면, 그것은 여러분에게 뭔가 문제가 있는 게 틀림없다는 것입니다.

2015년 8월에 『허핑톤 포스트(Huffington Post)』[1) 편집자인 팩^{Emily Peck}은 2012년 미국 노동부 조사결과, 새로 엄마가 된 여성의 약 25%가 2주 내에 일터로 돌아갔는데, 그 주된 이유가 집에 머무를 여유가 없었기 때문이라고 밝혔습니다. 놀랄 것 없이, 엄마의 교육수준이 높을수록(그리고 아마도 결과적으로 더 좋은 직업을 가질수록) 유급 출산 휴가는 더 길었습니다. 주당 60시간씩 일하는 웨이트리스가 한 달된 자기 아기 위에 손을 얹은 채로 지쳐 잠에 곯아떨어지는 이유가 그 시간이 유일하게 아기와 연결이 가능한 시간이기 때문이라고 말한 것보다 신생아 자녀와 엄마의 분리로 인한 애착 결과를 더 잘 전달하는 것은 없습니다.

대중의 항의—그리고 바라건대, 성장하는 기업양심—가 최근 일부 대기업의 육아휴직을 증가시키도록 이끌었지만, 주목할 것은 그런 경우들은 주로 대학교육을 받은 근로자를 고용하고 더 많은 임금을 지급하는 화이트칼라(사무직) 직장세계에 몰리는 경향이 있다는 점입니다. 슈라이버 보고서(Shriver Report)에 따르면 미국 여성의 4,200만 명이 빈곤수준이며, 30세 미만 여성의 아이들 50% 이상이 미혼모에게서 태어나고 있고, 설문에 응한 거의 모든 미혼모들이 자기들을 위해 행해질 수 있는 가장 큰 일이란 의무화된 유급 출산휴가 정책이라고 답했다는 사실은 어떻습니까?

엄마들이 자녀와 집에 머무르기를 원하든 원하지 않든 간에 그런 선택은 언제나 그들에게 달려 있지 않습니다. 자녀를 기르는 것도 아빠들의 선택에 달려 있지 않습니다. 우리의 경험에서, 주 양육자가 엄마인가 아빠인가, 또는 여성인가 남성인가, 조부모인가 삼촌인가는 중요하지 않습니다. 아이들은 자기들을 위해 확실하게 거기 있어 주는 어른이 누구든지 그 사람에게 애착할 것이고, 그들이 학교에 갈 준비가 될 때까지 한 명의 부모가 자기들과 집에 있어 주지 못한다 할지라도, 부모에게 애착—흔히 매우 안정되게—합니다. 애착이 일어나지 않는다는 것이 아닙니다. 사회가 양육이 정말 중요한 직업이라고 말은 하지만 그것을 뒷받침하기 위해 많은 일을 하지 않기 때문에 부모들이 찢어지는 느낌을 참을 수 없다는 것입니다.

2015년 9월 앤 모리 슬로터^{Anne Marie Slaughter}는 여성의 57%가 일을 해야 하는 나라는 '유해한 노동 세계(A Toxic Work World)'에 있는 것이라고 했습니다. 그중 많은 여성이 하루 12시간에서 16시간 동안 일하는데, 여전히 남성이 버는 돈 1달러당 77센트만 벌면서,

---

1) 역주: 다양한 칼럼니스트가 집필하는 인터넷 신문

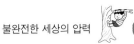

그들은 결국 지치고 병이 듭니다. 불안 발작과 스트레스라는 전염병이 이런 모든 경쟁적인 압박을 받으면서 단지 부모가 되기 위해서만 애쓴 결과는 아닙니다. 여자들과 남자들은 끊임없이 자기들의 부모와 도움이 필요한 성인 형제들과 확장된 다른 가족들도 돌봐야 합니다.

　슬로터는 우리 모두에게 '돌봄을 위해 일어서라'고 촉구하면서, 우리 사회가 다른 사람들을 보살피면서 동시에 직업을 유지할 필요성에 대해 준비하기까지는, 우리 가족과 공동체는 시들해질 것이고, 우리는 세계에서 경쟁력을 결코 회복하지 못할 것이라고 경고합니다. 우리가 덧붙이는 것은, 부모들이 원하는 만큼 자기 자녀들을 돌볼 여유가 없을 때는 애착이 고통스러워진다는 것입니다.

…그리고 조언은 덜 필요합니다

　우리가 완벽한 부모가 되기 위해 애써야 한다고 생각하는 것은 당연합니다. 우리는 종종 이 부분에서 홀로라는 느낌이 듭니다. 그래서 자연스럽게 양육에 대한 처방전, 규칙, 보장법 등을 찾고자 하는 유혹을 받습니다. 우리는 완수하고 성취해야 할 것들이 너무 많아서, 때로는 시간이 오래 걸리는 문제해결 작업은 건너뛰고 외부 전문가들에게 즉각적인 답변을 구하려고 애씁니다. 2015년 11월에 『워싱턴 포스트(Washington Post)』는 개인적인 문제에 대해 주로 값싼 해결책 비슷한 것에 초점을 맞추고 있는 앱과 웹사이트들을 통한 심리치료의 인기가 높아지고 있다고 했습니다. 그들의 윗세대보다 더 높은 우울과 불안으로 고통 받고 있는 밀레니얼 세대와 X세대(〈글상자 4〉 참조)가 장기적인 성찰과 지속적인 연결을 모두 제한하는 해결책을 찾으려고 애쓴다는 것은 놀라운 일이 아닙니다. 그러나 양육에 관한 우리의 경험에서 보면, 심리치료란 연결의 경험에 기반을 두고 있는 방법입니다. 사실, 안정감 서클 프로그램은 위니컷^{Donald Winnicott}이 부모들을 위해 '담아 주는 환경(holding environment)'이라고 부른 것을 만들기 위해 구성된 것입니다—그들이 이해되고 받아들여진다고 느낄 수 있는 안전한 곳에서 그들이 다른 선택들을 하고 싶어 하는지 알아보기 위해 그들의 잘못된 양육방식을 들여다봐야 하는, 때로는 힘든 일을 할 수 있습니다. 아이와의 안전한 유대는 그 아이에게는 첫 '담아 주는 환경'입니다. 또한 그곳은 아이가 때로는 문제해결이 어려울 수는 있지만, 언제나 '그리고' 안에서는 더 쉽고 더 성공적임을 배우는 곳입니다.

양육기간에 미국인들의 스트레스는 높다

2013년 미국심리학회(American Psychological Association)는 스트레스가 없는 것이 1점이고 스트레스가 굉장히 높은 것이 10점으로 평가되는 척도검사에서 소위 밀레니얼 세대(18~33세)와 X세대(34~47세)는 자기들의 스트레스를 5.4라고 평가했다고 발표했습니다―건강한 수준의 스트레스는 3.8로 여겨집니다. 스트레스를 줄이려는 의도를 분명히 밝혔음에도 불구하고, 이 연령대의 성인들은 스트레스를 관리하는 데 어려움을 겪고 있으며, 누워서도 걱정하며, 정기적으로 짜증과 분노를 경험한다고 말했습니다. 스트레스는 양육을 할 때 우리의 마음 상태에 영향을 미치는 주요 요인 중 하나입니다.

도움이 되는 수천 권의 양육서가 있고, 우리에게 자녀양육의 특정 측면에 대한 정보를 주거나 우리가 지지 기반으로 여기며 되돌아갈 수 있는 유용한 원칙과 철학을 제공해 주는 수많은 대면 프로그램들이 있습니다. 여러분과 여러분의 가족에게 맞는 방식으로, 성장하는 자녀를 돌볼 능력에 있어서 확신이 있는 부모로서 여러분은 의심의 여지없이 필요할 때 이런 자원을 활용할 것입니다. 우리는 다른 사람들의 조언에 경고하기 위해 여기 있는 것이 아닙니다. 그러나 조언을 잘 활용하는 열쇠는 어느 조언을 따르고 어떻게 그 조언을 따를 것인지에 대한 여러분 자신의 선택을 만드는 것에 확신을 갖추는 것입니다. 여러분이 완벽한 부모가 되고자 한다면, 최신 양육방법의 유행이 마치 생명을 구하는 처방인 것처럼 그것에 집착하고 그 교리를 고수할지 모릅니다. 하지만 '실패'하면 어쩌죠? 아니면 조언과 방법들이 약속대로 되지 않는다면 어쩌죠? 아니면 누군가가 '더 좋은' 계획으로 여겨지는 것을 가지고 온다면요? 다시 한번, 여러분의 부족함이 발견되었네요―여러분 자신이나 여러분의 육아 노력의 주변을 맴도는 무형의 감독관에 의해서 말입니다. 아마도 여러분은 양육에 대한 이 다음의 큰 움직임으로 넘어가서 이런 주기를 계속할 것입니다. 넘쳐나는 조언들은 시도할 수 있는 무한한 방법들을 여러분에게 알려줍니다―그리고 그런 조언들의 총 숫자는 더 나은 정보를 얻을 수만 있다면 완벽한 부모가 될 수 있다는 암시적인 메시지를 보냅니다. 아는 것이 많고 뛰어난 기술을 갖는 것이 나쁠 것은 없습니다. 하지만 이미 여러분이 알고 있는 것부터 시작해 보지 않겠어요? 안정감 서클은 지혜와 사랑에 대한 여러분의 타고난 능력에 계속 접촉하도록 하기 위해 여기 있습니다.

과잉양육. 헬리콥터 양육. 과잉간섭.

우리 주변에 실제 있는 것들입니다. 이는 부분적으로는 '전문가의 조언'이 주어진 결과입니다— 이 모든 것이 해야 할 것과 하지 말아야 할 것들의 기다란 목록에 추가됩니다(이 모든 것은 "옳은 것을 하세요. 그렇지 않으면…"이라는 밑에 깔린 메시지를 담고 있습니다).

압박. 압박. 압박.

누군가가 지네한테, 걸을 때 모든 발걸음을 세는 것이 가장 중요하다고 말해 주었기 때문에 지네가 걸을 수 없게 되었다는 이야기를 들어본 적이 있을 것입니다. 이는 양육 문화에서 일어나는 많은 일들과 관련이 있는데, 우리의 환경이 부모들에게 믿을 수 없을 정도로 숨 막히게 되어 버린 것은 '다음 단계(우리 아이에게 잠재적으로 잘못이거나 심지어 재앙적인)'가 내포하는 뜻이 우리를 제자리에 얼어붙게 하기 때문입니다. "내가 X를 하면, 그 애는 이렇게 될 거야. 그리고 내가 Y를 하지 않으면, 그 애는 저렇게 될 거야." 우리는 O, M, G와 W, T, F 사이 어딘가에 갇혀서, 신뢰할 수 있는 어떤 평가 기준도 없이 곤경에 빠진 느낌을 받습니다.

다행스럽게도, 반세기에 걸친 발달연구의 맥락에서 보면, 서서히 부모들이 이용할 수 있게 된 조용한 명료함이 있습니다. 그것은 해야 할 것과 하지 말아야 할 것에 대해서는 거의 말하지 않습니다. 오히려 우리가 해야 할 것과 하지 말아야 할 것들에 대해 이해하기 시작하면서 궁극적으로 스스로 선택하는 방법을 제공합니다. 애착 이론과 안정감 서클을 통한 이론의 실용적 적용은 우리에게 누군가 다른 사람의 '성공적인 양육방법 10단계' 프로그램을 따르지 않으면서 그런 선택을 할 수 있는 선택권을 줍니다.

듣기 어려울 수 있지만, 우리 아이들의 정서적 건강을 위한 양육은 정말로 건강한 선택을 할 것을 요구합니다. 그러나 어떤 구체적인 선택보다 더 중요한 것은 우리는 누구이며 그런 선택을 할 때 어떻게 느끼느냐는 것입니다. 만일 내가 어떻게 행복한 아기를 기르는지에 대해 단지 처방책을 따르거나 자세한 설명서를 읽는다면, 나의 아이는 그것이 자기를 위한 것이라 할지라도 조정당하고 있거나 관리되고 있다고 느낄 것입니다.

문제: 양육에 대한 '옳고 그름'의 접근방식에 대해 염려하지 않으면서, 실제로 내 아이에게 유익할 양육의 주요 측면을 어떻게 배울 수 있느냐는 것입니다. 이 페이지들을 읽는 동안에, 여러분이 양육에 대해 불안하거나 최근보다 더 불안하다면, 우리는 여러분에게 해를 끼쳤습니다. 그러나 만약 여러분이 하는 일(양육)의 중요성을 인식하고, 또한 여러분이 자녀에게 필요한 것을 제공할 분명한 방법을 어떻게 갖게 되는지에 대해 점점 더 안심하게 된다면, 우리는 우리가 제공하고자 하는 것을 정확하게 달성할 것입니다.

행동관리의 잘못된 방향

1장에서 우리는 20세기에 행동주의에 찬성하여 애착의 중요성이 경시되었다고 언급했습니다. 이는 행동이 중요하지 않다는 것이 아닙니다. 그것은 행동이 문제가 아니라는 것입니다―비록 여러분이 슈퍼마켓이나 유치원으로 가는 차 속에 그 '불가능한 아이'를 태우려고 한다면 문제라고 느껴질지라도 말입니다. 행동은 단지 메시지입니다. 하지만 우리 사회의 강조점은 여전히 아이의 행동에 있습니다. 일단 아이가 학교에 다니면 확실히 학습에 도움이 되는 행동은 중요합니다. 그리고 우리 모두는 자신의 목표를 이루려고 노력하는 동안에 다른 사람들과 그들의 목표를 불필요하게 방해하지 않으면서 세상을 헤쳐 나가게 해 주는 방식으로 행동할 필요가 분명히 있습니다. 그러나 가장 나이 어린 아이들의 경우에는 양육에서 초점을 맞추어야 하는 것은 행동이 아닙니다.

행동주의적 접근법은 작동이 될 때는 훌륭하지만, 이 접근법은 흔히 행동의 출현 밑에 깔려 있는 근본적인 문제는 다루지 않고 행동을 잠시 변경시킵니다. 이는 본래 순간적인 또는 피상적인 해결책에 대한 또 다른 시도이기 때문입니다. 성공적으로 우리 아이의 행동을 관리하는 것은 우리를 기분 좋게도 할 것입니다―그리고 만약 언제나 완벽을 목표로 하면서 필연적으로 부족한 것이 있다면, 우리는 확실히 그것이 필요합니다―왜냐하면 예의 바르게 잘 행동하는 자녀들은 부모로서 돌보는 기술에 대한 명백한 증거이기 때문입니다. '완벽한 부모-완벽한 자녀' 아이디어에 대해서는 나중에 자세히 알아보겠습니다. 지금은 자녀에게 애착을 형성하여 정서적 유대감을 경험하는 것이 어떠한 잘못된 행동을 '관리하는 것'보다 우리를 더 기분 좋게 할 수 있다고 말하는 것으로 충분합니다.

수년 동안 우리는 표면 아래의 수준에서 모든 아이들은 '지혜로우며 기다리고 있다.'는 사실을 보아 왔습니다. 아이들은 자기들이 가장 필요한 것이 무엇인지에 대한 타고난 지혜가 있으며, 마침내 자기들의 진정한 필요를 인식하고 반응해 줄 누군가를 찾을 수 있을 때까지 종종 몇 년 동안 기다릴 것입니다.

우리가 믿는 바가 행동에 대한 더 정확한 그림이라는 것을 알려면 빙산을 상상해 보세요. 표면에서는 거대한 얼음이 조금 노출되어 있는 것 외에는 아무것도 보이지 않습니다. 여러분이 보지 못한 것은 표면 아래 놓인 덩어리인데, 그것은 전체 빙산의 80% 이상을 차지합니다. 이제 여러분이 표면에서 보는 것은 아이의 행동이고, 여러분이 보지 못하는 것은 아이의 필요에 대한 우리의 지지와 조절을 바라고 있는 아이의 정당한 필요입니다. 우리 저자 세 사람은 다양한 환경(학교, 위탁가정, 가족상담)에서 위험에 처한 많은 아이들과 일해 오면서, 돌보는 사람들이 흔히 아이의 어떤 특정한(부정적) 행동의 표면 밑에 있는 정당한 필요에 대해 항상 자각하는 것이 얼마나 중요한지 깨닫게 되었습니다. 사실 우리 저자 중 한 명은, 젊은 위탁가정[2] 부모인데, 행동을 통해 "우리가 반대편에 도달할 때까지 이 방법을 고수할 거예요."라고 말하는 어떤 아이하고든지 그 아이와 함께 가만히 앉아 있어 보는 방법으로 전환하기 전에 칭찬 스티커판, 타임아웃, 논리적 결과, 그 결과가 별로 오래 가지 않는 다른 형태의 정적 강화와 부적 강화를 시도했었던 것을 기억합니다. 일단 감정을 나누면서 발전된 관계가 우리에 의해 양육되는 아이들의 경험의 중심에 오게 되면, 아이들의 문제행동은 흩어져 없어지게 됩니다. 우리 세 사람 모두는 그 필요(평범한 광경 속에 숨겨진)를 채워 주기보다 행동에 반응하는 것은 단기적 순응은 가져오지만 장기적 변화를 위한 기회는 놓치게 된다는 것을 배웠습니다.

우리의 관점에서 보면, 앞문으로 들어오지 못하는 감정은 뒷문으로 쫓겨나는 부정적인 행동으로 변한답니다.

---

2) 역주: 친부모가 아이를 양육할 수 없는 상황일 때, 일정 기간 친부모의 역할을 대신해 위탁아동을 보호·양육할 수 있는 가정

부모 아니면 친구?

빠른 답을 찾으면서, 최신의 처방책을 따르고, 기저에 있는 문제보다 증상을 치료하려 하는 것—이런 모든 양육 선택들은 너무 열심히 애쓴 결과입니다. 필사적으로 우리의 길을 찾으려는 이런 시도들은 표준을 유지하는 것이 불가능할 때 유일한 수단이 될 것입니다. 위험은 하늘만큼 높고 결코 실패는 허락되지 않는다고 믿을 때, 여러분은 도움이 될 만한 모든 것을 찾아다닐 것입니다.

애착은 확실히 정서적 유대입니다. 그러나 아이의 모든 필요에 있어서 아이를 위해 거기 있어 주는 것은 그 이상입니다. 그것은 필요할 때마다 부모-자녀의 짝에서 더 크고 더 지혜로운 어른으로서의 역할을 받아들이며 책임지는 것을 의미합니다. 최근 수십 년간 양육유형에 대해 허용적인 양육에서부터 권위주의적인 양육까지, 수많은 이야기를 해 왔습니다. 대부분의 전문가들은 권위 있는 행복한 중간을 이루라고 추천합니다—주어진 상황에서 특정 아이에게 무엇이 옳은지 안다는 확신과 그 믿음을 실행하기를 두려워하지 말라는 것이죠. 여전히, 베이비부머[3]가 경험한 '세대 차이'의 축소가 부모역할과 친구역할 사이의 경계를 흐리게 하는 데 도움이 되었을 수 있고, 오늘날의 부모들인 밀레니얼 세대와 X세대는 이런 (잘못된) 인식을 물려받았을 수 있습니다. 우리의 경험에서 보면, 부모보다 친구역할을 더 많이 하는 것은 종종 완벽주의의 또 다른 형태이며, 이는 다루기 힘든 갈등과 자녀들에게서 피할 수 없는 불행한 시간들을 두려워하는 것입니다. 물론 우리는 자녀들이 행복하기를 바라며, 그들과 친구가 된다는 것은 멋진 일이지만, 더 크고 더 지혜로운 존재, 일명 부모라는 맥락에서 그렇게 해야 합니다. 건강한 양육은 민주주의가 아닙니다. 아이들이 안전하고 안정되게 느끼기 위해서는 누군가가 충분히 자기들을 책임지며 돌보고 있다는 것을 알 필요가 있습니다. 심지어 그것이 인기가 없을지도 모를 결정을 하는 것에 대한 불협화음을 포함할 때조차도 말입니다.

---

3) 역주: 미국의 경우는 1946~1964년 사이에 태어난 세대를 지칭하며, 한국의 경우는 한국전쟁 직후인 1955년부터 가족계획정책이 시행된 1963년까지 태어난 세대를 지칭합니다.

불완전한(너절한) 우리 자신에 대한 짐

완전해지려는 압박은 단지 사회의 메시지에 대한 우리의 해석이나 바깥세상으로부터만 오는 것은 아닙니다. 우리가 자녀들에게 완벽한 부모가 되기 위한 방법을 선택하는 데에도 내적 원인이 있습니다. 우리 모두는 명시적인 기억과 암묵적인 기억들을 가지고 다니는데, 그 기억들은 우리의 모든 관계를 알려줍니다. 양육에 있어서 우리가 발견한 가장 중요한 것은 여러분의 행동이 아니라 그 행동을 보는 렌즈입니다. 예를 들어, 여러분이 '완벽하게' 자라도록 기대되었었다면, 여러분은 그런 기대를 여러분의 양육에 적용합니다. 여러분이 겪었던 고통을 자녀는 절대 느끼지 않도록 하고 싶다면, 이것 또한 여러분에게 건강하지 못한 짐을 지우는 것입니다. 양육은 물론 어느 정도 여러분이 무엇을 행하는가에 관한 것입니다. 그러나 그보다 더 중요한 것은 그것을 하고 있는 여러분이 누구인지에 대한 것입니다.

여러분이 실제로 행하고 있는 것 이상은 아닐지라도, 아이에게 실제로 전달되고 있는 것은 여러분의 마음 상태입니다. 우리가 가르칠 때 자주 반복하여 사용하는 문구는 아이들은 행간을 읽는다는 것입니다. 아이들은 행위에 집중하지만, 행위 뒤에 있는 우리의 마음 상태에 더 집중할 것입니다. 예를 들어, 만약 혼란이 지나간 뒤에 아이를 달래며 말로는 바른 말을 하는데 ("저런, 저런, 애야, 지금은 기분이 나쁠 거야.") 마음속으로는 "난 좋은 엄마가 아니야, 난 이것을 제대로 하기를 바라는데 아마 그렇게 하지 못할 거야."라고 생각하고 있다면, 여러분의 아이는 아이가 할 수 있는 만큼 완전히 진정되지 않을 것입니다.

우리는 다음과 같은 종류의 정보가 놀라운 구속처럼 보일 수 있다는 것을 알고 있습니다: "내가 이상적이지 않은 가정환경에서 태어났다면, 내가 아무리 애쓰더라도 아이는 나의 불안정감을 느낄 거야." 다행히 그것은 사실이 아닙니다. 우리 아이들이 알아차리는 것은 그들에게 가장 필요한 안정감을 제공하려는 우리의 깊은 의도입니다. 우리의 긍정적 의도성은 아이들이 가장 알기를 바라는 행간에 숨겨진 메시지입니다. 언제나 우리의 의도는 항상 완벽하지 않은 상황 속에서 그들이 필요로 하는 선함을 주려는 것입니다. 아이들은 완벽이 필요하지 않습니다. 아이들은 그들의 정당한 필요에 대한 우리의 헌신을 신뢰해야 하는데, 아이들의 정당한 필요에는 그런 필요가 무엇인지 이해하기 위한 명확하고 일관된 방법을 찾는 것에 대한 우리의 헌신을 포함합니다.

역사는 흔히 시야를 제한합니다

안정감 서클 같은 안내도(map)를 가지고 있을 때조차도 우리가 어린 시절에 배운 교훈은 때때로 자녀들이 필요로 하는 것에 대해 우리를 눈 멀게 합니다. 우리가 어린 시절에 안정애착의 혜택을 누리지 못했다면, 양육 선택권들을 행사하기 시작하는 것은 특별히 중요하고 어려울 수 있습니다. 여러분이 원하는 친밀감의 실현이 여러분을 비껴 갔나요? 무언가가 항상 여러분이 소망하는 삶을 추구하거나 성취하는 것을 방해했나요? 물론, 불안정애착이 여러분의 삶의 모든 불만스러운 것들을 만들어 냈다고 말하는 것은 심하게 과잉일반화하는 것이지만, 애착은 우리 삶의 모든 측면에 강력한 영향을 미치므로 어린 시절의 불안정은 여러분의 성인기 실망거리의 중요한 측면일 수 있습니다. 이 책은 여러분의 애착유형을 탐색하도록 해 줄 것이며, 원한다면 지금까지 여러분의 삶 전체에 걸친 애착의 의미를 탐구하게 해 줄 것입니다.

완벽한 아이 → 완벽한 부모?

완벽주의적 양육의 공통된 부작용은 완벽한 아이를 가지려는 것입니다. 이런 현상은 특정 애착유형과 관련이 있으며, 우리가 우리 자신의 양육현장으로 가져오는 부모와의 어린 시절 애착유대에 대한 암묵적 기억에 의해 작동됩니다. 그런 기억들이 우리의 양육의 끈을 당기고 있는지 인식조차 하지 못하고 있을 때 우리에게 어떻게 전해지는지에 대해서는 5장에서 좀 더 살펴보겠습니다. 그러나 우리는 모든 주변에서 완벽한 아이 패턴의 증거를 봅니다. 부모들이 얼마나 심각하게 자녀들의 성공을 자기들의 부모 '과업'을 얼마나 잘 수행했는지에 대한 반영으로 보는지 잘 이해하고 있는 애미 추아^{Amy Chua}의 2011년 책『호랑이 엄마의 전쟁 찬가(Battle Hymn of the Tiger Mother)』⁴⁾에 대한 반응을 잘 생각해 보세요. 그 책은 문화적 비평을 꾀했지만, 우리 아이들에게 완벽을 요구하

---

4) 역주: '이 치열하고 험난한 세상을 헤쳐 나가려면 남들보다 두 배로 노력해서 앞서 나가야 한다.'고 믿고 그렇게 자녀를 양육해야 한다고 주장하는 책(국내에서 '타이거 마더'라는 제목으로 출판됨)

는 것이 양육의 바른 길인지에 대한 뜨거운 논쟁의 주제가 되었습니다. "성공한 아이는 곧 성공한 부모이다(successful child equals successful parent)"는 공통된 견해(그것이 아이의 예의이든, 운동경기 열정이든, 지능이든, 외모이든 간에)는 우리가 인정하고 싶은 것보다 훨씬 더 만연해 있으며—더 설득력 있습니다.

게다가 우리 아이들을 '특별하다'고 특징 지으려는 충동이 있습니다. 이것 역시 5장에서 논의한 특정 애착유형으로부터 흘러나온 것입니다. 그것은 1장에서 언급한 바와 같이, 우리 아이가 좌절이나 짜증을 견뎌낼 수 없다고 추정하며 아이의 모든 감정을 과대평가하는 형태를 취할 수 있습니다. 우리가 곧 명확히 하겠지만, 모든 어려움과 갈등이 다가오지 못하게 지키려고 최선을 다하며 자녀를 과잉보호하려는 시도는 그들로부터 회복력에 필수적인 역량 구축을 빼앗는 것입니다. 회복력은 이상적이지 않은 상황에 직면해서 함께 문제를 해결하고 이해해 주는 지원의 맥락 내에서만 배울 수 있는 기술 세트입니다. 아니면, 그것은 마치 아이가 독특하게 재능이 있으며 본래적으로 또래보다 뛰어난 것처럼, 아이를 과대평가하는 형태를 취할 수 있습니다. 1장에서 썼듯이, 아이에게 남들보다 뛰어나다고 말해 주는 것은 아이의 자아존중감을 키우지 않습니다. 오히려 아이의 자기애적 특질을 키웁니다. 부모의 사랑을 신뢰하는 아이의 안정애착이 자아존중감을 키웁니다.

물론 오늘날 부모들이 가장 압박을 받는 관심 중 하나는 자기 아이들이 '뒤처지지' 않을까 하는 것입니다. 우리 대부분은 '무엇에 뒤처지는가?'라는 질문에 어떻게 대답할지조차 모르며, 아이들을 앞으로 밀어내지 않으면 우리를 비껴가게 될 목표에 대한 희미한 이미지가 우리를 걱정에 잠기게 합니다. 이 걱정의 초점은 흔히 인지발달입니다. 우리 아이들은 미래에 가고자 하는 곳(또는 우리가 그 아이들이 가기를 원하는 곳)으로 가기 위해 충분히 영리하고, 충분히 교육받고, 학습에서 충분히 성취할까요? 조기교육에서 무엇이 강조되어야 하는지에 대한 논쟁이 뜨겁습니다. 사회적 발달, 정서지능, 상상력과 창의성 또는 지적 능력? 미국에서 우리는 여전히 가장 뒤에 있는 것(지능)에 주로 초점을 두지만, 우리가 성인 시장에서 가장 큰 경쟁자로 여기는 나라들은 학교생활의 처음 몇 년 동안 놀이와 사회화를 강조하는 경향이 있습니다—그리고 그 나라들은 중등학년에서 더 높은 인지와 성취 점수를 만들어 냅니다. 이러한 나라들은 아이들의 인지, 사회, 정서 발달에서 놀이의 중요성을 인식합니다. 자녀의 처음 놀이터에서 여러분과 자녀와의 관계를 생각해 보세요: 그 놀이터는 정서적으로 견디지 못하는 것이나 두려움이 만들어 낸 속박감 없이 자기 세계를 안전하게 탐험할 수 있는 세상입니다.

우리 아이들의 인지적 능력에 대한 걱정은 자연스러운 것이지만, 그것은 지금 바로 여기에서 일어나는 일보다 아주 멀리 있는 수평선에 초점을 맞추는 징후입니다. 가장 나이가 어린아이들에게는 지금 여기는 모든 것이며, 그들이 처리하기에 충분히 많은 것입니다. 우리가 이 책 전체에서 많은 초점을 두는 것은 이러한 정확한 주제와 관련이 있습니다. 부모가 어떻게 자녀들이 필요로 하는 것에 '지금도 승리하고 나중에도 승리하는' 접근 방식으로 정서적 안정감을 우선시할 수 있을까요? 여기에 빠른 최고의 법칙이 있습니다: 아이들이 생애 초기에 중요한 관계에서 안전함(safe)과 안정됨(secure)을 더 많이 느낄수록, 아이들이 성장하면서 나타나는 도전과 기회들에 직면할 때 더 느긋하고 더 잘 회복합니다.

그렇다면 우리 아이들을 위한 안정애착을 어떻게 확보할 수 있을까요

부모들에게 좋은 소식은 양육방법을 아는 것이 복잡할 필요가 없다는 것입니다. 안내자로서 우리의 본래적인 능력(이미 우리 안에 깊게 장착된 것)을 가지고, 우리는 소위 양육이라는 과업을 실제로 선물과 특권에 훨씬 더 가까운 것으로 여기면서 거기에 뛰어들 수 있습니다. 자녀들에게 최선을 제공하려는 우리의 진정한 원함과 우리에게서 이것을 끌어내는 자녀들의 거대한 능력을 인식하고 신뢰한다면, 양육은 대체로 쉬워집니다.

여러분은 아마도 이제 우리가 "주무세요, 절대 부담 갖지 마세요, 양육은 식은 죽 먹기예요."라고 말하는 게 아니라는 것을 아실 겁니다. 그보다, 우리는 일단 부모로서 우리의 긍정적인 의도성을 신뢰할 수 있고 자녀의 필요를 명확히 이해할 수 있는 로드맵[5]으로 바꾸어줄 수 있는 단순한 시각적 이미지를 갖게 된다면, 양육의 '어려운 일'이 뭔가 훨씬 더 편안해질 수 있을 거라고 제안하는 것입니다.

---

5) 역주: 로드맵(road map)은 자동차 여행용 도로 지도를 이르는 말로 일의 지침서를 뜻하기도 하는데, 여기서는 자녀양육의 지침서가 될 수도 있으면서 자녀들의 필요를 찾아보기 쉽게 만들어진 3장의 안정감 서클 그림을 의미합니다.

1장의 레이^{Lei}와 그의 아빠를 생각해 보세요. 또한 아기 소피^{Sophi}와 엄마를 생각해 보세요. 그런 단순하고 자연스러운 상호작용에서 여러분은 보살핌을 받으려는 아기의 생득적인 행동 성향을 볼 수 있고, 부모 편에서 보살핌을 주려고 하는 비슷한 생득적인 행동 성향을 볼 수 있을 것입니다. 비록 그것이 아기의 처음 며칠과 몇 주 동안에는 그렇게 명백하지 않지만, 출생 후 머지않아 아이가 탐험을 시작하는 것을 볼 수 있습니다. 어느 놀이터라도 가 보세요. 여러분은 레이와 아빠 사이에 일어난 것과 똑같이 주고받는 모습을 볼 것입니다: 레이는 달려 나가서 자기의 세계를 탐험하고 그 세계와 상호작용하는 자기 능력을 보고 싶습니다; 아빠는 그것을 가능하게 해 주기 위해 거기 있습니다. 그리고 여기 5개월 후의 소피가 있습니다:

한나는 식탁 위에서 컴퓨터로 일하고 있고, 소피는 보행기를 타고 방 여기저기를 돌아다니고 있습니다. 소피가 옹알거리며 소리를 낼 때, 한나는 소피와 서로 쳐다보며 싱긋 웃습니다. 그때 전화벨이 울립니다. 프로젝트가 어떻게 진행되고 있는지 알고 싶어 하는 한나의 가장 큰 고객입니다. 그녀가 진행과정을 설명하고 있을 때, 소피의 목소리가 올라갑니다. 옹알거림은 높은 음의 비명이 됩니다. 이 작은 소녀는 우는 게 아니고, 짜증내는 게 아니지만, 그 목소리는 너무 명령적이어서 한나는 즉시 돌아보게 되고, 그녀의 고객이 믿기지 않는다는 듯이 "이 소리는 뭐죠? 강아지 소리인가요?"라고 말할 때 웃음을 참아야 했습니다.

소피는 이 어린 나이에 혼자서 방을 돌아다니는 동안 한나가 그곳에 있다는 것을 믿을 수 있을 만큼 충분히 안전합니다. 소피의 탐험하는 노력에 대한 이런 지원은 없어서는 안 될 것이기 때문에, 소피가 엄마의 주의가 다른 곳으로 쏠렸음을 알아차릴 수 있었을 때, 소피는 엄마를 불러오기 위해 '사이렌 노래'를 사용합니다. 만약 엄마가 신뢰할 만한 사람인지 반복해서 보여 주지 못했었다면, 소피는 전혀 시도하지 않았을 수 있습니다. (1년 뒤에, 소피는 어느 날 유모차에서 사이렌 노래를 시도하며 경적을 울렸습니다. 한나는 소피가 낯선 행인이 자기 부모와 같은 방식으로 반응하는지 알고 싶었던 거라고 확신했습니다. 물론 그 행인들은 그렇게 했습니다.)

소피는 자기 이름을 알기 전에 엄마를 잘 알아보았고 돌보는 가족들이 자기를 달래려고 사용하는 언어를 이해했습니다. 소피는 엄마보다 먼저 유대의 중요성을 파악했을 것입니다. 이것은 안정애착이 싹트기 시작하는 모습입니다. 그것이 언제나 예쁜 것은 아니지만 (소피에 대한 업데이트를 지켜봐 주세요), 이런 유대의 아름다움은 역사적으로 시와 예술을 통해 잘 묘사되어 있습니다.

우리 모두에게 기쁜 소식은 애착이 발생한다는 것입니다. 문제는 아이가 애착되느냐가 아니라 애착의 질이 어떠하냐는 것입니다. 그것은 부모가 아이의 필요에 답하고 불편을 해소해 주느냐가 문제가 아니라 그 방법을 알고 있느냐(아니면 나중에 논의하게 될 다른 이유로 그 방법을 볼 수 없느냐)가 중요합니다. 우리가 발견한 것은, 주 양육자의 애착에 대한 생득적인 행동 성향이 붕괴되었을 때조차, 아이의 애착추구는 강하게 전진할 수 있다는 것입니다.

놀랍게, 적은 도움으로도 많은 부모들이 최악의 확률을 이겨냈습니다. 우리의 처음 안정감 서클 그룹은 가난과 낮은 학력에서부터 학대와 최근의 약물중독 문제에 이르기까지 전형적으로 현재와 과거의 다양한 문제들과 고군분투했습니다. 이것은 매우 어려운 상황으로 스로우페^{Alan Sroufe}가 말한 강력한 효력을 발휘하는 유형에 해당합니다: "영아의 발달은 아기를 둘러싸고 있는 돌봄과 불가분으로 묶여 있습니다. 마찬가지로, 주 양육자가 제공하는 돌봄은 양육자 주변의 스트레스와 지원의 특질에 의존하고 있습니다." 십대의 한부모(single) 엄마들, 매일매일을 극복하기 위해 열심히 애써야 하는 자들―그리고 오늘날 많은 '평범한' 부모들―에게 그런 스트레스와 지원이 극악할 때, 민감하게 아이의 필요를 채워 주거나 필수적인 일관성과 이해로 대해 주기는 어렵습니다.

20년 이상 우리는 십대들과 일해 왔으며 최근에는 양육의 도전을 감당하기 어려워하는 노숙자 부모들과 일하고 있습니다. 많은 십대들이 울면서 우리 프로그램에 왔고―그들이 어렸을 때 경험했던 학대와 방임의 순환을 계속하게 될까 봐 무서워했습니다. 건강한 애착형성을 장려하는 부모 친화적인 접근방식의 도움으로 십대들 다수가 애착 연구자들이 '획득된 안정감(earned security)'이라 부르는 것으로 향하는 길에서 자녀와 자신들을 지원할 수 있는 매우 성공적인 부모들로 변화되어 갔습니다. 우리는 그들에게 불리한 뜻밖의 일들이 생겨도, 그들이 타고난 사랑과 돌봄을 활용하여 자녀에게 순수하고 지속되는 안정감을 제공하는 것을 반복해서 보아 왔습니다.

그만큼 심한 어려움을 겪지 않은 우리는 어떤가요? 만약에 레이의 아빠가 딸에게 최고의 교육, 편안한 집, 가장 영양가 있는 음식을 제공하는 데 시간을 투자하면서 딸과의 일대일 접촉은 유모와 다른 어른들에게 맡겨 두었다면, 레이는 오래 건강하고 행복하게 자랐을까요? 그녀는 잘할 수 있었을지도 모릅니다. 많은 변수들이 아이의 발달에 영향을 주니까요. 그런데 만약 레이가 갓난아기 때부터 한 명의 유모나 할머니 아니면 친척이, 우리가 놀이터에서 보았던 것과 같이 돌봐 주었다면, 그 애는 여전히 건강한 발달의 토대를 마련해 주는 주 양육자에게 안정애착을 갖게 되었을 것입니다. 그리고 앞서 말했듯이, 그 애는 여전히 부모에게 애착을 가졌겠지만, 일차적으로 양육했던 자에게보다는 덜 애착을 갖게 되었을 것입니다. 다른 사람과의 친밀하고 지속적인 관계의 역할을 무시할 수는 없습니다.

레이가 아빠와 공원에서 주고받았던 그런 종류의 상호작용 패턴이 없는 돌봄을 받는다면, 레이는 다른 아이들이 노는 동안 행복한 척하며 구석에 앉아 있는 아이가 될 수도 있습니다. 레이는 친구 사귀기가 어려울 수도 있습니다. 왜냐하면 그 애는 상처받은 사람을 어떻게 달래 주는지 모르거나 의견들이 서로 다른 것이 자연스러운 것임을 이해하지 못하기 때문입니다. 레이는 자신을 '방해 받기에는 너무 특별하다.'고 여기거나 '속하기에는 너무 미숙하다.'고 여기면서 자랄 수 있습니다.

다행히, 공원에서와 같은 많은 장면들은 자연스럽게 올 것입니다. 그리고 만약 많은 시간 동안에 상황이 그렇게 펼쳐진다면 여러분 아이의 자기(self)는 발달할 것이고 건강한 발달이 확실할 것입니다. 대부분의 경우, 여러분의 아기와 안정애착을 형성하는 것은 아주 쉬울 것입니다. 우리는 카렌[Robert Karen]이 다음과 같이 정리했던 것보다 더 잘 정리할 수 없었습니다:

> 여러분은 부자이거나 영리하거나 유능하거나 웃길 필요가 없습니다. 단지 거기에 있어야 합니다. 거기에 있어야 한다는 것은 두 가지 의미에서 그렇습니다. 여러분의 자녀에게, 여러분 자신을 줄 수 있다는 것을 제외한 나머지는 어떤 것도 중요하지 않습니다. 게다가 뛰어난 엄마가 될 필요도 없고, 위니컷의 유명한 표현대로 '충분히 괜찮은(good enough)' 엄마가 되면 됩니다.

모든 부모를 위한 확실한 법칙으로 충분히 괜찮다는 것은, 글쎄요, 충분히 괜찮다는 것입니다.

소피와 한나의 5년 뒤를 보세요:

소피는 방과 후에 집으로 달려 들어오면서 '벨라^{Bella}의 유모가 하고 있는 것과 똑같은' 새 모양의 문신을 하고 싶다고 소리칩니다.

한나는 코웃음치고 웃으면서 "그래, 정말 대단한 소리로구나!"라고 말합니다. 소피는 눈물을 터뜨리며 책가방을 내려놓고 자기 방으로 달려갑니다. 한나는 한숨을 쉬며 아이의 책가방을 집어 들었는데, 가방 주머니 밖으로 삐져나온 커다란 날개를 가진 새(용인가?)를 그린 난해한 (적어도 다섯 살짜리에게는) 그림을 발견합니다. 딸의 방으로 가서 침대에 걸터앉아 "애야, 이건 정말로 아름답구나!"라고 말합니다. 침묵. "아마도 우린 바디페인트를 좀 찾아볼 수 있을 거야." 더 많은 침묵. "벨라의 유모는 정말 근사하구나! 그치?" 소피는 힘차게 고개를 끄덕이고 흥분하면서 25세 유모가 자기 팔에서 '살고 있는' 불사조에 대해 말해 준 이야기를 신나게 하기 시작합니다.

소피는 자기가 말을 할 수 없을 때조차 엄마는 자기가 필요한 것이 무엇인지 이해한다는 것을 알게 되었습니다. 그것이 때로 엄마가 그것을 해 주지 않을 때는 너무 마음이 아픈 이유입니다. 다행히, 엄마는 대게 그것을 알아내고, 다시 한번 모든 것이 괜찮아집니다.

부모와 자녀들이 더 가까워지고 더 공감하는 관계가 되게 하도록 만들어진 수많은 접근법과 프로그램들이 생겨났는데, 그것들은 모두 강점들이 있습니다. 우리는 수십 년간의 애착연구를 가능한 한 잘 이해할 수 있도록 만들어서 부모에게 자녀와의 안정된 애착을 지원할 수 있도록 한다는 구체적인 목표를 가지고 안정감 서클 프로그램을 설계했습니다. 우리의 접근 방식은 다음과 같은 것을 제공하기 위해 만들어졌습니다:

- 자녀의 정당한 필요를 이해하는 방법
- 그런 필요들을 어떻게 보는지를 이해하는 방법(어떻게 어떤 것은 다른 것들보다 더 받아들여지는 것으로 느껴지는지)
- 특정 필요들은 환영하면서 다른 것들과는 씨름하는 이유를 이해하는 방법
- 자녀가 필요로 하는 것을 우선시하기 위해 자신의 불편함을 무시하려는 어떤 부분을 평가하는 방법

다음 장들에서는 안정애착을 어떻게 형성하는지와 그렇게 해야 하는 이유를 알게 될

것입니다. 우리 논의에 바탕을 두고 있는 주제는 여러분이 지금 여기 나열하는 것을 신뢰하도록 초대하려는 데 있습니다. 즉, 여러분 자신, 타고난 지혜, 최선을 다하려는 의도, 최선을 다하는 데 방해가 될 수 있는 것이 무엇인지 찾아내고자 하는 호기심입니다. 우리는 부모의 신뢰가 결국 아이의 신뢰를 세우는 것을 반복해서 보아 왔습니다―어린 자녀에게는 너무 혼란스러운 정서적 필요에 대한 도움을 주기 위해서 여러분이 거기에 있을 것이고, 하루 중에 더 크고 더 지혜로운 누군가가 개입해야 하는 수많은 순간에 여러분이 책임을 질 것입니다. 안정감 서클은 다음에 이어서 이 책의 나머지 부분에 대한 뼈대가 되는 구조를 제공하는 방법으로 여러분을 도와주어서 이러한 상호신뢰와 안정애착을 구축하도록 설계되었습니다.

완벽주의와 자기비난에게 작별인사 하기

지구상의 모든 부모가 다음과 같은 단순한 사실을 공통으로 가지고 있다고 가정해 보세요: 즉, 우리 모두는 부모로서 정확히 12가지 결함이 있는데, 이런 결함은 모든 부모들에게 똑같은 것은 아닙니다. 우리 중 많은 사람들은 비슷한 패턴에 들어맞는 비슷한 구성을 가지고 있는 반면에 실제로는 어떻게 엉망인지에 있어서는 놀랍도록 서로 독특합니다.

이제 여러분에게 12가지 결함을 다루는 것을 거의 불가능하게 만드는 13번째 양육 결함이 없다면 12가지 결함을 가지고 있는 것은 실제로는 문제가 아니라고 말하는 누군가가 있다고 해 봅시다. 이 13번째 결함이 무엇일까요? 그것은 12가지의 결함을 가져서는 안 된다는 신념입니다. 여기 13번째 결함에 대한 거래가 있습니다: 그것은 항상 비난을 포함합니다. 이 비난은 부모로서 우리의 어려움이나 불완전성을 위한 '대답'은 언제나 있으며 우리는 그것을 이미 알아야 한다는 환상 위에 세워졌습니다. 숨겨진 (교활한) 메시지: "불완전성이란 양육에 속한 것이 아니다." (그 메시지에 대해 행운을 빕니다.)

우리가 아는 만큼은 이렇습니다: 우리는 모두 부모로서 고군분투합니다. 모두가요. 완전한 사람은 없습니다. 정말로, 완전해지려는 모든 시도는 본질적으로 불완전함의 표시입니다. 우리가 부모로서의 결함들과 싸울 때 그것들은 돌로 변해서 우리가 겨우 견딜 수 있는 무게로 우리를 깔고 앉습니다. 그러면 우리는 계속해서 스스로를 괴롭히면서 수치심과 죄책감에 빠지거나, 잘못하지 않은 것처럼 가장하면서 불가피하게 비난할 다른 누군가를 찾습니다 (우리의 자녀, 우리의 부모, 우리의 양육자). 우리가 우리의 피할 수 없는 결함을 존중할 때, 부모로서 우리가 잘못한 것들에 대해 친절과 용납과 이해를 가져올 수 있을 때, 뭔가 변합니다. 새로운 가능성과 놀라운 뜻밖의 일들이 우리와 자녀들에게 나타나기 시작합니다.

비난은 부모가 더 나은 부모가 되는 데 도움이 되지 않습니다. 우리 자신에 대한 친절함은 양육이란 참으로 몹시 어려운 과업이며, 우리 모두는 실수하며, 자녀를 위해 최선을 다하려는 우리의 깊은 의도가 중요하다는 것을 이해하는 것에서부터 흘러나옵니다. 계속 말씀드리는데, 아이들은 행간을 읽는 데 있어서 매우 훌륭합니다. 그들은 언제 우리가 불안해하고 자기비판적인지 말할 수 있습니다. 아이들은 또한 우리가 종종 어려운 상황에서 최선을 다하는 자신에 대해 존중할 수 있는 때를 인식할 수 있습니다.

우리 자신에게 친절한 것은 우리가 가장 사랑하는 사람들에게 친절할 수 있는 능력을 증진시켜 줍니다. 아마도 우리가 불가피한 12가지 양육 결함을 기꺼이 존중하려는 것에서 우리 자녀들은 그들이 가장 필요로 하는 것을 얻을 수 있을 것입니다. 그렇기 때문에 이 책은 4장에서 더 자세히 읽게 될 '담아 주는 환경'으로 설계되었습니다. 우리는 자녀 양육의 원동력이 무엇인지 탐색하도록 안정된 기지를 만들어 주어서, 여러분이 완벽주의에 대해 항상 존재하는 장애물을 극복할 수 있게 해 주기를 소망합니다.

긴장을 풀어 자신감 되찾기

여러분이 옳게 하고 있는지 아닌지에 대해 계속 불안해하면서 양육을 열심히 하는 것은 자녀가 안정감을 갖게 하는 데 도움이 되지 않을 것입니다. 안정된 양육이란 실제로 우리가 충분히 괜찮다고 신뢰하면서, 우리가 자녀에게 도움이 되는 편안한 지대(comfort zone)에 있다고 기꺼이 믿고 우리의 선택에서 긴장—많든지 적든지—을 푸는 것에 관한 것입니다. 이 책이 여러분으로 하여금 묻는 습관을 갖도록 도와줄 질문은 여러분의 자녀가 무의식적으로 물을 질문입니다: "이것은 이 특정 순간에 자녀의 실제적 필요에 관한 것인가요, 아니면 괜찮은 부모가 되기 위한 여러분의 필요에 관한 것인가요?" 우리가 절대로 지치지 않고 말하는 것처럼, 자녀들은 거의 언제나 표면 아래에서 무슨 일이 일어나고 있는지 압니다: "잘못하고 있지 않다고 확신하기 위해서 무엇이든 하고 있는 것이 너무 불안한가요, 아니면 지금 여기에서 실제로 필요로 하는 것에 초점을 두고 있나요?" 아니면 "차분하게 (제발) 진정하고, 엄마는 괜찮고 우리는 이 어려운 순간을 헤쳐 나갈 길을 찾을 것이라고 믿을 수 있나요?" 말하자면, "엄마가 스스로를 충분히 괜찮다고 믿을 수 있을 때, 저는 진정할 수 있고 걱정거리 속에서 저에게 가장 필요한 달래기를 찾을 수 있답니다."

독일의 최근 연구가 보여 주는 것은 갓난아기에게 방심하지 않거나 초집중하기보다는 긴장을 풀고 여유를 갖는 부모들이 덜 불안한 아기들을 갖는다는 것입니다. 너무 집중하거나 지나치게 관여하는 것은 실제로 아이에게 압도적으로 느껴집니다. 메시지는 이것입니다: 아기들과 어린아이들은 우리가 행하고 있는 행위만큼이나 우리가 행하는 것의 밑에 있는 말투를 알아챌 수 있는 것 같습니다. 만일 우리가 걱정을 하면, 그들은 그것을 어떻게든 인지합니다. 이 연구가 시사하는 것은 부모들이 감정을 조절하도록 도와주는 것—그래서 그들이 자신감을 가지고 쉽게 자녀에게 오는 것—이 매우 중요하다는 것입니다. 그것은 심지어 핵심이 될 수 있습니다.

그렇습니다. 우리의 경험에서 가장 잘한 것은 부모들이 양육배경 환경을 이해하고, 간단한 로드맵(다음 장에서 삽화로 소개하고 자세히 설명한 안정감 서클)을 통해 핵심 주제들이 있다는 것을 깨닫도록 도와준 것입니다. 그런데 그 핵심 주제들은 인식되고 응답되어야 하지만, 절대로 두려움이나 불안, 또는 모든 일을 '꼭 올바르게' 하려는 압박의 태도로 되어서는 안 됩니다. "저는 이것이 중요하다고 믿기 때문에 이렇게 반응할 수 있는 것이지, 그렇게 하지 않으면 제 아이들에게 돌이킬 수 없는 해를 줄 것처럼 느껴지기 때문에 하는 것이 아니랍니다."

우리의 눈을 서클에 고정하기

일상의 번거로움이 자녀에게 자신감 있고 차분하게 반응할 수 있는 우리의 능력을 방해할 때, 끊임없이 그렇게 방해할 때, 우리는 발생하고 있는 일로부터 쉽게 멀어질 수 있고, 그 순간에 아이가 우리로부터 필요로 하는 것을 볼 수 없습니다. 아이는 잠시 동안 안겨서 위로받아야 할 필요가 있나요? 아이는 삶에 대한 상상력과 열정을 가지고 달려 나가고, 모든 것이 너무 무서워질 때 누군가 자기를 위해 대기하고 있다는 자신감을 가지고 나가서 탐험할 필요가 있나요? 우리는 일을 끝내고 '좋은' 부모가 되기 위해 서두르다가 때때로 이런 질문으로 뛰어들게 됩니다: "왜 내 아들은 당장 이 순간에 위로가 필요죠?" 또는 "왜 내 딸은 잠 잘 시간이 되면 뛰고 싶어 안달이죠?" 물론 문제해결 과정에서 요구되는 것이 무엇이든지 잘 헤쳐갈 수 있도록 특정 필요의 이면에 있는 것을 파악하려는 것은 합리적입니다. 하지만 먼저 우리는 필요 자체를 식별할 수 있다는 것을 알아야 합니다. 3장에 충분히 정밀하게 표현된 안정감 서클은 우리 아이가 좋는 것이 무엇인지 혼란스러울 때마다 불러낼 수 있도록 우리 마음에 각인될 수 있습니다. 그 필요를 알아주고 수용하는 것은 아이와 아이의 독특성에 대한 더 깊은 이해를 향한 먼 길을 가게 할 것입니다.

함께-있어 주기: 아이의 정서와 필요에 조율하기

'올바르게 해야 한다.'는 압박은 우리들 중 많은 사람에게 끊임없이 무언가를 하도록 요구합니다. 그것이 최신 양육방법에 관한 조언을 읽는 것이든, 아이들을 최고의 학교에 보내는 것이든, 아이들의 행동을 관리하는 것이든 말입니다. 주로 미래에 초점을 맞추는 것(그 애가 장차 성공하기 위해서는 무엇이 필요할까?)에 대한 해독제는 우리가 '함께-있어 주기(Being-With)'(그 아이는 지금 당장 무엇이 필요한가?)라고 부르는 것입니다. 이것은 우리가 자녀와 감정적 경험을 공유(완전히 우리 것으로 받아들이지 않고)하면서 아이가 힘든 감정을 이해하고 조절하도록 도와주고 아이가 그 과정을 통과할 때 아이와 함께 머물러 주는 민감한 조율 상태입니다. 함께-있어 주기란 가만히 앉아 있는 것입니다—여러분 자녀의 경험을 변화시키려고 하지 않고 그것을 수용하며 비슷한 감정들과 싸우는 한 인간으로서 거기에 아이와 함께 있다는 것을 보여 주는 것입니다. 함께-있어 주기란 대부분의 우리 성취자들에게는 연습이 필요하지만, 안정애착 양육을 향한 먼 길을 가게 해 줄 것입니다. 그것은 4장의 주제입니다.

서클 위에서 우리의 손을 유지하기: 민감한 반응과 책임지기의 균형

실제로, 이 두 가지는 상호배타적입니다. 안정감 서클의 큰 '원칙'은, 가능할 때마다 여러분 자녀의 필요를 따르는 것이고, 필요할 때마다 책임을 지는 것입니다. 어떤 순간에라도 무엇이 최상의 반응인지 알아내기 위해서는 우리가 아이와 함께-있어 주기를 해야 하고 또한 부모로서 더 크고, 더 강하고, 더 지혜롭고, 항상 자상하다는 것을 기억해야 합니다. 우리는 먼저 부모이지 친구가 아닙니다. 감정적 불편함은 우리가 책임지고 자녀들이 현재의 어려움을 헤쳐 나갈 방법을 찾도록 도와줄 때 관리될 수 있습니다. 문제들은 풀릴 수 있습니다―함께할 때―우리가 주는 신뢰와 격려로 말입니다. 우리는 마음속에 있는 안정감 서클의 안내도를 가지고 자녀의 필요를 더 능숙하게 직관하게 될 것이고, 함께-있어 주기를 통해 가능해진 조율로 자녀들이 정말로 서클 위의 어디에 있는지를 더 잘 알게 될 것입니다. 함께-있어 주기와 더 크고, 더 강하고, 더 지혜롭고, 자상하기는 4장에서 다룹니다.

우리의 가방을 분류하기

우리의 작업에서 가장 큰 발견은 서클에서 부모들이 자녀의 특정 필요를 인지하고 반응하는 데 자주 어려움을 갖는다는 것이었습니다. 그러나 그들은 자기들이 이렇게 즉각적으로 반응하는 것을 전혀 보지 못할 것입니다. 왜냐하면 이러한 즉각적 반응은 자신들의 어린 시절 양육과 애착의 경험에 뿌리박고 있기 때문입니다. 이 말이 여러분이 하는 모든 것이 여러분의 부모님 잘못이라는 것을 간접적으로 말하고 있는 것이 아님을 제발 알아주세요. 사실, 우리들의 삶에서 발견해 온 것처럼, 우리 부모님들의 애착유형을 탐색하려 애쓰는 것은 그분들과 그분들이 겪었던 어려움에 대해 연민과 공감을 불러일으키는 길을 열어주었습니다. 여러분은 완벽해지는 것이 여러분의 부모님에 의해 높게 평가되었기 때문에 '완벽한 아이'를 갖고 싶은 충동을 느끼나요? 어렸을 때 부모님 곁에서 멀리 떨어져 가려 하는 것을 부모님이 좋아하지 않으셨기 때문에 여러분의 자녀가 독립을 향해 나아갈 때 불편하게 느끼나요? 얼마만큼 여러분의 애착유형을 파고 들어가고 싶은지는 여러분에게 달렸지만, 5장에서 그것이 양육의 끈을 어떻게 잡아당기고 있는지 소개될 것입니다. 그리고 6장에서 자녀들의 필요에 관한 이런 메시지들을 우리가 어떻게 아이에게 전달하는지 배우게 될 것입니다. 아이들은 우리를 덜 걱정하게 하고 덜 가용적이게 하려고, 우리가 불편해하는 그들의 필요를 나타내지 않고 피하는 방법으로 협조합니다. 자녀들이 우리가 불편해하는 필요를 숨기려고 어떻게 애쓰며 행동하는지 이해하는 것은 우리가 인식할 수 없는 정신적 메시지를 무시하고 우리가 만들어 내기 원하는 안정애착을 형성하는 데 도움이 될 수 있습니다.

안정애착의 여정에 행운이 있기를 바라며

우리가 이 책을 쓰는 이유는 우리 세 사람은 애착이 왜 중요한지 직접적으로 알기 때문입니다. 이런 앎의 어떤 부분은 수십 년 동안 우리의 클리닉에서 자신들의 가장 어린 시절에 자신들과 다른 사람들에 대해 형성되었던 핵심적인 결론들로 계속해서 되돌아가서 그것들을 점차적으로 변화시켜 갈 필요가 있었던 어른들과 함께 작업했던 결과입니다.

그러나 그것은 약간 개인적인 것이기도 합니다. 안정감 서클의 공동 창작자로서 우리도 서로에게 우리 자신들의 애착경험은 어땠는지, 그 경험이 삶에 어떤 영향을 주었는지 질문해 왔습니다. 알고 보니, 우리 각자도 현재 우리가 함께 작업하고 있는 부모들이 이해할 수 있도록 돕고 있는 바로 그런 문제에 직면하면서 크고 작은 어려움을 겪어 왔던 가족 출신이라는 것이었습니다. 말하자면, 이 작업은 안에서 밖으로 만들어진 것인데, 이는 우리들이 개인적으로 건강한 애착이 정말로 얼마나 중요한지에 대해 이해한 맥락 안에서 최근 연구들을 이해한 것이랍니다.

이 책 전체에서 볼 수 있듯이, 초점은 안정애착을 지원해 주는 풍요로움과 가치에 있습니다: 이는 삶이 형통할 때 기쁨을 주고 삶이 어려울 때 회복력을 주는 특정한 종류의 관계 안에서 배운 능력입니다. 애착 안정성은 그 자체가 보상입니다: 안정성은 일단 형성되면 그것을 경험한 사람들에게 깊은 신뢰와 정서적, 지적, 그리고 대인관계적 수준에서 평생 동안 지속적인 성취를 지원하는 성공의 기회들을 제공해 줍니다.

그것이 여러분이 읽게 될 좋은 소식입니다. 거기에 나쁜 소식은 없지만, 안정애착으로의 여정이 전적으로 평탄하고 수월하다는 것을 의미하지는 않습니다. 애착연구에 착수한 초기에, 안정애착을 위해 필요한 것이 무엇인지와 우리 자신의 성장과정에서 무엇이 결여되었을 수 있는지에 대한 의미를 인식했을 때 우리 각자가 특정한 어려움을 느끼는 것은 드문 일이 아니었습니다. 이런 뜻밖의 사실들은 처음에는 어려울 수 있습니다. 비록 그 사실들이 우리를 궁극적으로는 우리 자신의 부모님들은 최선을 다하셨지만 실제로 무엇이 잘 작동하지 않았는지 무엇이 더 효과적이었을지 알 길은 없으셨다는 통찰로 이끌어 준다 할지라도 말입니다. 이 책은 여러분에게 무엇이 잘 작동되고 있는지 어디에서 여러분이 정말로 충분히 괜찮은 부모가 되려고 발버둥치고 있는지 인식하도록 도우려는 우리의 시도입니다. 우리는 여러분의 여정을 진행해 갈 때 이 책이 여러분을 위한 담아주는 환경이라고 느끼기를 소망합니다.

길거리 노숙자들과 또 다른 어려움이 있는 부모들과 일하면서 가망 없다는 느낌이 우리를 덮치려고 위협했을 때, 우리는 어린 엄마들—아이가 아이를 기르는—중 한 사람이 그녀의 어린 아기에게 놀랄 만한 부드러움으로 손을 뻗거나 아기가 웃어줄 때 미소 지으며 탁월하게 돌보는 것을 보게 되는 순간이 온다는 것을 발견했습니다. 우리는 그때, 적어도 이만큼은 진짜라는 것을 압니다.

사실, 애착연구로부터 우리가 받은 최고의 선물 중 하나는 우리가 살고 있는 세상은 실제로 일관성 있다는 것에 대한 확증입니다. 복잡성(그리고 삶의 '너무 많은' 것에 대한 반응에서 우리가 보고 있는 모든 억제할 수 없는 자동적 반응성)보다 더 깊은 것은 순수한 단순성, 우리가 신뢰하게 된 진실입니다. '그리고'가 없이는 아무도 잘하지 못합니다. 모든 마음은 알도록 되어 있는 그 사랑을 여전히 찾고 있습니다.

애착을 위한 안내도

안정감 서클

여러분의 갓난아기가 완전히 취약한 상태로 여러분을 응시할 때, 그것은 마치 태어날 때부터 알도록 되어 있는 사랑을 구하고 있는 아기의 마음을 여러분의 손으로 감싸고 있는 것과 같습니다. 여러분은 그렇게 하실 만한가요? 여러분의 아기는 이미 여러분이 그렇다고 생각합니다. 아기가 필요로 하는 것이 무엇인지 아시겠어요?

믿거나 말거나, 여러분은 걱정할 것이 거의 없습니다. 여러분의 아기가 여러분이 모든 것을 알아낼 수 있도록 도와주려고 바로 거기에 있습니다. 부모로서, 심지어 완전히 처음인 부모로, 우리는 배움이란 안정애착 안에서 상호적인 것이라는 점을 발견할 기회를 갖게 됩니다. 아기들은 우리로부터 배우고 그들이 알아야 할 것들을 우리가 공유할 수 있도록 우리를 찾습니다. 아기들은 또한 부모-자녀 유대의 '그리고' 안에서 굉장히 많은 좋은 것과 놀라운 것들이 가능하다는 것을 상기시키면서 우리를 가르칩니다.

아기들은 단지 배우는 학생이기만 한 것이 아닙니다. 그들은 우리의 교사입니다.

이런 상호의존 관계는 중요한 진화적 역할을 담당하며, 개인적 수준에서는 중요한 발달적 목적이 있습니다. 아무도 부모와 자녀 사이의 사랑의 깊이를 설명할 수 없기 때문에 우리는 그것이 그 이상일 것이라고 생각하기 좋아합니다. 하지만 이 상호성이 어떻게 경험이 없는 부모와 언어가 없는 아기가 그들 사이에 무엇이 필요한지를 알아낼 수 있도록 하는지부터 시작해 봅시다.

어떻게 아기들은 '그리고' 안에서 배우나요

20세기부터 우리는 아기들은 믿을 수 없을 만큼 효율적인 학습자들이라는 것을 알아 왔습니다. 수십 년 전에 영아발달 과학의 선구자인 스턴Daniel Stern은 아기들을 지구상의 가장 뛰어난 연구자들이라고 불렀습니다. 당시에 영아의 학습과정을 관찰하는 것은 쉽지 않았지만, 요즘의 디지털 비디오는 아기들과 양육자들이 상호작용하는 모습의 필름을 1초의 1/28만큼씩으로 나누어 아기들의 행위와 표현의 변화를 볼 수 있게 해 줍니다. 우리가 볼 수 있는 각 필름에서의 변화는 아기가 외적 정보를 받아들여 내부에서 처리할 때 아기의 내적 세계에서 발생하는 변화—감정, 행위, 경험의 혼합물—를 나타냅니다. 그것은 마치 우리가 정신적, 정서적 장치들이 돌아가는 것을 실제로 볼 수 있는 것과 같습니다. 그리고, 오, 아기가 다른 사람과 관계할 때 그것들이 어떻게 변화하는지요! 아기들은 자기들의 내적 경험을 이해하는 데 정말로 관심이 있는 사람으로부터의 도움이 필요하다는 것을 직관적으로 아는 것처럼 보입니다. 다행히, 이것이 엄마나 아빠(또는 이 역할을 수행하는 어떤 사람이라도)가 유일하게 아이가 받아들이거나 심지어 찾는 사람이라는 뜻은 아닙니다. 아주 어린 나이에 아기들은 미소 짓는 친절한 어른을 상호작용에 열려 있는 사람으로 인식하는 것을 배우고 그 어른들과 관계할 것입니다. 발달심리학자 트로닉Edward Tronic이 지적한 대로, 아기들은 내가-무엇을-필요로-하든지-나와-함께-있어 주는-엄마하고 나랑-신나게-놀아주지만-내가-너무-겁에-질릴-때는-언제나-나를-떠나가는-삼촌을 구별하는 것을 빠르게 배웁니다. 이런 학습의 중요한 이익은 누가 충분히 괜찮은 예비 양육자가 될 것인지 파악하는 것입니다. 아무튼 아기들은 어느 정도 예비품이 있는 것은 항상 좋다는 것을 이해합니다.

아기들은 다른 사람들과 더 많이 연결될수록 더 많이 배웁니다. 발달하는 아기는 내적이고 외적인 입력을 받아들이도록—과학적 용어로 아기를 '열린 체계(open system)'로 만드는 것—설계되어 있다는 사실은 아기는 많은 인간들과의 접촉을 통해 성장하게 될 대단한 잠재력이 있다는 것을 의미합니다. 생애 첫 몇 달이 지나면서, 소피Sophie는 자기 세상에서 많은 다른 사람들—아빠, 할머니, 할아버지, 리즈Liz 이모, 베이비시터—을 자기를 위해 거기 있어 줄 사람들로 믿을 수 있음을 배웠으며, 이것은 또한 소피에게 새로운 사람들과 상호작용하는 데 자신감을 주었습니다. 소피는 한 돌이 되기 전에 첫 단어들을 말했고, 한 돌 반에 몇 개월 동안 보지 않았던 할머니를 멀리서도 알아보았으며, 엄마가 가까이 있고 자기는 놀고 있을 때 낯선 사람들이 다가오면 조용해졌으며, 그들과 관계하는 것이 괜찮은지 확인하려고 엄마를 향해 돌아봤습니다. 두 돌이 되기 전에 놀이터에서 우는 아이에게 자기 곰돌이 인형을 건네주고 가족 구성원이 화를 표현하면 울기 시작하는 것 등으로 적절한 공감을 보여 주었습니다. 엄마 한나Hannah는 자기가 복잡한 세상을 항해하면서 마음 편하게 잘 적응하며 자라갈 한 어린 여자 아이를 보고 있다는 것을 알았습니다. 이 모든 것이 소피의 가장 어린 시절의 관계들에 대한 직접적 결과였을까요? 완전히는 아니겠지만, 그들은 어린 소녀를 위한 학습 분위기를 설정했습니다.

우리의 어린 시절 초기 관계들은 우리에게 자신이 누구인지, 다른 사람은 누구인지, 우리는 함께 무엇을 하는지에 대한 일관된 감을 얻기 위해 애쓰는 공연무대를 제공합니다. 트로닉Edward Tronick은 우리가 서로에게 민감하고 반응적일 때 연결이 만들어지며, "거기에는 성장과 풍성함에 대한 경험, 연속성에 대한 감, 그리고 다른 사람의 세계에 대한 감을 아는 것에 대한 감과 일치하는 느낌이 있다."고 했습니다. 아기들은 우리가 누구인지에 대해 연결되면서 자기들이 누구인지를 배웁니다. 이것은 다른 사람들과의 연결을 우리가 가질 수 있는 최고의 교실로 만들어 줍니다. 그것은 대단한 소식입니다. 이 교실은 수업료도 없고, 우리가 보는 모든 곳에서 가능하거든요. 그러나 그것은 또한 어느 정도 위압적일 수 있습니다.

혼란스러운 것은 연결의 질이 문제이기 때문입니다. 우리 모두는 이런 현상을 경험했습니다. 버스 안에서 여러분이 얼마 전에 잃어버린 소중한 친구를 생각하면서 거의 울려고 하는 모습을 보고 낯선 승객이 눈을 맞추며 자기 자리를 양보해 줍니다. 여러분은 친절에 관하여, 직관에 관하여, 그리고 여러분을 한 번도 본 적이 없는 사람에게 동승자로서 여러분의 가치에 관하여 무엇인가를 배웁니다. 십대 소녀가 자기가 첫눈에 반한 남자아이에게 수치스러운 거절을 당하고 수치심 가운데 집으로 돌아왔는데, 자기를 위해 자지 않고 기다려 준 적이 없던 엄마가 거실에 앉아 있는 것을 봅니다. 엄마는 한눈에 알아보고, 그냥 부드럽게 미소 지으며 딸이 마음을 열 때까지 기다립니다. 소녀가 점점 더 분개의 수위를 높여 갈 때, 엄마는 딸이 분개를 충분히 표출하며 슬퍼할 수 있을 만큼 잘 맞춰 줍니다. 그 십대 소녀는 정서가 존중받을 때 우리는 그 정서들이 자기 일을 하면서 계속 나아갈 수 있게 할 수 있다는 것을 배웁니다.

> 애착의 2인 안전지대란 과학적으로 '이중조절체계(dyadic regulation system)'라고 알려져 있습니다. 여기에서 '이중(dyadic)'이란 단순히 조절이 두 사람 사이에서 진행된다는 뜻입니다.

우리가 신뢰하는 누군가와 상호작용할 때, 우리는 일종의 2인 안전지대에 들어갑니다. 한나는 아기 소피가 두려워한다는 것을 감지하고 아이를 들어 올려서 자기 가까이 안습니다. 그 반응으로 소피는 조용해집니다. 같은 순간에, 한나는 엄마로서 자신감을 얻게 되고 소피는 자기의 두려움이 다룰 만하다는 자신감을 갖게 되고, 그

들 사이의 사랑의 유대는 더 강해져갑니다. 우리가 서로의 내적 경험에 대해 적절하고 민감하게 반응할 때, 그리고 우리 행동을 그에 맞게 잘 조절할 때, 우리는 다른 사람에게서 의미를 얻으며 신뢰를 쌓고 우리 스스로는 성취할 수 없는 심리적 복잡성의 수준을 발달시켜 갑니다. 다른 말로 하면, 아기들은 잘 자라려면 공감적 연결이 필요합니다. 그리고 그들은 학습하기 위해서 절대적으로 공감적 연결이 필요합니다.

비참하게도, 연결의 부족에 의한 피해보다 더 명백한 것은 아무데도 없습니다. 일부 고아원이나 이런 공유된 연결이 가능하지 않았던 환경에서 자란 아이들은 잘 배우지 못하고 잘 자라지 못합니다. 심지어 잠깐 동안 연결이 깨진 것—연구자들이 '정지된(표현이 없는, 반응이 없는) 얼굴(still face)[1]'이라고 부르는 것을 적용한 것 같은—도 갓난아이들을 화내게 하거나 좌절시키거나 위축시킵니다. 만약 연결의 부족이 계속된다면, 아이들은 슬퍼지고 만성적으로 더 위축됩니다. 사실상 연결이 없을 때, 아기들은 의기소침해질 뿐만 아니라 괴로워지고, 생기가 없어집니다—그 아이들은 전혀 발달하지 않습니다.

---

1) 역주: 엄마의 우울과 스트레스가 아이의 정서 및 건강에 미치는 영향을 알아보기 위해 엄마가 3분 정도 아이와 상호작용을 정지하도록 한 트로닉Edward Tronic의 실험에서 엄마가 아이에게 보여 주는 무표정의 얼굴

추측하기 대 관찰하기

다행히, 대부분의 부모들은 많은 시간을 민감하게 반응합니다―다시, 부모-자녀 관계의 50% 이상은 자연스럽게 안정되게 애착합니다. 그들은 자녀의 필요와 자녀가 그들에게 보여 주는 표현방법을 이해하고 대부분의 시간에 자녀에게 응답합니다. 그러나 방해할 수 있는 많은 불화와 소동 외에도, 우리 자신의 내적 세계(우리의 마음 상태라고 알려진 것)가 때때로 우리 자녀들이 필요로 하는 것을 보지 못하게 할 수 있습니다. 우리는 아이들과의 상호작용에 대해 상당히 정교한 이해를 하게 되는데, 이런 이해는 아기가 느끼는 감정을 민감하게 해석할 수 있고 아기가 스스로 그렇게 할 수 있기 전에 그런 감정들을 잘 조절하도록 도와줄 수 있는 이유의 큰 부분입니다. 그러나 그것은 또한 추측으로 이끌어 갑니다. 우리는 흔히 실제로 아는 것보다 더 많이 알고 있다고 생각합니다.

만약 여러분이 지금 다른 사람의 관점 안에 있다면, 그 관점들을 보려고 시간을 내보세요. 즉시 그들의 마음 상태의 생각을 갖게 되나요? 마음이 편한 건가요, 불편한 건가요? 행복한 건가요, 슬픈 건가요? 힘이 넘치는 건가요, 피곤한 건가요? 화가 나는 건가요, 좌절되는 건가요―그렇다면 무엇에 대해서요? 아주 좋은 기회가 있는데, 특별히 여러분이 그 사람들을 잘 안다면, 여러분은 그들의 마음에서 무슨 일이 일어나고 있는지 알고 있다고 생각하는 것입니다.

우리는 이런 완전히 정상적인 현상을 '추측하기 대 관찰하기'라고 부릅니다. 자녀들의 마음 상태에 대해 추측하기는 우리가 진행 중인 수만 가지 일들로 방해받고 있거나 성취해야 할 일들이 있을 때 작동됩니다. 그것은 우리가 피곤하거나 아프거나 짜증날 때 시작됩니다. (또한 이는 5장의 주제이기에 아직 살펴보진 않겠지만 우리가 '핵심 민감성'이라고 부르는, 매우 깊이 뿌리 내린 마음 상태의 유형에 의해서 유발됩니다.) 그리고 그것은 우리가 이미 우리 자녀(또는 이 아이가 첫째라면 다른 사람들의 아이들)에 대해 배워온 것의 자연스러운 산물입니다.

추측하기 대 관찰하기의 문제는 주어진 어느 순간에라도 우리 자녀의 내적 세계를 실제로 '보는 것'이 두 사람의 공유된 조절에 있어서 열쇠라는 점입니다. 만약 우리가 세 살 된 아들이 울음을 그치지 않기 때문에 그 애가 화난 거라고 추측하고 아이는 좌절할 수록 더 크게 운다고 추측한다면, 무슨 일(단순히 장난감을 제대로 작동시킬 수 없어서 짜증이 난 것일 수 있는 일)이 일어나고 있는지 더 자세히 보려고 멈추기보다는 다른 식으로 반응할 것입니다. 만약 19개월 된 딸이 계속 부엌을 가리키기 때문에 그 애가 배고픈 것이라고 추측한다면, 아이는 자기가 컵에 물을 따를 수 있다는 것을 보여 주려고 자기를 부엌으로 데려가주기를 바라는데, 우리는 아이에게 먹을 것을 줄 것입니다.

물론 자녀들에게 (그리고 모든 사람에게) 반응하는 것이, 아이가 필요를 직접 말하지 않았을 때 항상 추측하는 것을 포함하지는 않습니다. 그리고 잘 조절된 상호작용은 실수를 만들고 그 실수들을 복구하는 것을 포함합니다. 우리는 처음에 옳았던 것만큼 배웁니다. 다행인 것은, 아주 어린 아기들은 자기들이 필요한 것이 무엇인지 정확하게 말할 수 없기 때문에 우리는 어느 정도 (여러분은 항상 추측하는 것이 아니라 어떤 때는 추측을 안 하기도 한다고 생각할 것입니다.) 마음대로 추측을 해야 할 것이라는 점입니다. 목표는 자녀에게 조율하는 방법을 찾아서 우리의 추측들이 대부분 정확하게 되도록 하는 것입니다.(4장에서는 매일의 혼돈 속에서 어떻게 자녀와 조율할 수 있는지에 대해 이야기합니다.) 우리 작업의 기초는 부모들이 자녀의 필요를 알아볼 수 있는 안내도(map)가 있다면 관찰하고 추측하는 것 둘 다 잘하게 된다는 것을 이해시키는 것에 있습니다.

안정감 서클로 들어갑시다!

안정감 서클 주변에서 아이들의 필요를 만나기

우리가 수년 동안 가족들과 일하고 나서 알게 된 것은 삶이란 부모와 자녀 사이의 천성적인 조율을 무한한 방법으로 방해할 수 있다는 것입니다. 원인이 무엇이든지, 우리는 아이의 애착하려는 욕구와 애착체계 안에서 아이의 필요들은 거의 항상 평범한 광경 속에 숨겨져 있다는 사실을 신뢰할 수 있게 되었습니다. 부모들로서 우리는 이러한 필요들을, 특히 길을 잃거나 압도당했다고 느낄 수 있는 절정의 순간에 명확히 파악하도록 하는 방법이 필요합니다. 안정감 서클(Circle Of Security: COS)은 간단한 로드맵으로 고안된 것입니다. 즉, 주어진 어떤 순간에라도 자녀가 무엇이 필요한지 빠르고 정확하게 아는 방법을 나타내 주고 있습니다.

안정된
기지

안전한
피난처

나의 세계를
탐험하기

나의 컵을 채우기

안정감 서클

서클은 볼비Bowlby와 에인스워스Ainsworth가 정의한 애착체계 내에서 핵심이 되는 세 가지 필요, 즉 돌봄추구(careseeking), 탐험(exploration), 돌봄/양육(caregiving)을 묘사해 줍니다. '돌봄추구'는 서클의 아랫부분에서 보여 주는 것으로, 자녀들이 그들의 부모에게로 향하게 하는 안전한 피난처(취약성을 만날 때의 위로)에 대한 필요입니다. '탐험'은 서클의 윗부분에 있는 것으로, 자녀들이 자율성을 위한 그들의 필요를 위해 세상으로 내보낼 수 있도록 하는 안정된 기지에 대한 필요입니다. 서클의 두 손은 부모들과 부모들의 '돌봄/양육'을 상징합니다. 흥미롭게도, 애착 이론이 언제나 애착행동(돌봄을 추구하기)과 탐험행동(숙달을 훈련하기)을 인정하는 반면에, 우리가 안정감 서클을 처음으로 만들었을 때, 우리는 케시디Jude Cassidy가 아이들이 위로를 위해 안전한 피난처가 필요한 만큼 탐험을 위한 안정된 기지가 필요하다고 진술하기 전까지는 탐험을 '필요'라는 용어로 묘사하지 않았습니다. 두 가지 모두의 필요를 채워주는 것은 안정애착과 아이의 정서조절 기술 발달에 결정적으로 중대합니다.

안정감 서클은 어린아이들이 끊임없이
'나가고 들어오는' 것으로 보일 수 있음을 나타냅니다.[2]

우리는 1장에서 세 살 된 레이Lei가 놀이터와 아빠 사이를 왔다 갔다 하면서 뛰어다닌

---

2) 다음 웹사이트에서 '나가고 들어오는'의 애니메이션 묘사를 볼 수 있습니다: www.circleofsecurity.com.

장면을 설명했습니다. 이 장면은 어떻게 아이들이 단지 몇 분 안에 서클 주위를 얼마나 자주 반복하며 다니는지 보여 주었습니다. 레이와 아빠는 종일 같은 것을 반복합니다. 즉, 탐험하다가 안심되는 확언이나 위로나 안전을 얻으려고 오고, 다시 탐험하려고 뛰어가는 것 말입니다. 집에서, 어린이집에서, 유치원에서, 친척이나 친구 집에서, 치과 치료실에서, 쇼핑센터에서, 바닷가에서 그렇게 합니다. 양육자와 아이 사이의 상호작용하는 모습은 (여러 요인들 중에서도) 그 상황과 아이의 나이에 따라 다양합니다. 치과의사가 아이의 입안을 검사하려고 할 때 무서워서 소리를 지르는 두 살 아이의 부모는 즉시 아이를 위로하려고 할 것입니다. 네 살 된 아이가 치아검사를 받으면서 약간 이상하게 흥분하면 좀 더 섬세한 신호들을 살펴볼 것이고, 아이에게 괜찮다는 것을 충분히 알아들을 수 있도록 손을 꽉 잡아주거나 안심시키려고 고개를 끄덕일 것입니다. 아이에게 두려움을 진정시키는 기회를 주는 것은 아이에게 나가서 더 '탐험'하도록 하는 것입니다. 비록 탐험이 단지 의자에 협조적으로 앉아서 다음에 무슨 일이 일어나는지 보는 것일지라도 말입니다. 바닷가와 같이 아이들에게 흥분되는 장소에서는 아이가 언제 부모에게 안전한 피난처로서 다가오고 언제 안정된 기지가 필요한지 말하기는 어렵습니다. 아이가 여러 종류의 조개껍질들을 들고 아빠에게 달려오는 것은 자기의 탐험에 아빠를 참여시키려는 것일까요, 아니면 파도 물결이 해변가로 찰싹거리는 조금은 무서운 순간을 약간 피하려는 것일까요?

만약 여러분이 자녀가 있다면 (첫 아이를 기대하고 있는 것이 아니라), 오늘 조금 시간을 내어서 아이를 안정감 서클의 렌즈로 바라 보세요. 여러분의 아이가 언제 서클의 위쪽에 있는지 언제 아래쪽에 있는지 보실 수 있나요?

"우리 딸이 서클에 있는 위치에 따라 하루 종일 아이의 필요가 무엇인지 인식할 수 있어요. 서클은 에이미^Amy의 행동 하나하나가 목적이 있다는 것을 보여 줘요. 그리고 에이미는 자기 삶의 모든 국면에서 바로 우리 곁에서든지 떨어져있는 곳에서든지 우리를 필요로 한다는 것을 가르쳐 주었어요."

– 에릭^Eric과 클라우디아^Claudia, 플로리다

왜 서클인가요

우리가 안정애착을 묘사하기 위해 원형(서클)을 선택한 이유는 안정감에 관한 정말 많은 것이 균형의 문제이기 때문입니다. 자율성과 취약성에 대한 아이들의 필요가 똑같이 중요하다는 것을 아는 것은 우리 교육의 가장 중요한 측면 중 하나임이 밝혀졌습니다. 일단 부모들이 그 두 가지 주제를 인식하고 존중하고 균형을 잡게 되면, 아이들은 더욱 안정감을 경험하게 될 가능성이 높아집니다. 자신들을 신뢰하게 되고 자기들이 가장 필요로 하는 자들을 신뢰하게 됩니다.

✏️ **글상자 5**

진짜 삶에 대한 동화

옛날 옛날에, 사실 모든 시간 동안에, 아주 먼 곳에서, 그리고 모든 곳에서 아이들은 안전하고 안정되게 안겨져야 했답니다. 그 안겨짐 속에서 세상에 대한 호기심이 태어났답니다. 누군가 곁에 있다는 확신이 있었기 때문에, 우리는 먼 곳을 탐험하고, 놀라운 업적을 달성하고, 새로운 기술을 배울 수 있었습니다. 우리가 탐험을 정말 좋아했던 것은, 항상—언제나—마음 깊숙한 곳에서 우리를 정말 많이 돌봐 주었던 사람들에 의해 다시 환영받을 거라는 점을 알고 있었기 때문입니다. 거의 마법의 샘물을 마시는 것처럼, 우리는 이 중요한 사람에게 사랑과 격려로 흠뻑 적셔졌습니다. 그러고는 마치 기습적인 것처럼 우리는 떠나갔습니다—새로운 가능성의 놀라운 세계로. 비록 이 모든 새로운 가능성들이 탐험하기에 즐거운 것들이었을지라도, 우리가 얼마나 멀리 갔든지 상관없이, 그 중요한 사람이 거기 있는지 확신하기 위해 뒤돌아보는 자신을 발견했습니다. 왜냐하면 이것이 모험과 사랑의 이야기이기 때문입니다.

중요한 사람의 사랑하는 팔로 다시 환영받을 수 있다는 것을 아는 안정감은 우리에게 세상으로 전진해 갈 용기와 자신감을 주었습니다. 홀로 감당하기에는 너무 많은 일이 있을 때 사랑하는 사람들이 기꺼이 도와줄 수 있다고 확신했기 때문입니다.

도움이 필요했을 때 도움을 받는 것은 탐험을 즐길 수 있게 해 주었고, 그래서 세상에서 성공하는 법을 배울 수 있었습니다. 그래서 우리는 다시 들어왔고, 그렇게 다시 나갔습니다. 특별한 누군가가 우리를 살펴보고 있고 우리를 다시 환영할 준비가 되어 있음을 알았습니다. 이러한 결합은 우리에게 가장 중요한 교훈을 가르쳐 주었습니다.

끝.

아니라면 아마도 우리는 '시작'이라고 말해야 할 것입니다.

다르지만 분리되지 않는

소피에게서 보았듯이, 아이들은 다른 누군가와 연결을 추구하면서 건강한 자기감을 발달시키려는 것으로 삶을 시작합니다. 앞에서 언급했듯이, 발달 과학자들은 우리가 다른 사람들과 관계를 통해서 자신이 누구인지를 배우고 '우리'와 '그들'에 대한 이해가 어떻게 정서적 삶의 나머지를 뒷받침하는지를 반복해서 관찰해 왔습니다. 이것은 일생에 걸쳐서 통달하려고 애쓰는 균형 잡힌 행위를 설명해 줍니다. '나의 개별성을 잃지 않고 어떻게 친밀한 관계를 갖게 되나요? '그리고'의 한 부분이 되는 능력을 잃지 않고 어떻게 나의 개별성을 유지하나요? 나 자신을 언제 의지해야 하는지, 언제 다른 사람에게로 향해야 하는지를 어떻게 아나요?' 아이들은 시시각각으로 변하는 자신의 마음 상태를 조율하는 도움이 필요할 때 부모들과 공유하면서 이러한 균형 잡힌 행위에 대해 배우기 시작합니다. 엄마가 자기들의 마음 상태가 바뀌는 것에 대해 민감할 때, 엄마는 언제 위로해야 할지 언제 격려해야 할지를 안다는 것을 배웁니다. 이러한 방향 바꾸기는 계속되는 것이고 매끄럽게 이어지기 때문에 원형이나 타원으로 된 실선이 매우 적절해 보였습니다. 그것은 또한 1장에서 레이처럼 매우 어린아이들이 하루 종일 자기들의 탐험과 부모 사이를 오가는 방법입니다.

아이들은 탐험을 할 때도,

그들이 우리 무릎 위에 있을 때 우리를 필요로 하는 만큼

우리가 필요합니다.

정서적 조절

그것은 정서적 조절과 같습니다. 1장에서 설명한 것과 같이, 우리가 애착된 사람을 신뢰한 경험은 누군가가 우리를 위해 우리 정서를 조절해 주고 함께 조절함으로써 (소위 상호조절로) 자신의 정서를 조절하는 법을 배우도록 하는 데 도움이 됩니다. 그리하여 결국 이것을 스스로 어떻게 하는지 배웁니다. 어린 시절 전체(사실, 남은 생애 전체)를 통한 애착의 큰 부분은 언제 자신을 의지할지 언제 도움을 구할지를 파악하는 것입니다. 누군가가 세상에 대한 나의 강렬한 관심을 후원하고 지지해 주지 않는 한, 어떻게 내가 나의 열정과 호기심을 관리하겠습니까? 고통스러운 감정들이 생길 때 누군가 이해와 관심을 보이며 도와주지 않는 한, 어떻게 내가 고통스러운 감정들을 이해하겠습니까? 그런 감정들

은 하루에도 수도 없이 나타납니다. 서클의 윗부분과 아랫부분에서의 이런 작은 순간들 속에서 아이는 감정이 어떻게 조절될 수 있는지, 즉 경험되고 통제될 수 있는지 소개받는 것입니다. 우리는 감정들, 특히 어려운 감정들을 맞이하는 것을 홀로 배우지 않습니다. 그 감정들을 맞이하는 것을 관계 속에서 배웁니다. 이런 일이 발생하면서 우리가 어떻게 느끼는지를 신뢰하는 법을 배우고, 다른 사람의 감정을 돌보고 존중하는 법을 배우는 능력도 자랍니다.

담아 주는 환경

원형들(circles)은 역사를 통틀어 상호필요, 공감, 축하를 위해 함께 모이는 사람들을 상징합니다—아메리카 원주민, 켈트족, 고대 중국인, 그리고 많은 다른 문화의 상징들을 살펴보면 이교도의 의식에서부터 현대의 기도 서클에 이르기까지, 보호하는 국경에서부터 긴밀하게 조직된 커뮤니티에 이르기까지 그렇습니다. 애착관계를 원형만큼 완벽하게 묘사해 주는 다른 형태는 없는 것 같습니다. 소아과 의사이자 정신분석가인 위니컷^{Donald Winnicott}은 안정애착이 만들어 내는 분위기를 '담아 주는 환경'이라고 했습니다. 그것은 부모가 어린 자녀들이 힘든 내적 경험을 부모와 나눔으로써 그것들을 다루도록 도와주는 환경입니다. 우리의 멘토 중 하나인 스턴^{Daniel Stern}은 함께-있어 주기로 감정들을 담아 주는 것이라고 설명했습니다. 그것은 어려움을 극복하기보다 어려움을 존중하는 방법—그 어려움이 성공적으로 다루어질 수 있음을 보여 주면서 아이의 경험에 참여하고 그것을 인간 조건의 한 부분으로 정상화하는 것입니다. 가장 중요한 학습은 필요할 때 다른 사람에게 도움을 요청하는 것이 가능하다는 것입니다.

원형(circle)은 또한 부모-자녀 관계의 현상을 보여 주는 좋은 도식적 은유입니다. 모든 부모는 주기적으로 자기 아이의 필요를 인식하고 만나주는 것에 실패하는데, 이것은 관계를 불완전하게 남겨두고 잠시 원을 깨뜨릴 수 있습니다(비록 복구가 가능할지라도). 또한 원의 주위에서 아이의 필요를 만나주지 않을 때는 우리가 엄청나게 잘못된 무엇을 했기 때문이 아니라 단지 균형을 벗어났기 때문임을 볼 수 있도록 해 줍니다. 자기 비난에서 벗어나면 자기 정직이 촉진되는데, 그것은 필요에 관한 서클 안내도를 맑은 눈으로 보도록 자유롭게 해 주어서, 다시 균형을 잡기 위해 필요한 것이 무엇인지 분별할 수 있게 해 줍니다.

요약하자면, 아이들의 애착 필요들을 묘사하기 위해 원형을 선택한 것은 원의 단순한 우아함과 그것이 가져다주는 명확성 때문입니다.

서클의 윗부분: 안정된 기지에 대한 아이의 필요

아이들이 안전하고 안정된다고 느낄 때, 그들의 호기심은 자동적으로 시작되고 세상을 배우기를 원합니다. 그러나 아이들이 탐험을 떠나기 전에, 새로운 세상을 발견하기 위해 가득 찬 지지를 받고 있다고 느껴야 할 필요가 있습니다. 우리로부터의 지지를 가지고, 아이들은 대모험을 향해 출발합니다. 우리는 이런 충만한 지지를 '그들의 컵을 채우기'라고 부릅니다. 그것은 원하는 곳을 가기 위해 가스를 충분히 채우고 집을 떠나는 것과 다르지 않습니다.

우리가 안정감 서클을 고안할 때, 우리는 아이들이 부모와 상호작용하는 것을 실제로 그리고 비디오로 수천 시간을 지켜보았습니다. 다음에 있는 안정감 서클의 완성된 그림에 나타난 것처럼 아이들의 탐험을 지지하는 것에 연관된 네 가지 필요들과 아이들에게 위로를 제공하는 것과 관련된 네 가지 필요들을 구별하기 위해서 말입니다. 그 구별들은 미묘한데, 1초를 여러 개로 쪼개어서 나눈 짧은 시간을 화면으로 정지시킬 수 있는 기술로 그 구별이 더욱 명확해졌답니다. 우리는 계속해서 우리의 관찰기술을 개선시키고 있고, 아이들의 필요가 미묘하게 전환하는 것을 관찰하는 데서 오는 도전은 언제나 경외감을 느끼게 해 줍니다. 부모와 자녀들의 친밀한 연결은 반드시 부모를 더욱 기민하게 해 주지만, 그런 개인적인 명료성에도 불구하고 아이들의 필요는 항상 분별하기 어렵습니다.

저를 지켜봐 주세요

때로 돌쟁이에게는 단지 우리가 일종의 대기상태로 거기 있어야 할 필요가 있습니다. 여러분의 두 살 된 아이가 바닥에 앉아 블록을 쌓느라고 열중하고 있는 모습을 상상해 보세요. 믿거나 말거나, 여러분이 방을 나가면 그 아이는 일찍 그만둘 것입니다. 여러분이 편안하게 거기 있는 것이 '아무것도 하지 않는 것'이 아닙니다. 그것은 여러분의 자녀가 배우고 발견하는 것을 가능하게 해 줍니다. 흔히 아기들이 새로운 것을 보고, 듣고, 만지려고 시선을 돌려 응시할 때 그들에게는 부모가 자기들을 돌봐 주기보다는 자기들의 탐험을 좀 더 격려해 줄 필요가 있답니다. 약간의 실험으로 상호작용에 대한 아기들

전 ~~하는 데
엄마/아빠가
필요해요.

저의 탐험을
지지해
주세요.

• 저를 지켜봐 주세요.
• 저를 기뻐해 주세요.
• 저와 함께 즐겨 주세요.
• 저를 도와주세요.

안정된
기지

전 ~~하는 데
엄마/아빠가
필요해요.

안전한
피난처

제가 가는 것을
환영해 주세요.

• 저를 보호해 주세요.
• 저를 위로해 주세요.
• 저를 기뻐해 주세요.
• 제 감정을 정리해 주세요.

안전한 피난처와 안정된 기지에 대한 아이의 필요를 보여 주는 안정감 서클

의 필요를 인지하는 법을 배우면, 아기는 필요할 때 여러분이 가용하다는 것을 배웁니다
—그리고 좀 더 멀리 뻗어갈 수 있는 용기와 확신을 얻게 됩니다.

[도전] 단지 거기에 있는 것. 우리의 높은 성취자 문화에서, 아무것도 하지 않고 바라
보고만 있는 것은 믿을 수 없을 만큼 어려운 일입니다. 부모들은 '양질'의 시간을 만들라
는 명령에 사로잡힐 수 있습니다. 우리 대부분은 양질의 시간이란 아이에게 모든 관심
을 기울이고, 양육하고, 도야하고, 인도하고, 구슬리고, 가르치는 데 적극적인 역할을 하
는 것으로 구성된 공유 활동이라고 해석합니다. 어떤 것인지 그림이 그려지실 것입니
다. 만약 아이가 혼자서 만족스럽게 노는 것처럼 보이면, 아이는 자기를 바라보기만 하
는 것 이상을 해 주기를 원한다고 추론하기 전에, 간섭하는 것을 보류하고, 아이로부터
어떤 신호(여러분을 오래 바라보는 시선, 손을 뻗는 행동, 같이하자고 분명하게 요청하는 것
등)를 기다려 보세요.

저를 기뻐해 주세요

때로 아이들과 아기들은 우리가 자기들을 지켜보기를 바라는 것에서 자기들 그대로

를 기뻐한다는 것을 보여 주기를 바라는 것으로 전환합니다. 만약 아이가 놀다가 여러분을 바라보고, 여러분은 따뜻한 미소로 아이와 눈을 맞추고, 아이는 기쁨으로 몸을 흔들며 미소로 답하고 열심히 놀이로 되돌아간다면, 여러분은 아이가 찾았던 것은 아이에 대한 당신의 기쁨이었다는 것을 알 것입니다. 생애 초기에 아기는 여러분이 자기를 있는 그대로 기쁘게 생각한다는 것을 압니다. 아이가 그런 확신에 찰수록 아이는 자존감을 쌓게 될 것입니다―아이는 자기 인생에서 가장 중요한 사람이 자기의 있는 모습 그대로에서 가치와 사랑스러운 매력을 발견했다는 것을 알기 때문입니다.

[도전] 아이를 존재 그대로 기뻐하는 것과 그 아이가 뭔가 행하는 것을 기뻐하는 것 사이의 차이를 아는 것. 둘 다 중요하지만, 아이가 자신이 자기의 마지막 금메달이나 홈런이나 A+ 점수에 불과하다고 믿으며 자라지 않도록 하는 것이 진짜 중요합니다. 때로 "저를 기뻐해 주세요."의 필요는 "참 잘했어." 또는 "멋진걸!"과 같은 말을 하려는 유혹을 피하고, 비언어적으로 채워주는 것이 가장 좋습니다. 아이가 행한 것에 대해 말로 열정을 표현하고 싶을 때, 여러분의 마음속에 있는 발달목표에 도달한 것("이 애는 정말 빨리 건네!")에 대한 자부심이 있는지 스스로에게 물어보고, 최선을 다해 그 자부심을 쫓아내고, 단지 여러분 앞에 얼마나 즐거운 존재가 있는지를 보면서 환영하세요. 아이가 뒤돌아볼 때 여러분의 눈이 조용히 반짝이며 빛나는 것을 본다면, 아이는 세상의 모든 칭찬이 가르칠 수 없는 자신에 대한 뭔가를 배울 것입니다.

저와 함께 즐겨 주세요

이는 아이가 하는 모든 일에 좀 더 온전히 참여하게 되는 것에 관한 것입니다. 때로 아이들은 그들의 활동과 모험을 우리와 나누기를 원합니다. 아마 여러분의 세 살 된 아이는 여러분이 솜이 들어 있는 동물 인형을 가지고 자기와 함께 가상놀이를 하기 원할 것입니다. 아마 여러분의 두 살 된 아이는 자기가 하는 것을 여러분이 말로 이야기해 주기를 원할 겁니다. "네가 외양간에 모든 동물들을 넣고 있는 게 보이네. 바깥이 추운가 봐." 이런 순간들은 흔히 "와우! 얼마나 멋진 그림이니!"라고 말할 적절한 순간들입니다. 아이들은 성장촉진의 위험을 감수하고 능력을 발달시키기 위해 자기들의 성취를 기뻐해야 할 필요가 있는데, 여러분의 이야기와 지지적인 코멘트가 아이들을 위해 그 일이 시작되게 해 주는 것입니다. (그러나 칭찬은, 우리가 8장에서 지적한 것같이 양육에서 너무 중요한 역할을 할 수 있습니다.)

아기들에게 "저와 함께 즐겨 주세요."는 흔히 그들의 눈을 통해서 세상을 보고 그것에 대해 그들에게 말해 주는 것을 의미합니다. 이것은 자기-가치와 성취감을 발달시키도록 도울 뿐 아니라—"예스! 나는 이것을 잘하는데 아빠가 그것을 아셨어."—마음이 어떻게 작동되는지 이해하도록 도와줍니다. 아빠가 "곰이 정말 부드럽구나. 기분 좋게 해 주네, 그치?"라고 말할 때, 아기는 아빠가 보는 것이 자기가 보는 것이지만 자기 마음은 분리되어 있다는 것을 알게 됩니다: 때로 아빠는 자기가 느끼는 것을 추측하는 것입니다. 우리는 마음을 나누고 아기는 배우지만, 마음들은 정확히 똑같지는 않습니다. 이런 '마음이론(theory of mind)[3]'은 자기를 건축하는 데 있어서 아기들이 자신과 남들 사이의 차이점(그리고 공통성)을 파악하도록 도와주는 중요한 벽돌입니다. 타인의 관점을 취할 수 있는 능력은 공감의 기초이며, 내적 경험을 개인적으로 의미 있는 언어로 결합시킬 수 있는 것은 건강한 개별성을 발달시킵니다.

도전 여러분이 자녀의 활동을 떠맡지 않고 어떻게 함께 나누고 즐기는지 아는 것. 우리는 어른들이 아이와 함께 놀기만 하는 것이 아니라, 아이들의 마음 상태나 원하는 것에 주의를 기울이지 않고 활동을 지시하거나 질문을 하기 시작할 때 아이들은 놀이를 즐기다가 자신감을 잃고 위축되는 것을 보았습니다. 만약 아이가 조용해지고 참여를 멈춘다면, 여러분이 너무 멀리 갔다는 것과, 아이가 원하는 것을 항상 아는 것은 아니지만 언제나 알고 싶어 하는 데 관심이 있다는 것을 보여 줄 때라는 것을 알아야 합니다. 이렇게 분리된 마음을 존중하는 것은 자녀가 커갈수록 큰 이익을 가져다줄 것입니다. (아이들이 십대가 되어 뒤로 물러서고 심지어 반항하는 이유의 한 부분은 다른 사람에게 환영받는 자신의 주도권과 자기 생각을 갖고자 하는 정당한 필요와 연결되어 있습니다. 만약

> 여러분이 아이가 하는 활동을 떠맡아 버렸기 때문에 아이가 위축되는 것을 보고나서 여러분의 행동을 멈추는 것이나, 여러분 자신을 위해서 아이에게 뭔가를 하도록 요구하기 시작했을 때 아이가 화내는 것을 눈치 채고 여러분이 뒤로 물러서는 것은 우리가 '균열(rupture)과 복구(repair)'라고 부르는 것의 예들입니다—이것은 부모의 불가피한 사소한 실수 때문에 서클이 깨졌고 부모가 실수를 저질렀다는 것을 이해한다는 센스 있는 부모의 인정에 의해 복구되는 것입니다. 그런 것 때문에 아주 어린 아이일지라도 이런 '실수들'은 단지 인간이 되어가는 한 부분임을 배우기 시작합니다—완전한 사람은 없으며, 중요한 것은 우리의 행동을 알아차리고 변화시킬 만큼 충분히 관심을 갖는 것입니다.

---

[3] 역주: 마음이론은 어떤 행동을 일으키는 사람의 마음 상태(믿음, 의도, 욕구, 신념, 느낌, 관점)를 추론하여 자기나 타인에게 적용할 줄 아는 능력이며, 동시에 타인의 마음이 자신의 마음 상태와 다를 수 있음을 아는 능력을 의미합니다.

이것이 일찍 시작되지 않는다면, 아이들이 성숙해지면서 투쟁으로 나타날 수 있습니다.) "다음 블록을 올려놓고 싶니?"라고 하거나 "난 네가 잠시 동안 내가 널 지켜보기를 원한다고 생각해."라고 말하는 것은 아이에게 여러분이 이용 가능하지만 방해가 되지는 않을 거라는 중요한 메시지를 전해 줍니다.

[또 다른 도전] 과도한 자극에 대해 반응적이 되는 것. 아기에게는 "저와 함께 즐겨 주세요."라는 순간들은 과도한 자극이 될 위험이 있습니다. 긍정적인 정서일지라도 영아에게는 너무 많은 것일 수 있습니다. 만약 아기가 까꿍 놀이나 다른 놀이를 즐기는 것처럼 보이다가 갑자기 다른 곳을 쳐다본다면, 아기는 상호작용이 너무 많아서 좀 진정하고 싶다고 말하려는 것입니다. 이것이 아기의 필요를 따르는 중요한 순간인 이유는 여러분이 아기의 모든 감정과 필요는 수용될 수 있음을 알았다는 것을 전달해 주기 때문입니다. 여러분이 제공하는 기분전환의 속도를 높여 아기의 관심을 다시 되찾으려는 것은 아기가 고군분투하는 내적 경험이 무엇이든 간에 여러분은 편하지 않다는 것을 말하고 있는 것입니다. 아기는 자기를 진정시키는 것을 도와줄 여러분이 필요합니다. 그것의 중요한 측면은 아기에게 공간과 시간을 주는 것입니다.

여러분은 좀 더 나이 든 아이들이 조금 전까지 신나게 놀다가 갑자기 때리거나 장난감을 밀기 시작할 때 똑같은 것을 볼 수 있습니다. 만약 돌쟁이가 간지럼을 타며 크게 기뻐하며 웃다가 갑자기 아픈 것처럼 행동하는 것을 본 적이 있다면, 이런 과도한 자극을 본 것입니다. 우리의 좀 더 적극적인 존재함보다는 미묘한 존재함이 그런 차이를 만들 수 있습니다.

저를 도와주세요

때로 아이들은 탐험할 때 도움이 필요합니다. 이러한 순간에 그들은 스스로 새로운 것을 하는 법을 배우기 위해 엄마나 아빠로부터 충분한 도움이 필요합니다. 또한 숙달감을 경험하기에 충분할 만큼 오랫동안 노력을 계속하기 위해 도움이 필요합니다. 아주 오랫동안 혼자 스스로 앉아 있을 수 없는 아기를 생각해 보세요. 엄마는 아기에게 안정감을 주려고 손을 아기 허리에 대고 뒤에 앉아서 아기가 자기 앞의 장난감을 잡으려고 손을 뻗는 것과 같은 다른 능력을 탐험할 수 있도록 해 줍니다. 만일 장난감을 완전히 잡을 수 없거나 손에서 그것이 계속 미끄러지면 아이는 자연히 좌절감을 느낄 것입니다. 그러나 주어진 짧은 시간에, 조금의 노력(그리고 약간의 도움)으로 이 일을 숙달할 수 있다는 것을 배울 수 있습니다. 아니면 유치원에 다니는 오빠의 퍼즐을 완성하려고 애쓰는 어린 동생을 상상해 보세요. 그 아이는 필사적으로 오빠를 따라잡고 싶지만 나무로 된 퍼즐조각을 다룰 수 있는 미세한 운동 기술이 없다는 것에 점점 더 좌절합니다. 여러분은 그 아이를 위해 퍼즐을 완성해 줄 수 있습니다. 아니면 아이 나이에 맞는 퍼즐을 꺼내서 아이가 어느 정도 성공할 때까지 해 보도록 할 수 있습니다. 그런 다음에 다시 다른 퍼즐을 조금씩 해 보도록 하는 것입니다. 또한 십대들은 삶이 갑자기 자기들의 길에 보내오는 모든 변화를 탐색하려고 할 때 이런 자기들이 늘 사용할 수 있으면서도 자기들을 존중해 주는 태도를 필요로 합니다. 때로 청소년은 우리가 토론에 대해 열려 있을 뿐 아니라 동시에 가장 도움이 될 대화의 순간에 그들의 선택을 지지한다는 것을 분명히 할 때 우리를 의지합니다.

　　도전　너무 많이 제공하는 것과 너무 적게 제공하는 것 사이에서 균형을 잡는 것. 어떤 도움도 없는 경우, 성공이 끊임없이 자기들을 피해 간다면 어린 아이들은 흥미와 자신감을 잃습니다. 또한 다른 사람들이 학습의 자원이 될 수 있다는 것을 배우지 못하고 놓치게 됩니다. 반면에 너무 많은 도움이 주어지는 경우, 그들은 자신의 능력을 신뢰하지 못할 것이고 좌절을 새로운 기술을 배우기 위해 창의적으로 사용하는 방법을 발달시키지 못할 것입니다. 그리고 우리의 지시 없이는 중요한 과업을 할 수 없다고 학습할 것입니다. 이런 식으로 학습은 방해받습니다. 발달적 능력의 가장자리에 있는 뭔가를 시도해 보는 것이 바로 정확히 우리의 아들과 딸들이 성장하는 방식입니다. 그러나 부모들에게는 언제나 아기가 고군분투하도록 두고 기다릴 것인지, 아니면 도와줄 것인지를 결정하는 순간이 어렵습니다―그리고 만약 여러분이 도와준다면, 아기를 위해 대신 해 줄지 아니면 아기가 스스로 하는 방법을 알아낼 수 있도록 도와줄지 결정하는 것도 어렵습니다. 세상에서 가장 유능한 교사들조차도 예리한 관찰과 민감한 반응을 함에도 불구하고 이것을 항상 바르게 할 수는 없습니다. 때로 우리는 단지 시간이 없습니다. 도와주거나 우리 아이들이 하게 하거나 하든지 말입니다. 우리 모두 여기에서 실수합니다.

> 비계(scaffolding)―아이들이 스스로 하는 것을 배울 수 있을 만큼만
> 도움을 주는 것―는 아이들을 위한 '그리고'의 큰 유익입니다:
> 우리가 꼭 그만큼 도와줄 때 아이들은 자신감을 얻는 동시에,

그것이 우리의 도움을 통해 온 것이라는 점도 인식한답니다.

서클의 아랫부분: 안전한 피난처에 대한 아이의 필요

아이가 위로를 필요로 한다는 생각은 꽤 명확한 것 같습니다. 아기가 울고 엄마가 속삭입니다. "저런, 저런"하면서 아이를 품에 안고 흔들며 어릅니다. 세 살 된 아이는 자기에게 우상 같은 오빠가 오빠의 장난감을 가지고 놀지 못하게 할 때 얼굴이 구겨집니다. 그리고 아빠가 말씀합니다, "괜찮아, 아가야, 오빠는 정말로 화가 난 게 아니야. 그게 새 트럭이라서 그런 거야."하면서 아기의 머리를 만져 주십니다. 그러나 아이들의 안전한 피난처에 대한 필요는 언제나 그렇게 간단하지 않습니다. 서클의 윗부분의 필요들과 마찬가지로, 아랫부분에 있는 필요도 미묘하고 그 전환은 빠르게 이루어집니다.

아이들은 피곤하거나, 놀라거나, 배고프거나, 불편하거나, 자기들의 정서의 컵이 비워지게 될 때 서클의 아랫부분으로 이동해 갑니다. 그때가 바로 우리에게 오는 그들을 환영해 줄 우리를 그 아이들이 필요로 하는 때입니다. 우리는 그들의 세계를 탐험하는 모험으로 되돌아가는 것에 대한 우리의 전폭적 지원을 제공하기 위해 그들의 정서의 컵을 채워 주어야 합니다.

저를 보호해 주세요

이 필요는 너무 명백해서 말로 할 필요가 없습니다. 그러나 그것은 단지 우리가 아기들과 조금 더 큰 아이들을 신체적, 정신적, 정서적 해악으로부터 보호해야한다는 것이 아닙니다. 그런 보호를 할 때 우리는 그들을 보호하는 것에 헌신되어 있다는 메시지를 전달하는 태도로 해야 합니다. 만약 여러분은 무방비 상태인데 여러분의 양육자가 되어야 할 사람이 때로는 여러분을 도와주었지만 다른 때는 그렇지 않았다거나, 공격적인 개들로부터는 보호해 주었지만 한때 여러분을 괴롭힌 길거리 사람을 겁낼 때는 비웃었다거나, 양육자가 여러분을 보호하는 것이 하기 싫은 일인 것처럼 행동했다면, 여러분은 어떻게 느꼈을지 상상해 보세요. 만약 그런 양육자가 있다면, 여러분은 안전하고 따뜻한 거실에 앉아 있다 할지라도 아마 위협을 느낄 것입니다. 왜냐하면 뭔가 나쁜 일이 언제라도 일어날 수 있다는 것을 알고 있기 때문입니다. 여러분은 코르티솔이 혈류를 타고 흐르면서 우리가 1장에서 이야기한 과도한 스트레스로 인한 모든 피해를 입히는, 끊임없이 높은 경계 상태에 있을 것입니다.

이렇게 크고 때로는 무서운 세상을 처음 만나보는 영아는 비록 자기의 두려움 신호가 크고 분명하지 않을 때라도 확실하게 바로 거기에서 자기를 보호해 줄 사람이 필요합니다. 왜냐하면 아기는 아직 두려움이라고 부르는 이 경험을 이해하지 못했기 때문입니다. 도움을 청하는 아기의 미묘한 신호를 읽을 수 있고, 위험해 보이는 상황에 직면했을 때 존재를 제공해 주는 양육자가 있다는 것은 안정감에 필요한 진정효과를 가져올 수 있습니다.

[도전] 또다시 균형 잡는 것. 아이들이 두려워할 것이 없다는 것을 안다고 할지라도 두려움이 그들을 덮칠 때 우리 아이들을 돕는 것은 중요합니다. 그래서 우리는 아이들이 스스로를 보호할 수 없는 것들과 그들이 아직 위험하다는 것을 배우지 못한 것들로부터 아이들을 보호해야 할 뿐만 아니라 두려움이 그들을 압도할 때 정서를 조절할 수 있도록 도와야 합니다. 때로는 무언가 새로우면서도 무서운 일 또는 새롭거나 무서운 일(놀이터의 난폭한 큰 아이들, 전에 집에서는 본 적이 없는 어른을 만나는 것, 어린이집을 가는 첫 날, 엄마나 아빠 없이 놀이터에 놀러 가는 것, 병원 정기검진)을 만난 아기의 어깨에 손을 얹어 주거나 가까이 곁에 가주는 것은 어린 아이에게 평생 새로운 것에 대한 두려움을 갖게 할 수 있는 4급 경계경보를 보내주지 않고 아이가 필요한 보호를 줄 수 있습니다. 우리는 두려움을 아이에게 부과하지 않도록 경계해야 합니다. 왜냐하면 그렇게 하는 것은 아이의 두려움을 조롱하는 것만큼이나 아이 자신만의 개인적 경험이 틀렸음을 입증하는 것이기 때문입니다. 그 울음이 의미하는 것이 오줌을 쌌다거나 배가 고프다는 것이 아니라 아이가 무서워하는 것임을 이해하는 것은 아이에게 자기가 필요할 때마다 여러분이 자기를 보호하기 위해 거기 있을 것에 대한 확신을 줍니다.

저를 위로해 주세요

아이들은 모든 종류의 고통에 대해 위로가 필요합니다. 피곤하고, 배고프고, 다치고, 겁나고, 외롭고, 좌절되고, 무척이나 당혹케 하는 세상에 의해 혼란스럽고, 하루에도 수차례 친절함과 함께 달래 주는 것이 필요합니다. 아이가 어릴수록 먹여 주거나 일회용 밴드를 붙여 주는 것뿐 아니라 감정이 이입되게 위로해 주는 것이 더 중요할 것입니다. 이런 진심어린 몸짓은 그들의 신체적 불편을 편하게 해 주려고 여러분이 거기 있을 것임을 말해 줄 뿐 아니라 그들이 느끼는 정서를 수용하고 그런 감정들을 조절하도록 도와줄 수 있다는 것을 전해 줍니다. 이것이 바로 많은 육아 전문가들이 아이를 젖먹일 때 TV를 시청하거나 이메일을 확인하는 대신에 아이를 양손으로 품에 안아주고 따뜻하게 눈을 맞춰주라고 강력하게 제안하는 이유입니다. 여기에서 다시, 아기는 다른 사람의 돌봄으로 고통을 이길 수 있다는 것을 배우고, 그 결과 세상으로 나아가는 모험을 감행하게 되는데, 그 세상에서 아이는 계속해서 불편해질 수밖에 없지만 위로받기 위해 다른 사람을 의지할 수 있다는 것 또한 배우게 됩니다—아이가 평생 동안 좋은 상호관계를 만드는데 도움이 될 교훈이지요.

[도전] '우리' 안에서 '너'를 지키는 것. 즉, 아이의 정서적 경험을 여러분이 직접 경험하지 않고도 그 정서적 경험을 이해하고 공감할 수 있다는 것을 분명히 하는 것입니다. 공감적 연결을 전달하기 위해 애쓸 때 너무 멀리 가지 않는 것은 어렵습니다. 특히 부모적인 직관이 자녀에 대한 감정을 느끼게 할 때 그렇습니다. 아기나 어린아이가 우리의 감정은 우리 자신의 것이지만 그 감정들에 대해 돌봐주는 다른 사람의 도움을 받을 수 있다는 것을 이해하도록 도와주기 위해, 스턴^{Daniel Stern}이 명명한 '감정-형성(feeling-shape)⁴⁾'을 발휘하여 아이의 감정과 비슷하게 만드는 것이 중요합니다. 여러분의 얼굴 표정, 목소리, 몸짓이나 자세, 접촉을 아이의 감정에 맞추고 아이의 감정에 의해 일으켜진 여러분 자신의 어떤 불편함을 부과하지 않는 것입니다. 고통 속에서 울부짖는 아기는 그 응답으로 울부짖는 부모가 필요한 것이 아니라 슬픈 표정을 짓고 자기를 친절하게 만지면서 부드럽게 이해한다고 말해 주어서 아이가 "오, 제가 어떻게 느끼는지 아시는 군요. 전 혼자가 아니군요. 이런 감정은 나눌 수 있고 믿을 수 있다는 것을 제가 배우고 있군요."라고 생각할 수 있게 하는 누군가가 필요합니다.

저를 기뻐해 주세요

서클의 아랫부분에는 두 종류의 기쁨이 있습니다. 첫 번째는 여러분의 아이가 고통스럽기 때문이 아니라 자동차에 주유가 필요한 것처럼 자기의 정서적 컵을 채워야 할 필요를 느껴서 여러분에게 향하거나 달려오는 순간들과 관련 있습니다. 아이는 재빠른 미소를 짓기 위해 돌진했다가, 2초 후에 다시 서클의 윗부분으로 올라가 세상을 맞이할 준비를 할 수 있을 것입니다.

---

4) 역주: 양육자의 생각이나 감정을 배제한 채, 자녀가 나타내는 감정 상태를 거울처럼 비춰주면서 공감해 주는 과정을 통해 자녀가 자기 본연의 감정 세계를 형성하도록 해 주는 것을 의미합니다.

서클의 아랫부분에 있는 두 번째 종류의 기쁨은 아이가 화가 나거나 압도당할 때 우리의 섬세한 편안함과 관련 있는 것입니다. 괴로워서 소리 지르고 있는 아이를 기뻐하는 것은 쉽지 않습니다. 그런 아이는 지쳐 있는데 잠자기 위해서 어떻게 자기를 충분히 이완시키는지 모르거나 장난감을 작동시키거나 자전거를 타는 데 필요한 운동 기술이 없어서 좌절하며 몸부림치는 세 살 아이이기 때문입니다. 그러나 우리의 아이들은 그들이 고통스러워할 때조차도 그들을 기뻐하는 우리를 필요로 합니다―어쩌면 특별히 고통 가운데 있을 때 더욱 그렇습니

> **기쁨 → 긍정적 관계 → 사랑**
>
> "저를 기뻐해 주세요."는 서클의 윗부분과 아랫부분 둘 다에서 발견되는 유일한 필요입니다. 자녀를 진정으로 기뻐하는 부모들은 아이가 탐험을 필요로 하든 가까이 있기를 필요로 하든 간에 그들의 아이가 좀 더 안전하게 될 경향이 있는 긍정적 관계를 촉진합니다. 또한 로맨틱 파트너와 친밀감을 발전시킬 역량을 위한 씨앗을 아이에게 심습니다. 행복, 호기심, 환희를 경험하면서 **엄마나 아빠**의 눈을 바라보는 순간은 매우 긍정적인 감정이 사랑하는 사람들과 공유되고 유지될 수 있음을 이해하는 출발점입니다. 어떤 사람들은 그것을 "사랑에 빠졌다."고 합니다.

다. 이것은 도를 넘은(조롱처럼 느껴지는) 기쁨이 아니라, "일이 잘 안 되고 있을 때도 난 정말 너를 사랑한다."라는 기쁨입니다. 우리는 화가 나 있는데 진짜 가까운 사람(배우자, 제일 친한 친구, 형제자매들?)이 우리의 감정에 잘 맞춰줄 뿐 아니라 짧은 미소와 함께 우리가 고통 속에 있을 때도 우리를 소중히 여긴다는 것을 분명히 해 줄 때를 기억할 수 있을 것입니다. 그런 순간에 우리의 몸 전체는 갑자기 이완됩니다. 그것은 때로 굉장한 평정심이 요구되지만, 아이가 도움을 요청하는 것처럼 보일 수 있는 것(직접적으로 그렇게 보이지 않을지라도)과 고통에 직면해 있을 때 기쁨과 애정을 경험할 수 있다는 것은 우리가 자녀에게 줄 수 있는 대단한 선물입니다. 숨겨진 메시지는 이것입니다: "난 네가 화가 났다는 것을 알아. 그리고 내가 너를 사랑한다는 것을 알고 있어. 난 이것도 역시 지나갈 거라는 것도 안단다." 이런 애정 어린 확신은 아이를 매우 안심시켜 줍니다.

[도전] 다시, 너무 멀리 가는 것. 보채는 아기나 짜증부리는 아이에 대해 우리가 보여준 기쁨은 아이가 느끼는 감정을 수용하며 이해하는 것과 함께 가야 합니다. 고통스러워하는 아기에게 만면에 미소를 지으며 소근대는 것이나 좌절하며 속상해하는 돌쟁이에게 즐겁게 해 주려고 하는 것은, 아이가 느끼는 것을 우리가 느끼지 못한다거나 느끼고 싶어 하지 않는다는 메시지를 쉽게 전해 줄 수 있습니다. 우리는 단지 그 상황을 멈추게 하고 싶은 것이지요. 그것은 아이에게 우리 자신이 무관심하다거나 둔감하다는 것으로 경험될 수 있습니다. 슬프게도, 저자 세 사람의 임상 경험으로 보면, 부모들이 너무

강렬하거나 어려워 보이는 감정으로부터 아기나 어린아이를 떼어 놓으려고 하는 것은 너무나도 공통적이라는 것입니다. '행복한 아기'를 갖고 싶은 우리의 욕구가 일시적으로 아기를 고통에서 끌어낼 수는 있겠지만, 그것은 아기에게 어떤 감정들은 다른 사람과 나눌 수 없다는 것을 가르치는 것이 됩니다.

제 감정을 정리해 주세요

1장에서 묘사한 바와 같이, 정서조절은 인간이 배워야 할 핵심기술인데, 그 기술은 서클 안에서 이루어지는 안정애착의 요람 속에서 발달합니다. 정서는 우리에게 무엇이 필요한지, 무엇을 가치롭게 여기는지, 무엇을 원하는지 알려주는 신호로서 어마어마한 가치가 있는 것들입니다. 그러므로 우리가 그 정서들을 경험할 수 있고, 이해할 수 있고, 신뢰할 수 있으며, 다른 사람들과 나눌 수 있다는 것은 중요합니다. 하지만 그것들을 잘 관리할 수 있다는 것 또한 필수적입니다. 만약 정서들에 의해 압도된다면, 우리는 그것들을 잘 기능하게 할 수 없을 것입니다. 만약 정서들을 부적절하게 표현한다면, 우리는 자신의 목표를 차단하고, 다른 사람들에게 강요하고, 다른 사람에 대한 이해의 부족을 드러내며, 관계를 유지하는 데 어려움을 갖게 될 것입니다. 우리의 초기 관계에서 감정을 관리하고 다른 사람으로부터 공감을 경험하는 것을 배우는 것은 나중에 인생에서 건강한 관계를 경험하는 역량에 명백하게 영향을 줍니다.

> '외현적 행위(acting out)'는 고통을 우리가 볼 수 있도록 행동을 통해 밖으로 드러내어 표현하는 것입니다—소리 지르기, 때리기, 분노발작 등. '내재적 행위(acting in)'는 고통을 안으로 향하게 하는 것입니다—위축, 우울, 그리고 청소년에게서는 바깥세상에서는 눈에 덜 띄지만 분명히 문제가 되는 방식(자신을 향한 부정성과 자해 문제)으로 스스로에게 고통을 가하는 것입니다.

아이들은 정서에 대한 풍부한 레퍼토리를 가지고 세상으로 들어가지만, 그것들이 무엇을 의미하는지, 어떻게 진정시키는지를 이해하는 능력은 부족합니다. 그것이 바로 우리가 아이들의 정서를 조절하는 것을 도와주고, 점차적으로는—얼마간의 시간 동안—그들 스스로 조절하도록 가르쳐 주는 것이 필요한 이유입니다. 이것은 일찍 시작하는 것이 중요합니다. 겁먹은 아기가 있는데, 그 부모는 아기의 '야단법석'이 약간의 기분전환으로 달래질 수 있다고 생각해서 아기를 공중으로 가볍게 던지고 잡고 하면서, 아기가 이런 재미있고 흥미진진한 것을 알게 되었다는 것을 알리는 신호를 보내려고 요란한 "우~우~" 소리를 내고 있는 것으로 여기고 있는 모습을 상상해 보세요. 아기는 속으로 이렇게 말할 거예요, "여보세요. 무슨 일이에요? 왜 모르시는 거죠? 왜 저를 더 무섭게 하세요?" 그리고 이런 부모의 반응이 반복해서 행해질 때, 아기는 자기의 감정들이 '잘 못된 것'이거나 흉한 것이기 때문에 자기의 필요는 채워질 수 없는 것이 틀림없다고 생각하기 시작할 것입니다. 아기는 어떻게 반응할까요? 시간이 지나면서 자기의 슬픔이나 두려움을 마비시키는 것을 배울 것이고, 그러한 풍부한 정서들이 제공하는 모든 정보와 안내를 접하지 못할 것입니다. 아니면 아기는 그 감정들을 아래로 쑤셔 넣어 버릴 것이고, 그 감정들은 숨겨진 외로움이나 만성적 불안의 씨앗들을 형성할 수 있습니다. 아기는 이런 방식으로 자기의 감정들에 반응하는 것을 배웠다는 의식적 기억이 전혀 없을 것입니다: 이런 학습은 소위 '절차적 기억(procedural memory)'(〈글상자 6〉을 보세요)의 한 부분이 됩니다.

그런데 여러분은 아기나 아이의 정서들을 '좋아할' 필요는 없습니다. 여러분은 정서들의 표현을 즐거워할 필요가 없습니다. 그러나 여러분은 여러분이 아이의 감정들을 수용할 수 있다는 것과, 아기는 그 감정들을 돌봐주는 다른 사람들과 자기의 감정을 나누는 것이 안전하다는 것을 전반적으로 보여 줄 필요는 있습니다. 이것은 정서에 대한 아이의 어휘를 구축하는 데 도움이 됩니다. 우리 모두는 우리의 정서들을 명명할 수 있어서 그런 정서들에 어떻게 반응하고 그것을 어떻게 표현할지 깨달을 수 있는 것이 중요합니다. 언어를 통해 하나의 정서에서 다른 정서를 구별하는 것을 배우지

> 우리 인간들은 영광스럽게 복잡한 기계입니다. 설계에 따라 작동하려면 몸과 마음의 많은 시스템과 기능들은 조절되어야 합니다(예: 체온이 '정상' 수준으로 유지되고, 호르몬이 특정 작업을 수행하기 위해 방출되었다가 감소되고, 배고픔이 식사시간을 알려주는 것). 정서도 조절되어야 합니다. 즉, 정서는 우리에게 특정 형태의 행위를 취하라고 신호를 보낸 다음에 진정되게 되어 있다는 것을 의미합니다. 정서(또는 행동)를 조절하지 못한다는 것은 언제, 어떻게, 얼마나 많은 정서를 경험하는지에 있어서 전형적인 것으로부터 벗어났다는 것입니다.

못한 아이들(그리고 어른들)은 흔히 슬픔과 같은 취약한 감정을 분노로 혼동하고 모든 불편함을 분노로 표현합니다. 여러분은 어디에서 그렇게 되는지 상상할 수 있습니다.

도전 추측하는 것과 분명히 말하는 것. 우리는 앞에서 추측하는 대신에 우리 아이에게 필요한 것이 무엇인지 보려고 하는 것의 중요성을 언급했습니다. 정서에 대해서도 마찬가지이지만, 우리가 자녀와 정서에 대해 이야기할 때, 아이가 경험하고 있는 것을 실제로 추측하고 있다고 표현하는 것은 정말로 중요할 수 있습니다. 하지만 다시, 우리가 공유될 수 있는 별개의 마음들을 가지고 있다는 것을 명확히 하는 것은 발달 중인 아이에게는 심오한 의미가 있습니다. 만약 여러분이 아이에게 "나는 네가 나에게 화났다

는 것을 알아!"("난 네가 나에게 화가 나거나 속상한 건지 궁금해."라고 말하는 대신에)라고 말한다면, 아이는 자기가 느끼는 것에 대한 여러분의 해석에 동의하기보다 자기가 느낀 것을 궁금해하고 토론함으로써 자신의 감정을 정리하는 것이 얼마나 중요한지 배우지 못하게 됩니다.

✏️ **글상자 6**

아이의 절차적 기억 구축하기

안정감 서클 주변에서 자녀들의 최초의 근본적인 필요를 만날 때, 여러분은 컴퓨터의 운영체제와 같은 것이 되는 기억들을 설치할 것인데, 그것들은 아이가 자라면서 그들이 하는 모든 일의 배경에서 윙윙거릴 것입니다. 이 특별한 종류의 학습은 '절차적 기억'이라고 부르며, 이것은 우리가 자전거 타기를 배우는 것과 다르지 않습니다. 우리는 자전거 타는 법을 배운 구체적 내용을 기억하지 못할 수 있으며, 길에서 자전거를 타고 싶을 때마다 모든 단계를 차례로 실행할 필요가 없습니다. 우리는 자전거에 올라서 페달을 밟고 균형을 잡고 출발합니다. 여러분의 어린아이는 어려서부터 수도 없이 여러분이 달래주는 것을 경험하면, 점차적으로 자기의 두려움을 달래거나 스스로 울음을 멈춥니다. 이것은 아이가 절차적 기억에 대한 긍정적 기초가 형성되어 있기 때문입니다. "당신의 달래주기는 내 자신의 달래주기에 내장되어 있습니다." 여러분이 얼굴이 빨갛게 되어 울고 있는 9개월 된 자녀에게 "화났구나, 끔찍하게 느껴질 거야… 엄마가 너를 안고 좀 걸어볼 게. 넌 정말 화가 났으니까 말이야."라고 말하면, 아이는 점차적으로 자기의 고통 속에 누군가가 자기와 함께 거기 있어 준다는 것을 배웁니다. 아이가 자라면서 여러분의 신체적 존재 없이도 자기 자신의 정서들을 스스로 관리하듯이, 여러분은 평범한 광경 속에 숨겨진 형태로 여전히 아이와 함께 있을 것입니다.

절차적 기억을 통해 배우는 것은 책을 편집하는 것과 같습니다. 여러분의 첫 관계들에 의해 만들어진 페이지들이 공감과 관심으로 채워져 있다면, 여러분은 무엇을 할지 알고, 설명이나 해결책을 찾아야 하는 많은 상황 속에서 자신 있게 진행해 갈 수 있습니다. 하지만 여러분의 '책'에 있는 많은 페이지들이 타버렸거나 찢어졌다면 어쩌죠? 그렇다면 특정 상황에서 무엇을 해야 할지 또는 어떻게 해야 할지 기억해 내기 위해 그 책을 꺼내야 할 때, 여러분이 가지고 있는 것은 바로 결함이 있거나 불완전한 페이지입니다. 이제 여러분은 자신의 빈 공간을 채워야 합니다. 그것을 우리가 잘하지 못하는 것이 드러나게 됩니다. 우리는 주변을 휘저으며 종종 자신이나 다른 사람들에 대한 혼란과 불편함을 끄집어냅니다. 이것이 정서관리의 무능력이 어떻게 외현적 행위나 내재적 행위로 변하는가 하는 것입니다.

목표는 아이에게 우리는 다 똑같은 공통되는 감정 레퍼토리를 공유하는 반면에, 우리 모두는 자신의 내적 경험이 있다는 것과 다른 사람들로부터 자신의 개인적 경험에 대한 지지를 얻을 수 있지만 주어진 어느 순간에라도 우리가 느끼는 것은 독특하게 우리의 것이라는 것―그리고 우리가 사용하고 관리하는 우리의 것이라는 점을 가르치는 것입니다.

정서조절을 배우는 것은 얼마나 중요한가요?
심리학자들이 '외현적 행위' 또는 '내재적 행위'라고 부르는 것은
건강한 관계 안에서 습득한 건강한 선택지라는 제한된 기술 세트를 가지고
정서들을 관리하려는 시도입니다.

조절되지 않은 정서 → 조절되지 않은 행동.

성인 안정감 서클

자기-조절과 자기-달래기는 친밀감을 위해 필수적인 것입니다. 그러나 대중의 이해와는 달리, 이런 것들은 우리가 선천적으로 가지고 있는 능력이 아닙니다. 그것들은 돌봐주는 다른 사람들과의 관계 안에서 학습되는 것입니다. 그래서 만약 우리가 자녀들이 친밀한 관계들에서 능숙하게 자라기를 바란다면, 그들에게 어떻게 그들의 정서를 조절하고 자기-달래기를 하는지 가르치는 것은 우리에게 달려 있습니다. 심리학자이고 관계 전문가인 가트맨^{John Gottman}은 관계를 작동시키는 것은 협상이라고 했습니다. 친밀해지거나 함께 잘 일하는 능력은 우리가 협상할 수 없을 때 저하됩니다. 밝혀진 바와 같이, 협상이란 다른 사람의 감정들에 대해 공감적으로 배려하면서 감정을 인지하고 명명하고 조절하고 자신을 달랠 수 있는 능력(복잡한 정서들을 경험하면서 견디는 능력)을 요구합니다. 자녀들이 어렸을 때 그들에게 감정을 어떻게 이해하고 자기-조절과 자기-달래기를 하는지 가르칠 때 자녀들은 협상할 수 있고, 그러면 인생을 통해 자녀들이 가는 길이 훨씬 순조로울 것입니다. 그것이 바로 서클 주위에서 아이들의 필요를 채워주는 것에 대

한 선물입니다.

우리의 안정감 서클 그림은 어린아이를 묘사하고 있지만, 현실에서 우리 모두는 일생 동안 안정감의 순환궤도를 여행합니다. 그것은 더 복잡해지지만, 자율성과 친밀감이라는 욕구 둘 다를 추구하려는 것이 우리의 본성입니다. 우리는 종종 삶에서 새로운 모험을 시작하기 위해 다른 사람들의 지지를 구하며, 탐험으로부터의 피난처를 필요로 하는데 이는 친밀한 관계의 '그리고' 안에서 우리 자신의 정서적 컵을 채울 수 있습니다. 때때로 명백하게 전자와 후자를 바꾸기도 합니다. 아마도 여러분은 사장에게 승진이나 임금인상을 요구하거나 새로운 사업 계획을 제안하는 회의를 하러 가기 전에 기운 나는 얘기를 나누려고 사무실에서 배우자나 가족에게 전화를 걸 것입니다. 그리고 여러분의 제안이 거절되었을 때, 마음을 들어주는 귀와 환영하는 열린 팔보다 더 기분 좋게 하는 것은 없을 것입니다. 안정된 기지와 안전한 피난처가 얼마나 중요한지 배웠기 때문에 때로는 두 가지 필요를 동시에 충족시키려고 할 수도 있습니다. 아마 사랑하는 사람의 장례식을 치러야 할 때, 배우자나 친한 친구가 조용히 곁에 있어 주는 것이 슬픔이라는 어려운 감정을 헤쳐 갈 용기를 주는 동시에 상실을 이겨낼 위로도 준다는 것을 인지합니다. 안정애착을 만들어 낼 수 있다는 것의 아름다움은 서클의 위에서 아래로의 여정이 때로 원활할 수 있다는 것입니다. 우리가 가장 필요로 하는 것을 관계들로부터 얻을 때, 우리는 개인으로서 본래의 모습 그 이상의 사람이 될 수 있습니다.

여러분이 스트레스 가운데 있을 때,

여러분 자신에게 "나는 서클의 어느 쪽에 있는가?"라고 물어 보세요.

아이들의 필요를 수용하기

한 가지 분명히 합시다. 자녀들이 요구하는 것을 해석하고 민감하게 반응하려고 애쓰는 것은 중요합니다. 우리는 그것이 행복하고 건강한 어른들이 될 행복하고 건강한 아이들을 기르는 최고(아마도 유일한)의 길이라고 확실히 믿습니다. 그러나 계속 말하듯이 그것을 완벽하게 할 수 있는 사람은 아무도 없습니다. 우리들 어느 누구도 서클의 위와 아래에 있는 모든 필요에 대해 완전히 편안하지는 않습니다. 그 주된 이유는 우리들의 부모─우리가 아이들에게 하는 것처럼 우리에게 그런 의미가 있는 사람─로부터 어떤 필요들은 다른 필요들보다 더 잘 수용할 수 있다고 배웠기 때문입니다. 우리 중 어떤 분들은 아이들의 탐험과 성취에 대해 더 편안합니다. 어떤 분들은 친밀과 위로에 대해 더 편안합니다. 우리 중 어떤 분들은 단지 아이들을 지켜보기만 하는 것보다는 서클의 윗부분에서 아이들과 보다 더 잘 즐길 수 있을 것입니다. 어떤 분들은 보호하는 데는 능숙하지만 고통 받고 있는 아이를 달래는 것은 힘들어합니다. 셀 수 없이 많은 변형이 있습니다. 여러분은 아마 이미 자신은 이런 조합의 어디쯤에 딱 맞는다는 생각을 하실 것입니다. 여러분이 여기에 더 관심이 있으시다면 2부에서 자기-탐색에 대해 많은 도움을 찾을 수 있을 것입니다.

이제, 우리 중 어느 누구도 우리 아이들의 필요를 항상 충족시켜 줄 수 없다는 말을 하지 말고 그냥 쭉 얘기해 봅시다. 문화적 규범도 작용합니다. 독립(만약 그런 식으로 일반화할 수 있다면)을 강조하는 문화에서, 부모는 서클의 아랫부분에서 아들과 딸을 도와주는 것에 덜 능숙할 것입니다. 좀 더 편협한 사회(어떤 사회 전체가 이렇게 분류될 수 있는지는 모르지만, 특정한 지역사회, 씨족, 마을, 종족집단 등은 특정한 경향이 있을 것입니다)에서, 부모들은 아이들이 서클의 윗부분에 있을 때 고심합니다.

"안정감 서클의 언어를 사용하고 그것을 가족들과 나눌 때 이상하게 느껴지는 때가 있었지만, 서클이 실제로 작동되었기 때문에 우리는 서클에 정신이 팔렸어요. 이제는 다른 방식으로 말하는 것을 듣는 것이 이상해 보여요. 저는 아이들과 그 언어(다른 교육자들과 이야기할 때만 주로 사용했을 것인데)를 사용합니다. 저는 아이들과 함께 보는 것을 명명하는데, 특히 '나를 보려고 되돌아오는 네가 정말 기쁘단다.'라는 말을 좋아합니다.

저는 계속 연습했지만, 서클에서 내가 어디에 앉아 있는지 알아내는 것이 가장 큰 도전(또한 가장 큰 보상) 중 하나라는 사실을 발견하기 전까지는 여전히 뭔가 빠진 것 같이 느껴졌습니다."

-티나 머레이Tina Murray, 오스트레일리아

여러분이 어디에서 어려움을 겪을지 생각해 보세요. 자녀와 함께 경험하기를 바라지 않는 상황들이 있나요? 어색하게 느껴지거나 '할 말을 잃어버리는' 상황인가요? 그런 상황들을 안정감 서클 주변 어딘가에서 발생하는 것으로 본다면, 여러분 자신의 애착경향을 더 잘 이해하게 될까요? 예를 들어, 우리는 아이가 자율성을 추구하며 탐험하기 위한 허락을 바라며 뒤돌아보는 것을 알아보는 데 어려움이 있는 부모들을 자주 발견합니다. 아이의 탐험하려는 필요에 대한 최초의 지지가 요청되는 것은 100만분의 1초인데, 우리는 그것을 쉽게 지나쳐 버립니다. 우리가 그렇게 할 때, 아이는 결국 탐험할지 말지를 결정하기 위해 충분히 오래 망설일 수 있습니다. 서클의 아랫부분에서 가장 흔한 주제 중에 하나는 사회적 상황에서 아이가 두려워하는 것이 불편하다는 것입니다. 세-살-짜리들을 위한 생일파티에 가서 아이가 파티를 즐기지 못하고 엄마 다리만 붙잡고 있을 때 아이에게 창피를 주는 행동을 하는 부모를 본 적이 있나요? 이런 경우, 부모들은 위로와 보호에 대한 필요와 1-2분 정도 감정을 정리할 필요를 인식하는 대신에 재빨리 아이를 밀어내려는 경향이 있습니다. 전자가 주어질 때, 아이는 결국 파티에 참여합니다: 우리의 위로가 철회될 때 아이는 파티 내내 힘든 시간을 보낼 것입니다. 아이의 필요들을 인지하는 것은 여러분이 아이의 유일한 기질을 알게 해 주고 특정 필요들을 예측하도록 도울 수 있습니다. 예를 들어, 반응이 느린 아이는 탄력 있고 재빠른 아이와는 다른 종류의 돌봄이 필요합니다. 그런데 만약 우리가 외향적이고 사회적으로 적응을 잘 한다면, 과묵한 기질의 아이는 생소해서 무엇을 어떻게 해야 할지 모를 것입니다. 아니면, 우리가 조용하고 내향적이라면, 원기왕성하고 활발한 성격의 아이는 우리를 압도하거나 어찌할 바를 모르게 할 것입니다. 서클은 우리 자신뿐 아니라 아이의 독특한 필요들을 이해하고 적절히 반응할 수 있는 방법의 기초를 가르쳐 줍니다.

서클 주변에서 자기 부모를 활용할 수 있는 아이들은

더욱 안정되게 애착되며

삶의 여러 도전에 직면할 때 더욱 탄력적입니다.

여러분이 서클의 윗부분과 아랫부분에 있는 아이들의 필요들에 대한 우리의 설명과 그런 필요들을 충족시켜 주는 데 우리가 직면하고 있는 문제들을 통해 알 수 있었듯이 항상 올바르게 해결하는 것이 결코 목표가 아닙니다. 우리가 구하는 것은 균형입니다. 그것을 목표로 하는 방법은 다음 장의 주제입니다.

4장

서클의 두 손이 되기

9개월 된 맥스^{Max}는 엄마의 맞은편 아기용 식탁의자에 앉아서, 즐겁게 접시 주변에 시리얼을 흩뿌리고, 때로는 작은 주먹 안에 시리얼 몇 개를 움켜잡아서 입에 부딪혀 보는데, 시리얼 몇 개는 성공적으로 입안에 들어가기도 하고, 몇 개는 바닥에 떨어지기도 합니다. 다나^{Dana}는 시리얼이 성공적으로 아이 입에 들어가는 것은 상관하지 않고, 아이가 성공할 때마다 눈을 크게 뜨고 웃는 아이의 표정에 맞추어 기쁨으로 미소 짓습니다. 대부분 다나는 단지 바라보면서 "와, 그게 정말 맛있는 게 맞구나!" "냠냠" 또는 "바사삭"이라고 중얼거립니다.

때로 아기는 몸을 비틀고, 아기의자에 달린 트레이를 두드리고 발로 세게 차기 때문에 트레이가 바닥에 떨어져 깨질 것만 같습니다. 그 순간 아이는 놀란 것 같고 엄마의 시선을 피합니다. 아이가 맨 처음 그렇게 했을 때, 다나는 아이를 다시 달래려고 "맥스야, 무엇 때문일까? 여기 시리얼 많이 있어."라고 말합니다. 맥스는 꿈틀대며 다른 쪽으로 몸을 돌리고, 여전히 엄마와 눈맞춤을 피합니다. 다나는 잠시 멈춰서 목소리를 낮추며 "괜찮아, 괜찮아. 너무 흥분했구나? 맞지?"라고 말합니다. 그리고 기다립니다.

몇 초 안에 맥스는 다시 엄마에게 몸을 돌리고 엄마의 부드러운 눈길과 약간의 미소로 환영을 받습니다. 아이도 미소 지으며 다시 시리얼로 되돌아갑니다. 다나는 오늘 유쾌한 시간을 가졌기 때문에, 아들이 시리얼을 가지고 노는 동안 30분 정도 아이와 함께 앉아서 방을 둘러보기도 하고, 아이의 손가락을 탐색해 보기도 하고, 트레이 위로 작은 장난감을 올려두기도 합니다. 때로 다나는 아이와 함께 그 활동을 즐기고, 때로는 아이가 시리얼을 잡으려고 손을 오므리지만 시리얼이 닿지 않을 때 아이 손 가까이 시리얼을 가져다주기도 하면서 약간의 도움을 줍니다. 결국 아이는 시리얼이 지루해졌고 장난감도 바닥으로 떨어뜨리기 시작합니다. 다나는 같이 놀면서 "오, 오!"라고 하면서 장난감을 집어주려고 아래로 손을 뻗습니다. 이내 게임은 더욱 거칠어지면서 아이는 소란을 피우고 훌쩍입니다. 다나는 장난감을 아기의자에 달린 트레이에 올려주기 전에 공중으로 던지면서 그 놀이를 더 강화합니다. 맥스는 울기 시작합니다. 마침내 엄마는 "오케이. 미안해. 내가 너무 들떠 있었지? 엄마는 네가 충분히 놀았다고 생각해."라고 말합니다. 아이를 안아서 들어 올리고 품에 안아서 아이의 눈동자를 바라보며 천천히 흔들어 주면서, "아가야, 졸리지? 졸리구나!"라고 속삭입니다. 맥스는 눈꺼풀이 감기면서 엄마의 팔 안에서 이완됩니다.

다나는 엄마와 아기가 참여하는 이 전형적인 장면에서 별로 하는 게 없는 것 같지만, 현실에서 그녀는 아들에게 세심하게 주의를 기울이면서 아이가 시리얼 다루는 솜씨를 탐험할 필요가 있을 때와 진정하고 위로해 주는 엄마 품 안에서 이완될 필요가 있을 때를 알아차립니다. 그녀는 아들의 필요를 따르면서 아들의 경험에 조율을 하면서도 필요할 때마다 책임을 집니다. 그녀는 안정감 서클에 있는 두 손이 의미하는 바를 보여 줍니다.

서클에서 두 손이 되는 것은 민감하게 반응하는 것으로 시작하여 그녀의 아들에게 우리가 함께-있어 주기라고 부르는 깊고 공감적인 형태의 연결로 확장됩니다. 함께-있어 주기는 안정애착을 세우는 데 가장 중요한 측면의 하나이며 우리가 자녀에게 줄 수 있는 가장 강력한 선물들 중 하나입니다. 우리가 아이의 애착 필요를 채워 주려고 애쓸 때, 함께-있어 주기는 하루의 거의 모든 순간에 우리에게 명확한 방향을 알려주는 나침반입니다. 우리의 주된 목표가 서클에서 함께-있어 주기라는 것을 아는 것은 아이가 우리에게 요구하는 것을 추측하는 데 도움이 됩니다. 그것은 아랫부분에서는 수용과 위로를, 윗부분에서는 지지와 격려를 제공하는 것에 대한 길을 안내해 줍니다. 또한 언제 우리가 책임져야 하는지를 알게 해 줍니다.

　　민감하게 돌보는 헌신된 부모들에게 그 방향을 제공해 주는 많은 용어들이 있습니다. '양질의 시간' '조율' '집중된 관심'―이들 용어는 각각의 방식으로 가치가 있습니다. 그러나 수년 동안 우리가 발견한 것은 함께-있어 주기라는 단순한 용어가 서클에서 자녀의 필요에 관심을 기울이기 위해 집중할 수 있는 단일 주제를 제공해 준다는 것입니다. 함께-있어 주기는 우리가 실제로 다른 사람을 아는 방법이며 사랑을 확보하는 직접적인 경로입니다―그 사랑은 "나는 너의 필요에 관심이 있어. 서클에 있는 필요들 각각을 다 존중해 주고 싶어. 그에 더해서 네가 경험하고 있는 것을 이해하고 싶어. 나는 네가 느끼는 것에 관심이 있단다. 그리고 여기에서 각각의 감정과 필요를 지니고 있는 너와 함께 있는 것이 가장 중요하다는 것을 안단다."라고 말하는 것입니다.

　　매일 어린 아들과 상호작용하면서 다나는 아들에게 반응할 때 자기가 말하고 행동하는 것을 아들의 감정적 어조와 에너지 수준에 맞춥니다. 그것은 단지 전형적인 하루 중 평범한 30분이지만, 다나가 아들의 필요와 감정에 조율하여 아들과 함께 형성한 연결은 충만감을 만들고 아들의 정서적 성장을 지지합니다. 일대일의 연결인 함께-있어 주기는 아기가 처음 맛보는 소속감입니다―사랑하는 엄마나 아빠에게뿐 아니라 넓게 열려 있는 환영하는 우주에 대한 것이기도 하죠. 자애로운 무언가의 일부로 느끼며 삶을 시작하는 아이에게 성공과 행복을 위한 잠재력은 개인적인 상호작용들을 통해서 성장해 갑니다.

관계의 질에 관한 모든 것

　　우리는 일반적인 애착, 안정감 서클을 통한 애착의 묘사, 그리고 건강한 아동발달이란 모두 관계의 질에 관한 것이라고 믿습니다. 관계의 질에는 많은 측면이 있습니다. 이미 우리가 강조한 바와 같이, **정서조절**이 중심입니다. 다나는 부모가 자녀들이 정서조절 기술을 익히도록 도와주는 과정을 보여 줍니다. 맥스가 까다롭게 굴 때, 그녀는 아들에게 그렇게 느끼는 것은 완전히 괜찮은 것이고 엄마가 도와주면 그 고통이 지나갈 것이라고 말해 주는 방식으로 아이를 달랩니다. 아이는 9개월밖에 안 되었는데도, 벌써 다나는 아들이 시리얼 게임에 지나치게 흥분될 때 아이가 잠시 엄마를 외면하고 스스로를 진정시키도록 허락해 주는 것으로 아이가 자기 정서를 조절하도록 도와줍니다. 부모들은 서클의 각 포인트에서 겪는 자녀들의 경험에 함께-있어 주기를 하는 것으로 정서조절 기술을 촉진합니다. 함께-있어 주기는 서클 그림에 있는 '두 손'으로서 우리 역할의 가장 핵심이며 그 역할의 다른 모든 측면을 가능하게 만들어 줍니다. 그것이 4장의 핵심 주제입니다.

필요할 때마다 헌신된 부모나 다른 양육자가

아이와 함께-있어 주기를 하기 위해 정서적으로 가용하다는 것을

아는 것은 안정애착의 핵심입니다.

관계의 질의 또 다른 측면은 **책임을 지는 것**입니다. 부모의 두 손에 대한 이해에 수반되는 안정감 서클의 표어는 "가능하면 언제나 아이의 필요를 따르세요. 필요할 때마다 책임지세요."입니다. 서클에서 두 손이 되는 것은 확실히 가용적이고 필요에 대해 민감하게 되는 것에 관한 것입니다. 이 가용성과 민감성의 뒤에는 우리 아이가 책임지는 것에 있어서 의지할 수 있는 누군가가 되기 위한 우리의 헌신이 숨어 있습니다. 여러분의 자녀를 향한 민감성은 필수적이지만, 아이와 함께-있어 주기는 아이가 너무 어리고 작아서 발생하는 어떤 일을 처리하지 못할 때 개입하는 것을 배제하지 않습니다. 점점 크고 귀에 거슬리게 우는 아이는 양육자가 거기 앉아서 공감하며 어르고 있다는 이유로 갑자기 고통에서 벗어나는 것은 아닙니다. 우리는 통제불능인 아이를 책임지기 위해 어른의 기술과 경험을 사용하여 개입해야 합니다. 또한 언제 아이가 경계를 넘는 때(또는 경계를 시험하는 때)인지를 알아차려야 하고, 언제 아이가 어른인 우리가 아이를 안전하게 지킬 수 있다는 것을 책임지는 것으로 보여 주기 바라는지를 인지해야 합니다. 다나는 맥스가 먹으면서 노는 시간을 끝내고 낮잠을 재워야 한다고 결정할 때 그렇게 했습니다. 그녀의 아이와 함께-있어 주기는 아이와 함께 있어 주는 것을 통해 아이가 어떻게 느끼는지를 그녀에게 말해 주고, 아이가 느끼는 감정은 지극히 정상이며 기꺼이 도와줄 수 있는 누군가가 가까이에 있다는 것을 아이에게 전해 줍니다. 우리는 부모들에게 서클에 있는 두 손으로서의 그들의 역할은 더 크고, 더 강하고, 더 지혜롭고, 자상해야 하는 것이라고 말합니다. 아이와 함께하는 모든 순간은 여러분에게 아이의 필요를 채워주기와 책임지기 사이에서 헌신적 교대를 만들어 낼 기회를 줍니다. 함께-있어 주기와 안정애착 만들기가 항상 지나치게 좋게 해 주라는 뜻은 아닙니다. 그것은 다음과 같은, 기가 막힌 부드러움을 제공하는 것을 의미합니다: "나는 네가 필요로 하는 것을 위해서 여기 있단다. 그리고 난 책임지고 너를 안전하게 지키기 위해 여기 있단다. 넌 나를 의지할 수 있단다." 함께-있어 주기와 책임지기는 둘 다 자녀를 위한 서클에서 두 손이 되는데 있어서 똑같이 중요합니다. 더 크고, 더 강하고, 더 지혜롭고, 자상한 것에 대해서는 나중에 좀 더 다루도록 하겠습니다.

언제나: 더 크고, 더 강하고, 더 지혜롭고, 자상하세요.
가능할 때마다: 내 아이의 필요를 채워 주세요.
필요할 때마다: 책임지세요.

서클 위의 두 손으로서의 부모

관계의 질에서 세 번째로 중요한 측면은 반영(reflection)을 포함합니다. 우리는 인간입니다. 풀이하자면 우리는 실수합니다. 삶을 통해 만족스러운 관계를 유지하는 길은 그런 실수들을 알아차리고, 인정하고, 상처나 오해를 복구할 수 있는 것입니다. 완전은 불가능할 뿐만 아니라 우리가 사랑하는 사람들과 친밀한 연결을 형성하는 데 방해가 될 수 있습니다. 생각해 보세요. 완전을 열망하는 두 개인은 가까운 거리에서는 그들의 인간적 결함이 필연적으로 드러날 것이기 때문에 아마도 결코 온전히 함께 있지 못할 것입니다. 자기들의 잘못을 인정하지 못하면서 오해와 상처받은 감정을 복구하려고 애쓰는 사람들은 상대에게 잘못 이해됩니다―그리고 혼자 있게 됩니다. 아이들은 자기들의 잘못된 부분을 기꺼이 반영해 주면서, 자기들을 단순히 인간으로 그리고 흠이 있는 존재로 길러주는 사람들을 볼 필요가 있습니다. 자기들의 불완전성을 수용하는 부모들은 아이가 배울 수 있는 가장 중요한 교훈 중 하나를 전수해 주는 것입니다. 그러므로 서클에서 두 손이 되는 것의 넓은 의미는 여러분의 실수를 성찰하고 수정하는 능력을 보여 주는 것입니다.

부모로서 우리는 자주 의도적으로 (정말 중요한 전화를 받아야 하기 때문에 부모가 바라는 것보다 아기를 더 울게 두어야 하는 경우) 또는 무심코 (피곤하거나 스트레스를 받아 둔감해지는 경우―그런 일은 발생합니다) 서클에서 벗어납니다. 이것을 **균열**이라고 부르는데,

그 뒤에 **복구**가 뒤따른다면 그것은 괜찮을 뿐 아니라 여러분의 자녀에게 크게 유익합니다. 아이가 연결을 찾고 있을 때 무시하거나 딱딱거린다면 여러분은 서클에서 벗어난 것임을 깨닫고 아이를 안아 올리면서 아이에게 "미안해, 아가야. 오늘 내가 조금 게을렀네."라고 말하세요. 그러면 여러분은 아이에게 사람들은 실수를 하고, 그것이 세상의 끝이 아니라는 것을 보여 주는 것입니다―여러분의 매우 어린 아이에게는 세상이란 여러분과의 관계입니다. 여러분이 균열과 복구에 대한 본을 보여 줄 때, 여러분은 자녀의 성찰적 자아발달을 촉진하고 자녀의 평생 동안 좋은 관계를 위한 길을 닦아주고 있는 것입니다.

> "서클에 대해 생각하는 가장 좋은 방법은 한 번 서클 위에 있어보는 것입니다. 그러면 서클에서 떨어지면 언제나 되돌아가는 길을 찾을 수 있습니다. 어디에서 되돌아가느냐는 중요하지 않습니다. 여러분은 어디선가 열려진 곳을 찾아서 바로 다시 뛰어오르기만 하면 되고, 만일 여러분에게 '지원을 위한 손'이 여전히 있다면 바로 처음으로 되돌아가서 다시 시작할 수 있습니다."
>
> ―티나 머레이Tina Murray, 오스트레일리아

자녀와 함께-있어 주기는 완벽하게 조율하는 것을 의미하지 않습니다. 책임지기는 결코 미안하다는 말을 하지 않아야 함을 의미하지 않습니다. 심지어 부모조차도 실수를 하고 실수하면 그것들을 고치기 위해 필요한 노력을 한다는 것을 인정하는 것은 함께-있어 주기와 책임지기만큼 서클 위에서 두 손을 유지하는 데 없어서는 안 될 것입니다. 그것이 이번 장의 세 번째 주제입니다.

만약 우리가 양육 사전에서 한 단어를 삭제할 수 있다면,
그 단어는 '완전'입니다.

자녀와 함께–있어 주기

자녀와 함께-있어 주기는 아주 단순하지만 깊고 심오한 것입니다. 세상에서 가장 쉬운 것이면서 동시에 가장 어려운 것입니다. 여러분의 자녀와 함께-있어 주기는 이미 대부분의 시간에 그렇게 하고 있는 것입니다. 왜냐하면 아이가 배고플 때 아이를 먹이는 것만큼이나 자연스러운 것이기 때문입니다. 다나는 맥스와 아기용 식탁의자에서 노는 동안 아이와 온전히 거기에 있어 주는 것으로 함께-있어 주기가 어떠한지 보여 주었습니다. 그녀는 아이에게 (대부분의 시간에) 무엇을 하라고 지시하지 않았습니다. 거기 앉아 있는 동안 끊임없이 휴대폰을 체크하지 않았습니다. 아이의 기분이 바뀌기 시작할 때 아이를 무시하지 않았습니다. 아마도 가장 주목할 만한 것은, 그녀가 맥스가 어떻게 느꼈는지를 부정하지도 않고 그것에 대해 어떤 식으로든 (눈으로 노려본다든지 과장된 한숨을 쉬는 것—아기들은 그만큼 눈치가 빠르기 때문에 분명히 알아차립니다) 아이를 꾸짖으려 하지 않은 것입니다.

2장에서 소피가 보행기를 흔들며 걷고 있을 때 한나와 소피가 서로 바라보며 미소 지었던 장면을 기억하나요? 그것이 함께-있어 주기입니다. 한나는 작은 아기가 움직이면서 자기의 환경이 다르게 보이는 것을 탐험하고 있을 때 "저와 함께 기뻐해 주세요."에 대한 아기의 필요를 채워 주고 있는 것입니다. 그 둘은 상호 기쁨의 느낌을 거의 확실하게 공명하는 것으로 단순히 조율했습니다. 여러분은 이렇게 공유된 기쁨의 종류를 본 적이 있습니다—부모들은 자녀의 궁금함과 기쁨을 느끼고 그것을 반영하는 것을 힘들이지 않고 쉽게 해 줄 수 있습니다—많은 경우에 여러 환경에서. 그리고 여러분이 부모라면 이미 그것을 느꼈을 것입니다.

> 아기와 함께 기쁨을 느끼는 것을 주저하지 마세요. 연구가 보여 주는 것은 기쁨이 많은 아기들은 두 살이 되었을 때 더욱 협조적이 된다는 것입니다. 신경심리학자인 쇼우 Allan Schore 는 공유된 기쁨은 아기의 뇌 발달 속도를 높이고 자아 존중감의 토대에서 핵심 요소임을 강조했습니다.

그러나 함께-있어 주기가 더 어려워지는 것은 이런 것입니다: 아이가 화를 내거나 좌절하거나 슬퍼할 때 우리는 어떻게 반응하나요? 이런 감정들에 대해 이야기하는 것을 피하는 것으로 우리가 화나 무력감을 느끼는 것을 피할 수 있나요? 이 감정은 우리 아이를―또는 우리를―해치지 않는다는 지식과 이런 정서를 경험하는 것이 자녀에게 많은 것을 가르친다는 지식을 붙잡을 수 있나요? 우리가 피곤할 때, 스트레스 받을 때, 바쁠 때, 완전히 인내심을 잃을 때는 어떤가요? 우리는 계속 지켜볼 수 있나요?

물론 아닙니다. 아무도 그렇게 할 수 없습니다. 아무도 언제나 시기적절하게 함께-있어 주기를 할 수는 없습니다. 아무도 그렇게 시도해서는 안 됩니다. **클럽에 오신 것을 환영합니다.**

우리가 할 수 있는 모든 것은 우리가 함께 하는 많은 순간에 우리의 자녀와 함께-있어 주기를 하려고 최선을 다하는 것입니다. 때때로 그것이 힘들다 할지라도, 아이가 얼마나 많은 것을 얻을 수 있는지 아는 것은 상당한 격려가 됩니다. 함께-있어 주기는 서클의 주위에서 아이의 필요를 채워 주는 방법입니다. 아이들은 서클의 윗부분에서 아랫부분까지를 여행하고 또다시 그렇게 하는 것을 종일 매우 자주 매우 빠르게 하기 때문에 여러분이 집중하지 않으면 많은 변화를 놓칠 수 있습니다. 여러분의 아이가 화낼 때 아이와 함께-있어 주기는 누군가가 이런 느낌 속에 자기와 함께 있어서 나쁜 느낌에서 빠져나오는 길을 갖게 되는 것입니다. 함께-있어 주기는 아이가 그것에 대해 뭔가를―그것이 어떤 정서인지, 무엇이 그것을 촉발시켰는지, 그리고 그것이 어떻게 살아 있음의 중요한 측면인지―배울 만큼 충분히 오랫동안 그 느낌과 함께 있을 수 있도록 해 줍니다. 무엇보다도, 아이는 이런 감정이 일어날 때마다 자기는 그 감정 속에서 혼자가 아니라는 것을 배웁니다: "이런 느낌을 좋아하지는 않지만, 전에도 알았던 느낌이고, 내가 신뢰하고 사랑하는 사람과 함께 알았던 거야." 이런 식으로, 어려운 감정은 압도적이지 않으며 어떤 대가를 치르더라도 피해야 하는 것은 아닙니다. 심지어 고통을 가져오는 느낌일지라도 모든 느낌들은 또한 함께하는 교제와 신뢰의 기억들을 포함할 수 있습니다.

**정서를 조절할 수 있는 능력은
아이들이 자기 행동을 조절하도록 돕습니다.**

출생에서 시작하여 어린 시절 내내 계속되는 아이와 함께-있어 주기의 패턴은 일생 동안 자녀를 섬겨줄 단단한 정서적 기초를 세우는 것입니다(〈글상자 7〉을 보세요). 아이와 함께-있어 주기에서, 여러분은 공감에 대한 모델이 되어주어서, 모든 관계에서 그렇게도 중요한 이 능력을 아이가 발달시키도록 도와주게 됩니다. 잘 발달된 공감능력이 있는 아이들은 다른 사람들이 가까이 하고 싶은 어른으로 성장합니다. 왜냐하면 그들은 똑같은 인간 경험들을 공유하는 데서 오는 이해로 신속히 반응하기 때문입니다. 이런 식으로 알려지는 것은 강력한 연결을 이루어 갑니다. 우리의 함께-있어 주기의 영향은 명백히 다음 세대에게 메아리쳐집니다.

✏️ **글상자 7**

갓난아이를 응석둥이로 망칠 수 없습니다

때로 부모들은 자기 아이들의 정서에 지나치게 초점을 두는 것이 아이들을 연약하고 자기중심적이거나 요구가 지나친 아이로 만들까봐 두려워합니다. 아이가 감정을 느끼면 온 세상이 멈춘다는 것을 가르치게 되면 아이를 망칠 수 있습니다. 그러나 영아들은 정확히 이런 메시지가 필요합니다. 그들 생애의 첫 일 년 동안 그들은 매일 기쁨과 달래 주기의 끝없는 반복을 필요로 합니다. 그것은 그들이 누군가에게는 중요하고 절대적으로 중요하다는 무언의 메시지를 제공합니다. 이런 식으로 그들은 그들이 느끼는 모든 감정은 공유될 수 있음을 그들의 중심에서 알게 되는 것입니다. 온전히 혼자 경험해야 하는 감정은 없다는 것을 여기에서 배우는 것입니다. 그것이 일단 자리 잡히면, 인생의 두 번째 해와 그 나머지에서는 모든 감정은 여전히 가치가 있고 적절할 때 곧 충분히 만족될 거라는 메시지를 제공합니다. 그들이 이런 중요한 진실을 아는 한, 일상생활의 현실이 무언가를 해내기 위해 계속 나아갈 것을 우리에게 요구할 때 아이들을 새 방향으로 돌리고 주의를 흐트러뜨리는 것은 괜찮습니다. 자녀에게 이런 신뢰를 심어줄 때 어쨌든 더 많은 협조를 얻게 된다는 것을 알게 될 것입니다. 연구자들은 아기와 양육자 사이에서 첫 일 년 동안 더 동기화될수록 아이는 2세가 되어서 부모의 요구에 더 잘 순응하고 부모의 요청에 따라 자기 행동을 더 잘 지연시킨다는 것을 발견해 왔습니다.

모든 사람은 폴Paul 같은 사람을 만납니다. 그는 낯선 사람들로 가득한 군중들을 헤치고 나가서 새로운 친구들을 많이 만들 수 있는 사람입니다. 여러분이 그런 새 친구들에게 그렇게 짧은 만남에서 폴이 무엇이 그렇게 매력적이었는지 묻는다면, 대부분 이렇게 대답할 것입니다: "폴은 나에 대해서 진정으로 관심이 있는 것같이 보였어요." 또는 "그는 자신들을 서로 소개할 때 내 어깨 너머로 대충 훑어보지 않았어요. 마치 다시 만나지 않을 것이기 때문에 내 이름이나 얼굴을 기억할 필요가 없다는 듯이 보는 것 말이에요."

또는 "그는 자기의 성취에 대해 솔직하게 겸손한 것 같았어요—그것은 폴에 대해 더 알고 싶게 만들었어요. 얼굴 한쪽에는 자신의 이력서를, 다른 한쪽에는 진짜 가치를 인쇄해서 다니는 다른 사람들 같지 않았죠." 폴에게 이런 연결 능력은 자연스럽게 획득된 것 같아 보입니다. 그는 이렇게 말합니다: "잘 모르겠어요—저는 정말로 그것에 대해 전혀 생각하지 않아요. 그건 그냥 사람들과 함께 있는 방법처럼 느껴져요."

폴의 연결 능력은 그가 아기였을 때 할머니에 의해 양육될 때 심겨진 씨앗이었습니다. 할머니가 그의 생애 첫 몇 년 동안 창조해 준 담아 주는 환경을 이제 폴은 그의 모든 관계에서 만들어 낼 수 있게 된 것입니다. 사실, 아빠의 관심이 자기와 낯선 어른 사이에서 나누어 쪼개져도 전반적으로 만족해하고 사람들에게 친절한 그의 세 살짜리 아들을 만나볼 기회가 있었던 사람에게는 놀랄 일이 아닙니다.

폴이 사람들과의 연결을 위해 특별하게 무엇을 했는지 모르겠다고 주장할 때 그는 겸손한 것이 아니었고, 자기 계발서를 읽고 알게 된 것들, 즉 사람들에게 영향을 주고 친구를 사귀는 비밀방법을 숨기고 있는 것이 아니었습니다. 함께-있어 주기의 힘은 함께-있어 주기가 아기들이 언어를 획득하기 오래전에 아기들에게 관계와 정서에 관하여 가르쳐진 데 있다는 사실에 있습니다 (〈글상자 8〉을 보세요).

함께-있어 주기의 방식

영국 소아과 의사이고 심리분석가인 위니컷^{Donald Winnicott}은 그가 담아 주는 환경이라고 부른 것을 속했다는 것에 대한 순수하고 안전한 경험을 제공해 주는 돌봐 주는 관계라고 묘사했습니다. 다른 말로 하면, 담아 주는 환경이란 부모나 다른 돌봐주는 사람이 아이의 내적 경험(적어도 일부의 시간)의 모든 면에서 아이와 함께 있어 줄 수 있는 것이며 아이가 정서에 대하여 배울 때 안전하고 연결되어 있다고 느끼게 만들어 주는 것입니다. 우리의 안정감 서클은 본질적으로 담아주는 환경입니다. 우리는 그 개념이 매우 강력해서 안정감 서클 중재의 중요한 측면이 자녀와 어떻게 안정애착을 형성하는지 배우려고 애쓰는 부모에게 치료자가 담아 주는 환경을 만들어 주는 것을 포함하고 있다는 것을 알게 되었습니다. 담아 주는 환경에 있다는 것은 어려운 변화를 가능하게 도와줍니다.

간단하게 말하자면, 자녀와 함께-있어 주기는 아이의 필요를 따라가는 것을 의미합니다. 다나가 보여 주었듯이, 이것은 매우 원활하고 순조로운 과정처럼 보입니다. 그녀는

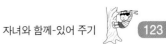

아이가 느끼는 것을 보고 감각하며, 적절하게 반응하고, 계속 변화를 지켜보면서 아이의 다음 필요를 향한 매끄러운 변화를 만들어 낼 수 있습니다. "단계 1, 단계 2"와 같은 절차는 없습니다. 그럼에도 불구하고, 만약 우리가 잘 살펴본다면, 함께-있어 주기는 다음 몇 가지 요소로 이루어져 있음을 볼 수 있습니다.

- 조율(Attunement)
- 공명(Resonance)
- 수용(Acceptance)
- 담아 주기(Holding)
- 필요에 대한 수반적 반응(Contingent response to needs)

함께-있어 주기는 기술이 아니고 마음 상태입니다.

✏️ **글상자 8**

아기는 어떻게 함께-있어 주기의 교훈을 배우나요

이 땅에 온 지 불과 몇 개월 몇 주밖에 되지 않은 아기가 자기가 슬프거나, 화가 나거나, 놀라거나, 기쁘거나 다른 여러 감정들을 느낄 때 자기에게 엄마나 아빠가 반응해 주는 방법을 통해, 만질 수 없는 정서에 대한 이해를 발달시킬 수 있다는 것은 믿기 어렵습니다. 아기는 어떻게 정서에 대한 어휘를 배울까요? 아기는 자기가 단어들의 뜻도 이해하지 못할 때 **엄마**가 "오, 아가야, 슬퍼… 슬프구나! 오 저런…"이라고 중얼거리거나 아빠가 "와우우, 그것이 널 무섭게 했니? 너무 크고 무섭구나."라고 속삭일 때, 자기의 가장 강렬한 감정들을 다룰 수 있는 방법을 어떻게 배울까요? 아이들은 오직 관계의 맥락 안에서만 정서를 다루는 방법을 배울 수 있습니다. 그들은 저절로 그것을 할 수 없습니다. **함께-있어 주기**는 아기들에게 이 가치 있는 기술을 가르칠 수 있는 우리들의 비언어적 방법입니다.

여러분이 어떤 행위를 취하거나 본능적으로 반응했을 때 누군가가 여러분에게 "어떻게 그렇게 하는 것을 알았어요?"라고 물은 적이 있었나요? 만약 여러분이 "몰라요. 그냥 그렇게 해요."라고 대답한다면, 여러분은 아기가 **함께-있어 주기**를 통해 어떻게 정서에 대해 배우는지 아는 것입니다. 라이온스-룻Karlen Lyons-Ruth과 보스톤 변화과정 연구집단(Boston Change Process Study Group)은 아기들이 다른 사람들과 함께할 때 언어와 같은 상징을 사용하지 않고 정보를 코딩하는 방법을 표현하기 위해 '암묵적인 관계적 지식(implicit relational knowing)'이라는 용어를 만들어 냈습니다. 양육자와 초기 상호작용에서 아기들은 애착 필요를 협상하는 방법과 정서를 조절하기 위해 다른 사람에게 의존하는 방법을 배웁니다(3장 참조). 절차적 기억[1]이라고도 하는 암묵적인 관계적 지식은 언어를 갖기 이전에 발달하는데 일단 말을 하게 되면 직관적으로 느낍니다. 우리가 3장에서 설명한 바와 같이, 그것은 자전거 타기와 같습니다: '그냥 어떻게 작동되는지' 느낍니다. 심리분석가인 볼라스 Christopher Bollas는 30년 전에 "우리는 언어를 갖기 전에 먼저 우리 존재에 대한 문법을 배웁니다."라고 했습니다. 볼라스Christopher Bollas는 '생각해 보지 않았던 앎(Unthought Known)'이라는 용어로 암묵적인 관계적 지식이나 절차적 기억을 설명했습니다. **함께-있어 주기**는 우리가 아기에게 정서—어떤 것이 어떤 것인지, 무슨 뜻인지, 어떻게 다루는지—를 가르치기 위해서 필수적인 관계의 질을 성취하는 방법입니다.

물론 모든 암묵적인 관계적 지식이 도움이 되는 것은 아닙니다. 어떤 느낌들은 수용될 수 없다거나, 정서는 자기들을 압도할 수 있으며 찾아낼 수 있는 도움이 없다는 것을 알게 된 아기들 역시 '그냥 그렇게 작동되는 것'이라고 믿으며 성장하게 됩니다. 여러분은 자신 외에는 다른 사람을 의지하지 않고 자신의 최선을 다하며 정서로부터는 거리를 두며 사는 어른들을 아시나요? 그들은 어떤 종류의 친밀한 관계를 가지고 있나요? 이런 것은 일찍이, 아마도 확실히 그들이 언어를 배우기 전에 배웠던 교훈들이라는 것이 이해가 되기 시작하나요?

조율은 행하기보다는 말하기가 쉬운 것들 중 하나입니다. 아이가 너무 어려서 자기 감정을 명명할 수 없을 때 느끼는 아이의 감정에 잘 맞춰줄 수 있나요? 아이와의 즉각적인 연결에도 불구하고, 여러분은 아마도 아이가 슬픈 건지 화가 난 건지, 행복한 건지 궁금한 건지 등을 판단하기 위해 아이가 보내는 신호 같은 것에 익숙해져야 할 것입니다. 약간의 추측이 포함되겠지만, 여러분의 아이가 무엇을 느끼는지 알아보는 능력은 훈련으로 증진될 수 있습니다. 우리는 처음 엄마가 된 사람들이 자기들의 까다로운 3개월짜리 아이를 한 번 보고 아이가 놀랐다기보다는 좌절했거나 짜증이 났다고 알아보는 것을 보았습니다. 우리는 이제 막 아빠가 된 사람들이 "오, 아이는 지금 바로 안고 흔들어주기를 바라네요. 제가 바로 침대에 눕히면 화낼 거예요."라고 말하는 것을 봅니다. 왜냐

---

1) 역주: 절차적 기억이란 우리가 어떤 사실이나 정보 또는 사건을 기억하는 의식적인 정신 활동(서술기억)과는 다르게 악기를 다루거나 운동선수들이 훈련을 통해 익힌 자세와 같이 무의식적으로 몸이 기억하는 장기기억의 일종입니다. 어린 시절의 주 양육자와의 애착 유대 경험은 절차적 기억으로 자리 잡게 됩니다.

하면 그들은 아기의 필요에 잘 적응되어 있어서 다른 사람들은 완전히 보지 못하는 것을 볼 수 있기 때문입니다. 물론 그 반대도 일어납니다. 대부분의 시간에 아이의 감정을 눈치 빠르게 읽어낸 똑같은 부모가 자기 감정에 압도되었을 때는 자신의 과민성을 아이에게 투사하며, 평소에 자기를 향해 확신을 주었던 그 얼굴을 얻어내려고 애쓰는 아기에게 "너 왜 이렇게 화를 내니? 나한테 뭘 바라는 거야?"라고 말하기도 합니다.

아기가 9개월이 되었을 때 소아과 병원에 가서 주사를 맞고 울기 시작했을 때, 욜란다 Yolanda는 너무 고통스러워서 즉각적으로 아기에게 "그건 아프지 않아. 아프지 않았던 거야."라고 말했습니다. 이런 것을 전에도 분명히 보아 왔던 간호사는 크고 단호하게 "아픈 거야!"라고 말하며 문을 닫고 나갔습니다. 욜란다는 창피하면서 동시에 어리벙벙한 채 거기 서 있었다고 했습니다. 그녀는 그 이유를 스스로에게 반복해서 물었습니다―수년 뒤에―저는 주사가 아프지 않다고 생각했을까요?[2]

정신건강의학 교수인 시겔 Daniel Siegel은 이렇게 말했습니다. "관찰 받는 자는 자기를 받아들인 관찰자를 받아들이고, 그 둘은 결합합니다." 매우 추상적으로 들리지만, 이는 사람 사이의 가장 친밀한 사건입니다. 시겔은 이것을 '느껴진 느낌(feeling felt)'이라고 했습니다.

공명은 우리가 다른 사람에 의해 알려졌다고 느끼는 마음(mind)의 만남의 일종이며, 이것은 함께-있어 주기의 가장 강력한 측면일 것입니다. 그것은 우리가 이 책의 처음부터 줄곧 얘기해 온 '그리고'를 경험하는 곳입니다. 여러분은 다른 사람과 있는 자리에서 여러분의 눈이 다른 눈과 마주쳤을 때 마치 그 순간에 서로의 느낌을 즉각적으로 이해했던 것 같은 때가 있지 않았나요?

케일라 Kayla는 16세에 할아버지를 잃었습니다. 그것은 그녀가 난생 처음 참석한 장례식이었습니다. 갑자기 모여 있던 친척들이 열려진 관 앞에서 웃으며 얘기하는 것이 너무 초현실적인 것 같아서 곧 웃음을 터뜨릴 것 같은 자기를 발견했습니다. 너무 무감각해질 거라는 예상에 소름이 돋은 그녀는 히스테리에 점점 가까워지고 있음을 느끼면서 관으로부터 최대한 멀리 떨어진 의자에서 초조하게 몸을 움츠리고 있었습니다. 그 순

[2] 욜란다의 자기 성찰을 환영하지만, 그녀가 그렇게 가혹하게 자신에게 그 질문을 하게 된 것은 불행한 일입니다. 여러분이 이미 알겠지만, 부모들은 흔히 자신들에 대해 가장 가혹한 비평가들입니다: 그들은 엄마나 아빠로서 그들이 충분하지 않다고 느끼게 해 줄 다른 사람들이 필요하지 않습니다.

간 그녀는 방의 다른 쪽을 흘끗 보았습니다. 거기에서 자기를 바라보고 있는 아빠의 슬픔과 즐거움이 섞인 표정은 아빠가 즉각적으로 자기 마음속에서 일어나고 있는 것을 정확히 알고 있다고 말하는 것 같았습니다. 그녀는 아빠에게 미소 지었고 그 즉시 차분해졌습니다. 40세가 된 지금까지, 그녀는 자기의 삶에서 자기가 그렇게까지 이해되었다고 느낀 적은 없었다고 말했습니다.

우리에게 수용을 가져다주는 것.

수용은 조율과 공명을 통해서 옵니다. 그러나 아이의 감정을 비춰주는 얼굴 표정이나 이해와 공감을 담은 미소가 더해지면 이제 엄마나 아빠가 알게 되었고 괜찮다는 더욱 명백한 메시지가 전해집니다. 아직 언어가 없는 아주 어린 아기도 부모가 자기 감정에 기꺼이 함께 머물려 한다는 것을 인지합니다. 수용은 아이가 느끼고 있는 것을 알고, 그 감정과 공명하며, 우리가 진정으로 그렇게 믿기 때문에 그 감정이 괜찮아지도록 허용하는 것을 의미합니다. 다시, 우리가 아이의 감정을 멈추게 해서 우리의 기분이 괜찮아지기를 바라거나 아이가 빨리 괜찮아지기를 바라지 않고, 우리가 정말로 이 감정을 괜찮다고 여길 때 아주 어린 아기일지라도 그것을 감각할 것입니다.

함께-있어 주기는 아이가 느끼는 것을 어느 정도 느끼는 것을 의미하지만 그것이 전부는 아닙니다. 그것은 아이의 감정을 가져오는 것을 의미하지 않고, 우리는 인간의 여러 경험을 공유하지만 여전히 각자 별개의 인간으로 있을 수 있음을 아이가 이해하도록 돕는 것입니다. '어느 정도'는 정말 중요합니다. 자녀와 함께-있어 주기를 하는 부모는 아기의 슬픈 얼굴을 비춰 주고, 그것이 어떤 의미인지 부모가 추측한 것을 말해 봅니다. "오오, 행복한 얼굴이 아니네. 아니야. 내 생각엔 네가 슬픈 것 같구나. 슬프니? 여기 너무 오래 앉아 있었어? 거기서 나오고 싶은 게로구나. 안아줄까? 내가 알지. 암, 알고 말고." 이것과 비교해서 마치 아기의 화난 얼굴을 능가하려는 듯이 아기의 슬픈 표정을 극도로 만들어 흉내 내는 부모를 생각해 보세요. 작은 아기가 그것에 대해 어떻게 반응할 것 같으세요? 우리는 이런 어른의 반응을 마주한 아기들이 극도의 고통, 심지어 공포로 반응하는 것을 보았습니다. 즉각적으로 아기는 깨닫습니다, "이 어른은 나보다 더 걱정하고 있구나. 정말로 뭔가 있나 보다. 정말로 나에게 뭔가 잘못된 게 있나 봐! 여기 나 혼자 있네—이렇게 큰 사람이 날 도울 수가 없다니!" 이제 대조적으로 애착 연구자들이 '과잉 밝음(overbright)'이라고 부르는 사람이 아기의 고통에 반응하는 것을 봅시다. 아기의 감정

톤에 맞추기보다는 마치 고통이 발생하지 않은 것처럼 반응합니다: 아기에게 사실적으로 얘기합니다, "너의 감정은 틀렸단다. 알겠지? 나는 웃고 있잖니! 기뻐할 시간이야! 기쁨밖에 없는 거야." 이런 경우에 아기는 처음에는 눈치 없는 부모에게 가 닿기를 바라면서 더 크게 소리 지르거나, 아니면 자기가 너무 잘못 이해되고 있다고 느껴지기 때문에 위축되어서 점점 반응하지 않게 됩니다. 결국 아기는 최소한의 연결감을 경험하기 위해 미소 짓기를 배우겠지만, 꾸며낸 미소일 것입니다. 슬프게도, 수년 동안 아기는 자기가 꾸며내고 있음을 잊어 버립니다.

우리에게 담아 주기를 가져다주는 것.

담아 주기는 정확하게 이것입니다: 압도적으로 고통스러운 감정을 경험하는 동안 아이를 보호하고 안전하게 지켜주는 것입니다. 담아 주기는 신체적으로 표현될 수 있지만, 근본적으로 정서적 사건입니다. 그것은 조율, 공명, 수용의 총합입니다. 이런 식으로, 함께-있어 주기는 어려운 감정 가운데 있을 때 누군가가 그 나쁜 감정에서 빠져나오는 길을 찾을 수 있도록 해 주는 것을 의미합니다. 이런 종류의 이해와 공감을 듣고, 보고, 느끼는 아기는 자기의 삶에 최소한 한 명이 모든 감정을 다 받아주고 돌봐줄 거라는 것을 압니다. 책임지고 모든 불편감에서 길을 찾도록 도와줄 사람 말입니다.

담겨 있다고 느끼는 아기는 자기를 웃기려고 딸랑이를 흔들며 불쑥 다가오는 낯선 사람을 차분하게 바라볼 수 있을 것입니다. 병원 검진에서 아빠에게 담겨 있음을 느끼는 돌쟁이 아이는 주사바늘이 찌르는 것을 느끼면 소리쳐도 괜찮다는 것을 압니다. 또한 육체적 통증이 지나가면 빨리 차분해질 것입니다. 좀 더 나이가 든 아이는 학교 연극에서 엄마가 관객석에서 자기의 두려움을 공감하고 "엄마 여기 있어. 무슨 일이 있어도 넌 괜찮을 거야."라는 의미를 그 아이가 아는 방식으로 고개를 끄덕여주는 것을 보면 무대 공포를 극복하고 자기가 맡은 노래를 할 수 있을 것입니다. 여기 여러분이 식별할 수 있는 예가 있습니다:

엘리사Alyssa는 딸을 낳는 과정에 참여했던 의료진과의 가장 기억에 남을만한 상호작용은 대학병원의 여러 다른 레지던트들이 자기를 어떻게 다들 다르게 대했었는지에 관한 것이라고 얘기했습니다. 그녀는 분만 도중에 레지던트들이 들어와서 장갑을 끼고 자기들의 이름을 말하고는 그녀의 분만과정을 체크하겠다고 신속히 말하고 내진을 진행했었다고 회상했습니다. 그런데 거기에 한 의사(그 이름은 결코 잊을 수 없죠)가 들어와서 따뜻한 표정으로 직접 그녀의 눈을 보면서 그녀의 넓적다리에 부드러운 손을 올려놓았습니다. 엘리사는 자기의 호흡이 진정된 것과 이 젊은 의사가 내진을 계속 진행하기 전에 그녀가 조금 더 편안해졌다는 것을 느낄 때까지 기다려준 것을 기억합니다. 여자 의사들이 여자가 어떻게 느끼는지를 더 잘 이해할 거라고 간주하고 언제나 여자 의사를 선택했었던 엘리사는 그토록 편안하게 해 주는 의사가 자기가 본 의사들 중에 유일하게 남자였다는 사실에 놀랐습니다. 명백하게 공감을 보여 준 이 사건은 레지던트들이 의과대학에서 배우는 어떤 것이 아니었습니다. 그것은 이 젊은 남자 의사에게 자연스럽게 나온 것처럼 보였습니다.

분만 도중 산모의 스트레스는 출산을 복잡하게 할 수 있고 아기에게 불리한 영향을 줄 수 있다는 수많은 데이터가 있습니다. 자기 환자와 함께-있어 주기를 할 줄 아는 이 젊은 의사의 능력은 그가 세상으로 나오도록 도와준 아기들에게 좋은 징조였습니다. 그에게 함께-있어 주기에 대한 암묵적인 관계적 지식을 전해 준 그의 어머니나 아버지나 그를 돌봐 준 분에게 감사드립니다.

필요에 대해 수반적 반응하기는 아이의 신호에 자상하게 반응하는 것을 의미합니다—시겔Dan Siegel의 말로 하자면, 아이의 신호의 '질과 강도와 타이밍'에 대해서 여러분의 그것들을 잘 맞추는 것입니다. 좀 전에 묘사한 산부인과 의사는 엘리사가 비언어적으로 전한 필요에 대해 수반적 반응하기를 잘 보여 주었습니다. 정말로 여러분의 자녀와 함께-있어 주기는 아이가 서클의 어디에 있으며 여러분으로부터 무엇을 필요로 하는지를 보여 줄 뿐 아니라 그 필요가 얼마나 긴급하고 강한지를 알게 해 줍니다. 여러분의 아기가 위로나 격려를 원하나요? 아이가 새로운 광경이나 소리나 촉감 쪽으로 몸을 돌릴 때 여러분이 자기를 지켜봐 주기를 바라나요? 아기가 여러분의 얼굴과 사랑에 빠질 때 아이를 기뻐하나요? 여러분의 아이가 서클의 윗부분이나 아랫부분에서 무엇을 필요로 하든지, 아이는 그것이 얼마나 절박하게 필요한가요? 얼마나 빠르게? 아이와 함께-있어 주기를 하는 것으로 여러분은 아이의 감정과 여러분 자신의 목소리, 표정, 만짐을 맞춰줄 수 있습니다. 여러분은 아이의 감정을 수용하고 공유하고 명명하는 것으로 그런 정서가 무슨 의미인지를 아이가 알도록 도와줄 수 있습니다. 특별히 아기들에게 있어서, 아기들의 신호를 여러분이 말로 해석해 주는 것은 중요합니다. 예를 들어, 말로 해석해 주면 자기들이 부드럽게 우는 것은 다른 사람들에게 자기들이 슬프고 외롭다고 말하는 것이

고, 일그러진 얼굴은 "난 정말로, 정말로 방금 일어난 일 때문에 화가 났는데, 나를 도와 줬으면 좋겠어요!"라고 말하는 것임을 배우게 됩니다 (〈글상자 9〉를 참조하세요). 1장에 서 우리는 안정애착이 어떻게 일관된 자기에 대한 강한 감을 촉진하는지 설명했습니다. 함께-있어 주기를 통해 아이의 필요에 수반적인 반응을 하는 것은 그런 일이 발생하는 경로입니다.

✏️ **글상자 9**

언어적 부모, 유창한 아이

다른 사람들과 **함께-있어 주기**를 하는 방법에 대한 암묵적인 관계적 지식과 그것에 의 해 신뢰하며 충족하는 관계는 언어에 의존하지 않습니다. 하지만 그것이 아기들의 경험에 대해 아기들에게 말하지 않아야 한다는 뜻은 아닙니다. 말을 하는 것은 그들에게 정서와 내적 경험에 대한 어휘를 줄 뿐 아니라 언어발달을 촉진하고 전반적 지능을 향상시킬 것입 니다. 1995년, 캔자스대학(University of Kansas)의 연구자들은 십여 년간의 연구 끝에 아이 가 세 살 때까지 부모가 아기에게 말한 단어들의 수는 아홉 살 때의 학업 성취와 직접 관 련이 있다고 했습니다. 더 최근의 연구들은 이 차이는 빠르면 18개월에 나타나기 시작함을 보여 주었고, 과학자들은 우리 아이들에게 말하기는 출생 즉시에 시작하는 것이 중요하다 고 믿습니다. 흥미롭게도, 그것은 단지 아이가 얼마나 많은 단어를 들었느냐—말하자면 TV 나 좀 더 큰 아이들에게 하는 말을 듣거나 어른들끼리 하는 말을 듣는 것—가 아닙니다. 중요한 것은 얼마나 많은 단어가 그 아이에게 말해졌느냐입니다. 다른 말로 하면, 언어와 지능이 번영하는 것은 관계의 맥락 안에서라는 것입니다.

그래서 여러분의 아이가 '밖에서' 자기 세계를 탐험할 때, 아이와 세상에 대해 이야기하 고 이야기하고 이야기하세요. "저 모래는 부드럽고 시원하게 느껴지네, 그렇지?" "와우, 오 늘은 정말 밝고 화창한 날씨네. 저 파란 하늘이 아름답지 않니?" "네가 공을 정말로 세게 던졌구나. 공이 얼마나 멀리 굴러갔는지 보렴." "오늘은 애들이 밖에서 많이 놀고 있네. 어 쩌면 새로운 친구들을 사귈 수 있겠다." 비록 여러분이 말로 응답할 수 없는 아기에게, 다 른 일로 너무 바쁘게 놀고 있는 어린 아이에게, 또는 단지 말하는 것을 원하지 않는 좀 더 큰 아이에게 바보 같은 옹알이를 하고 있다고 느낀다면, 여러분은 언어를 배우는(또는 완성 하는) 길 위에 아이를 올려놓고 인도하고 있다는 점을 아세요. 여러분이 말하는 것으로 아 이의 활동을 방해하지 않는 한, 말로 서술해 주세요. 힌트: 만약 여러분의 이야기가 갑자기 퀴즈가 되거나 '정답' 찾기가 된다면, 여러분은 아마도 침범을 향한 발걸음을 내디뎠을 것 입니다. 경험의 법칙: 미래에 '빛나게' 될 아이의 능력에 관한 여러분의 목표가 아니라 아이의 순간순간의 경험에 초점을 맞추세요.

또한 아기에게 나갈 것인지(**서클**의 윗부분: "잔디를 보러 갈까?") 들어올 것인지(**서클**의 아랫부분: "와서 껴안고 싶어?"), 기분이 괜찮은지(기분 좋지, 그렇지?) 괜찮지 않은지(조금 무섭구나?)에 대해 얘기하세요. 아주 어린 아이는 정서적 컵을 채우기 위해 다시 돌아오기 전에 겨우 몇 초 정도 탐험에 나가 있을 수 있을 것입니다. 이런 변화를 말로 해 주는 것은 아이의 필요를 보고 민감하고 정확하게 반응하는 능력을 연마하는 것일 뿐만 아니라 아이에게 자신의 경험과 자신의 필요를 이해하도록 도와주는 것입니다. 자신의 필요를 이해하는 아이들은 모든 관계에서 애착 필요를 협상할 수 있습니다.

도전

우리가 이미 말했듯이, 아이와 함께-있어 주기는 세상에서 가장 자연스러운 일이고 또한 가장 어려운 일일 수 있습니다. 여러분의 아이가 이제 하루를 산 아이이든지 십년을 살았든지 간에, 여기에 여러분이 소중히 여기는 존재, 여러분이 보호하기 위해 지구를 움직일 누군가가 있습니다. 아이가 고통 중에 있을 때 '그냥 거기 앉아 있을 수' 있나요? 물론 그럴 수 없습니다. 좋습니다. 함께-있어 주기는 단지 거기 앉아 있는 것이 아닙니다. 여러분이 방금 읽은 설명과 묘사로 분명해졌기를 소망합니다. 그러나 그것이 아이와 함께-있어 주기를 하면서 뭘 더 하지 않는 것이 쉽다는 의미는 아닙니다. 불편한 마음이 존재한다는 것을 부인하거나 축소시켜서 아이의 불편함을 떠나가게 하고… 아이를 방해해서 아이가 무엇을 느끼는지 생각하지 못하게 하고… 아이를 위한 결과를 '향상시키기' 위해 상황이나 활동을 관리하고… 결국 여러분은 어른이니까 단순히 여러분의 더 뛰어난 지능과 지혜를 적용하세요. 이상하게도, 함께-있어 주기의 맥락 안에서 우리의 '뭘 더 하려는' 경향은 흔히 함께-있어 주기가 아닌 것으로 경험됩니다. (그리고 뭔가를 더 하는 것은 아이의 모든 감정을 지나치게 우선시하는 형태로 발생할 수 있습니다. 〈글상자 10〉을 참고하세요.)

우리가 아이들을 위해 향상시킬 수 있는 수만 가지 것들이 있는데, 함께-있어 주기의 패턴으로, 우리는 실제적인 필요가 요구될 때 어려운 감정으로부터 아이의 초점을 바꿔 주거나 전환시켜 줄 수 있습니다. 그러나 우리가 만들어 낼 수 있는 이러한 향상은 아이의 애착 필요와는 거의 상관이 없습니다. 그것들은 아이들이 경험하는 정서와는 아무

✏️ **글상자 10**

함께-있어 주기를 잘못 이해하는 위험

심리학자들 사이에는 무의식에는 소화관이 없다는 속담이 있습니다—우리가 눌러 보낸 것이 결국 다시 올라올 것입니다. 말하자면, 우리가 감정을 부인하면 그것들은 사라지는 것이 아니라 종종 우리 삶을 혼란에 빠뜨릴 수 있는 방식으로 나중(몇 시간, 며칠, 몇 년 뒤)에 다시 나타날 것입니다. 그러나 반대되는 문제가 있는데, 그것은 우리들 중 일부가 **함께-있어 주기**의 중요성에 대해 배울 때 정확하게 나타날 수 있습니다. 우리는 180도로 바꾸어서 이제 우리 자신에게 아이의 감정에 과하게 초점을 두는 것을 허락할 수 있습니다. 여기에서, 아이는 자기 감정이 제일 중요하고 자기가 감정을 느낄 때마다 온 세상이 멈춰야 한다고 배울 위험이 있습니다. 아이는 이제 자기 감정은 100%의 시간 동안 관심받아야 한다고 생각할 위험이 있습니다.

함께-있어 주기는 균형 잡기에 관한 것입니다. 균형 안에서 각 아이는 자신의 감정이 심오하고 본질적이며 충분히 이용 가능해야 함을 배웁니다: 일부의 시간에만요. 만약 아이가 감정을 느끼기 시작할 때마다 양육자가 갑자기 멈춰서 완전히 양육자를 이용 가능하도록 해 준다면, 감정이 그 가정을 매우 건강하지 못한 방식으로 지배하기 시작할 것입니다.

모든 아이들은 자기들의 감정이 때로는 누군가에게 중요하다는 것을 알아야 하고, 동시에 자기들에게 중요한 감정을 다른 사람들도 가지고 있음을 알아야 합니다. 우리는 감정을 느끼기는 하지만, 다른 사람들과 함께하는 세상을 살고 있고, 끝내야 할 일이 있는 삶을 살아갑니다.

균형을 잡으세요. 균형을 잡으세요. 균형을 잡으세요.

관련이 없을 것입니다. 우리는 자녀들을 위해 여러 면에서 삶을 더 쉽고 더 낫게 만들 수는 있지만, 그들이 궁극적으로 어떻게 자기 자신들이 되어 가는지, 또한 관계 안에서는 어떻게 되어 가는지를 알아낼 방법을 설계하거나 통제할 수는 없습니다. 우리는 세상을 탐험하거나 개인적 연결을 추구하려는 충동을 정지시키거나 우회시킬 수 없습니다. 이 변경할 수 없는 길에서 우리는 그들의 후원자이며, 보호자이며, 안내자입니다.

또한 현대 생활은 자녀들과 함께-있어 주기를 도전으로 만듭니다. 우리는 정말 바쁩니다. 해야 할 일이 너무 많습니다. 그 일들을 수행해 내지 못할까 봐 너무 걱정됩니다. 이런 매우 조용하고 고요한 방법 안에서는 우리 아이의 건강한 발달을 옹호해야 할 필요성이 때로 중도에 단념될 수 있습니다. 너무 조금 하는 것처럼 보이는 것에 우리의 주의를 기울이는 헌신이 우리가 책임질 수 있는 최선의 방법입니다.

> "상상해 보세요. 여러분은 무엇을 수행하거나 미소 지을 필요가 없어요. … 여러분과 함께 있는 동안 엄마나 아빠가 황홀해지도록 여러분이 간지럽힘을 당하거나 웃음을 자아내는 자극을 받을 필요가 없어요. 아무것도 할 필요가 없어요. 여러분으로 충분해요. 그냥 여러분 곁에서 여러분이 선택하는 것을 지켜보는 것으로 부모님의 즐거움과 감사가 채워져요. 이런 것이 스며들게 해 주는 자신감의 수준, 즉 자아의 모든 측면에서의 편안함을 상상해 보세요."
>
> –자넷 랜스베리Janet Lansbury, 엘리베이팅 보육원(Elevating Childcare)[3]

> "제가 멀리 떠날 때마다, 저는 제가 집에 돌아갈 때 당신이 거기에서 두 팔 벌리고 저를 맞아줄 것을 알고 있습니다."
>
> –15세 된 소년이 보낸 '어머니의 날' 메시지의 한 부분

책임지기: 더 크고, 더 강하고, 더 지혜롭고, 자상하기

함께-있어 주기는 자녀들이 서클 주변에서 순간순간 무엇을 필요로 하는지 알도록 도와줄 수 있는데, 그것은 확실히 우리가 책임져 주는 것에 대한 그들의 필요를 포함하고 있습니다. 서클에서 두 손이 되는 것은 우리 아이들을 위해 '더 크고, 더 강하고, 더 지혜롭고, 자상하게 되는 것'입니다. 다행히도, 우리 인간들은 이 균형 잡히고, 책임 있고, 긍휼한 태도를 제공하도록 하드웨어에 내장되어 있습니다. 저자들은 수년 동안 이 표어에

---

3) 랜스베리Lansbury는 마그다 거버Magda Gerber가 설립한 영아교육을 위한 자원센터(Resources for Infant Education: RIE)에서 부모들에게 어린이 양육법을 가르치고 있습니다. RIE는 부모가 처음부터 각 아이가 본연의 자기가 되도록 해 주는 것으로 아이를 인격체로 대할 수 있도록 도와줍니다. RIE 뒤에 있는 철학은 함께-있어 주기와 매우 비슷한 마음 상태입니다. 이 짧은 발췌문은 그녀의 웹사이트(janetlansbury.com)의 2010년 6월 8일자에 있는 게시물에서 가져왔습니다.

있는 네 가지 측면에서 균형을 잡는 부모들이 우리 모두가 자녀에게 제공하기를 소망하는 안정감을 만들어 내는 것에 주목해 왔습니다. 상상할 수 있듯이, 대다수는 여기에서 어느 정도 씨름을 합니다. 우리는 대부분의 부모들이 책임을 지는 것에 대해 지나치게 열성적이거나, 아니면 더 크고, 더 강하고, 더 지혜롭고, 자상한 것에 대해서 한 측면을 지나치게 강조하는 동시에 다른 측면은 덜 강조한다는 것을 발견했습니다.

지나치게 열성적인 손

우리는 때때로 자녀의 정서적 경험을 우리 자신의 것으로 받아들이지 않고 그 속으로 진입하려고 고군분투합니다. 자녀를 위해 많은 것을 희생하며, 때로는 아이를 고통에서 해방시켜 줄 수 있다면 그 고통을 기쁘게 짊어질 것입니다. 불행히도, 그것은 아이로 하여금 처음부터 그런 감정을 가져서는 안 되는 것처럼 느끼게 할 것입니다. 또한 그것은 아이가 그 감정을 어떻게 다루어야 할지 배우는 것을 가로막을 것입니다. 아이는 남은 생애 동안 정서와 씨름할 것입니다.

달려가서 구조하려는 우리의 본능은 서클에 있는 두 손의 더 크고, 더 강하고, 더 지혜롭고, 자상한 측면에서 나옵니다. 가능할 때마다, 우리는 아이의 필요를 따라 주어야 합니다. 그러나 필요할 때는 책임져야 합니다. 우리들 대다수에게 책임지기란 양육에 대한 모든 것인 것 같습니다. 아빠는 "여기서 난 어른이야. 난 죠이^{Joey}를 위해서 이걸 다룰 수 있어. 내가 하지 않는다면, 아이를 보호하기 위한 내 책임을 버리는 거야."라고 생각합니다. 나나^{Nana}는 "얘야, 이런 못된 애들 때문에 울 필요 없어. 쿠키 먹으러 가자."라고 합니다. 엄마는 자기 자신에게 "이런 실망감을 그 애가 언제 다룰 수 있는지 알게 될 거야. 세 살에는 아무도 박탈감을 느껴서는 안 돼."라고 말합니다. 이 모든 세 명의 양육자들은 상황에 따라서 그리고 그들이 문제의 아이와 이미 함께-있어 주기 패턴을 수립했는가에 따라서 옳을지도 모릅니다. 그러나 그들이 먼저 아이의 필요를 따르려고 시도해 보았을까요? 죠이는 자기의 불편감을 스스로 다루도록 아빠의 조용한 지지를 필요로 하는 것이 가능할까요? 놀이터에서 친구들에게 거절당한 어린 소녀는 나나에게 안겨 있는 동안 울도록 허락되고 그런 느낌이 얼마나 힘든지 엄마에게 말하도록 허락되는 게 가능할까요? 엄마는 아들이 실망감을 다루려고 애쓸 때 아이가 정말로 그 감정을 감당할 수 없다는 것을 보여 줄 때만 끼어들고, 아이가 주도권을 잡도록 함께-있어 주기를 해야 할까요? 이 모든 것은 힘든 상황입니다. 아이의 필요를 따르기보다 책임을 져야 하는 때를 아는 것은 언제나 쉽지 않습니다. 고통스러운 정서가 올 때 많은 사람들은 보호하려는 본능 때문에 또는 이런 정서가 우리를 너무 불편하게 하기 때문에 책임지기를 선택합니다.

여러분은 서클 주변에서 아이의 필요를 따라갈 때 서클의 어느 특정 부분에서는 아이와 함께-있어 주기가 더 편안하다는 것을 발견할 것입니다. 클럽에 오신 것을 환영합니다. 5장에서 논의하겠는데, 우리는 모두 자신이 길러진 방식의 유산을 우리의 양육 속으로 가지고 옵니다. 그리고 부모가 우리와 같이 있었을 때처럼 서클의 동일한 자리에서 약간 쉽지 않을 수 있습니다. 그래서 두 손이 된다는 것의 첫 측면은 우리 자신을 책임지는 것이며, 우리에게 그렇게 쉽지만은 않은 서클의 필요를 지원하기 위해 충분히 오랫동안 불편함을 수용하고 담아 주는 반면에, 우리가 편안하지 않은 곳이 어디인지를 기꺼이 알아차리려는 것입니다. 여러분은 두 살 된 딸이 겁도 없이 미끄럼을 타고 내려올 때는 자부심과 기쁨을 보지만, 그 아이가 20분 동안 무릎 위에 앉아서 껴안고 싶어 할 때는 약간 불안을 느낍니다. 아니면 아이가 안기기를 원할 때는 마치 이것을 하려고 태어난 것처럼 능력을 발휘하며 안아주지만, 아이가 놀이터의 새 친구들을 보려고 여러분을 등지고 달려갈 때는 불안으로 언짢아질지 모릅니다. 아이들이 지나치게 극단적이 아니라면 이러한 기울어짐은 아이에게 해롭습니다. 아이는 세상을 탐험하거나 위로를 구하는 것으로부터 완전히 차단되니까요.

그러나 우리가 어디에서 불편한지 아는 것은 교훈이 되고 도움이 됩니다. 왜냐하면 ① 아이들은 (놀랍게도) 서클의 특정 필요에 대한 우리의 경미한 불안도 알아차리고 우리에게 잘 적응하기 때문이고, ② 우리가 불안해지는 지점에 대한 인식은 우리에게 그것에 대해 어떻게 반응할지에 대한 새로운 선택권을 주는 반면에, 우리의 불안에 대한 아이들의 불안을 줄어들게 해서 결국 아이의 건강한 발달을 촉진할 것이기 때문입니다.

"우리는 안정감 서클을 진행할 때, 아이들을 부모에게서 데려와서 그 시간에 동시에 아이들과 치료놀이(theraplay)[4]를 진행해요. 어느 저녁에 세 살 된 재나야Janaya가 치료놀이 그룹에서 풀려나서 부모 집단으로 달려와 엄마와 아빠에게 수만 가지 질문을 하기 시작했어

---

[4] 역주: 치료놀이는 애착이론에 바탕을 두고 있으며, 안정애착과 평생의 정신건강을 이끌어 낼 수 있는 건강하고 잘 조율된 부모-자녀 상호작용 모델을 바탕으로 하는 치료방법입니다.

요. '저녁 먹으러 어디로 갈 거예요?' '난 누구랑 앉아요?' '그것 끝나면 뭐할 거예요?' 엄마와 아빠는 내가 재나야를 데리고 나갈 때까지 예의 바르게 앉아서 차분하게 모든 질문에 답을 해 주었어요. 난 그들에게 '당신들에게는 그게 어땠어요?'라고 물었어요. 그러자 그들은 '재나야에 관해 한 가지 바꿀 수 있다면, 걔는 질문이 너무 많다는 거예요.'라고 대답했어요.

"재나야는 밝고 행복한 얼굴로 질문하기를 좋아하지만, 그 이면에는 아이가 자기의 각성을 관리하는 방법이 있답니다. 그 아이는 정말로 서클의 아랫부분에 있어요. 엄마와 아빠가 책임져 주기를 바라지요. 하지만 그들은 아이의 고통을 보지 않는 것으로 서클에서 벗어나 있고, 아이가 상호작용으로 돌진하게 만들지요. 우리가 애착을 묘사하기 위해 사용하는 표현 중 하나는 '난 너를 가졌다(I've got you.)[5]' 또는 '내가 잡았다(I've got this.)[6]'인데, 아빠는 정말로 그 표현을 좋아했어요. 그날 밤 그들이 집에 도착했을 때 재나야는 잠자러 가기 전의 의식을 시작했어요. 그것은 잠과 기상과 괴물 등에 대한 수만 가지 질문을 하는 것이지요. 아이가 질문할 때마다 아빠는 '걱정하지 마라. 내가 너를 가졌잖니.'라는 말로 책임지기를 시작했어요. 부모 둘 다 일주일 내내 질문이 시작될 때마다 그것을 지켰어요. 거의 일주일 뒤에, 아빠가 재나야를 재우고 있었는데 아이가 사랑스러운 커다란 눈으로 아빠를 올려다보며 연속되는 질문을 시작하려고 했어요. 그러고는 웃으며 '아빠가 나를 가졌어요.'라고 말하고는 잠을 청했답니다."

–조안 브라운Joanne Brown, 캐나다 위니펙

더 크고, 더 강하고, 더 지혜롭고, 자상한 것 중에서 한 가지를 과용하기

우리는 부모님께, 특히 훈육과 문제행동에 관해 어려움이 있는 분들에게 서클에서 두 손의 기능은 항상 더 크고, 더 강하고, 더 지혜롭고, 그리고 자상하게 되는 것을 의미한다고 말해 줍니다. 그러나 부모들이 보통 그러하듯이 전형적으로 서클의 위나 아래 중 한쪽에 아니면 다른 것들보다 어떤 특정한 필요에 대해 더 편안해하거나, 우리 중 많은 사람들은 더 크고 더 강한 양육을 선호하거나 더 지혜롭고 자상한 양육을 선호합니다.

---

5) 역주: '내가 책임진다'는 뜻
6) 역주: '내가 책임질게'라는 뜻

물론 우리는 아이의 변화하는 필요가 요구하는 것에 따라 이 진자[7] 위에서 앞뒤로 흔들릴 것입니다. 그러나 진자의 받침대에 자리를 잡는 우리를 상상하는 것이 언제나 최선입니다.

> **서클에서 두 손이 되는 것은 더 크고, 더 강하고, 더 지혜롭고, 자상하게 되는 것—**
> **아니면 한걸음 물러나서 차이를 알아차릴 만큼 충분히 지혜로우면서**
> **더 크고, 더 강하고, 자상하게 되는 것을 기억하는 것을 의미합니다.**

로사Rosa는 두 살짜리 카멘Carmen에게 안전벨트를 채운 채 복잡한 슈퍼마켓 통로에서 카트를 밀고 있습니다. 장보는 일 때문에 카멘의 낮잠이 미뤄졌다는 것을 볼 수 있었습니다. 아이는 계속 징징대고 소리 지르고 카트에서 일어서려고 안전벨트를 잡아당기며 쇼핑은 충분히 했다는 신호를 보냅니다. 로사는 아이를 자리에 앉히려고 애쓰면서 "알고 있어. 알고 있어."라고 중얼거리며, 동시에 쇼핑 목록을 읽으면서 선반에서 물건을 잡아당겨 카멘의 손이 닿지 않도록 카트에 넣고 있습니다. 카멘의 저항이 점점 거세지면서 아이는 카트에서 손에 닿는 것은 아무거나 집어서 바닥으로 던집니다. 로사는 초조하게 다른 사람들을 훑어보면서, "얘야, 아가야, 제발 엄마를 도와줄 수 있겠니? 잠깐만 엄마 말을 좀 들어 줄래?"라고 말합니다. 3개의 통로를 더 지나간 다음에, 카멘은 엄마가 물건의 상표를 읽고 있는 동안 몸부림을 쳐서 벨트에서 빠져 나왔습니다. 엄마는 놀라서 아이에게 몸을 돌려 간청합니다. "카멘, 몇 분만 더 앉아 있어 주면 좋겠는데? 제발, 아가야?" 로사는 뒤돌아서 상표를 읽고, 카멘은 선반의 쿠키 상자를 잡으려고 카트에서 몸을 기울였습니다. 로사는 바로 그때 바닥으로 곤두박질하려는 아이를 잡으려고 뒤돌았습니다. 카멘은 소리 지르며, 시뻘겋게 변한 얼굴로, 티백(tea bag) 상자를 집어서 앞으로 던졌는데, 그것이 어느 어르신의 뒤통수에 맞았습니다. "어머, 죄송합니다."라고 어르신에게 말하면서 로사는 아이에게 "카멘, 죄송하다고 말할 수 있겠니? 카멘? 죄송하지 않니? 아가야?"라고 합니다. 카멘이 포도가 담긴 비닐봉지를 뜯어서 포도를 카트와 온 바닥에 집어 던지고 있을 때, 뒤통수를 맞은 어르신은 얼굴을 찌푸리며 머리를 흔들면서 다음 통로로 걸어갑니다.

---

7) 역주: 일정한 주기로 축의 둘레를 왔다 갔다 진동하게 만든 물체

만일 여러분 집에 돌쟁이가 있다면, 여러분은 이 이야기에 대해 신음 소리를 내거나 웃을 것입니다. 우리 모두는 거기에 가 보았습니다. 그러나 로사에게 이것은 동떨어진 하나의 사건이 아닙니다. 자기의 엄마보다 '더 나아지려는' 열망에서 그녀는 책임지는 것에 대해 아이에게 허락을 구하며, 좀처럼 자기가 더 크고 더 강하다고 믿는 것처럼 행동하지 않습니다. 그녀는 자상하기만 합니다. 결과적으로, 식료품 가게의 장면에서와 같이, 로사는 자기의 변덕스러운 과각성을 엄마가 다루어 주어야 한다는 카멘의 필요를 따르지 못했습니다. 그녀는 책임지기가 정말 불편합니다. 그리고 슬프게도 로사의 불편함은 자기 딸에게 엄마는 약한 사람이라는 인식을 남겨주었습니다.

아이들은 우리가 더 크고 더 강해서, 누군가가 기꺼이 자기들을 보호할 수 있음을 아는 것으로 그들이 안전하다고 느낄 수 있어야 합니다. 그러나 이것이 꼭 안전을 위한 것만은 아닙니다. 그들이 우리를 의존할 수 있다는 것을 아는 것은 그들에게 중요합니다 —우리가 그들에게 무슨 일이 생기지 않도록 거기 있기 위해서 최선을 다할 것이라는 것을 아는 것 말입니다. 흔들리지 않는 확고한 바위처럼 있는 것이지요. 할 일은 많고 시간은 없는 진짜 세상에서, 항상 아이들의 필요를 따르는 것은 쉽게 가능하지는 않습니다. 예를 들어, 새 장난감을 탐험하고 싶은 아이의 소망은 때로는 약속 시간을 지켜야 하는 부모의 필요와 충돌합니다. 또는 위로받고 싶은 아이의 필요를 채우는 것이 어쩌면 우리가 일하러 가야 한다면 아기 돌보는 사람에게 아이를 넘기는 것을 의미할지도 모릅니다. 비록 그들은 저항할지라도, 우리 아이들은 우리가 책임진다는 것을 아는 것으로부터 오는 안전감을 인식합니다.

물론 책임지기가 권위주의적 폭군을 의미하지는 않습니다. 그것은 결코 비열해지는 것에 발을 들여놓을 것을 요구하지는 않습니다. 자상한 방법으로 책임지기는 명시적으로 그리고 암묵적으로 "난 항상 널 위해 거기 있을 거야. 하지만 그게 내가 언제나 지나치게 좋아야 한다는 것을 의미하지는 않는단다. 왜냐하면 그게 때로는 너에게 정말로 거기까지가 경계라는 것을 알도록 하는 것을 말하는데, 네가 그 선을 넘으면 우리는 뒤로 물러나야 한단다."라고 말하는 방법입니다. 카멘은 어르신의 뒤통수에 물건을 날리기 훨씬 전에 그 경계에 도달했습니다. 그러나 로사는 적절한 타이밍에 그들이 뒤로 물러서야 한다고 주장하지 않았기 때문에 카멘은 그 경계선이 어디인지 알아내려고 애쓰고 있었던 것입니다.

부모들이 책임져 주기를 바라는 아이들은
자주 그 한계를 밀어냅니다.

더 크고, 더 강하고, 더 지혜롭고, 자상하게 되는 것은 우리 아이들에게 안정감으로 이끌어 주는 일종의 무의미하지 않은 부드러움에 접근하게 해 줍니다. 그것은 확고함과 애정 사이의 균형입니다. 더 크고 더 강한 순간들과 자상한 순간들이 따로 있는 것이 아닙니다. 모든 순간이 우리에게 그 두 가지를 혼합할 방법을 찾을 것을 요구합니다. 거기에서 지혜가 오는 것입니다. 함께-있어 주기가 도움이 되는 곳입니다. 왜냐하면 우리의 조용하고 조율된 자각은 우리가 확고함과 애정의 올바른 균형을 맞추기 위해 우리의 반응을 미세하게 조정할 수 있게 해 줍니다.

볼비 John Bowlby 는 1988년 초에 부모의 역할을 묘사하기 위해 '더 크고, 더 강하고, 더 지혜로운'이라는 용어를 사용했습니다. 우리는 때로, 다시, 자주, 자기들이 어떻게 키워졌는가에 의지하면서, 양육은 권위자 역할만 하는 것이 아니라는 것을 잊어버리는 양육자들에 대한 답례로 '자상한(kind)'이라는 용어를 추가했습니다. 슬프게도, 어떤 부모는 아이들은 그들이 순종해야 한다면 그들의 양육자들을 무서워해야 한다고 믿으며 자랐습니다. 자상하다는 것은, 예를 들면 울화를 터뜨리는 돌쟁이는 무언가로 정말 힘들어하고 있는 것이며 그 아이의 정서적 컵이 채워져야 한다는 것을 인지하는 것을 의미합니다. 그래서 타임아웃(time-out)이나 다른 벌을 부과하는 대신에, 부모는 모든 속도를 늦춰서 아이를 무릎에 앉히고 아이의 감정을 정리하도록 도와줄 방법을 찾습니다('타임-인(time-in)'에 대해서는 8장에서 설명합니다). 일단 '의지할 수 있는 사람'의 선택지로 설정되면 함께-있어 주기는 종종 경이롭게 작동됩니다.

> 부모들이 더 크고, 더 강하고, 더 지혜롭고, 자상한 것에서 각각 좀 더 선호하는 것이 서로 다른 것은 일반적입니다. 그리고 명백하게 이런 차이는 갈등의 원인이 됩니다. 이런 미묘한 이슈는 2부에서 더 다루겠습니다.

여러분이 더 크고, 더 강하고, 더 지혜롭고, 자상할 때 아이는 여러분의 확신 있는 존재에 대한 감각을 얻게 됩니다. 한 살이든 스물한 살이든, 아이는 여러분이 자상한 방법으로 책임지는 능력에 자신이 있다는 것을 이해하고, 될 수 있는 한 여러분이 부모라는 것을 이해합니다. 그러면 아이는 여러분과 여러분과의 관계에 대한 신뢰감을 부여받게 될 것입니다. 이런 신뢰는 고함, 요구, 두려움, 탄원, 애지중지가 결코 제공해 줄 수 없습니다.

제이^{Jay}는 세 살 된 애비^{Abby}와 바닥에 앉아 있습니다. 그들은 소꿉놀이를 합니다. 애비는 자기가 엄마를 하는 동안 제이는 아기가 되어야 한다고 결정했습니다. 제이는 부드럽고 좋은 유머로 그 이야기를 잘 따라갑니다. 자기 딸이 이끄는 대로 낮잠 잘 시간이라거나 저녁 먹을 시간이기에 딸이 자기를 재워주고 식사를 준비하게 합니다. 애비는 제이를 확신합니다. 제이가 실제로는 아빠이고 자기를 안전하게 지켜주기 위해 항상 거기 있다는 것을 압니다. 또한 애비는 아빠는 자기와 노는 것을 좋아하고, 자기가 상상력을 마음껏 펼칠 때 아빠의 눈에서 어떤 반짝임을 봅니다. 만약 제이가 애비는 엄마가 되고 제이는 아기가 되자고 제안했다면, 제이는 함께 있는 대부분의 시간에 자신감 넘치는 모습을 발산하지 않았을 것이고, 애비는 책임을 다해야 한다는 책임감에 쉽게 압도당했을 것입니다. 대신에, 제이의 확신에 찬 모습은 애비에게 "내가 이 경험을 조직하고 있단다. 넌 안전해. 내가 책임지고 있단다."라고 말해 줍니다. 애비는 이 상상놀이의 역할을 탐험할 때조차도 자기를 안전하게 지켜주는 이 아빠에게 담겨 있습니다.

도전

간단히 말하자면, 도전은 단지 더 크고, 더 강하고, 더 지혜롭고, 자상한 것 중에서 여러분이 좀 더 선호하는 것이 무엇인지 알아차리고 균형을 이루려고 노력하는 것입니다. 우리 모두는 여기서 흔들립니다. 우리가 대개 어떤 종류의 손인지 완전히 인식하는 것은 도전입니다. 우리는 그것들이 '늘 그랬던 것처럼' 느껴질 수 있는 암묵적인 관계적 지식을 통해 우리 부모의 습관을 굉장히 자동적으로 붙잡게 됩니다. 여러분이 명백하게 보도록 하기 위해, 여러분 자신에게 부모님이 여러분이 자랄 때 더 크고, 더 강하고, 더 지혜롭고, 자상한 경향이 있었는지 물어보시기 바랍니다. 이 영역을 더 탐험하도록 돕는 것은 이 책의 2부에 있습니다. 지금은 여러분 자신에게 물어보세요: 여러분의 아이가 통제할 수 없는 상황이 될 때, 여러분은 개입하여 권위를 행사하거나 묵인할 가능성이 높은가요, 아니면 지지하고 위로할 가능성이 높은가요? 일단 여러분이 알면, 아이와의 개별적인 상호작용에서 그 순간에 아이가 필요한 것이 그것인지 자신에게 물어볼 수 있습니다.

'더 크고, 더 강하고, 더 지혜롭고, 자상하기'라는 문구를 주문처럼 사용할 것을 고려해 보세요. 아니면 여러분이 대개 선호하지 않는 것으로 알고 있는 부분을 택해서 여러분에게 서클의 손이 되는 것을 상기시키도록 하는 데 사용해 보세요.

어느 날 티나^{Tina}는 어린 아들과 딸과 함께 시내버스를 타고 있었는데, 아이들이 버스의 통로를 뛰어다니면서 승객들을 가로막고 엉망으로 만들고 있었습니다. 티나는 갑자기 한 가지 생각이 휙 들어올 때까지 아이들을 무력하게 바라보고 있었습니다: "잠깐만. 난 더 크고 더 강해!" 그녀는 아이들을 손으로 붙잡아서 자기 양 옆에 앉히고 하차할 때까지 일어나지 못하게 했습니다.

아이가 성찰적 자아를 발달시키도록 돕기: 균열과 복구

> 세상은 모든 사람을 부수고
> 그 후에 많은 사람들은 부서진 곳에서 강해진다.
> – 어네스트 헤밍웨이Ernest Hemingway, 『무기여 잘 있거라』

만약에 충분히 자주 말해지지 않았다면, 우리는 실수를 하도록 되어 있다는 것을 아십시오. 아이들의 건강한 발달은 우리가 실수를 하고 나서 적절한 복구를 하는 것에 달려 있습니다. 이것은 참회하거나, 용서를 구하거나, 선행을 하거나, 우리 자신을 벌주거나, 화난 아이에게 선물이나 특권으로 '보상'하는 것을 의미하지 않습니다. 안정감 서클에 균열이 생긴 것은 반복되는 일상의 발버둥에서 필요를 채워주지 않은 채 그들과 함께-있어 주기를 하지 않는 것으로 서클에서 벗어난 것을 의미합니다. 복구는 우리가 실수했다는 것을 인정하고 충분히 좋은 양육으로 되돌아가는 것을 의미합니다 (〈글상자 11〉을 보세요).

균열은 심기가 뒤틀린 아이에게 무엇이 아이를 방해하는지 알아보는 대신에 아이에게 소리 지르며 방으로 보내버리는 것일 수 있습니다. 왜냐하면 우리는 직장에서 너무 힘든 하루를 보내면서 스트레스 받아서 에너지나 인내심이 없기 때문에 그럴 수 있습니다. 균열은 아이에게 왜 무서워하는지 혼자 생각해 보라고 남겨두는 것일 수 있습니다. 왜냐하면 어떤 절차적 기억이 우리에게 만약 우리가 아이를 '버릇없이 기른다면' 아이는 약한 사람이 될 것이니까 작은 두려움들은 무시하는 것이 낫다고 말하기 때문입니다. 우리는(본의 아니게) 우리가 하루 종일 어디에 가 있어야 해서 아이가 정말로 우리를 그리워하게 될 때 서클에 균열이 가게 합니다. 심지어 우리가 친구와 얘기하고 있는데 유치원생 자녀가 가지고 뛰어 들어온 미술작품을 보고 창피스러운 듯이 웃을 때(왜냐하면, 정말로, 얼마나 많은 강아지들이 보라색이면서 자기 다리보다 네 배나 기다란 귀를 갖고 있겠어요?), 우리는 서클에서 벗어나는 것입니다.

✏️ 글상자 11

애착에서 '충분히 괜찮다'는 것은 과연 무엇일까요

이것은 부모들이 흔히 물어보는 질문입니다. 우리는 이에 대해 대개 많은 시간에 아이들의 필요에 반응해 주고 아이와 **함께-있어 주기**를 하는 것을 의미한다고 말해 줍니다. 우리는 '대부분의 시간'이라고 말하곤 했는데, 기대 이상의 성취를 올리는 사람들은 이 한 단어를 가지고 퍼센트에 대한 질문을 했습니다('대부분'이란 얼마큼인가요—51%? 75%? 99%?).

엄청나게 다양한 상황과 가족의 필요와 문화에서, 우리가 충분히 괜찮은 양육이란 상황 A에서는 B라고 반응하는 것이라고 제안하는 것은 어리석은 것일 것입니다. 우리 모두가 확신을 가지고 충고할 수 있는 것은 더 크고, 더 강하고, 더 지혜롭고, 자상한 부모가 되려는 여러분의 의도를 전면과 중앙에서 유지하는 것이 열쇠라는 것입니다. 우리가 일관성 있게 그들의 필요를 따르고 또한 자상하게 책임을 지려고 최선을 다하고 있다는 것을 아는 아이들은 안정감을 느낍니다(충분히). 그들은 나쁜 일 뒤에 좋은 일이 뒤따라올 수 있다는 것을 아는 것이 포함된 '선함의 가능성'을 신뢰하게 됩니다. 복구는 균열에 뒤따라오는 경향이 있습니다.

부모로서 '충분히 괜찮은' 것이 의미하는 바에 초점을 두기가 어려운 이유는 초점을 더 크고, 더 강하고, 더 지혜롭고, 자상하려는 의도로부터 우리들 자신의 어떤 성취로 이동하기 때문입니다. 우리가 2장에서 말했듯이, 아이들은 직관적으로 물어봅니다, "이것은 좋은 부모가 되기 위한 당신의 필요에 대한 건가요, 아니면 이 특별한 순간에 나의 필요에 관한 건가요?"

'충분히 괜찮음'과 관련해서는
우리의 의도가 중심입니다.

자녀의 방에 가서 우리가 가혹했던 것에 대해 진지하게 사과하고, 아이와 침대에 앉아서 몇 분간 책을 읽으며 아이를 껴안아줄 때 우리는 아이에게 배상을 하는 것입니다. 아들에게 둔감해서 미안하다고 말하고 무엇이 아들을 무섭게 했는지 물어볼 때 우리는 균열을 복구합니다─그리고 아들이 설명할 때, 무서움을 쫓아내는 방법을 설명하거나 '고쳐주려' 하는 대신에 우리의 이해를 보여 주며 함께-있어 주기를 선택합니다. 꼭 필요한 것을 하러 가야 할 때 헤어지는 것은 어렵고 우리도 그것이 싫다는 것을 인정해 주고 끝내고 돌아와서 함께 시간을 보내자고 약속하는 것으로─그리고 그 약속을 지키는 것으로 우리는 복구합니다. 센스 없게 웃어서 마음이 상했겠다고, 때로 부모들의 상상력은 아이의 것만큼 좋지 않다고 말해 주는 것으로 우리가 준 고통을 복구합니다. 이런 때 아이에게 그림에 대해 설명해 달라고 요청하는 시간(그리고 잘 들어야 하겠지요)을 갖는 것은 도움이 됩니다.

이렇게 주고받는 것은 매일 모든 가정에서 수없이 일어납니다. 균열은 발생합니다. 복구 또한 일어날 수 있습니다. 이것이 아주 긍정적인 것입니다. 왜냐하면 아이들은 나쁜 일 뒤에 좋은 일이 뒤따라올 수 있다는 것을 알 때 그들은 결국 더 안정됨으로 끝을 맺기 때문입니다. 우리는 완전하지 않습니다. 만약 우리가 그랬다면, 우리는 전혀 완벽하지 않은 세상에서 아이들을 심각한 실망에 빠지게 했을 것입니다. 거기에 더해서, 실수는 진정한 관계들의 정상적인─심지어 건강한─부분임을 믿는 자아 회복탄력성이 발달하지 못하도록 막게 될 것입니다.

3장에서 언급한 바와 같이, 아기들이 태어날 때, 그들의 심리적 발달의 주요 목표 중 하나는 그들은 유일무이하며 다른 사람들과 구별된 존재임을 이해하는 것입니다. 대상관계 이론가들이 믿는 것인데, 아이들 생애의 첫 몇 년 동안 아기는 먼저 분열(splitting)이라고 부르는 과정을 통과해야 합니다. 신생아들은 다른 사람들이 성격, 동기, 행동, 능력이라는 복잡한 혼합체로 만들어졌다는 것을 이해하지 못합니다. 이것은 거의 마치, 아기들이 어떤 사람에게 노출될 때마다 그 사람이 매번 별개의 개인인 것과 같습니다. 아기가 울 때 엄마가 자기에게 달려와서 먹여 주고 안아줍니다. 그것은 좋은 엄마입니다. 아기가 한밤중에 울 때 똑같은 여자가 아기의 울음에 반응하는데, 그녀는 지쳐 있고 마음도 흐트러져 있고, 굳은 표정으로 아기가 필요로 하는 것을 제공합니다. 아기는 그녀를 새로운 사람으로 봅니다. 그녀를 나쁜 엄마라고 부릅시다. 왜냐하면 아기는 강한 자기 보존감(sense of self-preservation)과 자기는 자신을 돌볼 책임이 없다는 직감을 갖추고 있기 때문에, 직감적으로 좋은 엄마를 가까이 두고 나쁜 엄마는 멀리해야 하는 것이 유익할 거라는 것을 압니다.

한편, 엄마란 실제로 다차원적이라는 것을 아기가 이해하는 것은 중요합니다.

만약 엄마와의 상호작용이 긍정적으로 느껴지면, 아기는 양육자와 자기 자신 둘 다를 긍정적인 빛 안에서 봅니다. 만약 그 상호작용이 부정적이라면, 그 질은 자기 자신과 엄마에 대한 관점으로 옮겨집니다. 균열과 복구는 동일한 사람에 의해서 뭔가 좋은 것(복구)이 사실 뭔가 나쁜 것(균열)에 뒤따라올 수 있다는 것을 인지하기 위한 충분한 상호작용이 아기에게 쌓이기 시작하게 하는 방법들입니다. 아기는 뜻밖의 중대하고 새로운 사실을 보게 됩니다: 좋은 엄마와 나쁜 엄마는 '좋을' 수도 있고 '나쁠' 수도 있는 동일한 사람이라는 것입니다! 이것은 모든 사람은 좋을 수도 있고 나쁠 수도 있다는 것을 의미해야 합니다. 이것이 대부분의 균열이 복구되는 일이 매우 중요한 이유입니다. 만약 균열들이 복구되지 않는다면, 아기는 계속해서 엄마(또는 아빠)를 좋은 존재와 나쁜 존재 각각으로 보게 될 것입니다. 그러면 아기는 자기의 남은 생애 속으로 이 분열을 가지고 갈 것이고, 특히 스트레스 가운데 있을 때는, 친밀한 관계를 만드는 것을 정말로 어렵게 할 것입니다. 여러분이 언제나 사람을 흑백 용어로만 본다면 어떻게 누군가와 오랫동안 관계를 가질 수 있을까요? 인간이 된다는 것은 흠이 있는 것이며 모든 관계 안에 발생하는 균열을 용서하는 것임을 어떻게 이해할 수 있을까요? 어떻게 자신을 좋은 것도 할 수 있고 나쁜 것도 할 수 있는 자로 보고 자신이 실수한 뒤에 배상을 할 수 있나요? 우리 모두는 실수를 할 수 있고 그것들을 통과해 갈 수 있다는 것을 인식할 수 없다면, 여러분은 어떻게 결혼을 하고, 고용인이 되고, 상사를 모시고, 이웃과 사귀고, 아이를 기르는 것을 수행할 수 있을까요?

건강한 심리적 발달을 촉진하는 것은
균열을 피하는 것이 아니라 복구를 확실히 하는 것입니다.

아기가 엄마와 상호작용할 때 때로는 기분 좋게 느껴지고 때로는 그렇게 좋지 않게 느껴진다는 것을 인지하는 것은 엄마는 정말로 개별적인 사람인 것에 대한 아기의 인식을 굳게 합니다: 엄마는 엄마 자신의 정서와 생각과 충동과 신념을 가지고 있습니다. 여러분은 어떤 것에 대해서라도 자기와 의견이 같지 않은 사람에 대해 화를 내는 사람을 만난

적이 있으신가요? 아니면 자기가 느끼는 것이 무엇이든지 다른 사람들도 동시에 그것에 대해 똑같이 느낀다고 생각하는 사람을 만난 적이 있나요? 우리 모두가 똑같이 생각한다고 생각하는 사람과는 대화할 수 없습니다. 그리고 다른 사람의 감정을 인정하고 공유하는 능력이 없는 사람과 건강한 관계를 맺을 수 없습니다.

모든 사람이 좋거나 나쁘다고 생각하는 아이는 다른 사람들에게서 상상하는 나쁜 사람들을 피하기 위해 온갖 종류의 방어책을 발달시킬 것이고 또한 자기 자신은 모두 좋거나 모두 나쁘다고 결정할 것입니다. 모두 좋다는 자기 이미지를 옹호하거나 자기의 나쁨에 주의를 편향시키는 것은 소모적 노력이며, 자라고 있는 아이(그리고 나중에는 어른)가 통합된 나쁜/좋은 자아가 가지고 있는 능력들을 발달시키는 것을 방해합니다. 통합된 자아는 다음과 같은 것들을 할 수 있는 능력입니다:

- 숙달감이나 즐거움뿐 아니라 다양한 정서의 범위를 경험하기
- 버려진 느낌 없이 혼자 있을 수 있고 압도되는 느낌 없이 다른 사람들과 가까이 있기
- 지속되는 일관된 자기감을 유지하기
- 자기를 달래기
- 창의적이기
- 문제를 해결하기

아기가 우리 모두는 개별적 존재이며 감정, 신념, 의도, 바람 같은 심리적 상태에 대한 용어로 자신과 다른 사람을 인지하고 이해할 수 있다는 사실에 대한 이해를 발달시킬 때, 아기는 발달심리학자들이 성찰적(반영적) 기능하기(reflective functioning)[8]라고 부르는 능력을 갖게 됩니다. 여러분이 부모로서 아이가 겪고 있을 상황을 비교적 정확하게 이해하고 있음을 전하면서도 여러분의 개별성(separateness)을 유지하면서 소통하는 것으로 아이와 정말로 함께-있어 주기를 할 수 있을 때, 여러분은 아이가 성찰(반영)하는 자아를 발달시키도록 돕고 있는 것입니다. 여러분이 균열을 균열로 인지하고—그 균열이

---

8) 역주: 자기 또는 타인의 생각, 감정, 의도, 계획 등의 마음 상태를 객관적으로 읽을 수 있도록 제3자의 입장에서 자기나 타인의 마음을 바라보고 유추하는 능력입니다. 그러므로 자녀의 마음을 제대로 읽으려면 성찰적 기능이 발달해야 합니다.

자기의 방어들을 포기할 수 있을 때, 그녀는 멈춰서 "얘야, 가서 놀아라! 난 여기 계속 있을 테니까."라고 말해 주고 아이를 따라가고 싶은 유혹을 이를 악물고 저항할 수 있습니다.

밍^{Ming}은 그녀의 6개월 된 아이가 울 때 눈으로 볼 수 있을 만큼 굳어집니다. 무엇이 잘못되었는지 알아보려고 아이의 눈을 들여다보는 대신에, 그녀는 "난 지금 바쁘단 말이야!"라고 말하고는 아이는 괜찮다고 확신합니다. 아니면 장난감을 꺼내서 아이 앞에 두고 뒤돌아 갑니다. 그러나 최근에 그녀는 이런 상황에서 복구하기를 시작했습니다. 아기 울음에 대한 그녀 자신의 고통이 조금 진정될 때까지 딸 곁에 가까이 앉아서 얘기하고 나서 아이를 안아 올립니다.

우리가 왜 서클의 한 부분보다는 다른 부분에서 최소한 좀 더 편안한지, 그리고 우리 아이들이 이런 민감성에 대해 어떻게 반응하는지에 대해서는 5장에서 좀 더 이야기하도록 하겠습니다.

도전

실제로, 효과적인 복구를 만드는 것은 우리 대부분에게 신중을 요하는 균형잡기 행동입니다. 하나의 주요한 도전이 있는 것이 아니라 다음과 같이 여러 도전이 있으니까요:

- 미안하다고 말할 수 있는 것은 도전인데, 이것은 균열과 복구에서 중요한 문제입니다. 만약 여러분이 항상 옳고자 하는 욕망에 굴복한다면, 아이는 자신의 관점에서 신뢰를 구축하지 못할 것입니다. 여러분이 결론(주어진 상황에서 여러분이 느낄 만한 감정을 느끼게 되는 것)으로 쉽게 뛰어가 버리고 아이의 감정을 반복해서 잘못 해석한다면 아이는 자신의 관점을 신뢰하는 것을 배우지 못할 것입니다. 아이는 지시받으려고 여러분을 향하기 시작합니다—결국 여러분은 더 크고, 더 강하고, 더 지혜롭고, 자상합니다—그렇지 않나요? 이것은 양날의 검과 같아서 지혜롭게 사용해야 합니다. 궁극적으로, 여러분이 건강한 성찰하기를 보여 주지 않는 한 아이는 자기 자신과 다른 사람들 사이에는 차이가 없다고 믿게 되어서 자신을 다른 사람의 입장에 놓을 수 없게 될 것입니다. 아이는 공감을 발달시키는 데 어려움이

있을 것이고, 자신의 내적 경험을 이해하는 데도 어려움이 있을 것입니다.

- 비난은 효과적인 복구에 대한 또 다른 장애물을 세웁니다. 아이들이 문제에 대해 도움이 필요한 것으로 보는 대신에 아이들을 문제라고 비난하면 많은 균열이 발생합니다. 모든 것이 아이의 잘못이라고 느낀다면 비난에 의한 균열은 복구하기가 어렵습니다. 우리는, 아이가 원하는 것이 '연결'일 때, 많은 부모들이 "아이는 관심을 원해요!"라고 말하는 것을 듣습니다. 알고 보면, 대부분은 이런 태도들을 우리 자신들의 부모 발 아래에서 배웠습니다.

- 그리고 거기에 자기-비난이 있습니다. 만약 여러분이 사실 나쁘고, 따라서 좋은 부모가 될 수 없다고 믿는다면, 여러분은 자신의 책무를 버리고 어떤 가능한 복구도 포기하려 할 것입니다. 아니면 하루에도 수차례 사과해야 할 것 같이 느낄 것이고 아이는 여러분이 부모로서 무능하게 느끼고 있다고 추측하기 시작할 것입니다.

- 주로 여러분의 성향에 의해 더 크고 더 강한 종류의 부모라면, 거의 모든 종류의 복구에 어려움이 있을 수 있습니다. 왜냐하면 여러분이 사과한다면 자신의 권위를 포기하고 열등함을 인정하는 것 같은 느낌이 들기 때문입니다. 결국, 여러분은 어른이라고 자신에게 말해 주세요. 만약 여러분이 사과하기 시작하면, 아이들은 그들이 어떤 것에 대해 알고 있는 것보다 여러분이 더 잘 알고 있다는 생각을 하지 않을 것입니다. 심지어 행동적 관점에서 보면, 우리는 이제 권위주의자가 되는 것과 권위 있는 것에는 큰 차이가 있음을 압니다. 권위 있음은 더 크고, 더 강하고, 더 지혜롭고, 자상하게 되는 것의 자신감 있는 존재에서부터 흘러나오는 것이며 우리 자신들을 더 기분 좋게 하는 것보다 우리 아이들을 더 기분 좋게 느끼도록 돕는 것을 우선하는 것으로부터 흘러나옵니다.

- 효과적인 복구를 만드는 데 있어서 또 다른 도전은 그것을 과용하는 것입니다. 어떤 부모들은 아이의 모든 감정과 필요가 세상의 중심에 있다고 믿습니다. 만약 여러분이 그렇게 느낀다면, 모든 것에서 늘 사과하는 자신을 보게 될 것입니다. 만약 과장되게 사과하는 누군가의 주변에 있다면, 여러분은 그들이 얼마나 비어 있는지 압니다. 만약 아이의 감정에 대한 민감성에 과하게 초점을 두고 있다면, 여러분은 또한 책임지기에 어려움이 있을 것입니다.

- 성찰이 해결로 이어지지 않는 한 여러분을 멀리 가게 하지는 못한다는 것을 명심

하세요. 성찰은 결정적입니다—우리는 그것 없이 우리의 균열을 복구할 수 없답니다. 그러나 그것이 단지 지적인 것으로 끝나지 않도록 명심해야 합니다. 때로 우리는 방금 발생한 일을 '설명해 버리려고' 합니다. "네가 동생을 그렇게 취급하는 것을 내가 결코 좋아하지 않는다는 것을 알지 않니. 그래서 너한테 소리치는 거야."라고 말하는 것은 복구가 아닙니다. 이것은 단지 책임을 전가하는 또 다른 방법일 뿐입니다. 대조적으로, 다음과 같이 뭔가를 말하는 것은 해결로 이끌어 줍니다: "내가 방금 한 것처럼 소리치면 너에게 큰 상처가 된다는 걸 알아. 소리 질러서 미안해. 무엇보다도 내가 바라는 것은 네가 어떻게 느끼는지 말해 주는 거야. 두 번째는 네가 화났을 때 동생을 밀어붙이는 것을 멈출 방법을 우리가 생각해 내야 해." 복구는 감정을 존중하고, 다른 접근방법을 함께 찾아보는 것을 포함합니다.

만약 우리가 어떻게 복구를 방해하는 수많은 덫에 걸려들 수 있는지 의아하다면, 이렇게 많은 도전들이 우리의 절차적 기억 속에 깊게 뿌리 박혀 있기 때문에 취약하다는 것을 기억하세요. 우리는 이런 것들을 '고의로' 하지 않습니다. 우리는 자라면서 매일매일의 상호작용 속에서 배운 것을 자주 반복하는 것입니다. 이것이 우리가 어렸을 때, 삶은 어떤 것인지를 말없이 전해 받은 배움입니다. 방금 말했듯이, 때로 우리는 균열을 복구해야 한다는 것을 알지만, 표면 밑에서는 정말로 우리 아이가 교훈을 배우기를 바랍니다. 아이였을 때 비난받았었나요? 그렇다면 그것에 대한 여러분의 절차적 기억은 자신의 아이를 비난하는 것으로 '동점'이 될 때까지 몰고 갈 수 있습니다. 설령 그것이 의식적으로 하고 싶은 마지막 일이라고 할지라도 말입니다. 생각하는 만큼 고통스러운데, 여러분의 암묵적인 관계적 지식은 여러분이 아이였을 때 느꼈던 감정을 아이가 느끼기를 바라는 방식으로 여러분에게 영향을 줄 수 있습니다. 부분적으로 이것은 여러분이 그 느낌—여전히 여러분의 의식적 마음의 표면 아래서 부글거리고 있는—에서 덜 혼자인 것같이 느끼도록 해 줍니다. 게다가, 여러분의 무의식은 오래전의 상호작용에서 부당하게 비난받았던 감정의 기억을 간직하고 있습니다. 그래서 (이상해 보일 수 있지만) 자신의 아이를 비난하는 것은 여러분이 어느 정도의 힘을 갖게 되었고 마침내 여러분이 누군가에게로 돌아온 것을 느끼게 합니다.

그것은 또한 무의식적으로 역할을 바꾼 미완성된, 복구되지 않은 시나리오의 재생일

수 있습니다: 여러분은 이제 수치를 주는 부모이고, 자녀는 여러분이 수년 전에 겪었던 것을 지금 살고 있는 것입니다. 이런 것을 인식하는 것을 좋아할 부모는 없지만, 이것은 우리 대부분이 상상하는 것보다 훨씬 더 일반적인 현상이랍니다. 우리의 경험에서 볼 때, 어떤 때라도 이런 이슈가 발생하지 않는 가정을 생각해 내는 것은 어렵습니다.

여러분은 단지 서클의 두 손이 되는 방법을 이해하는 것이 이 역할을 성공적으로 수행하도록 만들어 주기에 충분하다는 것을 알게 될 것입니다. 그러나 우리 중 많은 사람은 무엇을 해야 하는지에 대한 새로운 이해에도 불구하고, 여전히 더 크고, 더 강하고, 더 지혜롭고, 자상하게 되려는 우리의 의도를 전면에서 그리고 중앙에서 지킬 수가 없는데—적어도 우리가 원하는 만큼 자주 또는 철저하게는 못 합니다. 우리 모두는 좋은 부모가 되고 싶어 합니다. 왜 우리는 서클의 다른 쪽들보다 한쪽 면에서 더 고군분투할까요? 왜 우리는 가장 좋은 부모가 되기를 원하면서도 아이를 양육하는 어떤 부분에서는 불편해하는 우리 자신을 발견하게 될까요? 이렇게 많이 사랑하는 아이와 우리를 다른 파장에 있는 것처럼 느끼도록 작동하게 하는 것은 무슨 힘일까요?

우리는 그것을 '상어음악(shark music)'이라고 부르는데, 이에 대해서는 다음 장에서 배우겠습니다.

5장

상어음악

우리 어린 시절이 어떻게 우리의 양육에서 메아리치나요

헨리^{Henry}의 세 번째 생일에 어린이집의 모든 친구가 초대되었습니다. 아이들이 부모나 돌봐주는 분들과 함께 도착할 때, 헨리의 엄마인 수잔^{Susan}은 밝은 미소로 그들을 맞이하면서 한쪽에서 무리지어 놀고 있는 아이들의 게임놀이 쪽으로 안내합니다. 어른과 아이들이 모이면서 어린이집 교실만큼 크지는 않은 그 방은 갑자기 북적이고 시끄러워집니다.

윌^{Will}은 혼자서 다른 아이들과 등을 맞대고 앉아서 조용히 장난감 트럭을 가지고 놀고 있는데, 윌의 아빠는 기운차게 아이의 작은 등을 툭 치면서 밝은 소리로 "아들아, 넌 좋은 시간을 갖게 될 거야!"라고 말하며 문 밖으로 나갑니다. 수잔이 쪼그리고 앉아서 윌에게 헨리와 같이 놀고 싶은지 물었을 때, 세 살 반 된 그 아이는 심각한 표정으로 올려다보면서 "이거 먼저 끝내야 해요."라고 말하고 카펫 위로 트럭을 힘차게 밉니다. 수잔은 망설이다가 어깨를 으쓱하며 "그래, 좋아. 근데 네가 준비가 되면 와서 함께하렴."이라고 말합니다. 윌은 방의 중앙 쪽으로 방향을 바꾸지는 않습니다.

학급에서 키가 제일 큰 벨라^{Bella}는 소파에 있는 엄마 곁에서 다리가 소파 가장자리 밖으로 튀어나온 채 어색하게 쪼그려 앉아 있습니다. 매번 누군가가 지나가려다가 그 아이의 발을 스치면 약간 우는 소리를 내고, 꿈틀거리고, 엄마를 올려다봅니다. 엄마는 아이의 어깨를 쓰다듬으며 딸을 더 가까이 당깁니다. 손님들 사이를 쭉 돌면서 수잔은 벨라에게 지금 한창 중인 게임에 다른 사람도 들어갈 수 있다고 말해 줍니다. 벨라의 눈이 빛나고, 몸이 앞쪽으로 미끄러지기 시작할 때, 엄마가 "맞아, 재밌을 거야. 그치, 애야?"라고 말합니다. 그런데 엄마는 여전히 아이의 팔을 쥐고 있고, 엄마가 더욱 꽉 쥘 때, 벨라는 엄마를 올려다보며 소파에 다시 자리를 잡고 앉습니다. 벨라의 눈은 거실 건너편에서 활발히 진행 중인 놀이에 초점이 가 있습니다.

싸움 한복판에 있는 캘리^{Callie}는 게임에서 이기자마자 자기가 한 차례 더 하겠다며 다음 아이에게 순서를 넘겨주지 않으려 합니다. 캘리의 엄마는 바닥에 앉아서 몸을 앞으로 기울이며 "잘했어, 캘리! 잘했어! 멋지다! 내가 가르쳐 준 대로 했구나! 오, 오, OK. 네 차례는 끝났는데… 알아, 원하지 않는구나… 애들아, 캘리가 한 번 더 해도 괜찮겠지? 그렇지? 잠깐이면 돼. 캘리는 이걸 정말 열심히 연습했거든. 캘리를 봐봐. 얘는 이걸 정말 잘해!"라고 말하고 있습니다. 헨리는 윌이 뭘 하는지 보려고 자리를 떠나고, 몇 명의 다른 아이들도 같이 따라갑니다.

이것은 꽤 전형적인 세 살 아이의 생일파티입니다. 아이들은 함께 놀거나 혼자 놀거나 그 두 가지를 번갈아 하기도 합니다. 부모들은 바짝 가까이 붙어 있거나 멀리서 지켜봅니다. 재미도 있고 혼잡함도 있고 때로 무너짐도 있습니다. 헨리는 너무 흥분해서 침착해지는 데 어려움이 있어서, 어떤 지점에서 자기가 가지고 놀고 싶은 장난감을 내놓지 않으려는 친구를 찰싹 치고, 맞은 친구는 눈물을 터뜨립니다. 의례적으로 하는 선물 개봉 후에 한 부모가 웃으면서 '마구마구 먹는 시간'이라고 말하면서 케이크와 주스를 다 같이 먹고 나자 온 방안이 끈적끈적해졌습니다. 엄마 수잔은 프랑켄슈타인^{Frankenstein}신부¹⁾처럼 보입니다.

수잔은 전체적으로 성공적인 파티라고 얘기합니다. 그런데 왜 윌은 어느 누구하고도 놀지 않았을까요? 어쩌다가 벨라는 소파를 떠나서 모험을 하러 가지 않았을까요? 캘리의 엄마는 왜 자기 딸을 응원하는 것을 그만두지 못했을까요?

아마도 상어음악이 배경음악으로 연주되고 있었나 봅니다.

때로 부모들은 자기 아이가 서클 주변에서 표현하는 특정한 필요에 대해 불편함을 느

---

1) 역주: 자기가 만든 것에 의해 파멸되는 사람이라는 뜻이 있습니다.

껍니다. 그들은 그런 불편을 항상 의식적으로 알아차리는 것은 아니지만, 어떤 식으로든 그 필요를 피하려는 강한 충동에 반응합니다―아이를 서클의 윗부분(탐험하려는 필요)에서 아랫부분(위로를 구하는 필요)으로 방향을 돌리거나, 아니면 그 반대로 하거나… 정서적으로 떠나든 신체적으로 떠나든… 아마도 아이가 느끼고 있는 방식으로 느끼는 것을 멈출 때까지 아이의 주의를 분산시키려고 할 것입니다. 부모들인 우리가 메시지를 보내고 있다는 것을 깨닫지 못할지라도 아이들은 크고 분명하게 메시지를 받습니다. 윌의 '생각해 보지 않은 앎(Unthought Known)'은 낯선 환경에서는 아빠의 안전과 위로가 필요하다고 표현해서는 안 된다는 것입니다. 벨라의 암묵적인 관계적 지식은 자기에게는 새로운 경험보다도 엄마를 더 필요로 하기로 되어 있다고 스스로에게 말해 줍니다. 캘리는 자기가 언제나 선두에 있고 그래야만 한다고 배우고 있습니다.

우리는 부모들이 어떻게 특정 유형의 애착 필요만큼 무해한 어떤 것으로부터 도망치는 것처럼 느낄 수 있는지 설명하기 위해, 그들에게 아름다운 해변을 담은 영상을 보여 줍니다. 먼저는 배경음악으로 바흐^{Bach}의 고요한 〈파헬벨의 캐논(Pachelbel's Canon in D)〉을 들려주고, 그다음에는 영화 〈죠스〉의 베이스 라인(bass line)을 연상시키는 사운드 트랙을 들려 줍니다. 메시지는 피할 수 없습니다. 정신적 연상은 비위협적인 것도 위협하다고 느끼게 할 수 있습니다. 1990년대에 우리의 최초 안정감 서클 연구에 참여한 한 부모는 서클 주변의 특정 필요를 피하고 싶은 충동을 느끼는 것이 '상어음악'을 듣는 것 같다고 적절하게 표현했습니다. 그 이후로 우리는 부모들과 함께하는 집단 모임에서 이 은유를 사용하고 있습니다.

모든 아이들은 서클의 윗부분과 아랫부분에서 진정한 필요가 있습니다. 그리고 그들의 건강한 발달은 대부분의 시간에 그 두 가지의 필요가 충족되느냐에 달려 있습니다. 그러나 밝혀진 바와 같이, 거의 모든 부모는 한 유형이 다른 유형보다 더 편한 것 같습니다. 우리가 특정 유형에 대해 어떻게 더 불편한가는 사람마다 다릅니다. 그러나 우리는 서클의 특정 유형의 필요에 대해 어느 정도의 시간 동안 고심하는 경향이 있습니다. 결론은 특정한 필요들이 불편함에서 위험함으로까지 느껴진다는 것이 상당히 일관되게 우리의 어린 시절에 심어진 씨앗들을 암시하는 것처럼 보인다는 것입니다. 이제 우리의 아이들이 이런 필요를 표현할 때 알람이 울립니다. 바로 상어음악입니다. 우리는 그것을 의식적으로는 듣지 못할 수도 있습니다. 아마도 왜 우리가 하고 있는 방식으로 반응하는지에 대해 확실히 말할 수 없을 것입니다. 그러나 우리는 이런 특정 필요들은 숨겨져야 하거나 실행되지 않아야 하거나 표현되지 않아야 한다는 신호를 아이에게 보내는 방식으로 반응합니다.

그런 필요들은 피해져야 한다는 메시지를 전달하는 경우는 아주 가끔이고 우리 아이의 필요를 채우지 못한 것에 대한 균열은 복구해 줄 때, 발달은 설계된 대로 진행됩니다(다른 모든 요소들은 동일합니다). 그러나 부모가 피하는 것이 패턴이 될 때 종종 똑같은 민감성이 아이에게 전수되는 것으로 끝날 수 있습니다.

이것이 큰일인가요? 반드시 그렇지는 않습니다. 우리 모두는 이런 민감성을 갖고 있습니다. 어린 뇌는 초창기에 신뢰하는 보호자에 의해 가르쳐진 교훈들에 맞추도록 배선되어 있으며, 이 교훈들은 공통적으로 엄마나 아빠 자신의 민감성들을 포함하고 있습니다. 이 민감성이 그것을 흡수하는 아이에게 방해가 되는 것으로 끝날지는 주로 정도의 문제입니다. 게다가, 어린 시절의 애착이 꼭 운명일 필요는 없습니다. 생각지도 않게 우리의 삶에 들어오는 새로운 안정애착 인물의 도움이 있을 수 있고 반영할 줄 아는 건강한 능력이 있어서, 우리는 인생의 어느 때라도 안정을 획득할 수 있습니다(173쪽의 "**그러나 변화는 일어날 수 있습니다.**" 부분에 더 많은 설명이 있습니다).

물론 아무도 아이의 인생길을 미리 볼 수 없습니다. 만약에 윌과 벨라와 캘리의 부모들이 그들의 상어음악을 듣고 무의식적으로 자기 아이에게 그것의 경고를 믿도록 규칙적으로 가르친다면, 윌은 아마도 매우 독립적이지만 친밀감 기술은 부족한 성인이 될 것입니다. 벨라는 파리(상징적인 것뿐 아니라 문자 그대로 날아다니는 파리)를 무서워하게 될 것이고 자기 자신과 자신의 능력을 믿는 데 어려움이 있기에 관계에서 고군분투하는 어른이 될 것입니다. 캘리는 사람들의 필요에 대한 정확한 관점이 부족하고 언제나 자신만을 가장 중요하게 여기는 어른이 될 것입니다. 캘리의 친밀한 관계에 대해서, 많은 사람은 그녀의 공감 능력이 부족한 것을 예외적이라거나 특별하다기보다는 덜 주목받는 것에 과민반응이 일어나는 것임을 깨닫기 시작할 수 있습니다.

지금 당장은 이 아이들에게 모든 것이 전반적으로 괜찮아 보일 것입니다. 윌의 어린이집 교사는 부모에게 보내는 안내문에 윌은 나이에 비해 또래보다 성숙하고 매우 독립적이라고 써서 보냅니다―비록 그 아이의 좀 더 사교적인 모습을 더 자주 볼 수 있기를 바라면서도 말입니다. 교사는 벨라가 매우 자족하는 것으로 보이고 자기가 갖고 놀던 장난감을 아무라도 원하는 친구에게 친절하게 건네주는 것 같다고 말합니다. 하지만 속으로는 왜 벨라는 하루 종일 고통을 참고 있었던 아이처럼 하원시간에 찾아온 엄마에게 달려가서 엄마 다리를 붙잡고 매달리는지 의아해 합니다. 교사가 캘리에 대해 기쁨으로 빛나는 부모(교사는 개인적으로 캘리의 아빠가 어린이집 행사에서 딸에 대해 다른 부모들에게 엄청 자랑한 것에 대해서는 약간 언짢음)에게 말했듯이 캘리는 높은 성취자, '완전한 게터(getter)[2]'입니다.

이 아이들에게 정말로 특이하거나 '잘못된' 것이 일어나지는 않습니다. 우리 어린 시절의 메아리가 성인이 된 삶에서도 명백하게 그리고 미묘하게 여러 종류로 나타난 것입니다. 그리고 '꼭 아빠 같음' 또는 '엄마의 이미지'는 꼭 나쁜 것은 아닙니다. 그러나 연구에서 발견한 것은 상어음악은 현저하게 보편적인 것이며, 서클의 진정한 필요가 아무래도 위험하다는 것을 암시하는 경고체계라는 것입니다. 이 지각된 (그래도 무의식적인) 위험 때문에, 상어음악은 흔히 우리 아이가 그 순간에 필요로 하는 것을 보고 지지하는 것을 가로 막습니다. 시간이 지남에 따라, 우리가 믿게 되고 그 경보에 주의를 기울일 때 방어패턴이 설정됩니다.

양육에서 '방어한다'라는 것은 그것이 무엇이 되었든 간에 그것을 보고 있는 사람들(그들은 종종 부모가 아이의 필요보다 자신의 필요를 우선하는 것을 기록해 두었음)에게는 명백하게 '옳은' 것처럼 보이는 것을 실행하는 데 실패했다는 표식으로서, 많은 사람에게 일종의 비열하다는 표현이 되었습니다. 그것은 마치 우리가 어떤 특정한 감정이나 필요에 대해 긴장하는 것은 의식적인 결정이라고 믿는 것과 같습니다. 그렇지 않습니다. 안전하지 않다고 느끼는 관계의 측면으로부터 멀리 떨어지려는 패턴을 확립하는 부모의 이런 일반적인 사건을 바라보는 좀 더 정확하고 친절한 방법이 있습니다. 만약 여러분이 아이로서 매번 슬플 때마다 아빠가 화를 내는 것 같거나 엄마는 긴장하는 것 같으며 여러분에게 "밝은 면을 보렴!"이라고 말했다면, 여러분은 화가 나는 것을 느끼기 시작할 때마다 불편하게 (그리고 외롭게) 느끼며 자랄 것이라는 것을 이해할 수 있습니다. 이제 슬픔은 중요한 누군가가 불편해하거나 긴장하는 것과 같습니다. 슬픔은 충족되지 않고 홀로인 느낌과 같습니다. 아주 이해할 수 있는 결론은 슬픔으로부터 멀리 떨어져 있는 것이 정말로 현명하다는 것일 겁니다. 상어음악은 단순히 여러분에게 "오, 안 돼! 그것이 여기에 다시 오고 있어. 거리를 둬!"라고 경고하는 초기의 탐지체계입니다. 이런 식으로, 상어음악은 여러분의 아이를 돌보라는 신호로 보일 수 있습니다. 여러분이 피하

---

2) 역주: 전구·진공관 내의 잔류 가스를 흡수하는 물질인데, 수완가/취하는 사람이라는 뜻으로 쓰입니다.

도록 배워 왔던 동일한 고통으로부터 그 아이를 보호하기를 바라면서, 아이에게 동일한 경고체계를 물려줄 수 있는 것을 하고 있다면 말입니다.

월의 아빠는 어린 아들이 파티에 아빠 없이 홀로 남겨지는 것을 걱정하고 있다는 것을 볼 수 없었습니다. 벨라의 엄마는 딸이 정말로 원하는 것은 다른 아이들과 함께 게임하는 곳으로 뛰어가고 싶어 하는 것임을 볼 수 없었습니다. 캘리의 엄마는 캘리가 게임을 하는 동안 흥분하고 있었고, 다른 아이들이 떠나기 시작할 때 화가 난 것을 알아보지 못했습니다. 만약 그들이 이런 필요들을 볼 수 있었다면, 그들은 다르게 반응했을 것입니다. 월의 아빠는 파티에 머물렀을 것이고, 최소한 월이 안정될 때까지라도 말입니다. 그러면 월은 다른 친구들과 놀았을 것입니다. 벨라의 엄마는 다른 아이들과 놀고 싶은 벨라의 필요를 인지하고 아이를 붙잡지 않았을 것입니다. 캘리의 엄마는 어린 딸이 과각성된 것을 보았을 것이고, 아이가 다시 게임을 하기 전에 좀 진정할 수 있는 다른 곳으로 아이를 부드럽게 데리고 갔을 것입니다.

이렇게 좋은 의미로, 사랑하는 부모들은 아이들의 필요를 보지 못했을 수 있습니다. 왜냐하면 상어음악이 그들을 가려서 바로 그 필요들을 보지 못하게 했기 때문입니다. 이것이 바로 우리 자신의 상어음악을 탐험하기 시작하는 것이 그렇게도 중요한 이유입니다. 안아달라거나 나가서 놀라고 격려해 주는 것에 대한 아이의 필요처럼, 전형적으로 비위협적인 무언가에 의해 알람이 반복해서 작동되는 것에 대한 이유를 이해하면 무의식적인 마음이 진정되고 오랫동안 가지고 있던 방어패턴이 갑자기 덜 필요하다고 느껴지게 됩니다. 그런 이해는, 손에 쥐고 있는 안정감 서클 안내도(map)와 결합하여, 우리와 자녀, 그리고 우리의 관계를 위한 가능성의 세계를 열 수 있습니다.

여러분의 상어음악을 알아가는 것은
자녀와의 관계가 더 깊어질 수 있는 신나는 기회를 제공합니다.
—그리고 자녀가 전 생애 동안 건강한 관계를 가질 기회를 향상시킵니다.

'그리고'를 잊지 맙시다

우리가 상어음악이 여러분으로 하여금 아이의 필요를 이해하지 못하도록 만들 수 있다는 생각을 소개할 때 한 가지 중요한 것을 언급하지 않았습니다. 아이가 경험하고 있는 특정한 필요를 감추는 것이 여러분의 무의식적 마음에서만 일어나는 것은 아닙니다. 애착행동은 사람과 추는 춤과 같습니다. 두 사람이 함께 추는 춤입니다. 즉, 여러분은 아이가 필요로 하는 것을 회피하고 있는 것이 아닐 수도 있습니다. 상어음악을 피하는 것에 있어서 아이가 여러분과 함께 공모하고 있을지도 모릅니다, 무의식적으로요. 아이들이 우리가 특정한 필요에 대해서는 불편해한다는 것을 배울 때—아이들이 언어를 갖기 훨씬 전에, 정말로 어렸을 때 이것을 배웁니다—아이들은 그 필요를 표현하는 것을 피하기 위해 우리와 합류(물론 무의식적으로)합니다. 아이들은 부모들이 불편해하는 자기들의 필요를 느낄 때 그들의 필요를 감추기 위한 모든 종류의 전략들을 배웁니다. 왜냐하면 아이들의 우선순위는 엄마나 아빠를 … 불안한 것 말고는 뭐라도 가능한 한 편안하게 곁에 두는 것에 있기 때문입니다. 그들은 가능한 한 최상의 분위기에서, 부모를 가까이 있게 해 주는 것이라면 무엇이라도 할 것입니다. 만약 그것이 놀이터의 새 친구와 놀면서 너무 멀리까지 더 이상 가지 않는 것을 의미하거나, 또는 상처 받을 때 더 이상 울지 않는 것을 의미한다면, 그것은 그 아이의 놀이계획이 됩니다. 이러한 무의식적 전략들은 6장의 주제입니다.

이제 만약에 여러분의 상어음악이 아이의 필요를 가려 버리고 아이는 이런 잠재의식적 계략에 협조한다면, 모든 순간에 아이가 정말로 필요로 하는 것을 분별하도록 배우는 것이 어떻게 가능할 수 있는지 궁금할 것입니다. 우리는 다음 장에서 여러분이 그것을 하는 것을 어떻게 배울 수 있는지 설명하겠지만, 지금은 아이들은 마술사가 아니라는 것을 기억하세요. 그들은 정말로 그러한 필요들을 경험하기 때문에 그것들을 완전히 덮을 수는 없을 것입니다.

그러나 애착의 춤에서 일하고 있는 마술사가 있습니다. 그 사기꾼의 진짜 모습을 드러내 봅시다.

커튼 뒤의 사람을 주목하세요

"오, 당신은 정말 나쁜 사람이에요!"
"오, 아니야, 난 진짜 좋은 사람이야. 난 단지 진짜 나쁜 마법사지."

바움L. Frank Baum의 〈오즈의 마법사(The Wonderful Wizard of Oz)〉 영화에서 마법사로 위장한 사기꾼은 도로시Dorothy와 친구들에게 커튼 뒤의 남자가 갑자기 나타날 때 그에게 주목하지 말라고 권합니다. 이것은 상어음악이 작동하도록 절차적 기억이 유발시키는 방식과 비슷합니다. 암묵적 기억들은 마음에 저장되는데, 이는 하루 일과를 안내하는 의식적인 생각을 방해하지 않으면서 우리를 필요에 따라 섬기기 위해 그곳에 있습니다. 이러한 암묵적 기억들은 신경계가 우리로 하여금 계속 호흡하도록 하는 방식 이상으로 우리의 행동도 안내합니다. 우리는 숨을 들이쉬고 내쉬는 것을 생각할 필요가 없습니다. 위로나 격려를 바라는 아이를 볼 때 우리는 어린 시절의 애착 경험들을 생각하지 않습니다. 단지 우리의 필요들이 우리 부모들에 의해서 응답되지 않았을 때 우리 아이들의 그런 필요들을 단념시키는 방식으로 행동을 하는 것입니다. 그것은 신경체계가 산소를 다 빼앗겨 버린 뒤에는 공기를 갈망하도록 하는 것과 동일한 것입니다. 무의식적 안내의 두 가지 유형은 모두 보호적입니다. 켄자스Kansas의 작고 늙은 점쟁이[3]처럼, 암묵적인 절차적 지식은 악의가 없지만(사실 정반대임), 도가 지나쳐 그 한계를 뛰어넘습니다. 신경체계도 그렇습니다. 때로 두려움이 감지되어서 도망가거나 맞서 싸울 준비를 위해 산소를 채워야 할 필요가 있을 때 우리에게 숨을 크게 들이쉬는 호흡 항진을 하게 합니다.

여기에 우리의 초기 애착 경험들의 절차적 기억이 어떻게 상어음악을 가져다주는지 요약해 보았습니다:

---

3) 역주: 〈오즈의 마법사〉 영화에 등장하는 사기꾼을 말합니다.

1. 아이가 부모로부터 위로를 찾으려고 울거나 또는 세상을 탐험하기 위해 대담하게 부모를 떠납니다.

2. 이제는 부모가 된 그 아이가 위로나 격려를 구했었을 때 전형적으로 발생했었던 것에 대해 깊이 자리 잡은 기억이 어른이 된 지금 신호를 주면, 상어음악이 유발됩니다.

3. 부모가 어떤 불편함을 자각하든지 못 하든지, 부모는 그 필요로부터 아이의 주의를 딴 곳으로 돌리려고 합니다. 아니면 미묘하게라도 불쾌함을 전하거나, 아이가 요청한 것과 반대되는 것을 제공하거나, 신체적으로나 정서적으로나 정신적으로 거리를 둡니다.

4. 이런 패턴이 아이와 부모 사이에 반복해서 일어납니다.

5. 이 아이는 이런 메시지를 갖게 됩니다: 서클의 윗부분이나 아랫부분에 있는 그 필요는 나에게서 엄마나 아빠를 덜 가까이 있게 할 만큼 엄마아빠를 불편하게 만들어.

6. 아이는 이런 결론을 내립니다: 이것은 어쩐지 위험해—이건 엄마를 불안하게 해, 아니면 아빠를 거리를 두게 만들어, 아니면 엄마를 불쾌하게 하거나 당황하게 만들어. 이건 안전하지 않다고 느껴져. 엄마나 아빠를 덜 언짢게 되돌릴 수 있다면 뭐라도 할 거야.

7. 아이는 그 필요를 억누르거나(또는 억누르면서) 반대의 것(안전한 피난처 대신에 안정된 기지, 또는 그 반대로)을 필요로 하는 것처럼 행동하는 것을 배웁니다.

8. 자, 보세요! 엄마나 아빠가 차분해집니다. 그것은 서클의 이 특정한 필요는 정말로 수용될 수 없다는 것을 의미합니다. "이것이 관계에 대한 근본적인 진실임이 틀림없습니다."

9. 아이는 이 절차적 기억을 무의식 속에 확고히 심어서, 자기의 성인의 삶 속으로 뿌리 깊은 마음상태로 가지고 오고, 거기에서…

10. 자기 아이가 바로 그 똑같은 자기의 '수용될 수 없었던' 필요를 표현할 때 그의 줄들이 당겨집니다.

위의 순서에서 중요한 점은 그것이 우리의 의식적 자각 없이 전개된다는 점입니다. 이것이 받아들이기 힘든 개념입니다. 우리 모두는 자녀를 위해 최선을 원합니다. 그래서 우리가 아이의 필요에 어떻게 반응하는지를 완전히 통제하지 못한다거나 단지 아이의 최선의 이익을 위해 합리적인 결정을 내리지 못한다는 것을 믿기가 어렵습니다. 월의 아빠가 파티에 아이를 홀로 두고 떠날 때, 그는 자기 아들이 자족하는 아이가 되도록 돕고 있다고 확고히 믿고 있습니다. 벨라의 엄마는 딸이 완전히 괜찮게 느꼈다고 생각하지는 않았으며 자기는 딸이 '그것을 과장하는 것'을 원하지 않았다고 말할 것입니다. 캘리의 부모는, 대부분의 우리와 같이 단지 아이가 성공해서 이 경쟁적인 세상에서 유능하게 되기를 바랄 뿐입니다.

무의식에 대한 언급은 프로이트Freud의 이미지나 현재 일어난 불행을 설명하기 위해 묻혀 있던 어린 시절의 피해에 대한 기억을 드러내려고 소파에 비스듬히 누워있는 이미지를 불러올지 모릅니다. 많은 사람은 그 길을 가고 싶어 하지 않습니다. 그리고 우리는 그것이 우리가 말하려는 것이 아님을 확실히 하겠습니다. 이것은 단지 여러분이나 여러분의 아이들에게 큰 피해를 끼치지 않는, 양육에서의 일상의 어려움들입니다. **이런 무의식적 과정을 살펴봐야 하는 설득력 있는 이유는 우리가 자녀의 안정감을 높이는 방식으로** ―비난 없이― **양육을 미세 조율할 수 있도록 해 주는 애착연구에 접근할 수 있는 첫 세대이기 때문입니다.** 우리는 친밀한 관계들에서 우리가 겪었던 사라지지 않는 어려움들을 아이들이 겪는 것을 원하지 않습니다. 그것을 아는 우리들 중 많은 사람은 우리가 자랄 때 알았던 것보다 훨씬 더 안정적인 기초를 아이들에게 제공해 주는 이 간단한 로드맵(road map)을 진심으로 환영합니다.

우리를 당혹하게 하고 계속하고 싶지도 않은 행동의 구체적인 예가 여기 몇 가지 있습니다. 두 살 된 아들이 어둠 속의 그림자에 놀라서 울기 시작하는데, 여러분은 아이에게 손가락으로 주목시키면서 (아니면 단지 엄하게 바라보면서) '네가 애기라서 그런 거야.'라는 사실을 알려주고 있다고 해 봅시다. 이성적으로 그 아이가 겨우 두 살이라는 것을 알면서 왜 그렇게 할까요? 아니면 세 살 된 딸이 새 장난감을 가지고 조용히 놀고 있는데―그것은 여러분이 어제 끊임없이 딸의 놀이 친구가 돼줘야 했던 것에서 휴식을 좀 갖게 되기를 그렇게 바랐던 바로 그것입니다―여러분은 갑자기 아이에게 뭘 하고 있는지, 배는 고프지 않은지 물어보고, 그다음에는 바닥에 앉아서 같이 놀 수 있겠냐고 묻고 있습니다. 이런 사건들은 흔하지 않은 스트레스나 지루함, 또는 단지 나쁜 날이었기 때문이라고 해명하고 빠져나갈 수 있습니다. 그러나 기분이 좋은 날인데도 약간 규칙적으로 이런 일이 발생할 수 있습니다.

만약 그런 것들이 거기에 있는지조차 모른다면 이러한 패턴은 식별하기가 매우 어렵고, 우리 행동을 계속 휘어잡을 수 있습니다. 이것이 바로 커튼을 뒤로 당겨 보는 것이 중요한 이유입니다. 무엇이 여러분의 끈들을 당기고 있는지 이해하게 될 때, 여러분은 아이에게 어떻게 반응할 것인가에 대한 선택권을 자신에게 주게 됩니다. 아이의 애착 필요들을 더 일관되게 충족시켜 주기 위해 상어음악의 볼륨을 낮출 수 있습니다. 그것은 아이와 여러분과 그리고 그 관계에 다음과 같은 안정애착의 모든 혜택을 주게 됩니다:

- 부모-자녀 갈등의 감소
- 아이가 느끼고 행동하는 방식에 영향을 미칠 수 있다는 더욱 강해진 자신감
- 더 쉽고 더 편해진 양육
- 모든 종류의 관계가 작동되는 것에 대한 더 많은 통찰력

여러분이 상어음악을 꼭 이해해야 하는 이유는, 사기꾼 '마법사'처럼 그 경고가 좋은 의도였더라도 속이는 것들이기 때문입니다. 상어음악이 태어날 가능성이 있는 편도체는 뇌에서 사고하는 가장 뛰어난 부분은 아닙니다(생각은 빨리 하지만, 더 큰 지혜에는 접근하지 못하니까요).

상어음악은 어떻게 태어나는가

아이들은 최소한 자신이 애착할 수 있는 한 사람을 찾으며 태어납니다. 그들이 세상과 그 세상이 자아내는 감정들을 어떻게 다룰지를 깨달아 가는 동안, 거기에 있어 줄 사람 말입니다. 신생아는 믿을 수 없을 정도로 이미 애착이 최고라는 것을 압니다. 여러분의 아들이나 딸은 여러분을 가까이 둘 수 있는 것이라면 무엇이라도 할 것입니다. 왜냐하면 신체적 그리고 정서적 생존이 거기에 달려 있기 때문입니다. 우리가 설명해왔듯이, 아기는 정서를 조절하는 법을 여러분과 함께 여러분으로부터 배웁니다. 1장에서 설명한 상호조절체계에서 아이의 필요 대신에 상어음악에 반응하는 부모는 상호조절이 진행되고 있지 않기 때문에 아이가 특정한 정서를 조절하도록 돕지 못하거나 자신이 서클에 있는 특정 필요에 대해 안전하다고 느끼지 못할 것입니다.

아기는 또한 부모와의 상호작용에 기초하여 양육자에 대한 정신적 표상—양육자가 어떻다고 하는 것에 대한 마음에 있는 이미지—을 형성하기 시작합니다. 아기가 자라면

서 자기와 함께하는 관계에 대한 이런 내적 작동모델(internal working models)[4]을 갖게 되어서, 여러분에 대해 아기가 알고 있는 것을 새로운 관계들에 적용합니다: 여러분에게 안기려고 팔을 드는 것이 으레 반기는 미소와 포옹으로 충족된다면, 아기는 벳[Beth] 아주머니가 자기를 돌봐주기 시작할 때 그녀를 신뢰하고 상냥하게 대하는 경향이 있을 수 있습니다. 만약 아기와 함께 노래하고 얘기하기를 좋아한다면, 아기는 다른 어른들이 자기 영역에 들어올 때 소곤대며 옹알이할 것입니다. 언어가 없어도, 아기들은 우리와 함께 배운 그들의 내적 작동모델로 양육자들에 대한 상당히 복잡한 이미지를 형성할 수 있습니다.

물론 관계에 대한 이런 모델들은 돌처럼 고정된 것이 아닙니다―아니면 최소한 그래서는 안 됩니다. 다행히도, 마음(mind)은 새로운 것을 배우는 것뿐 아니라 그 상태를 유지하는 것에 대한 대단한 능력이 있다고 전해집니다(항상성에 대한 다음의 설명을 참조하세요). 그래서 우리는 변화를 정당화하기에 충분한 새로운 정보가 주어지면 (그리고 그 정보를 제공한 사람들을 신뢰하면) 내적 작동모델을 교정하고, 수정하고, 교체하기까지 합니다. 볼비[John Bowlby]는 애착용어로 건강이란 이런 것을 할 수 있는 능력이라고 정의될 수 있다고 말했습니다. 융통성과 성장은 언제나 생존과 심지어 번성하는 데에도 도움이 됩니다.

인간 존재를 포함하여 많은 유기체는 유기체가 안정(stability)이나 균형(equilibrium)을 유지하는 절차인 **항상성**(homeostasis)이라고 부르는 자기-조절 능력을 가지고 있습니다. 인간에게 항상성은 생리적 또는 심리적 안정을 유지합니다. 체온을 생각해 보세요. 뇌에 있는 시상하부는 우리 체온이 일정하게 36.5도를 유지하도록 호흡, 신진대사, 혈액순환 같은 것을 포함한 복잡한 시스템을 제어합니다. 애착 이론에서, 항상성은 본질적으로 관계에 관한 절차적 기억들에 저장하는 모든 새로운 정보가 우리의 초기 내적 작동모델들을 대규모로 확인하도록 해 줍니다. (대충 18년 정도는 매번 반복해서 같은 방법으로 돌봐 주는 동일한 부모에게 양육된다는 사실은 양육자에 대한 우리의 초기 그림을 강화합니다.) 결과적으로 양육에 대한 잘 바뀌지 않는―심지어 완고한―내적 작동모델은 아이들을 상당히 잘 섬깁니다: 그것은 마치 아이들이 다른 행성에서 지구로 떨어졌는데 그들이 처음 보는 인간을―계속해서 처음―만나는 것 대신에 어느 정도의 정보에 입각한 새로운 관계를 시작할 수 있게 해 줍니다.

그럼에도 내적 작동모델에 관해서는 융통성이 생기기 어려울 수 있습니다. 그 이유는 그것이 편도체에 저장되어 있기 때문입니다. 이런 뇌의 구조는 더 큰 변연계의 일부로

---

4) 역주: 아기가 양육자와 관계를 맺고 서로를 경험하면서 만들어지는 것으로, 대상과 관계를 이해하는 규칙을 뜻합니다.

서 기억과 정서, 사회적 절차, 의사결정에 크게 관여하고 있습니다. 애착과 관련된 절차적 기억은 주로 편도체에 저장되기 쉽습니다. 편도체는 내적 작동모델에 추가되는 일종의 '사실들'에 대한 참조 도서관으로, 뇌의 다른 구조들과 연결되어 있습니다. 여기에 문제가 있습니다: 두려움은 우리의 근본적인 정서들 중 하나인데, 편도체가 무엇이 위험한지에 대한 기억들을 저장하고, 환경에서 그 신호들을 정밀 검사하며 두려움을 일으키면, 우리는 자기-보존이라는 이름으로 우리의 '공격자'와 싸우거나, 도망가거나, 얼어붙게 될 것입니다. 이곳이 상어음악이 태어나는 곳입니다.

만약 윌이 아빠가 안전과 위로에 대한 자기의 필요를 혐오로 맞이했다는 인상을 일찍이 받았다면, 윌의 편도체 도서관 영역은 재미있는 이야기는 사라지고, 무서워서 부드러운 존재가 필요했을 때마다 그 편도체는 '위험' 경고—"만약 아빠가 네가 이렇게 느끼는 것을 본다면, 너를 끌어내 버릴 거야!"—를 말하고 그래서 윌은 위로에 대한 자기의 필요를 차단하는 법을 배웠을 것입니다. 벨라의 상어음악은 자기가 놀거나 주변을 탐험하기 위해 엄마 곁을 떠나고 싶다고 느낄 때 날카롭게 울리기 시작했습니다. 왜냐하면, 엄마가 두려워하는 것으로 보였기 때문입니다. 그래서 벨라는 주로 엄마 곁에 남는 것을 필요로 하는 것처럼 행동했습니다. 결국 그것은 엄마를 편안하게 해 주는 것 같았습니다. 캘리는 자기가 하는 모든 것에서 1등을 못하면 부모님 모두 조금 당혹해한다는 것을 감각했고, 그래서 탁월함을 공격적으로 추구했습니다.

만약 우리가 상어음악의 맹렬함을 과장하는 것처럼 들린다면, 그것은 그 경고가 과속하는 버스를 피하려는 본능만큼 시급하게 느껴질 수 있기 때문입니다—거기에 버스가 없을지라도 말입니다.

만약 여러분이 이 아이들에게 왜 이렇게 했느냐고 묻는다면, 아이들은 말할 수 없을 것입니다(아이들이 이런 상황을 생각하는 것만으로도 불편해질 수 있을지라도 말입니다). 하지만 아이들이 자랐을 때 편도체는 자신의 아이들이 똑같은 필요들을 나타낼 때 그들에게 실제로는 없는 위험이 거기 있다고 말하는 상어음악 알람을 작동시킬 것입니다. 우리가 부모들에게 자주 얘기하듯이, 상어음악은 필수적이고 건전한 필요에 대한 두려움을 유발시킵니다. 만약 성장 도중의 몇 년 동안 그들의 경험이 내적 작동모델을 갱신시키지 않았다면, 그들은 이 신호를 듣고 거기에 맞게 반응할 것입니다.

우리가 오리건(Oregon) 해변을 보여 주는 비디오 화면을 사용하여 부모들에게 상어음악을 설명할 때, 우리의 의도는 배경음악처럼 명백하게 방해가 되지 않는 어떤 것이 우

리의 지각을 완전히 바꿀 수 있음을 보여 주려는 것입니다. 카메라가 〈파헬벨의 캐논〉
이 연주되고 있는 해변까지 길을 따라 내려갈 때, 보는 사람들은 자연스럽게 다가올 일
—아마 상쾌한 수영이나 모래사장 위의 피크닉—에 대해 기분 좋게 느낍니다. 우리가
똑같은 비디오를 상어음악 사운드트랙으로 연주되는 것으로 보여 줄 때, 보는 사람들은
즉시 공포감을 느낍니다: 그 길 끝에 뭐가 있을까? 배경음악은 절차적 기억입니다—그
것은 우리에게 아이가 표현한 필요는 우리가 보고 있기에도 채워주기에도 '안전한 것이
다.'라고 말하거나 또는 '위험한 것이다.'라고 말해 줍니다.

물론, 문제는 서클의 어떤 필요도 실제로 위험하지 않다는 것입니다. 우리가 아주 어
렸을 때 부모님의 고통과 그 결과로 인한 거리감—함께-있어 주지 않기(〈글상자 12〉를 보
세요)—때문에 아팠을 때 느꼈던 고통이 무엇이었든 그것이 지금 당장 일어나고 있는 것
은 아닙니다. 그 부모는 우리 앞에 없고, 우리는 이제 위로나 격려에 대한 필요를 느끼는
아이가 아니며, 거기에는 정말로 두려워할 것이 아무것도 없습니다. 편도체는 마치 그
두 가지가 다 진짜인 것처럼 그 둘에 대한 똑같은 알람을 울리면서 참과 거짓을 유포합
니다. 무엇이 믿을 만한지, 무엇이 사기꾼인지 알아내는 것은 우리에게 달렸는데 그것
은 쉽지 않습니다.[5]

어떻게 볼륨을 낮추는가

두려움은 집에서 제일 값싼 방입니다.
나는 당신이 좀 더 나은 곳에서 지내는 것을 보고 싶습니다.
– 하페즈Hafez, 14세기 페르시안 시인

편도체는 우리를 단지 최초의 기억으로 보내는 것이 아닙니다. 심리학자이고 정서지
능의 챔피언인 골먼Daniel Goleman의 글에 의하면, 편도체는 단순히 우리를 가로챕니다. 불
행히도, 책장 선반이 고통스러운 애착기억들로 가득 찬 편도체 도서관을 지닌 어른들
은 특히 취약하고 많은 시간에 높은 경계를 보이는 경향이 있습니다. 1985년에 죠지Carol
George와 카플란Nancy Kaplan과 메인Mary Main에 의해 개발된 성인애착면접(Adult Attachment

5) 우리의 웹사이트(www.circleofsecurity.com)에서 '안정감 서클 만화'라는 제목의 4분짜리 영상을 시청할 수
있습니다.

Interview: AAI)이라 하는 획기적인 평가도구는 어린아이였을 때를 관찰하지 못한 채 성인이 된 사람들이 안정애착 유형을 지녔는지 분별하도록 치료자와 연구자들을 도와줍니다. 한 연구에서, AAI에서 불안정하게 애착된 것으로 발견된 어른들은 안정적으로 애착된 사람들보다 편도체가 더 많이 활성화되고 아기가 우는 것을 들을 때 더 짜증을 느끼는 것으로 나타났습니다. 신경심리학자인 쇼어^{Allan Schore}는 복구 없이 반복해서 발생하는 심각한 외상적 균열은 실질적으로―생애 첫 3년 동안 매우 빠르게 성장하는―우뇌의 생화학을 바꿔 버리고 아이의 애착역사는 아이의 성격의 일부가 된다고 특별히 언급했습니다. 방임이나 학대 같은 매우 극단적인 경우에서는 더 많은 심리학적 문제들이 발달합니다. 그런데 놀랍게도, 우리는 안정감 서클 중재가 가장 비극적인 애착배경을 지닌 부모들까지도 도울 수 있다는 것을 발견했습니다.

✏️ **글상자 12**

함께-있어 주지 않기(Being-Without)의 메아리

10개월 된 남자 아기가 조용히 누워 있습니다. 밑에 있는 구겨진 뜨끈한 시트에서 아이는 축축함과 친숙함을 느낍니다. 마지막으로 도움을 청했던 울음을 운 이래로 시간은 아기가 그것을 볼 수 있는 능력을 훨씬 넘어 만질 수 없는 거리로 확장되는 것 같습니다. 감정이 진해집니다―어두워지고, 더 어두워지고, 암흑이 되어 갑니다. 마침내 거의 딱딱해진 아기의 입을 향해 돌진해오는 소리가 있고, 아기는 자신이 필요로 하는 모든 힘을 풀어내기 시작합니다. 마찬가지로 빨리, 아기가 헤엄치는 암흑이 그 표현을 멈추고, 아기는 재빨리 급박한 경련에서 뒤로 물러납니다. 남아 있는 모든 것은 흐느낌입니다. 이 아기가 진정으로 닿고자 하는 것을 거의 말하지 않는 차분한 속삭임의 소리입니다.

엄마가 갑자기 문에 나타났을 때, 이들의 눈이 마주쳤지만 잠깐 힐끗 보고, 각자 딴 곳을 봅니다. 그러나 눈이 마주치는 순간에도 엄마의 분노는 아기에게 닿아서 엄마를 원하는 아기의 필요를 꾸짖습니다. 엄마는 아이의 것이 아닌 그리고 가장 확실히 그녀 자신의 것이 아닌 결핍과 갈망을 상기시키고 싶지 않습니다. 그리고 다시 한번 아기의 작은 두뇌 안에서 만들어지는 결정은 이런 종류의 함께함에 대한 통제력을 강화합니다: '원함을 멈춰, 어떤 대가를 지불하더라도 그것을 감춰. 경험이 닿는 가장 끝으로 쫓아 버려. 그것이 돌아올 때마다 지금 네가 그녀의 눈에서 보고 있는 똑같은 강도로 미워해. 갈망을 위한 자리는

없어. 지금 그것을 삼켜 버리고 항상 그것을 삼켜 버려.'

함께-있어 주지 않기는 누구에게나 치명적인 감정인데 가장 확실히 아기에게 그렇습니다. 불행하게도, 초기에 배웠던 외로움, 두려움, 분노, 불신, 그리고 수치심의 감정들은 늦게까지 타오릅니다. 정말로 그것들은 한 세대에서 다음 세대로 방출되는 것 같습니다. 아이에게 관계의 맥락이 무감각성과 소용없음으로 주어질 때, 그리고 발달하는 자아라는 양초 심지가 방임, 무시, 적대, 유기라는 놓쳐 버린 단서들의 밀랍에 반복해서 담가질 때, 아이의 뒤이은 경험들은 필연적으로 고통에 대한 이런 맥락을 반영합니다. 이 10개월 된 남자 아이는 벌써 자기가 필요한 돌봄과 친밀함을 요청하는 것을 두려워합니다. 심지어 이렇게 어린 나이에, 자기 엄마가 비슷한 발달 단계였을 때 아마도 그 엄마에게 친숙했을 패턴을 복제하기 시작합니다. 슬픈 진실은, 중재가 주어지지 않는다면 이 아이는 자라서 자신의 아이에게 외로움과 거리감이라는 똑같은 패턴을 넘겨줄 가능성이 크다는 것입니다.

말로 하세요

안정감 서클은 절차적 기억을 말로 하는 것—암묵적인 것을 명시적인 것으로 만드는 것—으로 완고한 편도체의 딜레마를 다루어 줍니다. 단지 그 현상—상어음악—에 이름을 붙여 주는 것이 많은 부모에게 강력한 영향을 줍니다. 즉, 그들에게 그 알람이 정확한지 멈춰서 생각할 약간의 여지를 줍니다. 그러나 그들의 구체적인 상어음악이 무엇인지 그리고 언제 그것이 신호를 주는지를 말로 하는 것은 그들을 좀 더 데리고 가서 그들이 우선적으로 볼륨을 낮추도록 도울 수 있습니다.

말로 한다는 것은 여러분의 정서와 생각, 행동을 이름 지을 수 있게 된다는 것을 포함합니다. 여러분이 느끼고 생각하는 것이 무엇인지 모른다면 언제 어떤 이유로 고통 속에 있다는 것을 어떻게 알 수 있을까요? 우리는 정신(mind)과 마음(heart)에 무엇이 있는지를 식별할 수 있는 가지각색의 능력을 가지고 있는데, 어떤 사람들은 특정 정서에 대해서는 매우 제한적인 어휘를 가지고 자랍니다. 상어음악은 대단히 정서적인 현상(편도체가 우리의 주의를 끄는 것)이어서, 여러분이 자녀에게 반응할 때마다 정확히 무엇이 느껴지는지 스스로에게 묻는 것으로 시작하는 것이 좋습니다.

지혜는 느끼는 뇌(변연계)나 생각하는 뇌(전두엽)에서 찾아지는 것이 아니라
그 둘 사이의 대화에서 발견되는 것입니다.

변연계에서 상어음악 녹음기록을 지울 방법은 도무지 없습니다. 그러나 괜찮습니다. 상어음악은 여러분을 보호하려는 자연스러운 방어임을 기억하세요. 작가 체스터튼^{G. K.} Chesterton은 울타리가 처음에 왜 거기에 세워졌는지를 알기 전까지는 절대로 그것을 허물지 말라고 지혜롭게 충고합니다. 자신의 상어음악의 기원을 이해하는 것은 자신의 스트레스를 완화하고 자녀에 대한 긍휼함과 이를 증가시켜 주는 길입니다. 확실히 여러분은 볼륨을 낮출 수 있습니다. 매우 힘든 어린 시절을 보낸 한 아빠가 그것을 이렇게 완벽하게 표현했습니다: "저는 여전히 저의 상어음악을 듣습니다. 저는 단지 물에 상어가 있다는 것을 더 이상 믿지 않습니다."

조금 거리를 두세요

안정감 서클 중재에서 부모들이 자신의 상어음악을 무시하도록 돕는 또 다른 방법은 비디오를 사용하는 것입니다. 우리는 4장에 소개한 낯선상황절차(SSP)를 이용하여 부모들 모습을 필름에 담아서 그들이 자녀와 상호작용하는 비디오 클립을 그들에게 사려 깊게 보여 줍니다. 이것은 그들에게 그 순간에 아이의 필요를 채워줘야 한다는 압박으로부터 안전한 거리에서 그들의 애착행동을 보게 해 줍니다. 여러분의 아이와 여러분의 모습을 필름에 담는 것은 여러분에게 실용적이지도 않고 필수적인 것은 아니지만, 이 장의 뒷부분에 있는 설명이 더해지면 서클의 윗부분과 아랫부분에서 그리고 서클의 두 손에서의 애착투쟁에 대해 배울 수 있습니다. 또한 자신의 상어음악을 탐험할 수 있는 다른 방법들이 7장에 있습니다.

서클 주변에 있는 이러한 투쟁들에 관해 배우는 사람들은 상어음악이 유발시키는 반응의 예들을 어디에서나 자연스럽게 보기 시작하는 것 같습니다. 다른 모든 사람을 '진단하는' 사람이 될 위험이 있긴 한데, 놀이터나 직장에서 자연스러운 상황에 있을 때 상어음악을 눈치 챈다면 여러분은 볼 수 있을 것입니다. 그러나 1.0 시력을 갖는 것을 기대하지는 마세요. 서클 주변에서 부모와 자녀가 투쟁하는 지점을 정확성을 가지고 식별하기 시작하는 데는 전문지식과 수백시간의 실습이 필요합니다. 그것은 부분적으로 연구자들이 돌보는 행동과 애착유대 사이에는 그다지 강한 연관성이 없다는 것을 발견했기 때문입니다. 즉, 우는 아이를 부단히 위로하고, 돌쟁이로 하여금 마당의 정원을 둘러보도록 허락하며, 아이들 무리 곁에 충분히 가까이 앉아서 문제가 있을 때 부모를 이용할 수 있다는 신호를 보내주고, 일관되게 그렇게 하는 부모가 있는데, 그런 행동은 그 부모가 자기 아이와 어떤 유형의 애착을 형성할 것인지는 예측하지 않을 거라는 점입니다. 그래서 마음 상태를 의미하는 미묘한 행동을 해석하는 더 많은 경험 없이 단지 부모가 아이를 어떻게 돌보는지 그 행위만 바라보는 것은 여러분에게 충분한 것을 명확하게 말해 주지 못할 것입니다.

분명히, 안정애착(또는 그 부족)에 영향을 주는 것은 마음 상태입니다. 사실 연구자들은 임신 중에 평가한 여성들의 마음 상태가 아기가 태어난 다음에 아기를 어떻게 돌봐주었는지를 측정한 것보다 그녀들이 아기와 어떤 유형의 애착을 형성할지를 더 정확하게 예측했음을 발견했습니다. 아무튼 아주 어린 아기들은 부모 안에 있는 느긋함 대 조급함, 편안함 대 불안함, 진정성 대 가장하여 꾸미기, 또는 긍정적 반응 대 부정적 반응을 감각할 수 있습니다. 이런 반응들은 무심코 보는 관찰자들에게는 분명하지 않습니다. 어린 아기들은 아주아주 작은 한숨, 목소리의 미묘한 작은 변화, 특정한 짧은 눈길 또는 어떤 종류의 몸짓을 알아차릴 것이고 부모가 진정으로 편안한지 아니면 명백히 즐겁지 않은지 알 것입니다. 그래서 자신이 아닌 다른 누구에 대해서 추측(심지어 좋은 추측이라도)하는 것을 시작하려면 많은 관찰이 필요할 수 있습니다.

그러므로 여러분의 최고의 '주제'는 여러분의 원가족과 함께 있는 여러분 자신일 것입니다. 여러분과 여러분의 자녀 사이에서 자연스럽게 형성된 유대는 실제로 일어나고 있는 일이 무엇인지 구체적이고 개인적이며 정확한 방식으로 아는 것을 더 쉽게 만들어 줄 것입니다. 목표는 문제들을 찾는 것이 아닙니다. 그것보다는 서클의 어디쯤에서 자신이 불안해하거나 불안으로 가는 길에 있게 되는지를 발견하는 것입니다. 그것은 우리 연구자들이 '극소(micro)-상호작용'이라 부르는 것으로, 병리적인 것에 관한 것이 아닌 부모에게서 자녀로, 한 세대에서 다음 세대로 눈치 채지 못하게 진행되는 투쟁이 발생하는 곳을 찾는 것입니다. 여러분이 읽어온 것들을 이용해서, 상어음악의 방해를 조용히 만들 수 있고, 자신이 느낄 불편함(작은 것일지라도)에도 불구하고 아이의 필요 쪽으로 공감적 전환을 할 수 있도록 돕기 위해 안정감 서클 안내도를 사용할 수 있을 것입니다. 또한 자신의 역사에서 애착/상어음악이 저절로 떠오르는 순간들을 발견하게 될 것입니다.

오늘날 투쟁하고 있는 것이 무엇이든 간에, 이것이 자신이나 양육자들을 탓하는 경로가 아님을 이해하는 것은 중요합니다. 다시, 안정감 서클은 그 렌즈로 현재와 과거의 관계들을 보는 사람들에게 반복해서 공감과 긍휼을 불러일으킵니다. 한 남자는 자신의 엄마가 두 살 된 자기가 친구 집을 떠나면서 어떻게 울기 시작했었는지 이야기하면서, 그

때 엄마가 곧장 어린 자식에게서 등을 돌렸었다고 자랑스럽게 설명할 때 말문이 막혔다고 했습니다. … 그는 다시는 그렇게 울지 않았습니다. 수년 뒤에 그에게 안정감 서클이 소개되었을 때, 그는 자기가 태어나기 직전 해에 엄마가 6개월 된 자기 누이를 잃은 것이 어떠했었을지에 대해 생각하며 눈물을 흘리고 있는 자신을 발견했습니다. 엄마가 때로 자기에게서 거리를 두었던 것은 엄마의 그 슬픈 기억 때문이었을까요, 아니면 그의 추측대로 엄마는 모든 슬픔은 멀리하라고 가르쳐진 가정에서 자랐었기 때문이었을까요? 어느 것이 더 가능성이 있을까요?

여러분에게 이미 자녀가 있고 여러분이 서클 어딘가에서 투쟁하고 있다는 것을 발견한다면, 상어음악이 집요하게 울려 퍼지고 있을 때 여러분의 절차적 기억을 탐험하는 것은 고통스러울 수 있습니다. 어떤 부모들이 그것에 대해 무거운 수치심의 짐을 가지고 접근하는 경우가 있습니다. 그 이유는 자기 부모들의 '실수'를 반복하지 않고 자신의 자녀에게는 똑같은 고통을 지워주지 않으려고 결심하고 부모가 되었는데 지금 그들이 정확하게 그대로 하고 있기 때문일 수 있습니다. 우리는 부모들이 아이들과 함께 있는 모습을 담은 안정감 서클 비디오 클립을 볼 때 영상 속의 아이를 가리키면서 "저 아이가 제가 어렸을 때의 저예요. 그리고 제가 있군요, 엄마가 제게 하던 것과 똑같이 하고 있네요."라고 말하는 것을 보아왔습니다.

성찰하세요

아이가 상어음악을 유발시키는 필요를 표현할 때, 그것은 마치 부모가 자기의 어린 시절로부터 똑같은 장면의 낡은 영화를 보는 것과 같습니다. 어린 시절의 역할들에서 자기 부모의 역, 아니면—과잉보상으로—일어났었기를 바란 환상을 재연하는 것입니다. 영화는 절대 바뀌지 않기 때문에, 결국 되도는 것에 갇히게 됩니다. 새로운 선택을 하는 가장 우선적이고 좋은 방법은 성찰(반영)하는 자신의 힘을 사용하는 것입니다. 이 책에서 성찰적 기능하기는 한발 뒤로 물러서서 우리가 아이의 필요를 채우기 위해 무엇을 하고, 무엇을 하고 있지 않는지 인지하는 심리적 능력입니다. 이것은 또한 우리가 하는 것과 똑같은 방식으로 아이들이 이미 서클의 필요에 어떻게 접근하고 있는지 볼 수 있는 능력을 포함합니다. 성찰로, 여러분의 방어들은 부드러워지기 시작할 수도 있습니다—아니면 최소한 지금 당장 아이가 필요로 하는 것을 여러분이 정말로 보고 있는 것인지 여러분이 원하는 방식으로 반응할 수 있는지를 성찰하는 동안은 참을 만하다고 느낄 수 있을 것입니다.

한발 물러서서 자기가 어떻게 양육되었는지를 이해하고 자기가 아이를 양육하고 있는 모습에서 동일한 패턴을 볼 수 있는 부모는 누구나 성찰과정을 통해 떠오를 수 있는 통찰들이 얼마나 값진 것인지를 설명합니다. 하지만 명심하십시오. 분명히 본다는 것이 항상 즉각적으로 일들을 다르게 하는 것으로 바꾸는 것은 아닙니다. 절차적 기억과 상어음악이 우리를 강력히 붙잡고 있어서, 그것들을 푸는 데는 시간이 걸릴 수 있습니다. 안정감 서클 중재에서 함께 배운 한 아빠가 있었는데 그의 상어음악은 아이에게 애정을 보여 주는 것을 방해하는 경향이 있었습니다. 그는 기다리고 있는 아기가 있는 방에 들어가려고 하면서, "내 아기에게 뽀뽀해라, 내 아기에게 뽀뽀해라, 내 아기에게 뽀뽀해라."를 되뇌이고 방에 들어갔는데, 카펫에 앉아 있는 아기를 가로질러서, 창가로 가서 창밖을 바라보고 서 있었다고 했습니다. 성찰하기에 실패했을까요? 전혀 그렇지 않습니다. 그의 작은 아기가 외쳐 불렀고 아빠는 뒤돌아봤으며, 그는 작은 목소리로 "거기 그 상어음악이 있구나."라고 말하고는 아이를 안아 올리며 뽀뽀해 주었습니다.

모든 것을 사랑으로 하고 있다는 것을 기억하세요

우리가 실제로 아이를 보호하는 방법으로 상어음악에 주의한다는 것을 이해할 때 위로와 용기를 얻을 수 있습니다. 어렸을 때, 자신이 목소리를 낼 때마다 방에 감금되었었다고 상상해 보세요. 아마도 꽤 조용해져서 내쫓기지 않았을 것입니다. 이제 여러분의 제멋대로인 아들과 직면해서, 그 아이도 조용히 시키려고 할 수 있습니다. 시끄러운 것은 여러분에게 상어가 들끓는 물을 나타내고, 여러분의 편도체는 이 피할 수 없는(지금은 더 이상 존재하지 않는) 포식자들로부터 아이를 안전하게 지키도록 하는 것을 도와주려 합니다. 서클에 있는 모든 필요들에 대해서도 마찬가지입니다. 여러분은 아마 탐험이나 위로를 구하는 것은 부모에게 수용될 수 없다고 배웠을지 모릅니다. 그래서 그것을 요청하는 것을 멈췄습니다. 믿거나 말거나, 여러분의 아이가 이런 동일한 필요를 요청하지 못하게 지키려는 여러분의 무의식적 갈망은 사랑의 제스처입니다.

자신의 상어음악을 탐험할 때 이것을 기억하세요. 그리고 자신의 성찰하는 능력을 신뢰하세요. 그것은 아이가 무엇을 하고 있고 그것이 우리를 어떻게 느끼게 하는지에 대해 초점을 맞추는 것으로부터 우리가 무엇을 하고 있고 그것이 아이를 어떻게 느끼게 만드는지에 초점을 맞추는 것으로 옮겨가도록 도와줄 것입니다. 그것은 여러분이 제공할 수 있는 가장 좋은 보호입니다.

성찰이란 자신이 서클의 어디에 있는지뿐만 아니라
자신의 상어음악이 무엇인지에 대해
스스로 질문하기 위해 멈추는 것을 의미합니다.

보이지 않는 가족 가보

과거는 항상 그 순간에 존재한다.
– 살바도르 미누친Salvdor Minuchin, 가족치료사

가족치료사로서 우리가 애착 이론에 매료된 이유는 자녀와의 관계에서 힘들어하는 부모들을 알게 되면서 그들의 문제는 거의 언제나 그들 자신의 양육에서의 문제들과 연결되어 있음을 알게 되었기 때문입니다. 그것은 '사과는 사과나무로부터 멀리 떨어지지 않는다.'처럼 진부한 표현으로 보일 수 있습니다. 그러나 애착용어로 보면 무척이나 복잡하고 우리가 믿기에는 매우 강력한 것입니다. 사회학자들과 공공 정책 수립가들은 끊임없이 가난, 학대, 낮은 교육, 낮은 취업, 가족 불안정 등의 악순환 고리를 끊어줄 광범위한 조치들을 구합니다. 우리는 이런 문제를 다루는 모든 사람들은 해결책을 찾는 데 있어서 핵심요소로서 애착연구를 배울 필요가 있다고 겸손히 제안합니다. 이런 배움은 즉각적이고 직관적인 방식으로 제공되어야 한다고 믿습니다. 물론, 이것이 우리가 안정감 서클을 개발한 이유입니다.

오늘날 삶의 모든 영역에서 성공하고 행복하려면 관계가 중요하다는 것은 의심할 여지가 없습니다. 그러나 왜 어떤 사람들은 다른 사람들보다 관계를 수월하게 맺는 것 같은지, 다른 사람들은 자신이 소모되든 스스로 고립되든 둘 중 하나를 선택해야 하는 반면에, 어떤 사람들은 어떻게 자신을 잃어버리지 않고도 온 마음으로 관계를 신뢰할 수 있는지, 그리고 왜 어떤 사람들은 친구들과 진정으로 마음이 편안한데 다른 사람들은 겉으로는 그렇게 보이지만 속으로는 언제나 스스로를 의심하고 자기-비난적인지 이해하

도록 도와주는 것이 애착 이론입니다. 물론 우리의 성격과 기질, 사회적 기술과 정서적 기술, 그리고 잠재력과 그것을 얼마나 이룰지에 영향을 주는 요소들은 많습니다. 그러나 애착유형은 75%라는 놀라운 비율로 한 세대에서 다음 세대로 전수됩니다. 다음을 그려 보세요:

지저분한 이혼 뒤에 한부모로 애쓰며 살고 있는 엄마 로제타^{Rosetta}를 비앙카^{Bianca}는 사랑합니다. 비앙카는 네 살 때 이미 엄마는 압도된다는 것을 알고 있었습니다. 우울하고 앞날에 대해 자신이 없는 비앙카의 엄마는 낙관적이고 지지적인 상태를 유지하려고 최선을 다합니다. 그러나 새로운 직장, 고지서, 공동 양육권 계약 등은 좋아하는 것들이 아니고, 그녀는 딸에게 얘기할 때 자주 '가라앉고 압도되는 것'을 느낍니다.

로제타는 어린 딸 비앙카를 묘사할 때 엄마 곁에서 자지 않으면 잠을 잘 수 없는 '극도로 불안한 아이'라고 합니다. "나를 필요로 하는 그 요청을 채워줄 수밖에 달리 도리가 없어요."

비앙카는 밤마다 자기 침대에 가서 자려고 애쓰고, 로제타는 자러 가라고 간청합니다. 그리고 밤이면 밤마다, 비앙카는 엄마가 하고 있는 것이 무엇이든 멈추고 자기 침대로 올라올 때까지 웁니다. 오직 그럴 때에야 비앙카는 잠을 잘 수 있는데, 잠을 깊이 자지 못하기 때문에 엄마가 하루의 남은 일을 하려고 몸을 일으킬 때마다 울어서 결국 엄마를 침대로 돌아오게 합니다.

로제타가 친정엄마에게 이런 일상이 얼마나 힘든지 말하려고 할 때, 친정엄마는 격분하며 "그래, 로제타, 그 애는 꼭 너 같애. 빨리 너부터 먼저 안아달라고 우기는 너 때문에 난 한 가지 일도 제대로 할 수가 없었단다. 집안일을 거의 할 수가 없었다고!"라고 대답합니다. 우습게도, 로제타가 기억하는 것은 그녀의 엄마는 자기가 친구와 놀러 가거나 친구 집에서 자고 오는 것을 허락하지 않았었고, 다른 아이들에게서 벌레가 옮겨 올 것이라고 하든지, 다른 가족이 주는 식사가 아이를 위한 좋은 식단인지 아닌지 너는 모른다고 하든지, 딸이란 엄마에게 속해 있는 법이라고 하는 그런 말들로 응대했었습니다. 그런데 로제타가 집에 엄마와 남아서 엄마와 놀려고 하거나 위로를 구하러 가면, 엄마는 방해받은 것처럼 약간은 성가셔 했었습니다. 로제타는 어렸을 때 항상 자기가 아직 울고 있는데도 바닥에 내려놓아졌다는 것을 기억합니다.

만약 우리가 로제타의 어머니와 작업할 수 있었다면, 그 어머니의 아버지는 "넌 가족

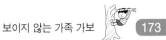

외에 아무도 믿을 수 없어."라는 말을 믿도록 양육되었었으며 멀리 있는 대학에 가는 것을 허락받지 못했었다는 것을 알게 되었었을 것입니다. 그는 가장으로서의 자기를 의지하는 것을 행복해하는 여인과 결혼했을 것이고, 그의 아내는 아무짝에도 쓸모가 없어서 장보기까지 자기가 해야 하고 집안의 모든 일을 자기가 결정해야 한다고 불평하는 버릇이 있었을 것입니다.

애착 이론의 통찰 없이 보면, 우리는 이런 가족을 삶에 대해서 명백한 자기-보호적인 생각들을 다음 세대로 전해 주는 가정이라고 쉽게 결론 내려 버릴지도 모릅니다. 그러나 너무나 강력한—그리고 그렇게도 바꾸기 어려운—사실은 각 세대의 부모 중 최소 한 명은 서클의 윗부분의 필요들에 대해 긴장하고 과각성되어 있어서, 아이들에게 거리를 두거나 자율을 경험하도록 허락하는 것을 두려워하면서 동시에 위로를 제공하는 것은 편치 않았다는 것입니다. 이 모든 정보는 의식적 자각 밖에서 전해졌습니다—아동심리학자 프레이버그Selma Fraiberg가 '양육 현장의 유령들(Ghosts in the Nursery)'이라는 제목의 선구자적인 연구에서 밝혔습니다. 이것이 바로 로제타가 항상 곁에 있으려고 자기를 잡아당기는 것은 비앙카일 뿐만 아니라 더 중심적으로 당기는 것은, 그녀 안에 있는 무언가라는 것을 인지하지 못한 이유입니다. 유령들은 보이지 않습니다.

그러나 변화는 일어날 수 있습니다. 사과는 나무에서 멀리 굴러갈 수 있습니다. 성찰적 기능하기는 이런 변화를 만드는 중요한 열쇠입니다. 만약 부모들이 그들의 상어음악이 어떻게 그들의 마음 상태를 안내하는지 인지한다면 그들은 그 마음 상태를 바꾸기 위해 노력할 수 있을 것이고 그 때문에 자신의 아이에게 부지중에 전수되는 것을 피할 수 있을 것입니다. 다른 많은 생리적이고 환경적인 요인들이 아이의 발달을 형성하는데, 성찰로 우리 모두는 인생의 어느 지점에서든지 안정감을 얻고 관계에 대해 더욱 일관된 접근을 발달시킬 기회를 갖게 됩니다.

우리가 안정감 서클 작업에서 발견한 것은 위험에 처한 부모들(십대 노숙자 엄마들, 아이 때 학대 받았던 부모들 등)이 성찰적 기능하기에 강하면, 이미 그들은 아이들과 안정 애착을 가질 가능성이 더 높습니다. 그들은 아이로서 자신의 경험과 자신의 자녀에게서 벌어지는 일 사이의 차이를 보고 지금 여기에서 행동할 수 있습니다. 다행히도, 이것이 낮은 성찰적 기능하기를 지닌 사람들이 그들 자신과 아이들을 위한 안정감을 획득할 수 없다는 것을 의미하지는 않습니다. 우리는 성찰에 대해 가장 약한 상태에서 안정감 서클 중재를 받으러 온 사람들이 이런 도움으로 자녀들과 안정애착을 발달시킬 진짜 기회를 갖는 것을 봤습니다. 그들도 성찰합니다; 다만 안정감 서클에 대해 배우는 동안 성찰적 기능하기에서 가장 큰 유익을 얻는다는 것뿐입니다. 이것은 모든 사람이 양육에 가져오는 긍정적인 의도에 대해 많은 것을 말해 줍니다—볼비가 '사전프로그래밍(preprogramming)[6]'의 행운적인 유형이라고 부른 것입니다.

과거는 결코 죽지 않는다. 심지어 지나가지도 않는다.
– 윌리엄 포크너^{William Faulkner}, **수녀를 위한 만가(Requiem for a Nun)**

서클의 어디에서 고군분투하나요: 윗부분, 아랫부분, 아니면 두 손?

양육이란 아이를 기르는 것에 관해 다음과 같은 다양한 측면에서 많은 선택과 결정을 요구합니다. 훈육, 일상의 음식, 모유수유 대 젖병수유, 함께 재우기 대 따로 재우기, 타임-인 대 타임-아웃, 지능을 높이는 방법으로의 자유놀이 대 플래쉬 카드/클래식 음악, 어린이 집 보내기 대 집에서 기르기 등등입니다. 여러분은 매우 좋은 이유들로 이런 이슈에 대해 하나 또는 다른 접근에 동의할 수 있습니다. 그러나 마음 상태가 안정애착으로부터 흘러나오지 않는다면 수유, 교육 또는 행동관리에 대해 무슨 선택을 했는지는 중요하지 않습니다. 이것이 서클 어디에 여러분의 투쟁이 있는지를 아는 것이 가치 있는 이유입니다.

안정감 서클 안내도(map)는 에인스워스^{Mary Ainsworth}가 1960년대에 시작해서 그 이후로 많은 사람이 개정한 애착유형의 분류를 반영하기 위해 제작된 것입니다. 이런 분류에 붙여진 용어 역시 진화해 왔지만, 우리는 그것들을 단순하게 서클의 윗부분이나 아랫부분 또는 두 손에서 투쟁하는 것으로 봅니다. 다음에 묘사한 것들 중에 여러분이 어디에 해당하는지 살펴보세요.

6) 역주: 볼비가 아기에게는 출생 후 생존을 위해 중요한 타인과 연결되려는 선천적 애착 본능이 생물학적으로 미리 프로그램되어 있다고 본 것을 의미합니다.

서클의 아랫부분에 있는 상어음악

아이가 서클의 아랫부분에 있을 때 상어음악을 듣는 어른들은 정서적·신체적 친밀함이 불편한 경향이 있습니다. 그들은 이런 애착의 중요성을 무시하고 삶에서 관계의 본질적 특성을 얕잡아 볼 수 있습니다. 그들의 상어음악은 '붙잡을' 사람 또는 정서적으로 고통스러울 때 그들을 달래 줄 사람이 아무도 없다는 것과 그래서 어린 아이로서 양육자들에게 필요로 했던 따뜻함과 지지가 필요했던 곳에서 자유 낙하와 공허함 같은 것을 경험하는 감각에서 비롯될 수 있습니다. 자신의 어린 시절의 고통에 대한 방어로서, 그리고 자기 아이를 동일한 고통을 당하지 않게 하기 위해서 서클의 아랫부분에서 불편한 부모가 주로 초점을 맞추는 것은 아이의 성취, 지능 또는 활동에서의 흥미—윗부분 절반에 해당하는 것으로 보살펴 주고 돌봐 주는 기회는 무시하고 고쳐 주고 관리해 주는 탐색적 측면에 초점을 맞추는 것—입니다.

서클의 아랫부분에서 불편한 부모들은 자주 아이들이 아직 발달적으로 준비되지 않은 것들을 할 수 있기를 기대합니다. 윌의 아빠는 세 살 된 아들을 뒤도 돌아보지 않고 파티에 홀로 떨어뜨려 놓았습니다. 왜냐하면 전화로 수잔이 생일파티에 초대했을 때 그는 "윌은 저 없이도 완전히 괜찮습니다!—놀라운 것은—그 앤 두 살 때부터 그랬다는 거예요!"라고 했거든요.

또 다른 사람들은 자신의 아이들에게 성공과 성취를 강조합니다. 캘리의 부모는 아이를 부단한 경쟁자가 되도록 부추깁니다. 왜냐하면 결국 "그 애는 상어들과 수영하는 것을 배워야 하기 때문입니다." 아이러니한 은유 아닌가요? 때로 캘리의 엄마는 이에 대해 완전히 편안해하지는 않아 보였습니다. 어린이집 가족 행사에서, 그녀가 캘리의 '아주 멋진' 실력을 설명하면서 '저희 아버지께서 이런 것들에서 제가 열심을 내도록 밀어붙이지 않으셨다면 전 오늘 이런 자리에 있지 못했을 거예요.'라고 이야기 끝을 맺는 자리에서 종종 어떤 부모는 구석으로 기대며 숨어 있는 것을 볼 수 있습니다. 그 부모는 종종 어딘가 다른 곳에 있어야 할 사람처럼 보였고, 캘리의 엄마는 대개 그녀가 자기 아이를 '완전히 바르게' 키웠다고 자신을 설득하려는 것처럼 보였습니다.

흥미롭게도, 아랫부분 절반에서 투쟁하는 부모들은 아이들이 정말로 독립적으로 되는 것을 반드시 원하지는 않습니다. 그들은 자녀가 그들을 필요로 하는 것을 원하지 않는 것처럼 보이지만 아이들 가까이 있기를 원합니다. 특히 그들이 입증할 수 있는 성취가 있을 때 그렇습니다. 종종 아이의 자아존중감이 경계선 위에 있다고 우려될 때, 그들은 연속되는 "잘했어!"와 "멋지다!"의 외침과 박수로 자기 아이를 응원하여 용기를 줄 필요를 느낄 것입니다. 이런 부모들은 아이들을 영재(비록 그들이 아닐지라도)로 생각하고 묘사할 것이고 자녀들의 성취(또한 부모에 대한 호의적 평가처럼 느낄 수 있는)에 대해 받는 호의적 평가를 매우 기뻐할 수 있습니다.

물론 서클 아랫부분의 많은 투쟁은 훨씬 더 미묘하게 나타납니다. 안정감 서클에 대해 배운 뒤에, 한 엄마는 그녀가 아랫부분 지향적인 투쟁들로 간주했던 작은 사건들을 떠올리기 시작했습니다. 그룹 모임에서, 그녀는 5개월 된 아들을 방에 있는 다른 사람들을 향하도록 무릎에 안고 있는 경향이 있다는 것을 기억해 냈습니다. 그녀가 그렇게 한 이유는 아기가 사교적이고 주변에서 일어나는 일에 관심이 많아서 아이가 다른 사람들을 보고 상호작용할 수 있다면 더 기뻐할 것이기 때문이라고 말했습니다. 그리고 아이는 그런 것 같았습니다. 그러나 어느 날 그녀는 우체국의 긴 줄에서 자기 앞에 한 살 된 아이가 엄마에게 안겨서 머리는 엄마의 어깨에 기대고 만족한 표정을 짓고 있는 것을 보았는데, "왜 내 아들은 저렇게 안기는 것을 좋아하지 않을까?"라는 생각이 들었습니다.

아랫부분 절반의 투쟁에 관해 성찰하기

1. 내 아이의 자아존중감은 지속적으로(순간순간까지) 유지될 필요가 있다고 생각하나요?
2. 아이에게 친밀함(껴안기, 만지기, 무릎에 앉기 등)을 제한하는 방식으로 아이가 계속 성취(신체적으로나 지적으로나)를 증진하는 것에 집중할 수 있도록 하는 방법을 찾고 있나요?
3. 내 아이가 세상을 탐험하고 있을 때는 기쁘고, 아이가 자기 감정을 이해하도록 도와주거나 화났을 때 위로를 해 주는 것은 뭔가 조금 편하지 않은 느낌이 드나요?

서클의 윗부분에 있는 상어음악

아이가 서클의 윗부분에 있을 때 상어음악을 듣는 부모들은 정서적 애착의 중요성을 무시하지 않습니다—그들은 실제로 그것에 대해 다소 몰두하고 있습니다. 자기 아이와 정서적·신체적 분리에 대해 불편하기 때문에 그들은 아이를 자기 가까이에 두고 '위험'으로 보이는 것—그들과 개인적으로 관련되지 않은 어떤 것이라도 발생할 수 있는 너무 먼 거리—으로부터는 멀어지게 하려고 기분전환 전술을 고안하는 경향이 있습니다. 그들은 아이를 가까이 있게 하려는 많은 이유를 생각해 내거나, 아니면 하다 못해 아이가 완전히 행복하게 자기 세계의 안전한 부분을 탐험하고 있을 때 자주 아이에게로 되돌아가기라도 합니다. 때로 서클의 윗부분에서 투쟁하는 부모들은 아이들을 다룰 때 마치 그들이 실제보다 더 어린 것처럼 대하거나 아이가 자기들에게 도움을 청하도록 항상 격려합니다. 왜냐하면 그렇게 하는 것이 아이가 부모에게 발달적으로 계속 의존하도록 유지해 주기 때문입니다.

벨라의 엄마는 생일파티에서 아이와 함께 있었을 뿐 아니라 실제로 파티 내내 아이를 옆구리에 끼고 있었습니다. 엄마는 벨라가 가서 놀고 싶어 한다는 것을 어느 정도는 알았고, 이성적으로는 아마 거실에서 단지 2~3m 정도 떨어진 곳으로 가서 다른 친구들과 게임을 하며 노는 것이 확실히 안전하다는 것에 동의했을 것입니다. 그러나 그녀의 상어음악은 달리 말했습니다. 그래서 그녀는 딸에게 혼합된 신호들, 말로는 가서 놀아도 된다고 하면서 어떻게든지 해서 몸짓이나 표정, 목소리 톤을 통해 정말로는 괜찮지 않다는 비언어적 신호—오직 벨라만 알아챌 수 있는 무엇—를 보냈습니다.

캘리의 부모가 아이를 마치 그 아이 자체로 스타인 것처럼(아이의 성취에서 부모 자신들을 위한 만족을 취하면서) 대하는 곳에는 자녀와 과도하게 동일시하거나 자녀와 '한 마음(one-minded)'이 되게 하는 것으로 친밀함을 유지하려는 다른 부모들이 있습니다. 때때로 이런 관계는 밖에서 관찰하는 사람들에게는 '너무 소중한' 것으로 느껴지게 할 수 있습니다. 이런 부모는 아이를 유일하게 특별한 (성취보다는 특별함에 초점이 있음) 아이로 대하고, 자기의 완벽한 작은 아이에게 완전히 몰두하는 것으로 보일 수 있습니다. 무대 뒤에서 이런 부모는 특별하다고 느끼지 않지만 자기가 동일시하는 아이에게서 지각된 '완벽함과 특별함'을 사용하여 더 깊은 수준의 자기 의심을 덮습니다. 그런 아이는 절대로 진정한 자율성을 추구하지 않도록 부모의 궤도 안에 머물면서 가까이에서 같은 마음을 가지라고 격려 받습니다.

불행하게도, 서클의 윗부분을 탐색하는 부모들은 자주 진정한 위로를 제공하는 것에서 고군분투합니다. 그들은 필요로 하는 자기 자신의 필요를 만족시키는 것이나 아이와 한 마음이 되는 것에 초점을 두는 경향이 있고 실제적이거나 조율된 위로를 제공하지 않습니다. 언뜻 보면 이것은 혼란스러울 수 있습니다. 왜냐하면 그들은 현저하게 아이와 밀접한 관계가 있는 것처럼 보일 수 있기 때문입니다. 문제점은 지나치게 관여하고, 때로는 아이가 요청하지 않을 때 친밀함을 밀어붙이는 것입니다. 너무 시끄러운 자신들의 상어음악에 휩싸여 있어서, 그들은 아이의 필요를 채워 주기 위해 가까이 머무는 것이라고 명시적으로 선언할 것입니다. 아이와 분리될 때 아이에게 무슨 일이 일어나면 어떡하나 하는 걱정을 정말로 하는 반면에, 그들은 또한 자기들에게 무슨 일이 일어날까 봐 상당히 걱정합니다.

윗부분 절반의 투쟁에 관해 성찰하기

1. 내 아이가 나에게 가용적이지 않게 될까 봐 걱정하나요?
2. 아이의 관심의 초점을 우리(자녀와 나)의 관계로 끌어올 방법을 찾나요?
3. 내 아이가 곁에서 나에게 관심을 두고 있을 때 더 행복하나요?

서클의 두 손이 되는 것에 대한 상어음악

한 가지 분명히 합시다: 모든 부모는 서클의 두 손이 되는 것에 대해 투쟁합니다. 때로, 어떤 곳에서, 특정한 상황에서, 우리는 그냥 아이의 울화를 무시하거나 소리 지르는 아이를 침대로 보내버리고 싶다고 느낄 것입니다. 우리는 아이의 간청과 애걸복걸에 굴복하고 아이가 갖기를 바라지만 우리가 원하지 않는 것을 아이가 갖도록 할 것입니다. 우리는 되돌릴 수 있기를 바라는 말을 아이에게 퍼부을 것입니다 (그리고 믿기지 않는 듯이 우리 자신에게 "그게 누구였지?"라고 묻습니다).

이것이 우리를 괴물로 만들지는 않습니다. 그리고 우리가 그 당시의 우리의 상어음악을 듣고 있다는 것을 의미하지 않을 수도 있습니다. 지나친 스트레스는 쉽게 우리 중 누구라도 순간적으로 서클에서 손을 떼게 만들 수 있습니다. 열쇠는 이런 균열이 발생할 때 복구를 하는 것입니다—가능하면 빨리 복구하는 것입니다 (〈글상자 13〉과 〈글상자 14〉를 보세요). 아이의 사랑하는 양육자가 심술궂거나 약해지거나 사라져 버리는 행동을 하는 것보다 아이를 더 위협하는 것은 없습니다. 적절한 복구 없이, '심술궂거나, 약해지거나, 사라져 버리는' 것은 어린아이를 해칠 수 있습니다.

자주 집에 없거나 정서적으로 그리고/또는 다른 방법으로 자기를 학대했던 부모를 두었던 어른들은 자주 자기 아이를 책임지는 것에 있어서 매우 힘들어합니다. 그들은 권위 있으며 위로하는 양육자, 그들의 삶에 주된 위험이 되기보다는 그들을 안전하게 지켜줄 수 있는 부모라는 모델이 전혀 없었습니다. 흔히 이런 어른들은 훈육이라는 문제에서 크게 투쟁하고 그들이 자라면서 알았던 가혹함을 반복하지 않으려는 시도로 약해지기도 하고 무의식적으로 심술궂거나 사라져 버리는 양육자를 재연할 수도 있습니다. 좋은 소식은 우리가 그들이 자녀와 안정애착을 형성할 수 있다는 것을 발견한 것입니다. 특히 그들이 심술궂거나 약해지거나 사라져 버리는 것으로 빠져드는 것에 관해 건강한 경계를 하면서 그들의 성찰적 기능하기를 존중하려고 두 배로 노력할 때는 안정애착을 형성하게 됩니다.

캘리의 아빠 벤^{Ben}은 서클의 아랫부분에서 투쟁할 뿐 아니라 서클의 두 손이 되는 것에서도 투쟁합니다. 그 자신의 아버지는 고등학교 야구코트에서 벤이 아버지의 기대에 미치지 못했을 때 거친 '훈육'을 했었고, 어린 아들이 글을 거의 읽을 수 없다는 이유로 벤의 학업성취에 대해서도 똑같이 했었습니다. 그래서 벤은 때로 캘리가 기준에 '미치지' 못할 때 심술궂게 대하는데, 그리고 나면 그것에 대해 끔찍하게 느껴져서 아이에게 선물 공세를 합니다. 앞에서 묘사한 것과 같이, 캘리의 엄마 리사^{Lisa}는 가능한 한 다른 모든 부모에게 자기 딸의 성취에 대해 얘기하기 위해 그 부모들을 붙잡아두었음에도 불구하고, 딸을 탁월하게 만들기 위해 밀어붙여야 한다는 확신은 덜했습니다.

리사의 아버지가 리사의 어머니에게 매우 분명히 해두었던 것은 리사가 학교에서 모든 과목에서 A를 받지 못하거나 학생 임원으로 선출되지 못한다면 그것은 모두 리사 어머니가 리사의 양육을 책임지지 않았기 때문이라는 것이었습니다―결국 리사의 어머니는 그 두 가지 모두를 제공하기에 바빴습니다. 이제 수년 뒤에 리사의 상어음악은 밤마다 엄마를 향했던 아빠의 고함소리와 매우 비슷하게 들리는 베이스 라인(bass line)을 가지고 있습니다. 그녀가 더 잘 알고 있음에도 불구하고, 성취는 리사가 상어들(여전히 가까이 있다고 지각되는)을 멀리 할 수 있는 방법이 되어갔습니다.

✎ 글상자 13

'심술궂거나 약해지거나 사라져 버리는' 것을 어떻게 복구하나요

우리가 아이의 애착필요에 적절히 반응할 수 없는 모든 때에, 우리는 어느 정도는 **서클**에 균열이 가게 합니다. 모든 경우에 열쇠는 복구를 재빨리, 정직하게, 그리고 진정성 있게 가능한 한 자주하는 것입니다. 물론 이것은 ① 우리의 긍정적인 의도와 ② 성찰적 기능하기(상어음악이 우리를 **서클**의 어디에서 벗어나게 했는지 아는 것)를 요구합니다. 즉, 우리가 계속 바라는 것은 아이를 위해 거기 있어 주는 것이기 때문에 아이의 필요를 채워 주지 못한 것을 마음 아프게 생각하고 우리가 충족시키는 데 실패한 필요가 무엇인지 이해하고 있다는 것을 아이에게 보여 줄 필요가 있습니다. 또한 그 순간에 그것을 충족시킬 수 없었던 이유에 대해 간단하게 설명할 수 있습니다.

때로 우리는 **서클**의 윗부분에서 손을 뗍니다: "미안해. 네가 스스로 생각하는 것을 내가 원하지 않는다고 생각하도록 만든 것 같구나." 때로 우리는 **서클**의 아랫부분에서 손을 뗍니다: "미안해. 내가 너는 나에게 와서 위로를 받을 수 없는 것처럼 보이게 한 것 같구나." 때로 우리는 심술궂거나 약해지거나 사라져 버리는 것으로 **서클**에서 두 손을 다 떼버립니다. 이러한 '손의 순간들'을 복구하는 것이 매우 중요한 이유는 더 크고, 더 강하고, 더 지혜롭고, 자상한 것이 부모역할의 핵심이기 때문입니다: "미안하구나, 내가 방금 했던 것을 네가 심술궂다(또는 약하다 또는 사라져 버린다)고 느꼈으리라는 것을 안단다. 내가 돌아왔다는 것을 네가 알았으면 좋겠어. 우린 상황을 더 좋게 만들 수 있는 방법을 찾을 거라는 것도 알았으면 해."

우리의 복구가 적절했는지를 판단하는 방법은 복구 뒤에 관계가 더 좋아졌는지 알아보는 것입니다. 이것이 우리가 스트레스가 많아서 아이의 달래주기에 대한 필요를 무시한 것 같이 **서클**의 아랫부분에서 균열이 생기게 했거나, 아이가 자기 맘대로 옷을 입으려 하는데 우리가 어울리지 않다거나 지저분하다거나 시간이 걸릴 것이라고 여겨서 참지 못하고 퉁명스럽게 한 것같이 **서클**의 윗부분에서 균열이 생기게 했을 때는 간단한 문제일 수 있습니다. 간단하게 사과(지나치게 감정적이거나 길게 늘어 놓지 않는)하고 무엇을 놓쳤는지 빠르게 말해 주는 것은 종일 우리의 환영과 지지에 확신을 가지고 미소 지으면서 우리에게 오는 아이로 만들 수 있습니다. **서클**의 두 손이 되는 것에 있어서의 투쟁은 흔히 더 많은 규칙적인 패턴으로 발생합니다. 왜냐하면 그것은 우리가 어렸을 때 더 크고, 더 강하고, 더 지혜롭고, 자상한 모델이 없었던 것에 기인하여 전개되기 때문입니다.

만약 우리가 아이와 역할을 바꾸거나 책임지는 책무를 버리는 경향이 있다거나, 아니면 만약 우리가 아이로써 경험한 것이 그것이 전부이기 때문에 아이를 거칠게 훈육한다면, 균열과 복구의 경험(그리고 기억)을 세우는 것을 더 일찍 할수록 아이에게 더 좋습니다. 만약 우리가 책임지기를 자상하고 지혜롭게 하기 어렵다면, 11세 된 아이와 복구하는 노력은 우리가 일찍 시작하는 것보다 신뢰를 쌓는 데 더 많은 시간이 걸릴 것입니다. 비록 그렇다 할지라도, 수십 번, 수백 번, 셀 수 없는 "내가 정말로 미안해."라는 경험이 잘못한 것을 인정하는 것과 강하고 자상한 부모가 되는 것으로 되돌아오려는 의도와 합해지면, 우리가 시작할 때 아이 나이가 몇 살인지 상관없이 그것은 엄청난 가치가 될 수 있습니다. 14세 된 아이와 할지라도, 이렇게 말하는 습관을 들인다는 것은 어린 십대와 관계를 향상시키고 안정감을 세울 수 있습니다: "미안하다. 난 그냥 다 짜증났어. 하고 싶지 않은 것을 해버렸네. 너도 내가 그런 짓을 하는 것을 원하지 않는다는 것을 알아. 난 피곤했고, 긴 하루를 보냈지만, 너에게 소리 지를 권리는 없지. 그런데 지금도 그 대답은 안 된다는 거야. 넌 친구들과 밤에 돌아다니며 노는 것은 안 돼. 난 정말로 널 걱정하니까, 네가 원하면 이것에 대해 끝까지 이야기해 볼 수 있어. 하지만 너의 요청에 대해서 내 마음을 바꾸지 않는다는 것은 분명해." 확고하면서도 말도 안 되게 놀라운 보살핌은 언제나 심술궂거나 약해지거나 사라져 버리는 우리의 주기적인 행위에 대한 놀라운 해독제입니다. 9장에서는 여러분 자녀의 발달단계에 맞게 **서클의 두 손**으로 반응하는 것이 어떤 것인지 보여드립니다.

최소한 캘리의 부모 중 한 명이라도 그들의 삶에 상어음악이 흐르고 있음을 인지할 필요가 있다는 것은 명백합니다. 이상적으로는, 둘 다 그들의 과거가 여전히 그들의 현재를 보는 것에 영향을 주고 있다는 것을 아는 것이 필요합니다. 그러나 한 명의 부모라도 가족이 투쟁하고 있는 곳에 대한 주제를 인식하는 것이 차이를 만들기 시작할 수 있습니다. 명료함에 대한 감각은 새로운 방식으로 변화를 만들어 내는 결과적 선택을 하게 하며, 변화를 가져올 수 있습니다.

손에서의 투쟁에 대해 반영하기

1. 내가 책임지고 있다는 것을 아이가 알도록 하는 방식으로 확고함과 자상함으로 아이에게 '아니다'라고 말할 수 있나요?
2. 나는 아이가 위축되거나 언제나 동의해 버리거나 자기 생각과 감정을 숨기도록 만드는 방식으로 화를 내나요?
3. 아이보고 책임지라고 하나요(나를 돌봐주라고 하거나/나의 필요에 집중하는 것으로 또는 불평을 늘어놓거나/화를 내는 것을 무서워하는 것으로)?
4. 아이가 나의 지지 없이 강한 감정과 어려운 상황들을 잘 다루기를 기대하나요?

✏️ **글상자 14**

'사라져 버리게' 되는 것을 어쩔 수 없다면

때때로 우리는 부모로서 '사라져 버리게' 되는 것에 대해 어쩔 수 없습니다. 가족 중 한 명을 잃었다거나 경제적 불안정, 이혼, 정신건강의 문제, 또는 심각한 질병 같은 심한 스트레스는 우리의 자원을 고갈시킵니다. 그래서 우리는 단지 **서클**에서 우리의 손을 지킬 힘이 없는 것입니다. 이러한 경우에, 우리가 아이를 위해 할 수 있는 가장 중요한 일은 계속해서 아이에게 우리가 거기 있어 주고 싶어 한다는 마음을 표현해 주고, 작거나 일시적인 균열에 대해서 우리가 했을 것과 똑같은 언어적 복구를 계속해 주는 것입니다. 필요에 따라 보조역할을 할 수 있는 다른 양육자를 제공하기 위해 우리가 할 수 있는 것을 하면서 말이죠. 3장에서 얘기했듯이, 애착된 양육자의 경우 어느 정도 예비자가 있는 것은 언제나 도움이 됩니다. 친척이나 다른 가까운 어른이 있어서 아이의 **안정감 서클**에서 두 손이 되는 것을 도와줄 수 있다는 것은 큰 혜택이 될 것입니다. 동시에, 때로 우리 모두는 자신들을 위한 도움이 필요합니다. 만약 지금 당장 아이를 위해 더 크고, 더 강하고, 더 지혜롭고, 자상하게 남아 있을 수 없다고 느낀다면, 여러분이 필요한 개인적이거나 전문적인 도움을 찾으세요. 우리가 자주 경험하는 것은 이러한 선택은 혼돈이나 아주 큰 스트레스의 시기에 부모들에게 필요한 생명선이 된다는 것입니다.

서클 주변에 있는 투쟁들에 관한 이야기를 읽을 때 불편하게 하는 것이 있었나요? 그렇다면, 그 이야기가 서클의 윗부분이나 아랫부분, 그리고 두 손 중 어디에 관한 투쟁 이야기인가요? 만약 어색하거나, 방어하고 싶어지거나, 슬프거나, 다른 염려되는 것이 느껴진다면, 그것은 자신의 관계의 서클 주변에서 투쟁하고 있는 부분에 대한 단서일 수 있습니다. 여러분이 아직 부모가 아닐지라도, 가족이나 친구나 동료와 친밀감과 감정표현에서, 아니면 독립과 모험을 요구하는 상호작용과 활동에서 씨름하고 있는 여러분 자신을 찾을 수 있습니다. 좀 더 가깝고 더 중요한 관계일수록 그것은 여러분의 애착투쟁을 위해 더욱 도움이 되는 도가니와 같은 시련이 될 수 있습니다.

앞의 이야기들을 읽으면서 여러분이 느꼈던 것들은, 등장인물과 일치하는 것 같지 않을지라도 탐색할 가치가 있습니다. 차이가 무엇인지에 대한 아이디어를 제공하기 위해 대략 그려진 이야기들이지만, 많은 독자는 서클의 한 부분에서 또는 여러 지점에서 단지 사소한 투쟁만 인식할 것입니다. 그러면 그게 왜 중요한가요? 왜냐하면 안정애착의 심리적 면역(지금의 정서적 건강은 너무 많은 어려움이 있는 인생을 통과하는 우리 아이들에게 완충물이 됩니다)은 자라나는 자녀에게 현저하게 가치가 있기 때문입니다. 그리고 힘든 시간이 올 때—삶이 피할 수 없는 위기와 도전을 던질 때—서클의 특정 부분에 대한 정확한 그 필요들로 인해서 더 많이 투쟁할 가능성이 크고, 균열에 대해 방심하지 않고 복구하는 것에 주의를 기울이기 원할 것이기 때문입니다. 물론 가능한 한 최고의 부모가 되기 위해 계속해서 여러분의 하드 와이어링[7]을 따를 수 있습니다—그것은 그 자체로 여러분을 잘 섬길 것입니다—그리고 투쟁하는 경향이 있는 부분을 명시적으로 성찰하고 의도적으로 자녀를 위한 안정감을 선택할 수 있습니다. 이 책의 2부에서 이 방향을 탐색하면서 더 많은 도움을 찾게 될 것입니다. 안정감을 선택하는 것은 언제나 막대한 보상이 수반되는 가장 중요한 방법입니다.

 글상자 15

안정감 선택하기

자녀의 필요:

자녀의 필요가 여러분에게 편안하지 않은 반응을 요구할 때…

상어음악:

여러분은 갑자기 불편하게 느껴집니다(예: 외로운, 안전하지 못한, 거절 받은, 버려진, 화난, 통제된).

선택 포인트:

여러분은 자녀의 필요(그것이 불편하게 할지라도)에 반응할 수 있습니다.

아니면:

자녀의 필요를 무시하는 것으로 더 큰 고통으로부터 자신을 보호할 수 있습니다(반응을 피하거나 제한하는 것). 만약 불편한 감정들로부터 자신을 보호한다면, 자녀의

---

7) 역주: 컴퓨터 내의 전자장치 사이를 배선 접속하는 것으로, 이미 오래전에 장착되어 있다는 의미입니다.

필요는 충족되지 않을 것입니다. 시간이 지나면서 아이는 그 필요를 여러분과 자기 둘 모두에게 어려움을 가져다주는 간접적인 방법으로 표현할 것입니다.

모든 부모들은 자녀의 필요의 어떤 부분에서 상어음악을 듣습니다. 안정애착의 부모들은 그들의 상어음악을 인지합니다. 흔히(항상은 아닙니다) 그들은 그 음악이 그들에게 일시적인 고통을 준다 할지라도, 자녀의 필요를 충족시키는 방법을 찾기로 선택합니다.

안정감으로 가는 방법:

1. 불편함을 인식하세요("여기 다시 나의 상어음악이 있어").
2. 불편함을 존중하세요("이 특정 필요가 나의 상어음악을 유발하기 때문에 지금 난 고통스러운 거야").
3. 자녀의 필요에 반응하세요.

함께-있어 주기 서클은 무엇을 말해 주나요

여러분이 서클의 어디에서 투쟁하는지에 대한 또 다른 단서는 어떤 감정이 여러분의 부모님과의 서클 속에서 허락되었었는지 … 허락되지 않았었는지를 발견하는 데서 찾을 수 있습니다. 우리는 초점을 맞출 여섯 개의 핵심정서를 선택했습니다: 기쁨, 슬픔, 화, 호기심, 두려움, 그리고 수치심. (호기심은 사실 정서가 아니지만, 자율성과 연합된 감정들과 관련이 많습니다.) 우리 중에는 이 중에서 어떤 감정들에 대해서는 우리가 '함께-있어 주기 서클'이라고 부르는 곳 안으로 완전히 들어갈 수 있었습니다. 예를 들어, 우리 부모는 우리가 아이로서 불안을 느꼈을 때 그들에게 우리의 두려움을 가져오는 것에 대해 편안하게 느꼈습니다. 이런 방식으로, 우리의 두려움은 후원과 지지를 받았고 상호조절 되었습니다. 이렇게 이 감정은 정상적인 것이고 수용되는 것이며, 감정이란 나눌 수 있는 것이고 수용될 수 있는 것이며, 감정이 우리를 삼키지 않을 거라는 것을 배웠습니다. 그러나 충분히 받아들여지지 않았던 다른 감정이 있을 수 있습니다. 예를 들어, 어느 정도만 수용되었었던 슬픔 같은 경우, 우리는 설명이나 웃음이나 신속히 주제를 바꾸는 행동 등을 통해서 부모님이 마음을 닫아버리지 않을 만큼만 그 감정을 보여 주었었을 수 있습니다. 아마도 가장 많은 정보를 주는 것은 완전히 추방된 감정들로부터 옵니다. 우리 부모님이 다루기를 전혀 내켜하지 않았던 마음을 전해 주었던 감정들입니다.

만약 여러분이 이 연습으로 알 수 있는 것에 관심이 있다면, 다음의 그림과 같은 함께-있어 주기 서클을 그리고 나서 그곳에 여러분의 어린 시절에 그 정서들이 있기에 적합했다고 생각하는 위치(함께-있어 주기 서클의 완전히 가운데, 부분적으로 안 쪽, 또는 바깥쪽)에 여섯 가지 정서의 이름을 각각 놓아 보세요.

함께-있어 주기

함께-있어 주기 서클

각 핵심 정서(**호기심, 기쁨, 슬픔, 두려움, 화, 수치심**)를 나타내는 각각의 작은 동그라미를 그려서 오리세요. 각 동그라미를 **여러분이 아이였던 시절의 경험에 기반을 두고, 함께-있어 주기** 서클의 안쪽이나 바깥쪽, 또는 부분적으로 안쪽이나 부분적으로 바깥쪽 등에 위치하도록 놓으세요. 즉, 여러분의 주 양육자가 얼마나 함께-있어 주었는지와 이러한 여섯 가지 핵심 감정들을 정리하는 데 여러분을 얼마나 도와줄 수 있었는지에 기초하여 위치를 정해서 작은 동그라미들을 놓는 것입니다.

만약 여러분이 아이로서 특정 정서는 가져서는 안 된다고 배웠다면, 여러분은 그 정서를 어떻게 했다고 생각하나요? 어떤 식으로든 계획하거나 책략을 세우거나 의식적으로 분석하지 않고 여러분은 그렇게 느끼지 않는 척했습니다. 여러분은 우리가 잘못된 신호라고 부르는 것을 발달시켰습니다—여러분이 확실히 고통 가운데 있지만 그 정서나 서클의 필요를 온전히 표현하는 것은 부모를 멀리 쫓아 버릴 것이라는 것을 알았기에 양육자를 가까이 두려는 전략을 발달시킨 것입니다. 부모로서, 실제로는 외롭고 슬픔을 느낄 때 여러분은 자족하거나 가장 쿨하게 행동할지 모릅니다. 만약 부모라면, 아이가 여러분의 무릎으로 기어 올라와 안기고 싶어 하는 필요를 감지할 때 가장 쾌활하고 가장 낙관적일 수 있습니다. 어딘가 깊은 곳에서는 아무리 위로와 연결이 절실히 필요하다고 느끼더라도, 만약 그것을 표현하면 결국 여러분은 더 나쁘게 느끼게 될 거라는 것을 알고 있는 것입니다. 여러분은 이것을 어린 시절에 배웠습니다. 그리고 지금 그 교훈을 자녀에게 전달해서 자녀를 보호하려고 하는 것입니다.

아이들은 빠른 학습자들입니다. 여러분에 의해 형성된 잘못된 신호들은 빠르게 여러분과 여러분 자녀 사이의 애착 춤의 한 부분이 되어 갑니다. 다음 장에서는 그 모습이 어떤지 그리고 아이들이 진짜로 보내려 하는 메시지는 무엇인지 보여드리겠습니다.

6장

의사소통으로서의 행동

올바른 신호와 잘못된 신호

타리크^{Tariq}는 세 살입니다. 유치원 보조 선생님은 타리크가 행복하고 쾌활한 아이라고 말합니다. 그의 새로운 가장 친한 친구 칼슨^{Carlson}은 다른 친구들과 함께 어울리기를 주저하고 혼자서 조용하게 지냅니다. 그리고 해야 할 쉬운 과제들을 하는 걸 좋아합니다. 하지만 타리크는 그런 칼슨을 친구들에게 잘 이끌어 줍니다. 릴리^{Lily}는 친구관계에서 과도기 단계에 있는 것처럼 보입니다. 선생님을 졸졸 앞뒤로 따라다니며 선생님과 가까이 붙어 있으려고 합니다. 선생님은 릴리의 과도기가 오래 지속되리라 생각하고 있습니다. 안드레^{Andre}는 자신을 세상의 왕이라고 계속 으시대며 다니지만 다른 친구가 자신의 아성을 무너뜨리면 사이좋게 지내지 못하고 문제를 일으킵니다. 아멜리아^{Amelia}는 학급의 광대 역할을 합니다. 기분이 언짢을 상황에서도 선생님은 그 아이의 얼굴에서 눈물을 본 적이 없습니다. 마리솔^{Marisol}과 올리버^{Oliver}는 교실에서 '문제행동'을 일으킵니다. 싸움이 일어나면 말보다 행동으로 공격하기 쉬우며 문제의 선동자로 지목되면 토라져서 아무 말을 하지 않는 경향이 있습니다. 조던^{Jordan}은 학급의 '작은 교수'로 통합니다. 종종 책이나 '실험도구'에 둘러싸인 책상에 앉아 있곤 합니다. 아이들은 어떤 종류든 궁금한 사실에 대한 답을 얻으려고 조던에게 달려갑니다. 선생님은 조던이 좀 더 몸을 움직여 운동하는 것이 필요하다고 생각합니다.

릴리는 정말로 마음이 잘 변하고 엉뚱한 변덕쟁이일까요? 안드레는 타고난 골목대장일까요? 아멜리아는 자라서 심각한 문제는 피해 가는 가벼운 사람이 될까요? 마리솔과 올리버는 문제아들일까요? 조던은 다른 친구들보다 좀 더 많이 아는 것처럼 보인다고 해서 다 안다고 평가될 수 있을까요? 물론 그렇지 않습니다. 아이들은 그들의 행동 자체가 아닙니다. 아이들이 같은 패턴의 행동을 반복해서 보일 때 우리는 아이들에게 그런 식("애는 항상 이런 식으로 행동해!")으로 꼬리표를 붙여 주고픈 유혹이 생깁니다. 하지만 그런 유혹에 굴복하면 우리는 아이들과 친해질 좋은 기회를 놓치게 됩니다. 우리는 아이들의 행동이 마치 그들의 성격적 특질을 반영하는 것처럼 아이들을 그렇게 구별해서는 안 됩니다. 그 행동을 이해하려고 노력해야 합니다. 행동은 의사소통입니다. 그렇기에 우리가 물어야 할 질문은 "이 아이들이 말하려고 하는 것은 무엇이지?"입니다. 그 질문에 대한 답은 아이들이 무엇을 필요로 하는지, 그들이 그 필요를 얻고 있는지, 만약 아니라면 우리는 그것을 위해 무엇을 할 수 있는지를 말해 줄 수 있습니다. 이러한 질문과 답은 중요합니다. 그 이유는 가능한 한 우리 자녀들의 지평이 넓혀지기를 모두가 원하기 때문입니다. 우리는 자녀들을 위한 안정감을 원합니다. 왜냐하면 '선함의 가능성에 대한 신뢰(애착 안정감)'가 아이들의 건강과 행복, 성공에 대한 잠재력으로 가는 문이 닫히지 않도록 지켜줄 수 있기 때문입니다.

> "안정감 서클로부터 내가 배운 가장 중요한 것 중 하나는
> 무슨 일이 일어나고 있는가보다는
> 왜 이 일이 일어나고 있는가에 대해 생각하는 것이었습니다."
> – 수 브라운Sue Brown, 오스트레일리아 뉴사우스웨일즈주의 쿠타문드라

만약 우리에게 선택권이 있다면, 아마도 자녀들이 타리크와 같이 행복하고 쾌활하며 다른 친구들과 잘 지내고 심지어 다른 친구들을 도와주기를 원할 것입니다. 그리고 만약 부끄러움을 타는 칼슨을 자녀로 가진다면, 칼슨의 성격적 특징이 인생에서 자신이 원하는 것에 대한 장애물이 되지 않도록 해 줄 수 있기를 바라지 않을까요?

우리에겐 분명히 선택권이 있습니다. 우리는 특별히 인간관계에서 나타나는 아이들의 행동이 종종 애착필요와 관련되어 있다는 것을 이해할 수 있습니다. 그리고 아이들이 그 필요를 충족하기 위해 어떻게 노력하는지 발견할 수 있습니다. 물론 안드레나 마

리솔 같은 유아들이 기분이 좋지 않은 날을 어떻게 보내는지 관찰하면서 애착유형에 대한 단서를 발견할 수도 있겠지만, 그저 그날은 이들에게 일진이 좋지 않은 날일 수도 있습니다. 조던이 세 살 때 벌써부터 뭘 못하는 것에 대해 두려워하지 않았었다면 다른 아이들과 좀 더 뛰어 돌아다닐지도 모릅니다―그리고 그 아이는 자기가 지식적 사실들을 잘 알고 있다는 것을 알고 있습니다: 부모가 그에 대해 매일 말해 주거든요. 안드레가 만약 자신의 왕좌에서 내려오면 무시당할 거라는 걱정을 하지 않았었다면, 자신의 왕좌를 잠시 다른 친구에게 넘겨 주었을지도 모릅니다. 올리버는 정말로 왜 그런지 모른 채 분노를 많이 느낄 수도 있고, 릴리는 다 큰 소녀는 울지 않는다고 생각할 수도 있습니다.

아이들은 부모가 상어음악을 들을 때 보이는 반응에서 메시지를 흡수합니다. 그리고 이 메시지는 종종 그들의 행동을 형성합니다. 애착으로 말하자면 아이들의 행동은 올바른 신호(충족되어야 할 필요에 대한 직접적이고 분명한 신호)와 잘못된 신호(아동의 진짜 필요와는 동떨어진 간접적이고 반대되는 메시지나 잘못된 방향)로 나타납니다. 그래서 여러분이 보고 있는 것을 안다고 생각하는 것은 착각입니다.

조던은 신체적 놀이에 참여하기 위한 지지와 격려를 필요로 할지도 모릅니다. 하지만 조던은 그런 지지와 격려를 얻을 것이라고 생각하지 않습니다. 그래서 그는 관심이 없는 척합니다. 서클의 윗부분 필요에 대한 잘못된 신호입니다. 올리버는 부모와 많은 시간을 떨어져 지냈습니다―엄마는 매우 아팠고 아빠는 그런 엄마를 돌보는 데 바빴거든요―그래서 그는 화를 잘 냅니다. 서클의 아랫부분 필요와 연결된 잘못된 신호입니다. 아멜리아는 자기가 눈물을 훔칠 때 엄마로부터 가장 활짝 웃는 격려의 미소를 얻습니다. 그리고 재치 있게 가족 어른들을 즐겁게 한 대가로 많은 박수와 칭찬을 얻습니다. 그래서 마음이 아프고 상처를 받을 때면 잘못된 신호를 사용해서 장난을 칩니다. 릴리의 엄마는 세상은 위험하다고 계속해서 경고합니다. 그래서 릴리는 밖으로 나가서 탐험하고 싶은 필요에 대해 엄마나 선생님 곁으로 달려 돌아오는 것으로 신호를 잘못 사용합니다. (이렇게 돌아와 릴리가 편안하다는 분명한 신호를 보내면 엄마는 불편하게 반응하기 때문에 릴리는 다시 뛰쳐나갑니다. 하지만 너무 멀리 가는 것은 엄마가 싫어하는 것을 알아서 곧 다시 돌아오게 됩니다.)

이 아이들이 부모에게 항상 잘못된 신호만 보내는 것은 아닙니다. 감정이나 필요가 수용되고 도움의 형식으로 받아들여지기만 한다면 그들은 솔직하게 마음속의 감정이나 필요에 대한 신호를 보내도 괜찮다고 느낍니다. 칼슨은 다른 친구들이 자기를 좋아하지 않을까 봐 두려울 때 부모에게 말할 수 있습니다. 그러면 엄마와 아빠는 그 친구들은 새로운 아이들을 만날 때 약간 두려워하는데 그 애들이 처음으로 너와 만나게 되어서 그런 것이라고 말해 줍니다. 칼슨은 부끄러워하지 않아도 괜찮다는 것을 알게 될 것입니다. 그는 서클의 윗부분에서 주저하지 않고 밖으로 나가는 것에 대해 부모로부터 도움받을 수 있다는 것을 알게 될 것입니다. 타리크는 부모에게 자신이 필요로 하는 것에 대해 꽤 분명하게 신호를 보냅니다. 그는 서클의 윗부분에 있거나 아랫부분에 있을 때, "저를 기뻐해 주세요." 또는 "저를 도와주세요." "저를 보호해 주세요." 또는 "저와 함께 즐겨주세요."와 같은 신호를 보냅니다.

우리는 서클의 어느 한 부분에서 (다른 부분보다) 더 많이 힘들어하는 경향이 있습니다. 그곳은 자녀가 잘못된 신호를 보낼 수밖에 없는 부분입니다. [다른 한편으로, 서클의 어느 한부분의 필요에서 주로 힘들어할 때 다른 부분의 필요도 마찬가지로 어느 정도 힘들어한다는 것을 여러분이 자녀를 관찰하면서 아는 게 중요합니다. (〈글상자 16〉을 보세요.)] 타리크는 부모 모두에게 안정애착을 형성하고 있습니다. 그의 엄마는 서클의 윗부분에 있는 필요를 다루는 데 더 편안함을 느끼는 반면에, 아빠는 아랫부분의 필요를 해결해 주는 데 더 편안함을 느낍니다. 엄마가 직장에서 스트레스를 받을 때 가끔 타리크를 거절하곤 하는데 직장 사무실에서 처리할 수 없었던 보고서를 소파에서 읽는 동안 타리크가 들러붙으면 받아주지 않습니다. 아빠가 직장에서 스트레스를 받은 상황에서 타리크가 아빠와 함께 새로 구입한 게임을 가르쳐 달라고 요청하면 아빠는 요청을 받아주지 않는 대신 곁에 조용히 앉아 TV를 보도록 제시합니다. 이러한 패턴이 굳어지면 타리크가 초등학교에 들어갈 즈음이면 엄마에게 자신의 두려움에 대해 이야기를 할 수 없다는 느낌이 들 것입니다. 그리고 아빠에게는 자기 축구팀 코치 노릇을 좀 해달라고 부탁하는 것조차 주저할 수도 있습니다. 그렇다면 타리크가 서클의 아랫부분에 있는데 엄마만 주위에 있거나, 윗부분의 필요충족을 원하는데 아빠만 있다면 어떤 일이 일어날까요? 그의 필요는 충족되지 못하기 쉬울 것입니다.

✏️ **글상자 16**

불안정애착 요소는 서클의 전 영역에서 약간씩 발견됩니다

안정애착은 아동의 주 양육자가 **서클**의 전 구간에서 전반적으로 편안하게 대할 때 형성됩니다. 하루 내내 아이가 돌아다니며 지내면서 안정된 기지와 안전한 도피처라는 두 종류의 필요 사이에서 주 양육자가 아이의 필요를 충족시키기 위해 기꺼이 그리고 많은 시간을 함께 할 수 있을 때 만들어지는 것입니다. 자녀가 필요로 할 때 부모로부터 언제든지 편안함을 제공받을 수 있다는 것은 필요에 대한 만족을 요구하는 자녀의 요청에 대한 응답으로 변환되어 자녀가 그 편안함을 자신의 편안함으로 누리게 됩니다. 이러한 '그리고'의 요람 안에서 부모와 자녀는 해결해야 할 필요들을 함께 헤쳐 나갈 수 있다는 것을 알게 되면서 긴장을 풀게 됩니다. 물론 이것이 실수나 실책이 전혀 없게 된다는 뜻은 아닙니다. 비록 자녀가 혼란스럽고 불편한 감정을 다루느라 애쓸지라도, 그리고 부모가 어떻게 도와야 할지 확신하지 못할지라도 부모가 그 현장에 함께하고 있다는 확신을 제공한다는 뜻입니다. 그 현장에서 책임을 지기 위해, 더 크고 더 강한 모습으로 함께하기 위해, 화내지 않고 대하기 위해, 그리고 지금까지 축적한 부모의 노하우를 사용하기 위해 부모가 함께하고 있다는 확신을 말합니다. 엄마가 모르고 있는 것에 대해 얼어붙어 있거나 공황에 사로잡히는 대신에 자녀에게 다가가서 "우리는 이 상황에서 함께 있고 함께 헤쳐 갈 거야."라는 안도감을 심어 주는 것입니다. 그 부모는 자신이 자녀보다 더 크고 더 강하다는 사실을 분명히 알고 있는 것입니다. 그보다 중요한 사실은 아마도 둘 사이의 관계는 그들 두 사람보다 더 크고 더 강하다는 사실일 것입니다. 엄마의 관계에 대한 신뢰—'그리고'의 힘 안에서—는 자녀가 이 순간의 고통을 극복하도록 할 뿐만 아니라 자녀의 인생 전체의 인간관계에서도 곤란을 극복하게 합니다.

이러한 힘을 가진 신뢰관계에서조차도 불안을 느낄 수 있다는 것은 놀라운 일이 아닙니다. 우리 모두는 필연적으로 **서클**의 어느 한 부분에서 많은 노력을 기울이고 있지만 그렇다고 다른 부분에서 충분히 불안이 없는 상태를 느끼는 것은 아니라는 사실을 이해하는 것이 중요합니다. 우리가 가장 고군분투하는 곳은 **서클**의 아랫부분이나 윗부분 중 상어음악이 들리는 지점일 것입니다. 하지만 그 결과로서 나타나는 불안은 온전히 그 영역에만 제한되지 않습니다. 자녀의 탐색을 지지하지 못하는 부모는 (탐색을 과소하게 하든 과도하게 하든) 탐색 자체에 대해 편안함을 느끼지 못할 것입니다. 불안은 불안이 되고 또 불안이 됩니다. 만약 우리가 **서클**에서 나타나는 필요의 어느 한 유형에 대해 난처하여 어쩔 줄 몰라 한다면 우리의 불안은 양육 전체에 꽤 침투할 것입니다. 이것은 나쁜 것이 아닙니다—단지 우리가 알아야 할 것이며, 아마도 상어음악을 이해하기 위한 앞으로의 자극제가 될 것입니다. 아울러 자녀의 필요에 대해 어디서든 의식적으로 반응하는 법을 선택하려고 다짐하는 자극제가 될 수 있습니다.

하지만 만약 타리크의 부모가 상어음악을 인식하게 되면 그것이 언제 그들의 마음에 울려 퍼지는지 알기 위해 (또는 예측하기 위해) 성찰적 기능을 사용할 수 있습니다. 그리고 아들의 필요를 거부하는 자신들을 발견할 때 비로소 문제를 해결할 수 있습니다. 또한 자녀의 잘못된 신호에 대해서도 경계할 수 있습니다.

이것이 바로 어린이집 선생님이 올리버가 변한 것 같다고, 다른 친구들과 선생님들께 상당히 공격적으로 행동한다고 말했을 때, 올리버의 아빠가 했던 행동입니다. 선생님은 어린이집에서 올리버를 지원하는 데 도움이 될 수 있도록 집에서 무슨 일이 일어나고 있는지 말해 달라고 했습니다. 올리버의 아버지는 아내가 아프다고 선생님께 말했습니다. 그러자 선생님은 올리버가 실제로 가장 슬픔을 느낄 때 특히 공격적으로 행동할지도 모르겠다고 추측했습니다. 올리버는 엄마 아빠와의 관계를 둘 다 그리워했습니다. 선생님은 올리버가 교실에서 '공격적 행동'을 하는 것처럼 보일 때마다 자신을 진정시킬 수 있는 공간을 제공하고 선생님과의 유대감을 높일 수 있도록 하겠다고 약속했습니다. 동시에 올리버의 아빠는 집에서 올리버의 난폭한 행동에 반응하는 방식을 바꾸기 시작했습니다. 아들이 장난감을 던지거나 기르는 고양이를 때리려고 할 때 아빠는 아들 곁에서 몸을 낮추고 부드럽게 팔을 붙잡고는 부드러운 미소로 그의 눈을 바라보았습니다. "얘야, 외로우니?" 아빠가 물었습니다. 올리버는 잠시 멈칫했다가 다시 방 주위를 쾅쾅 치며 돌아다녔습니다. 그러나 아빠는 계속 집중하면서 그와 같은 방식으로 반응하기를 계속했습니다. 그리고 몇 주가 지나서 선생님은 올리버가 낮 동안 이전보다 편안해 보인다고 기쁘게 전달해 주었습니다. 선생님의 제안에 따라, 심지어 올리버Oliver는 마음이 불안해질 때마다 선생님께 안기려고 오기 시작했습니다.

'행동문제들'은 관심을 요구하는 것이 아닙니다.
그것은 아이가 잘못된 행동의 고통스러운 결과를 안고 살아가는 것보다
자신의 진정한 필요를 드러내는 데 드는 비용이
더 크다는 것을 안다는 신호입니다.

아이들이 애착전략의 표현으로 잘못된 신호를 보내기 시작했을 때 우리가 상어음악에 반응하는 방식을 바꾸더라도 규칙이 바뀌었다는 것을 아이의 마음에 확신시키는 데는 시간이 필요합니다. 그러나 이러한 노력—의도적으로 자녀를 위해 안정애착을 선택

하는 것—을 기울이면 자녀의 시야를 원래 의도한 대로 넓게 유지할 수 있는 성과를 올릴 수 있습니다. 자신의 모든 감정은 수용될 수 있고, 모든 필요는 정상이며, 자신을 관리하는 데 도움을 줄 수 있는 믿을 수 있는 사람들이 세상에 있다는 것을 그들의 중심에서부터 알고 있는 아이들은 타리크처럼 개방적이고, 흥미 깊고, 즐겁고, 친절한 아이가 될 가능성이 높습니다. 그들은 인생의 도전에 더 잘 대처할 수 있을 것입니다. 왜냐하면 그들은 가져서는 안 된다고 생각하는 감정이나 필요들에서 벗어나기 위해 주의를 딴 곳으로 돌리는 책략에 에너지를 낭비하지 않기 때문입니다.

여러분은 안정애착을 선택하는 데 큰 노력이 필요하지 않다는 것을 알 것입니다. 이제 여러분 내면의 상어음악에 관해 어느 정도 알게 되었으니 아마도 자녀의 잘못된 신호 중 한두 가지는 이미 인식하기 시작했다는 것을 알 것입니다. (여러분의 상어음악이 어디서 일어나는지 모른다면 7장에서 알아볼 수 있습니다.) 상어음악 현상을 접한 대부분의 부모는 자신의 어려움이 서클의 어디에서 일어나는지 즉시 인식하기 시작합니다. 그것만으로도 자녀가 어려움을 겪을 수 있는 곳을 발견하기에 충분한 통찰력을 가질 수 있습니다.

레스터Lester는 안정감 서클에 대해 훈련하는 소집단 모임에 참여하면서 그의 큰아들인 케빈Kevin을 어떻게 키웠는지 되돌아보기 시작했습니다. 그는 아들을 무릎에 안아주거나 아들이 다쳤을 때 위로해 주는 것보다 아들이 혼자서 배우고, 탐험하고, 발견하도록 내보내는 것을 훨씬 더 편안하게 느끼고 있었다는 것을 볼 수 있었습니다. 갑자기 그는 아들이 네 살 때 친구 집에 하룻밤 자러 갔던 것이 생각났습니다. 그리고 다음 날 아들을 데리러 갔을 때 아빠가 나타나서 지루해졌다는 것처럼 아이가 아빠를 무덤덤하게 쳐다보았을 때 얼마나 혼란스러웠는지 생각났습니다. 집으로 오는 동안 레스터는 아들에게 재미있었는지, 친구와 무엇을 했는지, 저녁으로 뭘 먹었는지에 대해 계속 이야기하려고 했지만, 아들이 차창 밖만 쳐다 보면서 아주 짧게 대답했을 때 아빠로서는 놀랐으며 약간의 상처도 받았습니다. 레스터는 슬퍼하면서 이것은 잘못된 신호였음을 이제 깨달았다고 했습니다: 그의 아들은 아빠로부터 자기는 독립적이고 용감해야 한다고 배웠던 것입니다. 그래서 아들은 집이 그리웠을 때, 그리고 필요했던 아빠와의 연결감을 다시 세우기 위해 달려가서 아빠를 안고 싶었을 때, 오히려 아빠가 원한다고 생각한 반응을 보여 주었던 것입니다.

레스터는 이제 세 살 된 작은아들과는 다른 선택을 하기로 마음먹었습니다. 우선 그는 자신의 내면에서 울리는 상어음악과 싸우는 방법은 타일러^{Tyler}에게 평소 주고 싶었던 것보다 더 많은 애정을 표현하는 것이라고 생각했습니다. 그는 어린 아들을 위한 안전한 도피처 역할을 분명히 하기 위해 '계획표'에 따라 아들을 안아주고 뽀뽀하기 시작했습니다. 그러자 타일러는 종종 아빠에게서 몸을 꿈틀거리며 벗어나려 하거나 찡그린 표정을 지었습니다. "나는 여전히 아들의 필요를 따르지 않았던 거죠." 레스터는 나중에 당황스러운 듯 웃으며 말했습니다. "내가 애착을 '잘 맺는 것'이 제일 중요한 것이더라고요." 레스터는 그가 '자존감 경찰 노릇(self-esteem police)'이라고 부르는 것을 그만두고 그냥 타일러와 함께-있어 주기 위한 방법을 찾았습니다. 얼마 지나지 않아 그는 타일러가 올바른 신호를 보내든, 잘못된 신호를 보내든 간에 그가 포옹을 필요로 할 때를 알아차릴 수 있다는 것을 발견했습니다. 그리고 자신의 상어음악의 볼륨을 충분히 오랫동안 낮출 수 있었습니다 (어떻게 그가 그것을 배웠는지는 2부에서 다룹니다). 그는 또한 새로운 학습이 어떻게 큰아들 케빈과의 새로운 연결감으로 옮겨가는지 보면서 기뻤습니다. 많은 부모처럼 레스터는 절대로 늦지 않다는 것을 배우고 있습니다.

자녀의 필요에 대한 조율은 여러분 자신에게 행동은 곧 의사소통이라는 것을 항상 상기시키는 것으로부터 시작합니다. 실수하지 마세요: 어린 자녀들이 보여 주는 대부분의 행동—행동방식, 감정표현 방식, 심지어 에너지 수준까지—은 그들이 우리에게 필요한 것이 무엇인지 말하려는 것이랍니다. 아이들이 필요로 하는 것은 단지 우리의 관심이 아닙니다. 분명히 부모의 관심도 필요하지만 정말로 필요한 것은 부모의 민감한 조율(sensitive attunement)¹⁾입니다. 그들이 감정을 어떻게 느끼는지, 그들이 자기 감정을 이해하고 받아들일 수 있도록 우리가 어떻게 도울 수 있는지, 그리고 감정을 관리하는 법을 어떻게 배울 수 있는지에 대해 조율하는 것 말입니다.

반복해서 말할 만큼 중요한 것은 이것입니다:
어른들이 종종 저지르는 실수는
아기들과 아이들이 우리의 관심을 원하는 때는
오직 그들이 진짜 원하는 것이 연결일 때뿐이라고 믿는 것입니다.

---

1) 역주: '조율(attunement)'이란 틀어진 피아노 음을 맞추듯 자녀의 틀어진 감정과 필요를 민감하게 감지하여 자녀가 감정을 올바로 느끼고 표현하도록 돕는 정서조절의 과정을 말합니다.

애착전략: 보편적 방어

5장에서는 상어음악이 어떻게 우리 삶의 배경음악이 될 수 있는지 그리고 어떻게 그 주제가 인간관계의 음색을 설정하는지 다루었습니다. 하지만 왜 상어음악이 필요할까요? 왜 모든 사람이 상어음악을 가지고 있는 것 같을까요?

상어음악은 우리 모두가 외로움과 망망대해를 표류하는 것 같은 고통스러운 감정으로부터 우리를 보호하기 위해 사용하는 방어전략의 일부입니다. 그 방어전략이 필요한 이유는 현실에서 다른 사람의 필요에 100% 완벽하게 맞추며 조율하는 것은 불가능하기 때문입니다. 우리는 불가피한 갈등이 일어날 때 신뢰와 관계를 유지하며 끝까지 포기하지 않고 대처할 수 있는 방법이 필요합니다. 방어란 우리 자녀들(그리고 그들은 성인이 됩니다)이 충족되지 않은 필요에 대한 고통을 차단하기 위해 방어전략을 의존할 수 있다는 인식을 다루는 방법입니다. 심지어 그들이 진정으로 충족될 필요가 없는 때에도 그 전략을 사용합니다.

상어음악을 포함하는 일련의 사건들은 우리가 "방어의 3화음"[2]이라고 부르는 것의 일부입니다:

필요 ➡ 고통 ➡ 방어

부모와의 애착 상호작용에서 자녀는 서클의 손에서의 도움이나 서클의 윗부분이나 아랫부분에서 어떤 것에 대한 **필요**를 느낄 수 있습니다. 만약 그 필요가 충족되지 않으면 아이는 **고통**을 느끼며 **방어**하기 시작합니다. 잘못된 신호들이란 바로 그 방어들입니다. (상어음악은 실제로 우리에게 "고통이 곧 일어날 것이다. 고통을 피하려면 즉시 잘못된 신호를 보내라."고 말하는 경고신호입니다.) 시간이 지나면서 충족되지 않은 필요로 인한 고통이 얼마나 강한가에 따라, 그리고 얼마나 자주 그것을 느끼는가에 따라 아이의 방어는 특정

---

2) 이 3화음의 기본 주제를 소개한 정신과 의사인 제임스 매스터슨James Masterson과 랄프 클라인Ralph Klein에게 감사드립니다.

한 행동패턴이나 전략으로 발전할 수 있습니다. 5장에서 설명한 것처럼, 서클의 아랫부분에서 힘들어하는 부모를 가진 아이는 부모의 것과 유사한 방어양식을 발달시킬 것입니다. 즉, 성취를 과도하게 강조하는 부모는 (5장 캘리의 부모처럼) 결국 어린 시기에 자급자족하는 행동(잘못된 신호)을 보일 뿐만 아니라, 자라서 자신이 우월하고 자격이 있다고 느끼기 때문에 결점을 인정할 수 없고, 비평에 아주 민감하게 반응하고, 취약한 모습은 보이지 않으려 하고, 주변에 개인적인 고통을 나누는 가까운 관계를 맺기 어려운 사람으로 만들 수 있습니다. 우리는 종종 이러한 유산을 유전자를 통해 전달된 성격 탓으로 돌려버리는 잘못을 범합니다.

하지만 그것은 모두 정도의 문제입니다. 고통이 크면 클수록 방어도 커집니다.

필요 ➡ 고통 ➡ 방어

평균적인 성인의 경우, 방어의 3화음은 방어전략의 결과로 나타날 수 있습니다. 예를 들면, 슬프고 혼자라고 느낄 때 음식이나 술로 자신을 위로한다거나, 직업을 바꾸는 것이 불안할 때 또는 파트너가 여러분에게 관심을 잃는 것이 걱정될 때 쇼핑이나 폭풍 TV 시청으로 자신을 기만하는 것과 같은 전략의 결과일 수 있습니다.

정기적으로 잘못된 신호를 사용하도록 배우는 아이들은 안타깝게도 감정경험과 삶의 전 영역을 거부당하고 있는 것입니다. 만일 우리 자녀들이 자신의 삶을 가능한 한 가득 찬 삶으로 이끌어 가기를 바란다면 그들은 자신의 애착필요에 대해 대부분 올바른 신호를 보낼 수 있다고 느낄 필요가 있습니다. 즉, 자녀들은 자신이 깊은 감정적 경험으로 신뢰하고 있는 양육자가 자신을 위해 그리고 자신과 함께-있어 주기를 하려고 노력할 것이라는 확신을 가지고 대부분의 시간에 애착필요에 대한 신호들을 직접 표현할 수 있다고 느낄 필요가 있습니다. (너무 열심히 일해서 자녀의 모든 감정에 함께-있어 주기를 하는 것이 늘 어려운 부모의 위험성에 대해서는 4장을 참조하세요.) 애착필요를 충족하는 경험을 막고 그것을 적절하게 표현하지도 못하게 하면서 여전히 아이가 만족스러운 삶을 살 거라고 기대하는 것은 마치 예술가에게 단지 일부의 물감만으로 그림을 그리라고 요청하거나 작가에게 알파벳 일부만으로 글을 쓰도록 요청하는 것과 같습니다.

여러분의 삶에서 파란색, 빨간색, 노란색이 없거나

a, c, f, g, j, k, n, p, r, t, u, y라는 철자에

접근할 수 없는 삶이 어떻지 상상해 보십시오.

이것이 바로 특정한 애착필요에 대해 잘못된 신호를 보냄으로써

경험하게 되는 일종의 제한입니다.

절차적 확실성에 따른 춤

5장에서 우리는 애착유형—우리가 갈등을 겪고 잘못된 신호를 보내는 지점—이 약 75%의 엄청난 비율로 대를 이어 전달된다고 언급했습니다. 애착유형이 지속적인 유산인 이유는 다음 두 가지입니다: ① 상어음악에 맞춰 추는 춤은 절차적 확실성에 기초합니다—상어음악은 꼭 맞게 느껴지고, 무의식적이며, 그래서 그것에 대해 질문하지 않는 경향이 있습니다; ② 그것은 두 가지 역할로 분리하기 어려운 부모와 자녀 사이의 암묵적 언약을 통해 영속적으로 지속되기 때문입니다. 우리는 이 책에서 두 역할을 인위적으로 나누어 설명했습니다. 먼저 부모에 해당하는 부분(물론 그 부분은 부모가 어렸을 때 비롯된 것임)인 상어음악에 대해 이야기하고, 이제 자녀에 해당하는 부분(이 책에서 강조하는 성찰이 결여되어 결국 다음 세대의 부모 부분이 될 부분)에 대해 이야기합니다. 자녀 부분에 대해 좀 더 자세히 알아보겠습니다.

이제 18개월인 조이Zoe라는 여자아이는 엄마가 방금 닫고 나간 문을 주시하며 카펫에 앉아 있습니다. 조이의 아랫입술이 떨리기 시작하더니 헐떡거리는 숨을 쉬고는 이내 눈물을 터트립니다. 조이는 잠시 바로 옆 의자에 앉아 있던 여성을 향해 몸을 돌리며 깊은 절망에 빠진 눈으로 바라보았습니다. 마치 "도와주세요. 엄마가 사라졌어요!"라고 말하는 듯 말입니다. 하지만 다시 문을 향해 몸을 돌리고는 계속해서 웁니다. 의자에 앉아 있던 엄마가 아닌 다른 여성이 아이를 위로합니다. 그리고 잠시 뒤 조이의 기도가 응답됩니다: 엄마가 문을 열고 들어와서 말합니다. "미안해, 우리 딸! 엄마가 다른 사람하고 얘기를 해야 했어." 달라Darla는 딸에게로 와서 바닥에 흩어져 있던 장난감 중 동물 인형을 집어 들어서 주었습니다. 그러고는 동물의 특징을 가리키기 시작합니다. "와우! 이것봐! 곰돌이가 아주 큰 눈을 가졌네! 그리고 너처럼 작고 귀여운 입을 가졌어!" 엄마는 동

물인형을 쓰다듬으며 조이에게 내밀어 건네줍니다. 조이는 울음을 뚝 그치며 멍한 표정으로 장난감을 바라봅니다. 그러고는 엄마가 열정적으로 설명한 각각의 특징을 지닌 인형에 통통한 작은 손을 뻗습니다.

이 장면은 4장에서 설명했던 애착연구에서 사용한 낯선상황절차(SSP)의 한 부분입니다. 낯선상황절차(SSP)에서 부모 중 한 사람(또는 다른 양육자)은 장난감이 있는 방에 낯선 사람과 함께 있게 됩니다. 숨겨진 카메라는 부모가 아이를 남겨 두고 몇 분 동안 방을 나갈 때와 이후 다시 들어올 때 무슨 일이 일어나는지를 녹화합니다. 아기나 유아들은 엄마나 아빠가 자기를 놔두고 나가고 모르는 사람과 함께 남겨지게 되면 자연히 스트레스를 받습니다. 조이가 그랬던 것처럼 말입니다. (부모는 자녀가 과하게 스트레스를 받지 않도록 매우 짧은 시간만 자리를 비웁니다.) 그런데 연구자들이 부모와 자녀 사이의 애착에 관하여 가장 말하고 싶은 것은 부모와 자녀 사이의 분리 상황보다 재결합 상황입니다.

안정애착 관계에서 생후 1년 된 유아는 일반적으로 엄마나 아빠가 떠났을 때 기분이 나빴다는 것을 부모에게 보여 주고 부모가 돌아오면 위로를 구합니다. 부모는 이러한 필요에 민감하게 반응하여 아이를 안고서 아이가 내려와 다른 일을 하고 싶다는 징후를 보일 때까지 안아줍니다. 결국 이 아이와 부모는 단 몇 분 만에 서클의 아랫부분에서 윗부분까지 한 바퀴 순환한 것입니다—온 세상의 실제 자연스러운 환경에서 많은 부모와 자녀들이 하루 종일 반복하는 것처럼 말입니다.

조이와 달라는 어떠했나요? 달라는 방에 다시 들어갔을 때 조이가 괴로움으로 울고 있었음에도 안아주지 않았습니다. 대신에 동물인형을 집어 들고 그것으로 놀기 시작했고 딸이 그 놀이에 참여하도록 애썼습니다. 조이는 엄마가 자기를 가로질러 지나갈 때 눈물을 멈췄고—달라가 돌아온 지 몇 초 만에—엄마가 원하는 대로 충실하게 장난감에 관심을 갖기 시작했습니다.

낯선상황절차(SSP)의 비디오 해석에 대해 고도로 훈련된 연구자들은 조이가 화난 상태에서 OK 상태로 갑자기 전환한 것은 잘못된 신호를 보내는 것이라고 말할 것입니다. 조이는 엄마가 돌아왔을 때 즉시 괜찮아졌다거나 위로의 필요를 느끼지 않았다는 것이 아닙니다. 어떻게 그것을 알까요? 주 양육자가 자신을 떠나 무방비 상태가 된 영유아가 괴로워하는 것은 상식에 해당합니다. 그뿐만 아니라 이때 스트레스의 대표적인 증상인 심박수와 코르티솔 수치가 올라간다는 연구 결과도 확인되었습니다. 조이는 화를 낼 것이 거의 확실했던 것입니다. (낯선상황절차(SSP)에 참여한 모든 아이들은 주 양육자와 분리되는 동안 상당한 고통을 경험합니다.) 그렇다면 왜 조이는 엄마가 돌아왔을 때 화를 내지 않았을까요? 연구 결과에서 알 수 있는 것은 조이가 어린 시절 수많은 상호작용을 통해 엄마는 자신의 위로에 대한 필요를 채워주는 것을 불편해한다는 메시지를 흡수했다는 것입니다. 즉, 달라는 조이가 화가 나서 달래져야 할 필요가 있을 때 상어음악을 듣는 것입니다. 지금까지의 짧은 생애 동안 조이는 두 가지를 하기 위한 무의식적 전략을 개발했습니다: ① 자신의 필요를 거부당하는 고통으로부터 자신을 보호하는 것과 ② 엄마를 너무 화나게 해서 오히려 엄마를 더 멀어지게 하지 않도록 확실히 하는 것입니다.

5장에서 설명한 것처럼 달라는 딸에게 필요한 위안을 의도적으로 거부한 것이 아닙니다. 그녀는 어린 시절 딸과 똑같은 필요를 표현했을 때 자신이 느꼈던 실망이나 고통을 딸은 느끼지 않게 하려고 노력하고 있는 것입니다. 다시 말하지만, 이러한 엄마와 딸의 모든 '의도'와 행동은 완전히는 아닐지라도 대체로 그들의 의식적 인식 밖에서 일어나고 있습니다.

스트레스를 받으면 조이의 서클의 아랫부분에서 나타나는 제한된 안정감은 더 강하게 나타납니다(다음의 〈글상자 17〉을 보세요). 어린이집의 일상에서 조이는 거의 울지 않습니다. 심지어 수행하려는 작업이 자신의 발달능력을 분명히 뛰어넘는데도 불구하고 선생님의 도움을 요청하지 않습니다. 조이가 '독립적'이고 '성숙하게' 되었다는 것을 칭찬하는 것은 매우 쉬울지도 모릅니다. 특히 그렇게 묘사되는 것은 조이의 상어음악이 보내는 메시지를 강화하고 잘못된 신호를 더욱 부추긴다는 점을 제외하고는 그러한 묘사 중 어느 것도 문제 될 것이 없습니다. 그렇다고 조이가 결국 비참한 삶을 살게 될 거라는 것은 아닙니다. 하지만 어떤 점에서는, 주로 취약한 문제와 관련해서는 제한적일 수 있습니다. 아주 단순하게 말하자면, 조이는 실제로는 그렇지 않은데 자신은 괜찮은 것처럼 행동하는 게 너무 익숙해서 슬픔에 대한 감정조절능력을 발달시키는 것을 놓칠 수 있습니다. 매우 고통스러운 일이 발생할 때—예를 들어 사랑하는 사람을 잃는 것과 같은—그녀는 다른 사람들에게 도움을 요청하지 못할 수도 있고 자신의 슬픔을 온전히 경험하는 것은 괜찮다고 느끼지 않을 수도 있습니다. 이렇게 폐쇄적인 방식으로 대응하면 신체와 정신건강이 결과적으로 나빠질 수 있습니다.

스트레스는 불안을 드러냅니다

서클의 아랫부분에서 잘못된 신호를 보내는 생후 1년 된 아이가 부모에게 안정애착을 형성한다는 것은 이론적으로는 가능하지만 그럴 가능성은 없습니다. 여러분이 보고 있는 것이 실제로 일어나고 있는 일이라는 연구 증거는 상당히 확실합니다. 아이의 행동이 어느 날 스트레스로 인해 회피적이라면 보통 다음번에도 회피적이라고 할 수 있죠. 이런 것이 스트레스 테스트의 특성이고 낯선상황절차(SSP)가 애착에 대한 신뢰할 수 있는 지표인 이유 중 하나입니다. 스트레스 중에 나타나는 필요의 강도는 내재된 회피를 더 분명하게 드러낼 뿐입니다. 그러므로 여러분의 자녀가 특정 방식으로 행동하는 이유가 오직 "일진이 좋지 않아서"라고 생각한다면, 어쩌면 (둘 중 한 명에게) "그 일진이 좋지 않은 날"은 여러분 자녀의 상어음악과 여러분 자신의 상어음악에 대해 많은 정보를 줄 수 있는 것이라고 바꾸어 생각할 수 있을 것입니다.

여기에 방어적인 애착전략의 춤이 얼마나 빡빡하게 구성될 수 있는지에 대한 또 다른 예가 있습니다:

노미Nomi는 자기 장난감들을 좋아합니다. 그녀는 특히 오빠가 준 양말인형인 캐리Carrie를 좋아합니다. 캐리는 그녀의 '가장 친한 친구'입니다. 노미의 엄마 앨리슨Allison은 세 살 난 딸이 캐리 없이 집을 나서지 않을 때, 딸에게 다정하게 이해하는 미소를 짓습니다. 사실 그녀는 노미에게 애착인형의 위로가 필요하다는 것을 보여 주고 싶어서 노미가 인형에 손을 뻗을 때마다 '우리의 캐리'가 얼마나 좋은 친구인지에 대해 이야기합니다. 노미는 인형에게 계속 말을 하지만 미소는 조금 옅어집니다. 노미는 최근 캐리와 은밀하게 이야기를 나눌 수 있는 다른 방으로 캐리를 데려갈 핑계를 찾는 습관에 빠졌습니다. 앨리슨은 '우리 셋'이 함께 무엇을 할 것인지 궁금해하면서 따라갑니다. 때때로 이런 놀이시간은 빨리 망가집니다. 노미는 화가 나서 방 저쪽으로 캐리를 집어 던지고 소란을 피우고 인상을 찌푸리기 시작합니다. 그때 앨리슨은 딸을 무릎 위로 끌어 안아주며 말합니다. "오! 아마 우리 딸이 쉬는 시간이 필요한가 보구나. 어쩌면 캐리와 떨어질 필요가 있을 것 같네. 이리 와! 엄마가 달래 줄게." 노미는 앨리슨이 (변함없이 불편한 어조로) "저런, 저런."이라고 하자 조그마한 소리로 억지 울음을 터뜨리며 엄마의 무릎에 앉

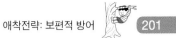

는 것 같습니다. 그리고 노미는 엄마의 무릎을 밀치고 달려가서 캐리를 집어 들고 앨리슨에게 등을 돌려 다시 놀기 시작합니다. 앨리슨이 약간 낙담한 어조로 "오케이, 오케이, 괜찮아."라고 말하자 노미는 한숨을 쉬며 엄마 쪽으로 몸을 돌리며 인형을 가지고 엄마 무릎 위에 올라탑니다. 그러자 앨리슨은 "그래, 나하고 캐리는 너의 모든 기분을 풀어 줄 수 있어."라고 말합니다.

앨리슨은 딸이 혼자서 인형을 가지고 잘 놀고 있다는 사실을 인식하지 못하고 있습니다. 그녀가 기억하는 것은 딸이 '너무 까다로웠고 낮잠이 필요했다.'는 것이 전부입니다. 그녀는 왜 노미가 서클의 윗부분에 있다는 것과 적어도 잠시 동안 인형과 함께 방에 혼자 있기를 원한다는 것을 눈치 채지 못했을까요? 그 이유는 상어음악이 그녀에게 이런 정상적인 방식으로 자율성을 추구하는 노미의 행동 경향성을 위협적인 것이라고 말했기 때문입니다. 그녀는 노미가 다시 돌아와 무릎에 올라앉는 것이 위로를 받기 위한 신호가 아니라 잘못된 신호라는 것을 볼 수 없었습니다. 노미는 자기의 신호보다 친해지자는 엄마의 초대에 더 주의를 기울이고 있었던 것입니다.

애착이 안정적일 때, 아이들은 자기들의 주의를 부모와의 관계와 환경 사이로 잘 분배합니다.
그러나 서클의 아랫부분에서 잘못된 신호를 보내는 아이는 일반적으로
환경에 더 많은 주의를 기울이면서 달래 달라는 시도를 하지 않는 방법을 찾습니다.
그리고 서클의 윗부분에서 잘못된 신호를 보내는 아이는
관계에 더 많은 관심을 기울이면서 자기 혼자 있는 시도는 제한합니다.

앨리슨은 분명 자기가 노미와 함께 있는 것을 좋아한다는 사실을 노미가 알기를 원하고 있습니다. 하지만 그녀와 노미는 서로 빡빡하게 구성된 방어 춤에 얽혀 있기 때문에 노미에게 그 순간에 필요한 자율성을 허용하지 않고 있다는 사실을 알 수가 없습니다. 반면에 노미는 자기 나름대로 엄마가 행복을 유지하기 위해 필요하다고 생각하는 것, 즉 맞춰주는 것을 하고 있는 것입니다. 노미는 엄마가 듣고 싶은 말을 해 주는 것으로 앨리슨에게 잘못된 신호를 보내고, 앨리슨은 어린 딸을 위해 최선을 다하려고 진심으로 노력하고 있는 것입니다. 모녀는 이 모든 단계 안에 있습니다. 하지만 앨리슨은 딸에게 진정으로 필요한 것에 조율하지 못하고 있습니다. 그녀의 상어음악이 그것을 몰아내고 있기 때문입니다.

불행히도, 이 방어 춤을 추고 있는 부모와 자녀는 그것이 무엇인지, 어떤 일이 벌어지고 있는지 알 수가 없습니다. 그러나 외부에서 보면 아이가 자라가면서 뭔가 잘못되었다는 것이 명확해집니다. 예를 들면, 부모와 자녀 사이의 상호작용에 문제가 있는 것처럼 (점점 극적이거나 분노가 차 있는 것처럼) 보이기 시작할 수 있습니다. 또는 마치 부모와 자녀가 단지 어떤 대본을 읽고 있는 것처럼 '너무 매끄럽거나 너무 완벽해 보이기' 시작할 수 있습니다. 각각의 경우에 아이들은 한계에 이를 때까지 부모의 방어전략에 순응할 것입니다. 그러면 자율성에 대한 타고난 건강한 필요가 분리된 자기감을 가질 필요성에 대해 짜증과 심지어 분노로 나타나기 시작할 수도 있습니다. 부모의 상어음악과 함께 서클의 윗부분에서 춤을 추든 아랫부분에서 춤을 추든 아이들이 사춘기로 접어들면 지금까지 채우지 못했던 필요에 대해 많은 요청을 시작할 가능성이 높습니다. (하지만 이것이 애착유대를 강화하기에 너무 늦었다는 의미는 아닙니다. 아이들이 다양한 연령대에서 겪는 일반적인 문제에 어떻게 안정감 있게 대처할 수 있는지에 대한 설명은 9장을 참조하세요).

특히 '원하는 것(wants)'이 의식적인 생각과 감정 속에 있는 것이 아니라 절차적 기억 속에 있는 경우에는 우리가 믿고 싶은 것을 보지 못하는 것은 어려운 일입니다. 그렇기 때문에 여러분의 상어음악에 대한 이해를 자녀의 필요에 조율하려는 노력으로 가져오는 것은 도움이 됩니다. 이것은 두 사람이 추는 춤과 같아서 여러분이 어느 발로 이끌고 있는지 알고 있을 때 여러분은 자녀가 넘어져서 다치지 않으려면 어떻게 따라와야 하는지 더 분명히 알 수 있습니다. 이 책의 2부에서는 여러분의 자녀에 대해, 그리고 자녀와의 애착유대에 대해 더 자세히 들여다볼 수 있는 몇 가지 방법을 제공할 것입니다. 하지만 한편으로는 부모와의 애착관계가 안정적인지 불안정적인지에 따라 자녀들의 메시지가 일반적으로 어떻게 달라 보일 수 있는지에 대한 개요를 설명할 것입니다.

안정애착: 단계 그리고 조율

부모와 안정애착을 형성한 아이들은 자신의 필요를 직접적으로 전달하는 경향이 있습니다. 새로운 곳에서 갑자기 부모가 없는 상황에 놓이면 한 살 된 아이는 웁니다. 그리고 사랑하는 부모 없이 홀로 남겨진 상처와 고통으로부터 자기를 구하기 위해 엄마나 아빠가 돌아오면 안아주기를 바라면서 두 손을 치켜듭니다. 아이와 안정애착을 형성한 부모는 공감적으로 반응합니다. 부모는 위안을 바라는 신호를 인식하고 아이가 필요로 하는 위안을 제공합니다. 만약 조이와 달라가 안정애착을 형성했다면 조이는 낯선상황절차(SSP) 비디오에서 엄마가 돌아온 후에도 잠시 동안 계속 우는 모습을 보여 주었을 것입니다. 그녀의 심장 박동수는 아마도 1분 정도는 상승된 채로 유지되었을 것입니다. 달라의 따뜻한 위로는 조이에게 환영받았을 것이고 비교적 빨리 아이를 진정시키는 데 성공했을 것입니다.

애착이 일반적으로 안정적일 때 아이가 보내는 신호는 대체로 직접적이고 명확합니다:

● 새로운 환경에서 괴로움을 당하고 갑자기 혼자라는 느낌이 들 때 한 살배기 소년은 눈을 동그랗게 뜨고 (무서워서 안전이 필요하다는 신호를 보내면서) 아빠에게 손을 뻗습니다.
● 스트레스를 받지 않고 아기가 보행기를 타고 돌아다닐 때 아기는 반짝이는 눈으로 엄마를 바라보며 미소를 짓습니다. (서클의 윗부분에서 "저를 기뻐해 주세요."의 신호를 보내면서 말입니다. 2장에 나온 한나와 소피를 기억하시나요?)

아이는 자기 신호를 엄마, 아빠와 함께 계속 나눌 것입니다:

● 후안^{Juan}은 엄마가 울타리 너머 이웃과 이야기를 나누는 동안 잔디 위를 이리저리 기어 다니고 있습니다. 그는 관심을 끌기 위해 고함을 지르기 시작합니다. 엄마가 대화를 계속하면서 후안이 돌멩이를 집어 먹거나 위험한 행동을 하지 않는지 가끔 어깨너머로 바라보자 후안의 고함은 더 커집니다. 그는 엄마를 믿을 수 있기에 마침내 엄마가 와서 자기를 엄마가 있는 울타리 쪽으로 데려갈 때까지 계속 신호를 보냅니다.
● 아기용 식탁의자에 앉은 아기(4장에 나온 맥스와 다나를 기억하시나요?)는 시리얼이 담긴 접시너머로 아빠와 행복하게 상호작용하다가 과도하게 자극을 받으면 시선을 다른 곳으로 돌립니다. 그러나 아기가 진정되어 다시 미소를 지을 때까지 아빠가 인

내하며 기다려주면 다시 한번 시선을 돌려줍니다.

아이는 필요를 채우기 위해 부모에게 올 것입니다:

● 아기는 엄마가 전화하는 동안 혼자 남겨졌다고 느낄 때 엄마에게 기어가서 안아달라고 손을 올립니다.
● 놀이터에 있는 정글짐의 계단을 오르려고 하는 네 살짜리 아이는 계속 더 올라가기 전에 괜찮다는 짧은 비언어적 신호를 받기 위해 뒤돌아서 눈을 마주치려고 아빠를 봅니다.

아이는 기꺼이 위로받으려 하고 좀 떨어진 곳에서도 기꺼이 탐험하려 합니다:

● 생후 18개월 된 영아는 낯선상황절차(SSP)에서 3분간 혼자 떨어진 이후에 돌아온 아빠가 아이를 들어올려 1분 정도 안아주자 눈에 띄게 안정을 되찾고 진정되어서 몸을 비틀며 내려가려 합니다. (연구에서 이 나이의 안정애착 아이는 부모가 돌아온 후 약 1분 동안만 증가된 심박수가 유지됩니다.)
● 탐험을 하고 싶어 하는 두 살짜리 아이는 엄마에게서 떨어져서 걷기 시작합니다. 하지만 언제든 엄마를 확인할 수 있도록 충분히 가까운 거리를 유지합니다.

아이는 엄마아빠와 좀 떨어진 곳에서도 자기 감정을 조절할 수 있습니다:

● 3세 아이는 모래상자에서 함께 놀던 다른 아이에게 화가 나서 때리기 시작하다가 생각을 고쳐 때리기를 그만둡니다. 비슷한 상황에서 엄마와 함께 배운 것을 기억하며 아이는 이제 스스로에게 적용하는 것입니다.
● 아기 침대에서 꺼내달라고 소리쳤었던 12개월 아기는 즉각적인 반응을 얻지 못하자 울기 시작하다가 아빠가 올 것을 알고 아빠가 올 때까지 기다리며 혼자 옹알거리기 시작합니다.

아이가 자신을 괴롭히는 것이 무엇이든 해결해야 할 필요성을 표현하는 신호가 직접적이고 명확하다는 것을 알아차리는 것은 중요합니다. 하지만 이 말은 오직 하나의 정서가 어떤 특정한 필요와 연관되어 있음을 의미하는 것은 아닙니다. 예를 들어, 부모와 헤어지는 것에 대해 속상해하는 아이가 슬픔의 정서를 항상 우리가 기대하는 대로 표현하는 것은 아닙니다. 아이는 화를 내거나 잠시 토라질 수도 있지만, 그런 각각의 정서적 표현은 아이가 분리로 인해 행복하지 않다는 것을 직접적으로 말하는 것이며, 그런 정서적 표현은 문제해결에 익숙한 관계 안에서 해결될 수 있습니다. 아이들이 자기의 감정적 필요에 대해 더 크고, 더 강하고, 더 지혜롭고, 자상한 방식으로 반응하는 것에 헌신된 누군가에 의해 보살핌을 받고 있다는 내적 자신감을 가질 때 해결은 결코 멀리 있지 않습니다.

잘못된 신호: 제한된 안정감 서클들

우리는 잘못된 신호의 패턴을 제한된 안정감 서클들(애착 이론 분야에서 이런 서클들은 불안정 애착의 서로 다른 유형으로 여겨집니다)이라고 부릅니다. 조이와 달라는 우리가 서클의 제한된 아랫부분이라고 부르는 것을 반복적으로 경험합니다. 조이는 자신의 필요에 주의를 기울이고 직접적으로 위로를 구하는 대신에, 엄마가 그 필요를 제공해 줄 것이라는 믿음에서, 자기 엄마의 필요에 주의를 기울이면서 엄마가 제안하는 인형만 요구하는 것입니다. 이 어린 나이에 조이는 엄마가 견딜 수 있는 것(그리고 견딜 수 없는 것)을 정확히 알았던 것입니다. 만약 엄마가 견딜 수 있다면, 무기력한 아기나 유아에게 최우선 순위인 엄마는 아이 곁에 머물 것입니다.

5장에서 기술한 바와 같이 달라 또한 잘못된 신호를 보내고 있습니다. 그녀는 의식적으로는 18개월 정도 된 아이가 '크고 강하고 용감해야' 하며 낯선 사람과 혼자 있는 것도 괜찮다고 믿지는 않습니다. 하지만 내면 깊숙한 곳에서는 대놓고 위로를 요청하는 아이들은 종종 그들이 요청하는 것과 반대되는 것을 얻으려 한다고 믿습니다(그리고 기억하고 있습니다). 그래서 그녀는 화낼 것이 전혀 없으며 가장 좋은 것은 '마음을 진정시켜서 유지하는 것'이라고 암시하는 것으로—잘못된 신호를 딸에게 전달하면서—가장하고 있는 것입니다. 전체 패턴은 결국 암묵적이고 말로 표현되지 않고 인식할 수도 없는 상호작용으로 이루어집니다: "내[자녀]가 Y가 필요할 때 당신[부모]이 불편해한다는 것을 알기 때문에 나는 X가 필요한 척할 거에요. 그러면 당신은 내 주위에 머물 것이므로 내가 완전히 혼자라는 느낌은 들지 않을 테니까요." 슬프게도, 우리 아이들은 종종 다음과 같이 말하는 법을 배웁니다. "당신을 가까이 둘 수만 있다면 떨어져 있는 진짜 자아(자율성을 향한 나의 진짜 필요)를 가지지 않아도 좋아요." 또는 "당신을 더 멀리 떨어져 있지 않게 할 수만 있다면 나를 달랠 필요(다른 사람과 함께 있으면 취약해지려는 나의 진짜 필요)를 그만둘 수 있어요." 어떤 부모도 이러한 교훈을 가르치려 하지 않습니다. 하지만 이것은 시대에 걸쳐 전 세계적으로 아이들이 무의식적으로 배우고 다음 세대에 물려주는 아주 근본적인 패턴입니다.

아이러니하게도 이런 시나리오에서는 누구도 실제로 평온한 상태가 될 수 없습니다. 낯선상황절차(SSP) 연구에서 조이와 같은 아이들이 부모와 재회할 때 엄마가 다시 나타나면 겉으로는 평온해 보일 수 있지만, 심장 박동수는 그렇지 않다고 말합니다. 재회 후에 엄마가 곁에 있음에도 불구하고 오랫동안 (단순히 1분 정도가 아니게) 심장박동이 높아진 채로 유지됩니다. 서클 윗부분에서 잘못된 신호를 보내는 아이들과 부모는 일종의 혼합물과 같습니다. 이 아이들은 재결합 후에도 오랫동안 가까이 매달려 계속 울다가 이해할 수 없을 정도로 내려달라고 요청할 것입니다. 엄마 품 안에서, 그리고 그 품에서 벗어나려고, 짜증내고 우는 동안에도 그들의 심장 박동수는 여전히 높습니다. 그리고 다시 안기려고 손을 뻗을 것입니다 (앞에서 소개한 릴리처럼). 제한된 안정감 서클들의 두 경우 모두 자녀의 스트레스는 오래 지속됩니다. 그리고 애착대상과의 불화를 완전히 해소하기는 어렵습니다. 그럼 어떻게 그럴 수 있죠? 자유롭게 탐색하도록 부모가 허용하지 않았거나 불편한 마음을 진정시킬 수 있도록 온전히 받아주지 않았던 수많은 경험이 지금 이 순간의 위기에 그대로 떠오릅니다. 왜냐하면 5장에서 설명했던 것처럼, 마음에 새겨질 수 있을 만큼의 진정한 회복 패턴이 아직 자리 잡지 않았기 때문입니다. 표면에서 드러나는 불편한 장면이나 불안한 냉기는 이면에서 무슨 일이 일어나고 있는지 정확하게 알려줍니다. 단순한 연결이 있을 수 있었던 곳에 고통스러운 단절이 있었던 것입니다.

슬프게도 이것은 장래에 다양한 문제를 일으킬 수 있습니다. 먼저 1장에서 설명했던 과도한 스트레스가 건강에 미치는 영향이 있습니다. 다음으로는 심리적 영향이 있습니다. 애착과 관련된 갈등이 있는 아이들이 나중에 모두 심리적 문제를 겪는 것은 아니지만, 서클의 아랫부분에서 잘못된 신호를 보내는 법을 배운 아이들은 소위 외현화 문제 —적대감, 공격성, 품행장애 등—의 비율이 높은 것 같습니다. 스로우페$^{Alan\ Sroufe}$ 박사는 이것이 놀라운 일이 아니라고 말했습니다: 정도의 차이는 있지만, 아이들이 고통스러운 감정에 대해 도움이 필요할 때 양육자에게 감정적으로 다가가지 못한다는 것인데 이것은 사람을 화나게 만들고 궁극적으로는 소외감을 느끼게 합니다 (올리버와 마리솔의 경우처럼). 이러한 아이들은 부모들이 의도적으로 자기 자신을 보호하려 했던 것과 똑같은 방식으로 결국 자신을 보호하려고 합니다. 즉, 감정을 숨기고, 고통스러운 감정은 부인하며, 아픈 기억과 사건들은 회피하고, 심지어 다른 사람과 유대관계를 갖는 것이 중요하다는 것을 무시합니다. 서클의 윗부분에서 잘못된 신호를 보내는 법을 배운 아이들은 나이가 들수록 불안과 관련된 문제를 겪을 가능성이 더 높은 것 같습니다. 제한된 안정감의 두 유형 모두는 안정애착 유형으로 자란 아이들보다 약간 높은 비율로 우울증을 겪는 것과 서로 연관이 있었습니다—두 유형 모두 사랑하는 사람에게서 필요한 정서적 도움과 지원을 받을 희망을 아주 잃어버렸을 수도 있습니다.

  서클의 두 손에서의 지속적인 악전고투는 매우 심각할 수 있으며 아이들에게 심상치 않은 해를 끼칠 수 있습니다. 이것은 책임을 져야 하는 만큼의 책임을 질 수 없는 상황의 부모나 약간 엄격한 훈육 경향이 있는 부모에 대한 이야기를 하는 것이 아닙니다. 또한 건강 문제나 기타 위기로 인해 자신의 잘못이 아닌 이유로 일시적으로 자녀를 돌보지 못하게 된 부모에 대한 이야기도 아닙니다. 그러나 부모가 심술궂거나, 약해지거나, 약물남용이나 정신질환으로 인해 학대하거나 자녀를 소홀히 대하거나, 장기간 돌보지 않거나 자녀의 필요보다 자신의 파트너의 필요를 선택하는 등의 경우, 자녀는 해결할 수 없다고 느끼는 딜레마에 빠지게 됩니다: 그들은 부모를 두려워하지만, 그 부모는 그들이 의지해야 할 유일한 사람인 것입니다. 딜레마는 이렇습니다: "나에게 가장 필요한 사람은 지금 내가 가장 두려워하는 사람입니다." 지속적으로 또는 간헐적으로 심각하게 심술궂거나, 약해지거나, 아이 곁에서 사라져 버리는 부모는 자녀가 이 딜레마에 빠지도록 합니다.

  낯선상황절차(SSP)에서 아이들이 부모와 재회할 때, 부모가 지속적으로 심술궂고, 약하고, 아이 곁에

안정적으로 애착이 형성된 아이들은 위험을 두려워합니다.

서클의 아랫부분에서 잘못된 신호를 보내는 아이들(부모들)은 친밀한 관계를 두려워합니다.

서클의 윗부분에서 잘못된 신호를 보내는 아이들(부모들)은 분리를 두려워합니다.

서클에서 두 손이 없는—장기적으로 심술궂거나, 약해지거나, 사라져 버리는 부모가 있는—아이들은 그들의 양육자를 두려워합니다.

서 사라져 버리는 경우, 실제로는 돌아온 부모에게서 도망칠 수도 있고, 부모를 향해 달려 왔다가 갑자기 몸을 돌려 소리를 지르며 도망칠 수도 있습니다. 관찰자의 입장에서는 아이의 행동이 이해가 가지 않습니다. 그리고 그건 의미가 없습니다. 이 아이의 경우, 단지 안정감 서클에서의 순환이 제한된다는 것에 그치지 않습니다. 두 손이 없다는 것은 서클 자체가 사라지는 것입니다.

유감스럽게도 아이들의 잘못된 신호들은 그것이 굳어진 패턴이 되어 어른이 되었을 때까지 이어지면 다음 세대의 상어음악이 됩니다. 이것은 아이들이 가장 의지하는 사람들로부터 감정적으로 도움을 받을 수 없다고 예측하여 삶이 제한되는 불안의 악순환입니다. 결과적으로 아이들은 평생 자신의 감정적 필요는 절반(또는 그 이하)만 충족될 거라고 생각하면서 인간관계를 맺는 성인으로 성장할 수 있습니다. 친밀감은 줄어들고, 자신감은 사라질 것입니다. 신뢰는 감소하거나 찾아보기 어려울 것입니다.

제한된 안정감 서클: 부모의 손들을 찾을 수 없어 혼란스러운 아이

불안정애착은 삶을 제한하는 것이 분명합니다. 서클의 어느 위치에서 잘못된 신호가 발생하는지에 따라 이러한 제한이 어떻게 나타나는지 조금 더 자세히 살펴보겠습니다.

서클의 아랫부분에서의 잘못된 신호들: "나는 당연히 괜찮아요, 엄마!"

부모-자녀 관계에서 서클의 아랫부분이 제한되면 자녀는 위로나 안전을 위해 부모에게 다가가는 데 어려움을 겪습니다. 그 이유는 정서적인 위안에 대한 필요(부모나 자녀 안에 있는)에 대해 부모가 불편하게 여기거나 거부하는 것을 감지하기 때문입니다. 서클의 한 부분에서 힘들어하는 부모는 종종 상어음악이 시작될 때 자녀를 반대쪽으로 밀어 냅니다. 이러한 부모들은 넘어진 아이에게 "이런! 이리와 엄마가 호~ 해 주고 기분이 나아지도록 해 줄게."라고 말하거나 안아주는 대신에 그들은 "뚝! 괜찮아, 괜찮아."라고 하거나 "다 큰 아이는 울지 않는 거야."라고 합니다. 그리고는 아이를 다시 놀이 장소로 보내고 멀찌감치 있으려 합니다. 그들은 달라가 조이에게 그랬던 것처럼 아이가 가지고 놀던 장난감을 탐구하는 데 더 집중하게 하려 할지도 모릅니다. 이런 부모의 조종에 익숙한 아이는 마치 자기가 하고 싶은 대로 하고 노는 것 같지만, 자세히 보면 놀이의 범위가 늘어나거나 창의적인 대신 다소 단조롭고 반복적인 경우가 많기 때문에 그것은 일종의 잘못된 신호입니다. 또는 서클의 아랫부분에서 힘들어하는 부모는 위로해 주어야 할 상황에서 안아주거나, 꼭 껴안거나, 아이의 말을 받아주는 대신에 티슈를 찾거나, 아이의 머리카락을 손질해 주거나 얼굴에 묻은 얼룩을 문질러 지워주는 등의 행동을 할 것입니다. 아이는 이러한 부모를 그대로 따라가는데, 왜냐하면 무엇보다 그것은 적어도 엄마를 가까이에 있게 해 주고 어느 정도 상호작용을 하게 하기 때문입니다. 그 행동의 이면에서, 아이는 감정적인 위로는 부모를 불안하게 만든다는 메시지를 등록시키고 요청을 멈춥니다. 낯선상황절차(SSP)에서 일부 아이들은 심지어 엄마가 나갔는데도 전혀 마음에 동요를 보이지 않습니다. 조이와 같은 다른 아이들은 엄마가 밖으로 나갔을 때 불안하게 행동하지만, 다시 돌아올 때는 즉시 단호하게 거부하며 장난감에 집중합니다.

린다^{Linda}는 새디^{Sadie}가 울기 시작하는 신호를 보일 때마다 "너는 너무 귀여워!"라고 소리칩니다. "귀여워, 귀여워, 귀여워."라고 말합니다. "너도 네가 귀엽다는 것을 알고 있잖니. 지금 바로 웃으려고 하는 이유잖아. 엄마를 위해 웃는 게 어떨까?"

새디는 숨을 들이마시며 희미하게 웃습니다. 새디의 나이는 10개월입니다.

이미 새디는 웃어야 엄마와 함께 할 수 있다는 것과 슬픔이나 화를 겉으로 표현하는 어떤 것이든 피하는 법을 배우고 있습니다. 새디가 그것을 느끼지 않는 것(조이가 달라와 재회했을 때 괜찮다고 느꼈던 것 이상으로)은 아니지만 서클의 아랫부분에서 잘못된 신호를 보내는 데 능숙해졌습니다.

제한된 안정감 서클: 서클의 아랫부분에서 잘못된 신호를 보내는 아이

트리샤^{Trisha}는 방 안을 밝히는 방법을 알고 있습니다. 이제 겨우 세 살이 된 그 아이는 어른들의 모임에 들어가 어른들이 감탄할 정도의 미소를 지을 수 있습니다. 그리고 때에 맞춰 어른들은 이렇게 말합니다. "이렇게 사랑스러울 수가 있을까!"

트리샤는 분위기를 살리는 법을 알고 있습니다.

하지만 트리샤는 어린이집에서 이제 막 첫 주를 보냈습니다. 슬프고 혼란스럽고 그녀가 이 새로운 장소에 어떻게 남겨지게 되는지 이해할 수가 없습니다. 사흘 째 되는 날 그녀는 엄마가 어린이집에서 다시 떠나려고 하자 울기 시작합니다. 엄마는 먼저 어린이집 선생님을 보고는 조금도 어색한 기색도 없이 아이에게 말합니다. "우리 아기, 엄마 일하러 가야 하는 거 알지? 큰 언니가 되어야지. 그래서 조니^{Joni} 선생님에게 네가 얼마나 웃는 걸 좋아하는지 보여 줘야지!" 그러자 트리샤는 웃습니다. 엄마도 웃습니다. 선생님도 웃습니다. "그렇지! 여기는 아주 재미있는 장소가 될 거야. 너는 아주 재미있을 거야."

트리샤는 분위기를 살리는 법을 알고 있습니다.

제때에 분위기를 살리는 것은 서클이 아랫부분에서 제한될 때 나타나는 전형적인 잘못된 신호입니다.

"혼자 해결하려고 하는 것이 뭐가 그리 어렵니?" 에릭^{Eric}의 아빠가 말합니다. "네가 계속 아빠한테 오면 넌 스스로는 아무것도 알아낼 수 없을 거야."

에릭은 이제 세 살입니다.

에릭의 아빠는 아들의 능력을 격려하기보다는 아들이 도움을 요청하면 꾸짖습니다. 특히 그가 뭔가 새로운 것을 시도하면서 아빠가 필요하다고 요청하면 잔소리를 합니다. 결국 에릭은 서클의 윗부분에 있을 때 아빠가 싫어하지 않도록 혼자 그 자리에 있어야 합니다. 성장하면서 에릭은 그가 서클의 아랫부분에 가까워질 때마다 두려움 없이 완전히 독립적인 것을 좋아하는 것처럼 착각하면서 정말로 원하지 않는 위험을 점점 더 많이 감수하기 시작합니다. 물론 에릭이 위험을 감수하는 것이 애착과 거의 관련이 없을 수도 있습니다 (〈글상자 18〉을 보세요).

아이가 장난감을 고쳐달라거나, 양말을 끌어 올려 달라거나,
숙제를 도와 달라고 여러분에게 서슴없이 오나요?
아이가 정말로 원하는 것이 여러분이 보살펴 주고 돌봐 주는 것이 아니라
고쳐 주고 관리해 주는 것임을 확신하나요?

✏️ **글상자 18**

애착유형 대 기질

심리학 분야에서 기질은 종종 내향적이라거나 외향적이라거나, 빨리 달래지거나 천천히 달래지는 것과 같은 타고난 특성의 집합체로 간주됩니다. 사실, 수천 년 동안 다양한 철학자들과 다른 현인들이 기질을 분류하는 방식은 매우 다양합니다. 애착유형은 학습된 것으로 보이지만, 모든 아동의 행동이나 성향이 안정 또는 불안정애착으로 추적될 수 있는 것은 아닙니다. 예를 들어, 어떤 아이들은 위험을 감수하는 것을 좋아하는 것처럼 보입니다. 따라서 에릭의 위험을 감수하는 것은 잘못된 신호를 보내는 것일 수도 있지만, 그것은 또한 타고난 기질의 일부일 수도 있습니다. 어떤 아이들은 어떤 가정에서 태어났는지에 상관없이 기질적으로 흥분하는 데 더디고 수줍음이 많은 경향이 있습니다.

서클의 아랫부분에서 잘못된 신호를 보내는 일부 아이들은 때때로 부모의 조용한 그림자처럼 보이기도 합니다. 그들은 정서적인 어려움에 대해 엄마나 아빠에게 도움을 청하지 않고 '적절하게' 논다면 가까이 머물게 해 줄 것임을 알고 부모 근처에 앉아서 조용하게 놀 수도 있습니다. 이러한 경우 조용히 노는 것은 잘못된 신호로 간주할 수 있습니다.

서클의 제한된 아랫부분에서 생활하는 아이는 모든 걸 잘한다고 자랑하고 특별한 취급을 받아야 하는 듯이 행동하는 초등학생일 수 있습니다. 이런 아동은 수용이란 자신이 서클의 윗부분에서 하는 일에 대한 승인에 달려 있다는 것을 알고 있어서, 서클의 윗부분에서, 특히 그가 다른 사람들로부터 칭찬받지 못할 거라고 생각되면, 자신이 특별한 척하는 잘못된 신호를 보냅니다. 자신이 필요로 하는 위로가 제공되지 않고 심지어 거절당할 수도 있다는 것이 거의 확실하기에 어떤 대가를 치르더라도 점점 커지는 수치심을 피하기 위한 방법으로 찬사를 구하고 있는 것입니다.

서클의 아랫부분에서 잘못된 신호를 보내는 아이들은 종종 부모의 허락과 근접성을 얻기 위해 성취하는 것에 너무 익숙해서 마치 성취도가 높은 아이들로 착각하기 쉽습니다. 하지만 아이러니하게도 이런 아이들은 타인의 기준을 가지고 자신의 성취를 판단하는 것에 너무 익숙하기 때문에 종종 자기의 고유한 잠재력의 높이까지 도달하지 못합니다. 서클의 제한된 아랫부분의 가장 큰 위험 중 하나는 학습에 미치는 영향입니다. 아이들은 결국 자신의 타고난 호기심을 희생시키면서 탁월함을 향한 순응에 사로잡히게 됩니다. 이것은 학생들이 배움의 단순한 풍부함과 그 배움이 자기들을 어디까지 데려 갈 수 있는지 보는 기쁨 대신에 일관되게 끊임없이 "선생님/교수님이 원하는 게 뭐지?"라고 묻는 우리의 교육 시스템에서 절정에 이릅니다. 7장에서 핵심 민감성의 개념을 소개할 때 존중 민감성이라는 범주에 대해 이야기하고 이러한 문제에 더 집중해서 초점을 맞출 것입니다.

서클의 아랫부분에는 또 다른 종류의 잘못된 신호가 있습니다. 그것은 아이가 특히 괴로울 때 자신을 돌보는 사람들이 위로와 그저 같이 있어 주는 것에 대한 자기의 필요를 조율해 주지 못한다(너무 무관심하게 대하든, 너무 관심이 많거나 열정적으로 대하든)고 느끼는 것입니다. 이런 아이는 다소 수줍음을 많이 타는 경향이 있을 수 있으며 부모로부터 '너무 많지 않은 그러나 적지도 않은' 가용성을 필요로 합니다. 그녀의 부모가 '너무 많이' (자녀의 마음을 읽어내려고 시도하거나 지나치게 공감하고 완벽하게 이해하려고 하는 경우) 또는 '너무 적은'(자녀의 위로받고자 하는 필요에 관심이 없거나 심지어 적대적인 경우) 듯이 보일 때, 이 아이는 단지 뒤로 물러서서 서클의 아랫부분에서 다시는 자신의 필요에 대해 요구하지 않기로 결정합니다. 대신에 아이는 아무도 실제로 '그것을 이해하는' 사람은 없는 것처럼 숨겨진 허무함을 느끼고, 보이지 않는 상태로 남아 다른 사람들의 눈에 띄지 않는 것이 차라리 낫다고 느낍니다. 7장에서 설명하는 '안전 민감성'이라고 불리는 핵심 민감성에 대한 논의는 이 아이의 마음 상태가 의미하는 바를 중심으로 다룹니다.

서클의 윗부분에서의 잘못된 신호들: "물론, 나는 아빠가 필요해요!"

"이게 뭘까?" 할리^{Halley}가 27개월 된 딸 브리타니^{Brittany}에게 물었습니다. 브리타니는 놀이터에서 다른 아이들을 향해 또다시 막 가려고 했습니다. 할리는 일부러 딸을 이 공원에 데리고 왔습니다. 다른 부모와 아이들이 따뜻한 여름날 오후를 보내는 곳이기 때문입니다. "지난주에 같이 놀았던 아이들과 재미있게 놀아야 해." 차를 몰고 공원으로 가기 직전에 할리는 딸을 차량용 아기의자에 앉히면서 말했습니다.

브리타니는 다른 아이들에게 미소를 짓고는 엄마를 돌아봅니다.

"내가 너를 위해 가져온 것을 봐, 브리타니! 새 장난감이야!"

엄마가 브리타니를 더 자기 가까이 데려오려고 손을 내밀자 브리타니는 그 장난감을 가지고 놀기 시작합니다.

부모가 서클의 윗부분에서 어려움을 겪을 때 그들은 종종 매우 복잡한 메시지를 보냅니다. 먼저, 할리는 딸에게 다른 아이들과 가서 놀라고 말합니다. 그런 다음 그녀는 대신 새 장난감으로 딸을 끌어들이는 방법을 찾습니다. 브리타니는 엄마 곁을 너무 멀리 떠나는 것은 결코 옳지 않다는 메시지를 받습니다. 그래서 그녀는 또래 친구들과 너무 놀고 싶을 때 장난감에 관심이 있는 척합니다.

'나는 탐험해도 좋다는 지지가 필요해요. 하지만…'

나는 편안함과 보호가 필요한 것처럼 행동해요.

나는 잘못된 신호를 보내요. 그리고…

그건 우리를 불편하게 만들어요. 그래서…

안전한 피난처

제한된 안정감 서클: 서클의 윗부분에서 잘못된 신호를 보내는 아이

서클의 윗부분에서 잘못된 신호를 보내는 아이들은 때때로 그렇게 느끼지 않을 때 일부러 보채고 집착하는 행동을 합니다. 왜냐하면 엄마나 아빠가 자율성을 편안해하지 않는다고 믿기 때문입니다. 엄마라면 주고 싶어 할 거라고 믿는 위로를 받기 위해 아이들이 부모에게 올 때, 그들은 종종 위로하기에는 어려운 모습으로 나타납니다. 안기기 위해 엄마에게 되돌아갔다가, 여전히 울고 있으면서 내려달라고 꿈틀거리다가, 다시 안아달라고 손을 뻗습니다. 이런 행위는 엄마를 계속 관여시키기 위해 디자인된 잘못된 신호들입니다—왜냐하면 결국, 그것이 엄마가 원하는 것 같으니까요. 실제로는 그렇지 않은 때에 소심하고 수줍어 보일 수 있습니다.

서클의 윗부분에서 일어나는 잘못된 신호들은 두 종류의 애착관련 행동을 지닌 부모에 대한 반응일 수 있습니다: ① 세상은 자녀에게 너무 위험하다고 두려워하는 부모, ② 일관성이 없는 부모입니다. 전자의 경우, 아이가 부모는 자기가 세상의 '위험'에 노출되는 것을 싫어한다는 것을 알기 때문에 부모를 기쁘게 하고 더 불안해하지 않도록 하기 위해 부모가 필요하다는 행동을 합니다. 후자의 경우, 아이는 자기가 부모를 필요로 하는 것이 부모에게 필요하다는 것을 느끼지만 또한 부모가 자기를 돌보는 것을 완전히 편안해하지는 않는다는 것도 느끼기 때문에 릴리나 노미처럼 왔다갔다 돌아다닙니다. 이것은 마치 아이가 두 개의 메시지를 듣는 것과 같습니다. "나를 필요로 해다오. 너는 나를 너무 필요로 해." 이러한 양육자는 꼭 그런 부모에 의해 길러졌거나 혹은 초기 어린 시절에 주 양육자의 부재로 압도적 느낌을 가졌던 경험이 있을 것입니다. 이로 인해 부모가 된 지금도, 자기가 그렇게 배웠기 때문에 계속 칭얼대는 아이로 인해 압도되면서도 자신의 삶에서 중심이 되는 다른 사람이 자신을 떠나는 것을 걱정합니다. 그렇게 배웠기 때문입니다.

서클의 윗부분에서 일어나는 이러한 갈등에 대한 다른 설명이 있습니다. 5장에서 언급했던 것처럼, 어떤 부모들은 그들의 아이와 '한마음이' 되기를 원하는 것만큼 '필요한 사람이 되는 것'에 초점을 맞추지는 않습니다. 그 목적은 아이를 가까이 두는 것에 있는 것이 아닙니다. 오히려 아이가 개별화³⁾되어 자기만의 경험을 갖는 것을 못하게 하는 데 있습니다. 그런 부모는 문자 그대로 아이가 아는 만큼 자기도 아이의 마음을 안다고 가정합니다. 하지만 공감의 용어로 '마음을 읽으려고' 시도하지만 사실 너무 지나칩니다. 공감이 과하다는 게 어떻게 가능할까요? 여러분이 모임에서 어려움을 이야기하고 있는데, 여러분이 하는 말이 무슨 말인지 정확히 안다고 가정하면서 '완전히 똑같은' 자기 경험으로 주제를 옮겨가는 사람이 있었던 것을 기억할 수 있는지 보세요. 이런 방식으로 자란 아이들은 사실 자기만의 생각을 가져서는 안 된다는 메시지를 받아서, 나이가 들수록 가족의 '당 노선(종교, 정치, 세계관)'에 순응하든지 아니면 반항할 필요를 느끼게 됩니다. 모든 아이는 자신의 생각과 감정을 가질 필요가 있습니다. 그리고 다 경험해 봤다고 가정하지 않은 채 관심을 갖고 들어주는 사람과 자기의 생각과 감정을 공유할 수 있어야 합니다.

잘못된 신호를 해석하는 어려운 과업

만약 첫 아이를 임신하고 있다면, 여러분이 최상의 상태로 조율하려는 노력을 하면서 (현실적으로 그리고 자기에 대한 자비를 가지고) 아이와 함께-있어 주기를 실천하는 것, 그리고 우리 모두는 애착 필요와 싸우고 있다는 것을 아는 것이 여러분과 아기 사이의 안

---

3) 역주: '개별화'란 아이의 발달 과정에서 자기 고유의 생각과 감정을 가지고 고유의 자기 정체성을 발달시켜 가는 과정을 말합니다.

정애착을 촉진시킬 수 있습니다. 처음에는 반직관적으로 보일지 모르지만, '완벽한' 부모가 되지 않는 것을 선택하는 것이 사실 안정적인 부모가 되어가는 최선의 방법 중 하나입니다.

일단 아이를 갖게 되었다면 잠정적인 잘못된 신호를 알아채기 위해서 여러분의 타고난 지혜를 활용하세요. 특히 스트레스나 특정한 위기상황에서는 더 그렇습니다. 그런 때는 여러분의 상어음악이 흘러나오기 쉽고, 공감이 어려워지며, 보는 것과 추측하는 것 사이에서 주저하기 쉽습니다. 여러분이 배워왔던 오래된 패턴은 오히려 여러분을 비틀거리게 하고, 벗어나게 만들고, 서클을 파열시킬 것입니다. 이런 경우에는 한발 물러서서 잠재적 균열을 인지하고, 간단한 복구조치를 취해야 합니다. 이것이 어려워야 할 필요는 없습니다. 단지 균형 잡힌 방식으로 자녀를 지지하는 양육의 일부입니다. 상상할 수 있듯이 그 노력은 천 배로 보답될 것입니다.

하지만 발생할 수 있는 자녀의 진짜 필요에 대한 잘못된 신호를 인식하고 반응하는 것은 더 어려운 도전들입니다. 어쩌면 여러분은 이미 자녀가 있고, 자녀들과의 관계를 개선하고 싶을지도 모릅니다. 모든 것은 여러분의 상어음악을 인식하고 아이의 올바른 신호와 잘못된 신호에 조율하는 것에서부터 시작됩니다. 함께-있어 주기는 이러한 노력의 핵심입니다. 2부에서 그 능력을 연마하기 위한 아이디어를 제공합니다. 다음은 알아야 할 몇 가지 비결입니다:

상어음악 → 자녀의 잘못된 신호들:
반드시 직결되는 것은 아닙니다

애착전략에서 발생할 수 있는 방어적인 춤은 복잡하고 미묘하기 때문에, 우리는 아이들의 잘못된 신호들을 마치 서클 주변에서 보여 주는 부모의 갈등을 아이들이 반영하는 것처럼 묘사했습니다. 이것은 종종 있는 일이지만 항상 그런 것은 아닙니다. 자녀가 있다면 알 수 있을 것입니다. 예를 들어, 만약 여러분이 서클의 아랫부분에서 힘들어한다면, 여러분은 자녀 중 한 명은 여러분과 연결되어 있기 위해서 성취를 원하며 열심을 내는 반면에, 다른 자녀는 여러분의 기준을 강요하는 것에 부담을 느끼고 저항하면서 오히려 거리를 두는 것을 보게 될 수 있습니다. 여러분은 어떻게 하다가 한 자식은 여러분의 타고난 제자 같고, 또 다른 자식은 반항아이거나 눈에 띄게 개인적이고 심지어 멀리 떨어져 있는지 의아해 할 수 있습니다: 한 녀석은 마치 작은 여러분처럼 옷을 입고, 다른 녀석은 보잘것없고 하찮은 본보기로 보여 주려고 여러분이 보기에 '괴이하거나' 매우 '독특하다'고 생각하는 옷을 입습니다. 아니면 성별이 자녀들 사이에 애착의 차이를 만들어 낼 것입니다. 만약 여러분이 서클의 윗부분에서 힘들어한다면, 여러분의 딸의 경우는 여러분이나 다른 사람에게 의존하는 '가정적인 아이'인 반면에, 아들의 경우는 비록 집 가까이에 머물기 원하는 여러분의 바람에는 응한다 할지라도 자신이 꽤 특별하다는 생각을 마음에 두고 있어서 약간은 그럴 자격이 있다고 느끼거나 그렇게 행동하는 것을 볼 수 있을 것입니다.

이 책 전반에서 다룬 바와 같이 서클의 윗부분과 아랫부분 사이에서의 적절한 균형을 유지하는 것은 아주 중요합니다. 자녀를 다소 간섭하는 경향이 있는 부모들은 자녀가 떠나는 것을 결코 원하지 않거나 (서클 윗부분의 상어음악) 아니면 어떤 대가를 치르더라도 자녀가 무언가 성취하기를 바라기 때문에 (서클 아랫부분의 상어음악), 결국에는 자녀를 몰아낼 수 있습니다. 어른이 되면, 이 아이들은 압박당하는 것이 두려워서 친밀감을 경계할 수 있습니다. 왜일까요? 그들은 인정과 수용은 오직 높은 외적 기준을 충족시키거나 (심각하게) 불편함을 느끼는 방식으로 양육자들과 한마음이 될 때만 주어진다고 배워야 하는 압박감이 어떤 것인지 알고 있기 때문입니다.

여기에 부모 두 사람이 관여될 때는 모든 것이 훨씬 더 복잡해집니다.

부부 갈등은 부모-자녀 유대를 약화시킬 수 있습니다

모니카Monica는 전속력으로 달릴 때마다 최고의 기량을 발휘합니다. 열한 살의 모니카는 자기 육체의 한계를 최대한 밀어붙입니다. 특히 나무타기, 울타리 오르기, 인근 산허리의 암벽 등반하기 등의 오르기를 좋아합니다. 그 아이는 농구와 축구도 좋아하는데 방과 후나 주말에도 자기가 찾아낼 수 있는 즉흥적 경기에 모두 참여합니다.

모니카의 아빠인 데빈Devin은 이 모든 것이 걱정스럽습니다. 그는 딸이 스포츠를 즐기는 것을 보고 기뻐하지만, 딸이 다칠까 봐 항상 두려워합니다. 모니카가―수년 동안―여러 군데의 베인 상처와 멍, 그리고 뼈가 부러진 경험이 있기 때문에 그의 걱정이 꼭 빗나간 것만은 아닙니다.

반면에, 모니카의 엄마 마샤^{Marsha}는 이것을 '좋은, 건전한 재미'라고 생각하며 '걱정할 것 없다'고 봅니다. 미샤는 자신도 비슷한 경험을 가지고 있어서 위험을 감수하는 딸의 어려움과 도전을 건강한 양육의 일부로 여깁니다.

그래서 데빈과 마샤가 딸의 최근 골상이나 베인 상처를 놓고 싸우는 것은 보기 드문 일이 아닙니다. "다음에 더 안 좋은 일이 생기면 어쩌려고 그래요?"

"알아요. 하지만 만약 이게 자연스러운 것이고, 몇 번의 부상이 그저 아이들에게 있을 만한 일이라면요?" 부모는 티격태격하면서 데빈의 '빨간 깃발'은 더 빨갛게 되고 마샤의 자신감은 더 확실해집니다.

여기서 몇 가지 불행한 결과가 나타날 수 있습니다. 하나는 모니카가 서클의 윗부분에서 잘못된 신호를 보내는 것은 단지 데빈과만 그렇고 마샤와는 그렇지 않다는 것인데, 이 점이 모니카의 아빠와의 관계를 위협할 수도 있다는 것입니다. 말하자면 아빠와의 관계를 유지하기 위해 모니카는 더 '약한 모습(needy)'이 되어야 한다고 느낄지도 모릅니다. 이런 식으로 서클 윗부분에서의 갈등이 가족의 역동성에서 더 중심이 되어서 엄마와의 관계는 덜 집중될 수 있습니다. 그러면 의도치 않게 그들 모녀의 깊은 유대감에 잠재적으로 손상을 입힐 수 있습니다.

부모가 모두 있는 가정에서 부모 간의 애착유형 차이는 복잡하며 이 책의 범위를 벗어난 내용입니다. 한쪽 또는 양쪽 부모가 자신의 상어음악을 성찰하는 데 어려움을 겪을 때 두 부모가 겪는 복잡한 문제는 전문가와 상의하여 가장 잘 처리될 수 있습니다. 특히 계속되는 긴장 상황에서 부모 두 사람 사이의 긴장을 이해하는 방법을 찾는 데는 종종 두 사람 모두에게 지침과 지지를 제공할 수 있는 훈련된 사람의 명확한 지도가 필요합니다.

부모의 스트레스가 방해합니다

3세, 6세, 8세의 세 자녀가 있는 초등학교 2학년 교사로 일하고 있는 한부모(single parent)인 애나^{Ana}에게 자녀들의 필요는 부담감을 더 느끼게 해 줍니다. 모든 필요에서 그렇게 느끼고, 어떤 필요에서든 그렇게 느낍니다. 특히 긴 하루를 마치고 문에 들어서는 순간에 말이죠.

지난 몇 달 동안 애나는 오직 아이들이 자기들끼리 즐겁게 잘 놀기를 바라면서 집에 돌아왔습니다. 하지만 아이들이 서로 소리 지르는 것을 보며 현관문을 들어서는 것이 일반적이죠. 침실로 슬금슬금 들어가면서 애나는 아무 문제가 없고 그녀의 아이들이 실제로 그녀를 필요로 하지 않는 척하려고 합니다.

침실 문이 닫히는 순간, 고함과 싸움은 고조됩니다. 애나는 소음이 가라앉기를 바라며 10까지 센 다음 20까지 셉니다. 몇 분 동안 그렇게 합니다. 그녀는 침실 TV를 켜고 매일의 토크쇼를 즐기려고 노력합니다. 하지만 소용없습니다. 마침내 매일 같은 시간에 울리는 자명종처럼 애나는 침실을 나와서 모든 소동이 일어나고 있는 앞방으로 가서 아이들에게 '너무 철이 없음'에 대해 소리 지르기 시작합니다.

스트레스는 고통을 줍니다. 부모에게 상처를 주고, 애착의 유대관계를 손상시켜 결국 아이들에게 상처를 줍니다. 한부모는 종종 한 명의 어른이 감당할 수 있는 것보다 더 많은 것을 감당해야만 합니다. 이 시나리오에서 우리는 애나의 자녀들이 엄마가 집으로 돌아오기를 기다릴 때 아이들의 서클 아랫부분의 필요를 볼 수 있습니다. 애나는 지쳤고, 그녀의 불충분한 에너지를 더 많이 요구할 것을 예상하면서, 안정감을 느끼려는 아이들의 필요와 더 크고, 더 강하고, 더 지혜롭고, 자상한 누군가가 집으로 돌아와 주기를 바라는 아이들의 필요를 애써 부인하려고 합니다. 이런 상황은 그녀를 약하게 만들고 사라져 버리게 만드는데, 그것은 아이들로 하여금 '드러나는 행동'을 통해 엄마가 서클로 돌아와서 책임을 지고, 애나가 있을 때만 누릴 수 있는 안정감을 제공하라고 강요하게 만듭니다. 애나는 바로 코앞에서 일어나는 일이기에 그런 보이는 행동에 집중하지 않을 수 없고, 안정감을 요구하는 아이들을 향해 비난을 폭발하게 됩니다. 결국, 비난/수치심/거리두기의 악순환은 계속되고, 서클에서의 아이들의 필요는 인식되지 않게 되어 모자 관계는 나빠지게 됩니다.

애나와 같은 경우에는 약간의 전문적인 심리상담이 큰 도움이 될 수 있습니다. 애나가 전반적인 스트레스를 줄일 수 있는 방법을 찾을 수만 있다면, 그녀는 집에 막 돌아왔을 때 아이들을 위로하고 그들과 연결하기 위해 10분이라도 허락하라는 것과 같은 조언을 실천할 수 있는 약간의 에너지가 남아 있을 수 있을 것입니다. 이것은 아이들의 정서적인 컵을 채우기에 충분할 것이고, 결과적으로 그녀는 충분히 좋은 엄마가 될 수 있다는 것을 알게 되어 좀 더 숨을 돌릴 수 있고 스트레스를 덜 받는 상태에서 자녀들과 함께-있어 주기가 가능한 저녁을 경험할 수 있을 것입니다.

때때로 이단Ethan은 엄마가 받아들여 줄지 아니면 화를 낼지 확신할 수가 없습니다. 엄마에게는 분명히 두 가지 반응이 모두 가능합니다. 지금 이 순간, 여섯 살인 이단의 열광은 엄마가 자랑스러워하는 것으로 간주됩니다. 한 시간 후, 이단의 흥분은 눈에 보이는 모든 것을 말라 죽게 만들 것 같은 눈초리를 받습니다. 그는 어떤 반응을 만날지, 어떤 엄마를 만날지 확신할 수 없습니다.

그래서 이단은 경계심이 생겼습니다. 그는 엄마의 순간적인 감정 온도를 재는 법을 배웠고, 엄마가 어떤 반응을 하려고 할지 항상 주시합니다. 엄마가 행복할 때, 모두 며칠 뒤에도 두 사람이 웃고 있을까를 생각하며 웃습니다. 하지만 엄마가 웅크리며 시무룩해지면 이단은 자기 방으로 물러갑니다. 이제는 엄마의 따가운 시선만 느껴도 이단은 방에서 혼자 있는 시간을 더 많이 보내려고 마음먹게 됩니다.

이단의 엄마도 전문가의 도움이 필요할 것입니다. 때때로 부모에게 지워진 짐은 너무 무거워서 함께-있어 주기를 하고, 올바른 신호와 잘못된 신호를 이해하며, 균열을 알아차리기 위해 성찰하고, 복구를 만들기 위한 충분한 기회(그리고 내적인 능력)가 허락되지 않습니다.

잠자는 상어 깨우기

여러분이 5장을 읽은 후 자신의 상어음악에 관해 생각하기 시작했다면, 상어음악에 가려진 본질을 알기 시작한 것일지도 모릅니다. 우리 프로그램에 참여했던 많은 부모는 자기 자녀나 자신들의 부모와의 애착유대에 대해 마음에 떠오르게 된 통찰력에 관한 이야기를 들려주었습니다. 또한 그들은 우정, 결혼, 직장생활이나 형제관계와 같은 삶의 다양한 관계를 수행하는 방식에서 자기들의 애착유형을 보고 있는 자신들을 발견했습니다.

이 책은 치료적 개입을 목적으로 하지 않습니다. 여러분에게 문제가 있는 것이 아님

니다. 여러분의 양육이나 다른 관계들을 새롭게 바라보도록 돕는 것이 목적이며, 많은 부모가 이러한 인식을 충분히 발견해서 자녀들과 함께-있어 주기를 늘려가는 공감적 전환을 하도록 돕는 것이 목적입니다. 항상이 아니더라도, 어떤 경우에는 대부분의 시간이 아니더라도, 엄마나 아빠가 곁에 있어 주고, 자기들을 받아주고, 사랑해 주고, 자기들의 모든 감정적 필요를 통과해 가는 힘든 여정을 헤쳐 나갈 수 있도록 도와줄 준비가 되어 있다는 것을 아는 것에서 자녀가 (충분히) 안정감을 느낄 수 있을 만큼의 충분한 시간이면 됩니다.

지금까지 읽은 내용으로는 충분하지 않을 수 있습니다. 아니면 더 탐험하며 알아보고 싶은 영감을 받았을 수도 있습니다. 어떤 부모는 "내 아이가 한 살 때 당신은 어디에 있었나요?"라고 질문하면서, 자기 아이가 태어났을 때 안정감 서클에 대해 소개받을 수 있는 기회가 있었다면 얼마나 좋았을까를 생각하며 슬퍼했습니다. 다행히도, 안정감을 선택하는 데 너무 늦은 때란 없습니다. 아이들의 나이와 상관없이 유아든, 십대든, 혹은 청년이 되었든 간에, 지금 배우고 있는 것을 지금 실천하기 시작하세요.

[힌트] 모든 것을 알았을 때, 자녀들에게 이제야 뭐가 잘못되었는지 알게 되었으니 다른 모습으로 부모노릇을 하겠다고 말하는 것은 자녀가 몇 살이든 도움이 되지 않습니다. 그런 결정은 당연히 냉소주의에 부딪히거나 그보다 더 나쁜 상황을 직면하게 될 수 있습니다. 그보다는 여러분 자신이 자라온 역사와 아이들의 역사 속에서 함께-있어 주기, 함께-있어 주지 않기, 상어음악, 올바른 신호와 잘못된 신호 등에 관한 것들에 대해 깨닫고 지금 생각하고 있는 것이, 이 시점부터 여러분의 일상적인 상호작용에 조용히 영향을 미치도록 해 보세요. 돌연히 그만두거나 갑자기 이해가 간다고 변덕스럽게 행동하는 것이 아니라, 여러분의 현재의 태도나 말하는 것에서, 더 이상 말하지 않는 것에서, 강조하거나 요구하는 것처럼 구는 것 등등에서 겸손하지만 헌신적인 변화를 보이는 것입니다. 작더라도 일관적인 실천이 결국―시간이 지남에 따라―실제적이면서 오래 지속되는 변화를 이끌어 냅니다. 또는 여러분 자신의 가족의 애착에 대해서, 그것들이 어떻게 생겨났는지, 그리고 관계를 개선하기 위해 무엇을 할 수 있는지에 대해서 알아보기 위해 2부를 펼쳐 보세요.

✏️ 글상자 19

클럽에 오신 것을 환영합니다

부모가 된다는 것은 지구상에서 가장 어려운 직업일 수 있습니다. 부모들—전 세계에 있는—은 자녀를 위한 최상을 원합니다. 그리고 매일—전 세계에 있는—부모들은 자녀의 필요 중에서 일부는 채워주는 데 실패합니다. "저를 도와주세요."의 순간은 눈에 잘 띄지 않습니다. "저를 지켜봐 주세요."의 순간들은 쉽게 방해를 받아 놓쳐버립니다. "저를 위로해 주세요."나 "제 감정을 정리해 주세요."의 순간은 바쁘고 스트레스 받는 일상에 밀리거나 뒷전이 되어버립니다.

클럽에 오신 것을 환영합니다.

물론, 우리가 실수했다는 것을 아는 것은 어렵습니다. 좋은 소식은 부모로서 우리는 이러한 실수를 해결하는 데 도움이 되는 내적 지혜를 가지고 있다는 것입니다. 우리가 누구이든지 자신에게 잘 들어본다면, 계속 해나가도록 요청하는 무언가가 우리 안에 있습니다. 과거 역사가 어떻든지 간에 우리가 주의를 기울인다면, 마음속 한편에는 아이들의 필요를 채워 주고 싶은 부분이 있습니다.

모든 부모는 지혜가 있습니다

가장 좋은 소식은 양육이 지구상에서 가장 멋진 직업이 될 수 있다는 것입니다. 부모가 되는 것의 가장 멋진 부분 중 하나는 우리가 지혜를 더해갈 수 있다는 것을 아는 것입니다. 우리는 우리의 약함을 인식할 수 있고, 실수로부터 배울 수 있으며, 자녀의 진정한 필요를 충족시키는 새로운 방법을 찾을 수 있습니다.

모든 부모는 갈등합니다

양육에서 실수는 피할 수 없는 것임을 명심하세요. 물론 클럽의 모든 부모는 그렇지 않기를 바랍니다. 클럽의 모든 부모는 자녀의 필요가 채워지고 있다는 것을 확신하기 위해 매우 열심히 노력합니다. 그것이 바로 여러분이 이 책을 읽기 위해 시간과 노력을 기울인 이유입니다. 많은 노력을 들인 후에, 자녀에게 뭔가 잘 풀리지 않는 것이 있다는 것을 깨닫는 것은 속상할 수 있습니다.

우리의 가장 큰 희망은 **안정감 서클**의 어느 특정 영역에 있으려는 경향이 부모로서 우리의 약함이라는 것을 깨닫기 시작하는 데 있습니다. 이 지구상의 모든 부모에게는 이 **서클**에서 과도하게 사용하는 쪽과 덜 사용하는 쪽이 있습니다. 그것은 문제가 아닙니다. 문제가 시작되는 것은 점점 강해지는 쪽과 점점 약해지는 쪽이 있음을 깨닫지 못할 때입니다. 약한 쪽을 과소 사용하는 것을 보충하기 위해 강한 쪽을 과도하게 사용하려고 할 때 문제는 더 커집니다. 우리가 우리 안에, 그리고 우리의 역사 속에 있는 것을 다루는 방법을 찾지 않을 때, 문제는 세대를 이어 다음 세대로 그 쪽을 약하게 유지시키는 것으로 계속된다는 것입니다.

우리에게 주어지지 않았던 것을 주기란 어렵습니다

우리에게 주어지지 않았던 것을 주기란 어렵습니다. 예를 들어, 어린 시절에 경험해 보지 못한 위로를 아이가 요구할 때 아이가 원하는 만큼 채워 주는 것은 어렵습니다. 아이가 부드럽게 돌봐 달라고 우리에게 신호를 보낼 때 움찔하며 고통을 느낄 때가 있을 것입니다. 그럴 때는 자신도 모르게 뒤로 물러나 자신을 방어하려고 할 것입니다. 바쁘게 뭔가를 할 수도 있고 장난감을 던져 주고 가지고 놀라고 하면서—아이가 위로를 직접적으로 요청하지 못하도록 미묘한 방법으로 신호를 보내면서—아이의 초점을 옮겨 놓을 수 있습니다. 왜냐하면 아이가 부드럽게 안아달라고 요구할 때마다 우리가 그런 것을 어린 시절에 경험해 보지 못했기 때문에 아이의 그런 요구가 우리 안에 있는 결핍을 상기시키게 되어 고통을 느끼기 때문입니다. 그때 우리는 당연히 그 순간을 피할 방법을 찾을 것입니다. 미묘한 방법들로 말입니다. 불행히도 아이는 이것을 깨닫기 시작할 것이고, 결과적으로 이런 순간들을 점점 덜 요구하는 것으로 부모를 도우려고 할 것입니다.

아니라면, 우리의 부모는 우리가 밖에 나가서 세상을 탐험하도록 하는 데 서툴렀을 수도 있습니다. 그들은 우리를 가까이 두려고 했고, 때로는 너무 가까이 두려고 했었을 것입니다. 이제 부모가 된 우리는 자녀가 **서클** 안에서 탐험하려고 우리로부터 멀어질 때 불편함을 느끼는 경향이 있게 됩니다. 우리의 부모가 확신하지 못했던 것처럼, 우리도 그것은 순환적인 것이어서 우리 아이는 기다리고 있는 우리 품으로 곧 달려올 거라고 확신하지 못하는 것입니다.

고통에 민감한

우리가 **서클**의 한쪽에서 고통에 민감하다는 것을 알 수 있다면 우리 행동을 바꾸기 시작할 수 있습니다. 뒤로 물러서서 자신을 살펴볼 수 있습니다("아! 내가 또 그랬

네!"). 이때 판단이나 비판 없이, 우리 자신을 살펴볼 수 있습니다. 뒤로 물러서서 우리 행동을 친절한 마음으로 관찰할 수 있습니다. 정말입니다. 우리가 어렸을 때 받지 못했던 것을 아이에게 주는 것이 얼마나 힘든지 존중해 줄 수 있습니다. ("물론, 저에게 이것은 어렵습니다.")

그리고 우리는 비록 어렵지만 불가능한 것은 아니라는 것을 알 수 있습니다. 우리의 지혜와 **서클**의 전역에서 우리 아이의 필요를 충족시키고자 하는 열망은 새로운 문이 열리는 것을 가능하게 합니다. 힘들지만 단지 우리의 불편함을 잠시 (때로는 15~30초 동안 가까이 있거나 떨어져 있는 것이 아이가 원하는 전부입니다) 인식하고 인정할 수 있다면 아이의 필요가 충족된다는 것을 깨달을 수 있습니다. 하루에 대여섯 번의 그런 접촉이나 거리두기를 아이에게 추가로 제공해 줄 수 있다면, 모두—아이와 부모—가 더 행복해지고 더 많은 안정감을 느낄 것입니다.

자녀 양육의 가장 좋은 부분은 **서클** 전역에서 … 아이의 진정한 필요가 채워지고 있을 때 자녀와 **함께-있어 주기**를 하는 것일 수 있습니다.

클럽에 오신 것을 환영합니다.

서클을 만들고 유지하기

더 크고, 더 강하고, 더 지혜롭고, 자상한
― 그리고 충분히 괜찮은 부모가 되는 방법

우리는 사물을 있는 그대로 보지 못하고 우리 방식대로 이해한다.
—아나이스 닌Anais Nin, 「미노타우르스Minotaur의 유혹」

7장

상어의 뼈대

우리의 핵심 민감성 탐험하기

엄마와 나 수업이 한창이었습니다. 십여 명의 두 살배기들이 인도자 주위에 모여 활기찬 노래와 박수치기 게임을 제각기 따라하려고 노력하고 있습니다. 엄마들(그리고 아빠들)은 필요하면 아이들에게 접근할 수 있을 만큼, 그리고 두 살배기 아이들이 처음으로 '학교'에서 엄마와 떨어져 있는 독립을 맛볼 만큼의 거리를 두고 뒷벽에 줄지어 있었습니다. 대부분의 어른들은 수다를 떨며 서로 웃으면서, 잠시 다른 사람이 이야기하도록 차례를 넘겨 주면서 즐거워했습니다. 많은 부모가 주변 사람(성인)에게 말을 주고받으면서도 오로지 자기 아이만 쳐다볼 수 있는 독특한 양육기술을 보여 주었습니다. 어떤 사람들은 자리에 앉자마자 전화기를 꺼내들고 보느라고 고개를 들지 않았습니다. 한 커플은 아이를 주시하면서 말없이 앉아 있었습니다.

"와우!" 칼라^{Carla}가 콧방귀를 뀌며 말했습니다. "잭^{Jack}이 집에서 이렇게 쉽게 즐길 수 있으면 얼마나 좋아요? 그럼 난 정말 뭔가 해냈을 거예요!" 대부분의 부모가 그 말에 동의하는 표시로 웃거나 고개를 끄덕였습니다. 그런데 샤론^{Sharon}이 끼어들면서 "피오나^{Fiona}는 집에서 노래 부르기 게임을 좋아해요! 내가 다운로드한 것들을 그 애가 노래하고 있는 동안에 난 모든 청구서를 처리할 수 있어요!"라고 의기양양하게 말했습니다. 그러자 한 부모가 장난스럽게 맞받으면서 "그래요. 피오나는 대단하네요, 샤론."이라고 할 때 다른 부모들은 또 한 차례 웃으면서 알겠다는 눈짓을 주고받았습니다.

샤론 옆에 있는 마리아^{Maria}는 어린 아들 로리^{Rory}가 머뭇거리며 어깨너머로 자기를 열 번째 쳐다볼 때 아들에게서 눈을 떼면서 소심하게 "뭐라고요?"라고 물었습니다.

부모들 무리의 가장자리에 있던 엘리스^{Ellis}는 전화기를 보며 웅크리고 앉아 있었습니다. 그는 마치 거기서 자기가 무엇을 하고 있었는지 기억해 내려고 애쓰는 것처럼 가끔씩 방을 훑어 보았습니다.

갑자기 로리가 작은 지휘자처럼 팔을 흔들면서 노래를 터뜨렸습니다. 부모들은 박수를 치면서 "잘한다, 로리!"라고 소리치면서 마리아를 쿡쿡 찌르며 "쟤 좀 봐요!"라고 말했습니다. 마리아는 대충 고개를 끄덕였습니다. 그녀는 아들에 대한 박수갈채를 눈치채지 못한 것 같았고, 아이들 무리에게로 조금씩 더 가까이 다가갔습니다. 그 수업이 끝날 때쯤 그녀는 아들 바로 뒤에 앉아서 초조하게 안절부절못하고 있는 자신을 발견했습니다.

상어가 득실거리는 물은 어디에나 있습니다. 심지어 엄마와 나 수업같이 풍성한 양육의 가르침이 있는 환경에서도 말입니다. 부모들 중 일부는 바로 지금 상어음악을 듣고 있습니다. 다른 사람들은 오늘은 다른 어떤 곳에서 그리고 내일은 또 다른 어떤 장소에서 들을 것입니다. 상어음악이 연주된다는 사실이 문제가 있다는 의미는 아닙니다—상황이 위험하다거나 우리가 끔찍한 부모라거나 아이들에게 '문제가 있다.'는 뜻이 아닙니다. 이런 장면에서 빼놓을 수 없는 중요한 점은 이것은 평범한 사람들로 채워진 평범한 곳이라는 점입니다. 바로 그런 곳에서 상어음악이 나옵니다: 일상적인 상황 말입니다. 그리고 우리 부모들의 반응 방식은 이렇습니다. 우리 아이들에게 '해를 입히는' 행동을 하는 방식이 아니라 자녀를 돌보고 보호하는 데 있어서 우리 자신만의 특정한 방법을 개발하는 방식입니다. 대부분의 시간에, 우리 아이들과 상호작용하는 습관은 상당히 양호합니다. 하지만 방금 설명한 장면에서 분명히 드러난 것과 같이, 우리가 따르는 패턴들은 자녀들과의 애착 유대감에 영향을 미칠 수 있고 우리 아이들의 삶에 영향을 미칠 수 있습니다. 우리의 상어음악 패턴을 이해하기 위해 '상어'가 득실거리는 물속을 좀 더 깊이 들여다보는 것은 아이들과 함께 그리고 아이들을 위한 안정감을 구축하기 위해 우리가 최선의 선택을 하도록 도움을 줄 수 있습니다.

여러분이 원한다면, 이 장은 여러분 자신의 상어음악을 탐험하는 데 도움이 될 것입니다. 거의 모든 관계에서 그것을 인식하도록 도울 것인데, 왜냐하면 상어음악은 여러분이 애착되어 있는 어느 곳에서나 재생되는 경향이 있기 때문입니다. 먼저, 다음 체크리스트의 질문에 답해 보세요.

✏️ **글상자 20**

상어음악 체크리스트[1]

다음 항목을 빠르게 읽고 여러분과 동일하다고 생각하는 것에 모두 체크하세요. 고민하지 말고 여러분에게 익숙하게 들리면 체크하고, 그렇지 않으면 다음 항목으로 넘어 가세요.

나를 특별히 기분 좋게 만드는 것은 무엇인가요?

☐ 나와 가까이 있기로 약속한 사랑하는 사람 옆에 앉아 있는 것
☐ 중요한 행사에 모습을 드러내는 것
☐ 혼자 할 수 있는 활동들을 하는 것
☐ 사람들을 기쁘게 하는 것
☐ 훌륭한 일을 한 것에 대해 인정받는 것
☐ 다른 사람들로부터 숨 돌릴 공간을 갖는 것
☐ 성공한 사람들과 어울리는 것
☐ 내가 필요한 존재라고 느끼는 것
☐ 장거리 우정
☐ 다른 사람이 나를 위해 어려운 일을 맡아주는 것
☐ 이기는 것
☐ 청중 속에 있는 것(무대보다는)
☐ 꼭 껴안기 좋은 환경
☐ 혼자 있으면서 내가 좋아하는 일을 하는 것
☐ 가장 친한 사람들을 돌보는 것과 가장 친한 친구들에게 돌봄을 받는 것

□ 모든 것에 최고가 되는 것
■ 소중한 가족과 친구들이 모두 근처에 있는 것
□ 혼자서 갖는 휴가
■ 나보다 타인의 필요와 감정을 우선시하는 것
□ 자급자족하며 사는 것
□ 매우 유능하다고 느끼는 것
□ 누가 보지 않아도 솔직한 것
□ 내가 생각하는 방식을 공유하는 소울 메이트와 함께하는 것

나를 불편하게 만드는 것은 무엇인가요?

■ 혼자 있는 것
□ 2위가 되는 것
■ 묵비권을 행사하는 것
□ 의욕이 없어 보이는 사람들
□ 나와 매우 가까워지기를 원하는 사람들
□ 내가 뭔가 잘못했다고 생각하는 사람들
□ 내가 사랑하는 사람들에 대해 의무감을 느끼는 것
□ 행동으로 옮기기만 하면 되는 문제에 대해 징징대는 사람들 주위에 있는 것
■ 항상 떠나기를 원하는 사람처럼 행동하는 사람과 함께 있는 것
□ 비판적인 사람
□ 너무 소외되어 있는 것
■ 확신하지 못하는 상황에서 자신감 있게 행동하는 것
□ 내가 사람들에게 과분할 것 같은 느낌
□ 비난
□ 다른 사람들에게 의존하는 것
■ 단호한 것
■ 혼자 사는 것
□ 평균이라고 여겨지는 것
■ 생각한 대로 말하는 것
□ 관심의 중심이 되는 것
□ 통제되거나 이용당하는 것
□ 친구들에게 실망하는 것

□ 사람들이 나에 대해 모든 것을 알기 원하는 것

□ 안기는 것

□ **책임지는 것**

□ 실수하는 것

□ 나와 같은 생각을 하고 있다고 느끼는 사람들

□ 실패

□ 이해되지 않는 것

□ 다른 사람들의 높은 기대

□ 지나치게 다정한 사람들

다른 사람들이 나에 대해 말하거나 생각하는 것은 무엇인가요?

□ 나는 해결해야 할 문제가 있을 때 스스로 물러나는 경향이 있다.

□ **나는 더 많은 것을 자력으로 할 필요가 있다.**

□ 나는 혼란스러운 메시지를 준다: 혼자 있을 때는 가끔 다른 사람들과 함께 있고 싶을 때가 있고, 다른 사람들과 있을 때는 종종 혼자 있고 싶을 때가 있다.

□ **나는 너무 쉽게 굴복한다.**

□ 화가 나면 스스로 해결하기 위해 한걸음 물러난다.

□ **나는 다른 사람들을 많이 의존한다.**

□ 나는 가장 가까운 사람들이 뒤로 물러나도록 '부정적으로' 대한다.

□ **나는 일을 끝내기 위해 다른 사람들로부터 많은 지원이 필요하다.**

□ 나는 개인적인 관계를 해칠 정도로 성취에 중점을 둔다.

□ 그들은 내가 주고 싶은 것보다 더 많은 것을 원한다.

□ 나는 내가 이룬 성취에 대해 자랑한다.

□ 나는 혼자 일을 하고 싶어 다른 사람의 감정을 상하게 한다.

□ 나는 친구들과 나 사이에 약간의 거리를 유지하는 경향이 있다.

□ 나는 완벽주의자다.

□ **나는 '너무 가까워지려고' 한다.**

□ 나는 그 사람이 바로 여기에 있을 때보다 그를 그리워할 때 더 많은 애정을 보인다.

□ 나는 너무 비판적일 수 있다.

□ 나에게 가까워진 사람이 좀 더 강한 친밀감을 기대하기 시작할 때 나는 '물러서는' 경향이 있다.

내가 믿는 것은:

☐ 다른 사람들이 가장 잘 볼 수 있도록 자신을 표현하는 것은 괜찮은 것이다.

☐ 누군가를 사랑한다는 것은 그 사람이 결코 외롭지 않다는 것을 의미한다.

☐ *누군가를 사랑한다고 말하는 것은 매우 어려운 일이다.*

☐ 성공했다고 인정받는 것보다 친구들을 갖는 것이 훨씬 더 중요하다.

☐ 이기는 것은 삶에서 가장 좋은 것 중 하나이다.

☐ 더불어 사는 사람들은 세상에서 가장 운이 좋은 사람들이다.

☐ 아무도 실패자를 좋아하지 않는다.

☐ 이기는 것은 중요하지 않다―나는 그저 모든 사람이 사이가 좋기를 바란다.

☐ *다른 사람과 너무 가까이 지내는 것은 안전하지 않다.*

☐ 고립되는 것은 가능한 벌 중에서 최악의 처벌이다.

☐ *모두가 나를 훌륭하다고 생각할 때도 나는 종종 내가 충분하지 않다고 생각한다.*

☐ 사람들에게 사랑한다는 것을 보여 주는 가장 좋은 방법은 결코 그들과 멀어지고 싶지 않는다는 것을 보여 주는 것이다.

☐ *너무 연결되면 사람들 때문에 너무 벅찰 것이다.*

☐ 누군가가 스스로 알아서 일하기를 바란다고 하는 것은 관심이 없다는 뜻이다.

☐ *사람들은 종종 나를 통제하거나 이용하려고 한다.*

☐ 만약 누군가와 다툰다면 난 그 사람을 잃을지도 모른다.

☐ *소수의 친구들이면 충분하다.*

☐ 내 의견은 그리 중요하지 않다.

☐ 난 굉장히 뛰어난 친구들을 사귀려고 노력한다.

☐ 옳은 것보다 그 사람과의 관계를 계속 유지하는 것이 더 중요하다.

☐ 나는 일과 공부를 통해 끊임없이 내 자신을 증명해야 한다.

☐ 다른 사람들은 나보다 일을 더 잘하는 방법을 안다.

☐ *타인의 필요는 나에게 그들과 점점 가까워질 수 있는 여지를 준다.*

☐ 내가 자신을 스스로 잘 돌볼 수 있다면 사람들은 나를 돌보지 않을 것이다.

☐ 나는 내 인생을 위한 매우 특별한 목적이 있다.

☐ 실수를 할 때 사람들은 악의적으로 대할 수 있다.

☐ 염려해 줄 사람이 없다면 독립은 아무 의미가 없다.

☐ 내가 일을 옳게 하더라도 나는 아마 사기꾼일 것이다.

☐ 스스로 해결할 수 있는 경우에도 도움을 요청하는 것은 괜찮다.

☐ 어떤 일이든 내가 정말 자랑스러워하는 일을 다시는 할 수 없을까 봐 걱정된다.

□ 아무도 모를지라도 내가 하는 일을 정말 잘 하는 것은 중요하다.

□ **아이를 갖는다는 것은 외롭다고 느낄 필요가 없다는 것을 의미한다.**

□ 사람들이 내가 얼마나 좋은 사람인지 알 수 있다면 인생의 모든 것은 더 좋아질 것이다.

□ 사람들과 가까워지면 감정적으로 숨 막히게 될 것이다.

□ *비록 내가 잘못했어도 그것을 인정하는 것은 어렵다.*

〈채점〉

굵은 글꼴, 밑줄, *기울임 글꼴*별로 체크한 항목의 수를 더하고, 아래에 그 숫자를 입력하세요.

굵은 글꼴: _____

밑줄: _____

기울임 글꼴: _____

핵심 민감성: 상어음악의 근원

우리 모두는 고통으로부터 자신을 보호하는 방법을 개발합니다. 만성적으로 수줍음을 많이 타는 스테이시^{Stacey}는 혼자서 새로운 사람들을 만나는 고통을 피하기 위해 친구를 데리고 파티에 가는 법을 배웁니다. 챙^{Chang}은 닳아 버린 무릎을 보호하기 위해 고통과 욱신거림을 참고 밀어붙이는 것이 아니라 오래달리기를 두 번의 짧은 달리기로 나누어 뛰는 법을 배웁니다. 빈스^{Vince}는 매주 어머니께 전화하기 전에 명상을 하는데, 이는 서둘러 전화를 끊어 버리고 난 뒤에—기분이 더 나빠져서, 어머니의 외로움에 대해 너무 죄책감을 느끼지 않도록 하기 위한 방법입니다. 잰^{Jan}은 부동산 협상에서 '상대'를 무장해제시켜서 휘둘리지 않고 빠져 나오면서 자신이 잘 준비하지 않았다는 사실이 드러나는 수모를 피하는 법을 배웁니다.

이 모든 것은 고통을 피하기 위해 내린 의식적인 결정들입니다. 상어음악은 5장에서 설명한 바와 같이 초기 애착관계에서 경험한 정서적 고통—복구되지 않은 균열—또는 반복하고 싶지 않은 관계에 대한 고통스러운 기억에 대항하는 무의식적인 방어입니다.

의식적인 방어가 항상 긍정적인 결과를 가져오는 것은 아닙니다. 예를 들어, 잰은 판매 손실에 지쳐 결국 자신의 방어를 내려놓았을 때 오히려 자신을 취약한 상태로 두는 것이 종종 적을 동맹으로 만들어 더 나은 거래를 초래한다는 것을 알게 되는 것입니다. 상어 음악도 항상 긍정적인 결과를 만들어 내는 것은 아닙니다. 당연하다고 여겨지는 우리의 자기보호는 우리에게 그다지 효과적이지 않으며—이 책의 이 지점에서 발견하셨겠지만—비록 좋은 의도일지라도 우리 아이들에게도 도움이 되지 않습니다. 이 장은 상어음악에 대한 무의식적인 방어를 우리의 의식으로 가져와서 상어음악이 우리를 위해 양육에 대한 결정을 내리지 않도록 하려는 초대장입니다.

> 환자에게는 트라우마를 기억하는 것이
> 일어날 수 있었던 때에 아무 일도 일어나지 않았다는 것을 기억하는 것보다 더 쉽다.
> – 도날드 위니콧Donald Winnicott, 소아과 의사이자 정신분석가

상어음악은 고통스러운 생각과 기억에 의해 촉발되며, 일반적으로 우리가 자라면서 특히 상처받았던 핵심 주제에 초점을 맞춥니다. 고통스러운 순간들은 다양할 수 있지만, 더 깊은 고통에 대항하는 우리의 방어들에 초점을 맞추는 하나의 주제를 찾는 것이 일반적입니다. 이 특정한 주제를, 우리가 부모들과 함께하는 안정감 서클에서는 '핵심 민감성'[2]이라고 부릅니다. 이 민감성들은 다음 세 가지 범주로 나뉩니다:

- 분리 민감성
- 존중 민감성
- 안전 민감성

각 핵심 민감성은 고유한 상어음악을 가지고 있습니다—즉, 우리 각자는 관계들에서 버림받음(분리 민감성), 비판이나 거부(존중 민감성), 또는 강요나 침입(안전 민감성)에 대

---

[2] 이 주제는 정신분석 및 대상관계 이론, 애착 이론 및 매스터슨James Masterson, MD과 클라인 Ralph Klein, MD의 임상 통찰력에 뿌리를 둔 복잡한 주제입니다. 관련 연구 분야에 따르면 어린 시절의 애착과 관련된 생각은 가장 극단적인 경우 성격장애로 이어지는 자기방어가 됩니다. 이러한 맥락에서 핵심 민감성은 우리 모두에게 어느 정도 존재하며, 방어 역할을 하지만 대다수의 경우 성격의 일부로 작용하기에 성인기의 현재 측면에서 인식하고 재고할 가치가 있습니다.

한 위협을 (정확하게 또는 부정확하게) 감지할 때 특정 상어음악 테마를 듣기 쉽습니다. 엄마와 나 수업은 세 가지 민감성을 모두 폭넓게 설명해 줍니다. 마리아는 혼자 남겨지는 것을 원하지 않습니다—결코. 그녀는 다른 사람들이 원하는 것이 무엇인지 많은 관심을 가지고 지켜보고 그것을 제공하는 것으로 그들을 그녀 곁에 머물게 할 것입니다. 샤론은 전문성과 성취에 중점을 둡니다. 비판과 판단에 민감한 그녀는 다른 사람들이 자신 (그리고 그녀의 자녀)에 대해 어떻게 생각하는지에 많은 관심을 기울입니다. 엘리스는 다른 사람들의 간섭과 너무 많은 것을 요구하는 사람들과의 관계 속에서 자신을 잃어버리는 것을 경계합니다. 하지만 그는 이러한 경계심을 실제로 인지하지는 못합니다. 그 경계심이 대부분의 상호작용에서 거리를 두게 만들고, 때로는 자기 자녀로부터도 거리를 두게 하는데도 불구하고 말입니다.

여러분은 아마 이미 세 가지 민감성 중 하나에서 자신을 인지할 수 있을 것입니다. 5장에서 설명한 바와 같이 분리 민감성은 서클의 윗부분에서 고전하는 경향이 있는데 이는 매우 일반적인 현상입니다. 만약 여러분이 자녀의 자율성 시도에 좀 더 긴장을 느끼지만 부모로서의 권위를 주장하는 것(마침내 지쳐서 다른 쪽 극단으로 뛰어들 때는 제외)에 어려움이 있다면, 여러분은 분리에 민감할 수 있습니다. 존중 민감성은 우리를 서클의 아랫부분 주위에서의 투쟁에 취약하게 만들 것인데, 특별히 취약성 문제에 관해 그렇습니다. 여러분이 자녀를 (평균이 아닌 어느 것에서든) 최고로 가장 빛나게 만들기 위해 모든 양육서적을 읽으며 양육한다면 존중에 민감한 경우일 수 있습니다. 안전 민감성도 우리를 일반적으로 서클의 아랫부분에서 어려움을 겪게 합니다. 여러분과 가까이에서 애정을 나눌 수 있지만 동시에 충분히 떨어져 지내는 것을 좋아하는 (너무 지나치게 여러분을 필요로 하지 않는 것 같은) 아이를 갖는 것이 이상적으로 보인다면, 여러분은 안전에 민감한 부모일지도 모릅니다.

아직 자녀가 없다면 일상의 다른 중요한 인간관계를 생각하면서 핵심 민감성에 대한 단서를 찾을 수 있습니다. 한편, 상어음악 체크리스트가 여러분의 핵심 민감성에 대해 무엇을 말해 주었나요?

- **굵은 글꼴**에 체크한 항목이 다른 두 가지보다 많다면 분리 민감성이 강한 경우입니다.
- <u>밑줄 친 항목</u>을 더 많이 체크했다면 존중에 더 민감한 경우입니다.

● 기울임 글꼴 항목을 더 많이 선택했다면 안전에 대한 민감성이 강한 경우입니다.

여러분은 각 주제마다 일부 항목들에 체크했을 것입니다.[3] 그것은 정상입니다. 우리 대부분은 각 민감성의 측면들을 가지고 있지만, 우리의 지배적인 핵심 민감성은 우리에게 상어음악을 가장 크게 연주하는 것입니다—특히 스트레스를 받을 때입니다. 따라서 여러분의 주요 민감성의 위치를 확인하는 것이 좋습니다. 아마도 그곳은 여러분이 관계에서 가장 균열에 취약한 부분이면서 복구하기 가장 어려운 곳일 것입니다 (〈글상자 21〉을 참조하세요).

〈글상자 21〉에서 알 수 있듯이, 핵심 민감성은 우리가 인간관계에서 어떻게 행동해야 하는지, 다른 사람과는 어떻게 상호작용해야 하는지에 대한 무언의 규칙을 만들도록 할 수 있습니다. 무의식적으로는 우리 자신에게 정서적 안정성과 보호를 제공하려고 노력하지만, 실제 생활에서 우리의 게임 계획에는 다른 사람들이 따라야 할 기대치를 만드는 무언의 규칙이 있습니다. 성인관계에서 이것은 종종 뜻하지 않게 다른 사람의 표현되지 않은 민감성을 침해하는 결과를 초래합니다. 알리사Alyssa는 가이Guy에게 자신을 사랑하느냐고 자주 물어봅니다. 혼자 남겨지는 것에 대한 두려움을 없애기 위해 안심시켜 달라고 요청하는 것입니다. 하지만 이러한 요청은 가이에게 방해가 되어 더 멀어지도록 만들 뿐입니다. 균열은 양쪽 모두에서 발생했지만, 자신과 상대방의 핵심 민감성에 대한 이해가 없으면 복구는 타격을 받거나 실패하거나 아예 발생하지 않을 수 있습니다. 알리사가 네 살 난 딸 리아Lia를 종일 곁에 있게 하면 리아는 엄마를 의존하는 모습은 잘 유지하지만, 자율성에 대한 약간의 필요를 (겨우) 유지하면서 엄마의 가용성을 유지하도록 디자인된 잘못된 신호를 발달시킵니다. 아이는 노는 동안에 마치 짜증난 것처럼 (잘못된 신호) 행동하면서 반복해서 알리사에게 달려오는데, 달래지지 않는 것처럼 보이지만 다시 놀기 위해 꿈틀거립니다. 리아는 그녀의 무의식의 마음이 엄마를 기쁘게 해 줄 것이라고 그녀에게 말하는 것을 행동으로 하고 있습니다. 비록 언어적인 말로는 결코 표현할 수 없을지라도 말입니다.

---

3) 체크리스트의 일부 항목은 둘 이상의 민감성에 적용될 수도 있습니다. 예를 들어, 다른 사람들의 높은 기대에 직면했을 때 불편함을 느끼는 것은 존중 민감성 외에도 안전 민감성에서 비롯될 수 있습니다. 사람들에게 절대적이거나 보편적인 것은 없습니다. 체크리스트는 일반적인 모습을 알 수 있도록 설계되었습니다.

핵심 민감성과 균열

상어음악은 매우 민감한 자동차 경보기 중 하나와 같을 수 있습니다—도난을 방지하기 위한 것이지만 바람이나 가벼운 접촉으로 인해 발생하는 아주 작은 진동에도 경보음을 울리기 쉬우니까요. 그런 의미에서 상어음악은 아이의 필요에 대해 우리가 의도하지 않은 방식으로 반응하도록 우리를 유도하는 잘못된 신호일 수 있습니다. 여러분의 핵심 민감성을 알아내는 한 가지 방법은 여러분이 나중에 후회하거나 적어도 왜 그랬는지 질문하게 만드는 즉각적이거나 자동적인 반응이 어느 경우에 발생하는지 되돌아보는 것입니다. 여러분에게 이미 자녀가 있다면…

- 아이가 혼자 어디에 가고 싶다고 할 때 자동적으로 "오늘은 집에 있어야 할 것 같아." 또는 "아니야, 그건 좋은 생각이 아닌 거 같아."라고 말하는 자신을 발견하나요?—나중에 보면 반대할 이유가 없었다고 솔직히 말할 수 있는 것인데도 말입니다.
- 돌쟁이 자녀가 친구들과 장난감을 같이 가지고 놀지 않거나 자기방식을 고집하는 것에 대해서 "다른 아이들이 너를 좋아하지 않을 거야." 또는 "너는 친구들에게 친절하지 않구나."라고 하면서 아이를 꾸짖나요? 자신이 두 살 된 아이가 할 수 있는 것 이상을 기대하고 있다는 것을 알고 있음에도 불구하고 말입니다.
- 세 살짜리 자녀가 무릎이 까진 채 훌쩍거리며 다가올 때 자동적으로 아이에게 '더 조심하도록' 요구하거나 재빨리 아이를 장난감으로 주의를 집중시키려 하거나 아니면 아이가 무릎에 올라타고 싶어 하는 것 같을 때 "지금은 안 돼!"라고 말하나요?—마음 한 구석에서는 아이를 들어올려 위로하거나 그냥 껴안아 주고 싶은 마음이 있는데도 말입니다.

이러한 종류의 반사적 반응 패턴은 여러분의 핵심 민감성이 무엇인지 말해 줄 수 있습니다. 다음에 그런 일들이 일어날 때, 스스로에게 "내 아이가 **서클**의 어디에 있었더라?" 하고 자문해 보면 많은 것을 배울 수 있습니다.

여러분이 자신의 핵심 민감성에 익숙해지면, 서클 주변에서 핵심 민감성이 자녀의 필요에 대한 여러분의 반응에 어떻게 영향을 미치는지 성찰할 수 있고 상어음악 경보를 무시하기로 결정할 수 있습니다. 엄마와 나 세션에서 몇몇 부모들은 바로 그렇게 했습니다. 한 엄마는 아이가 자기 곁에서 멀어지면 매우 긴장하는 경향이 있다는 것을 알았습니다. 그녀는 아이가 탐험을 하는 것(우리는 '나가 놀기' 또는 '서클의 윗부분에 있는 것'이라고 부릅니다)에 방해가 되지 않도록 하려고 "애는 괜찮아, 애는 괜찮아, 애는 괜찮아."라고 속으로 되뇌었습니다. 자신의 말에 발로 리듬을 맞추면서 말입니다. 아무도 그녀가 고군분투하고 있다고 의심하지 않았습니다. 마리아에게는 상황이 달랐습니다. 그녀는 로리가 그녀를 등지고 앉아서 다른 곳에 관심을 가질 때 왜 그런지도 모르면서 마음이 불편함을 느꼈습니다. 그녀는 아이들 쪽으로 점점 더 가까이 다가가려는 자신을 발견했습니다. 엘리스의 경우는 또 달랐습니다. 어린 아들이 활동에 참여하는 것을 싫어하는 것처럼 보일 때 아들에게 가까이 가고 싶은 충동과, 아들이 칭얼거릴 때 무시하고 전화기에 집중하고 싶은 충동 사이에서 오락가락했습니다. 샤론 역시 그녀가 원할 때 상어음악을 무시하는 것에 도움이 될 자기인식은 부족했습니다. 그녀의 친구가 피오나가 대단하다고 말하자 잠시 샤론의 얼굴에는 수줍어하는 표정이 스쳐 지나갔고, 다른 사람들의 머리 너머로 방을 고요하게 바라보는 그녀는 차분한 것 같아 보였습니다. 속으로는 다른 부모들은 피오나가 정말로 얼마나 대단한지 모른다고 말하고 있었습니다. 게다가 그녀는 모든 양육서적을 읽었으며, 아이들에게는 얼마나 많은 긍정적 확언이 필요한지 알고 있었습니다. 피오나가 또래들보다 발달에 있어서 확실히 앞서 있다는 사실이 그 증거였습니다. 이러한 생각들 이면에서 그녀는 다른 느낌이 들었습니다: 그게 말이 안 된다는 불길한 예감입니다.

여러분에게 이미 자녀가 있는 경우라면 이 이야기 중 일부가 친숙하게 들려질 수 있습니다. 혹시 첫째를 임신 중이라면, 핵심 민감성을 다른 친밀한 관계에 적용하여 탐색해 볼 수 있습니다.

배우자, 파트너, 가장 친한 친구:
우리의 성인관계가 핵심 민감성을 드러내는 방법

누군가와 가까이 있다는 생각이 매우 위안이 된다는 것을 이론적으로는 알겠는데 배우자가 어떤 필요를 요구하는 현실에서는 친밀하게 지내는 것이 너무 부담스럽게 느껴지나요? 아니면 배우자와의 정서적 거리가 상당히 위협적으로 느껴지기 시작하나요? 아니면 단순히 관계를 유지하는 것 이상으로 관계 안에서 완벽해지려고 애쓰는 자신을 발견하게 되나요? 이 모든 것이 핵심 민감성을 나타내는 지표일 수 있습니다. 따라서 어디에서 여러분의 핵심 민감성이 일어나는지 알아내는 효과적인 방법 중 하나는 성인관계, 특히 친밀한 배우자와의 관계를 살펴보는 것입니다. 다음의 핵심 민감성에 대한 개요에는 자신을 알기 위해 필요한 과거와 현재의 관계에 대한 몇 가지 질문이 포함되어 있습니다. '친밀관계 내의 핵심 민감성' 차트를 제공해드립니다.

〈친밀관계 내의 핵심 민감성〉

	분리 민감성	존중 민감성	안전 민감성
	나의 원함과 필요와 감정에 집중하지 않고, 다른 사람들의 원함과 필요와 감정에 따라야 한다고 생각한다.	있는 그대로의 나는 가치가 충분하지 않다고 믿는다. 나는 성과와 성취를 통해 내가 가치 있음을 증명하기 위해 끊임없이 노력한다.	중요한 타인과 연결되기 위한 대가는 내가 진짜 누구이고 내가 정말 원하는 것이 무엇인지에 대한 선택권을 포기하는 것이다.
결론	가까운 사람들의 필요 사항에 집중하기 위해 최선을 다한다. 그렇지 않으면 그들이 화를 내며 떠날까 두렵다. 또는 가까운 사람들이 나를 신경 쓰지 않는 것 같아서 속상할 때가 많다.	나에 대한 인식은 매우 중요하다고 느낀다. 나는 인식을 통제하려고 노력한다. 나를 실패했다거나 불충분하다고 생각하는 어떤 견해도 경계한다. 내 주변에서 사람들은 '달걀껍질 위를 걷는' 경향이 있다. '제대로 하지 않는 것'에 대해 사람들에게 자주 실망한다.	나는 사람들과 가까워지는 것을 통제하려고 노력한다. 다른 사람과 가까워질 때 나의 안전이 위험해진다.

절차적 확실성	타인과 가까워지기 위해서 나는 가난하고, 착하고, 약하고, 필요하다면, 무능하거나 무력한 상태로 있어야 한다. 그러면 보살핌을 받고 외롭지 않을 것이다.	주목받고 반응을 얻으려면 나는 성과를 내고, 성취하고, 완벽하고, '가장 중요한 사람(지성, 아름다움, 뛰어난 성과, 능력 때문에 내가 동경하는 사람들)'처럼 생각해야 한다. 내가 성과를 낼 때 그리고/또는 내가 존경하는 사람과 함께 있을 때, 혼자가 아니며 특별하다고 느낀다.	관계에 있다는 것은 간섭받고 통제받는 일이다. 관계에 있다는 것은 노예가 될 위험이 있다. 희망하는 최선의 상태는 거리를 두고 있지만 친밀한 상태이다.
일반적인 절차적 촉발요인	나는 관계에 뭔가 잘못된 징후가 있는지 부단히 경계하며 살핀다(따라서 종종 속상하고 힘든 상태에서 관계 중심무대를 지킨다); 중요한 타인들과 함께하는 것이 두렵다. 나는 내가 충분히 사랑받고 있는지 아닌지에 대해 골몰하는 경향이 있다.	나는 다른 사람들의 긍정적이고 부정적인 인식을 스캔한다. 나는 비판에 대해 극단적인 반응을 보인다; 나는 옳아야 한다; 틀리지 않아야 한다. 나는 가까운 사람들이 '같은 생각을 하기' 원한다.	누군가가 지배적이거나, 이용하려고만 하거나, 강제적이거나, '너무 가까운'('너무 친밀한' '너무 이해하는' '너무 걱정하는') 징후가 있는지 스캔한다. 노출/보여지는 것은 고통스럽게 느껴질 수 있다.
타인들의 말	"당신은 나에게 너무 많은 것을 원해요." "마치 나에게 집착하는 것처럼 느껴져요." "당신은 마치 내가 떠나겠다고 위협하고 나서 극적으로 남기로 결정하길 바라는 것 같아요."	"항상 당신에 관한 것은 아니에요." "그것은 단지 비평일 뿐이지 심각하게 받아들일 필요 없어요." "나는 당신의 연장선이 아닙니다." "내가 항상 낙관적이어야 한다는 압박을 느끼거나 당신에 대해 언제나 좋은 말만 해야 할 것같이 느껴져요; 그렇게 하지 않으면 당신은 비판받는다고 느끼거나, 화가 나거나, 차가워지잖아요."	"나는 당신을 좀 더 원해요." "당신은 나에게서 사라지는 것 같아요." "왜 당신에 대해 물을 때마다 도망가지요?" "난 당신을 통제하려는 게 아니에요; 그냥 가까이하고 싶을 뿐이에요."
건강한 목표	나의 지각과 의견과 필요를 포기하는 것은 실제로 내가 누구인지 부인하는 것이고, 따라서 더 깊은 수준의 친밀감을 부인하는 것이다.	실수란 불가피하다는 것을 인식해야 한다. 내 필요와 취약성을 공유하는 것은 충족될 수 있다.	협상의 맥락에서 친밀함은 강요받거나 침입당하거나 통제받는 것을 요구하지 않는다; 친밀함은 안전할 수 있다.
말해야 할 진실	"속으로는 당신이 날 떠날 것 같다는 생각이 들어요." "내가 당신에게 집중하지 않으면 당신은 떠날 거야." "당신이 가까이 와서 나를 돌봐줄 수 있도록 난 무력해질 수 있어요."	"속으로는 내가 진짜로는 가치가 없다고 꽤 확신하고 있어." "당신이 내가 바라는 대로가 아닐 때 화가 나기도 해." "당신의 의견 불일치가 우리는 항상 똑같이 생각한다는 나의 환상을 깨뜨린다면 난 뒤로 물러날지도 몰라."	"또다시, 너무 가까워지는 것 같아서 겁이 났어요." "당신이 상황을 통제하려고 할 거라고 확신해서 나는 자급자족 모드로 후퇴했다고 생각해요."

제임스 매스터슨James Masterson, MD, 랄프 클라인Ralph Klein, MD의 교육내용에 기초한 것입니다.

분리에 민감한

분리에 민감한 사람들은 관계를 가깝게 유지하는 데 중점을 둡니다. 그들에게는 상대방이 관계에 초점을 두지 않는 것 같은 느낌을 주는 어떤 암시라도 위협적으로 느껴질 수 있습니다. 버림받는 것에 대한 두려움 때문에 분리에 민감한 어떤 사람들은 관계를 '작동'하기 위해 자신의 개별성—그들의 원하는 것, 필요, 감정—이나 행복(well-being)을 희생시킬 수 있습니다.

분리에 민감한 사람들은 5장에서 설명한 서클의 **윗부분에서 고군분투하는** 사람들이며 앞의 사례에서 **마리아**가 그 예입니다.

보안 카메라: 우리의 핵심 민감성들은 '상어'를 위한 관계 환경을 스캔하는 렌즈입니다. 그것은 마치 감지된 위협의 존재를 알려주는 보안 카메라를 장착하고 있는 것과 같습니다. 적어도 어느 정도 안정감을 느끼기 위해서, 분리에 민감한 사람은 관계에 잘못된 것이 있는지 또는 의지하는 사람이 관계를 떠날 수 있다는 잠재적인 징후가 있는지 지속적으로 스캔합니다.

💬 **연애할 때 상대방은 나를 사랑하고 있는 건지 마음이 쓰였나요?** 분리에 민감한 사람들은 파트너의 사랑을 지속적으로 확인하려고 할 수 있습니다. 일부는 "날 떠날까 봐 두려워."라는 생각을 주로 하는 '질투하는 유형'으로 보일 수 있습니다.

💬 **잘못된 것은 없는지 확신하기 위해 사랑하는 파트너나 심지어 친한 친구와의 관계를 분석해 보나요?** 때때로 분리에 민감한 사람들은 무의식적으로 관계를 시험하기 위해 어려움을 강조하고 화를 내면서 속을 휘젓습니다. 그리고 이것은 관계를 깨는 것이 아니라는 것을 분명히 합니다. (아이러니하게도 관계에 추가적인 스트레스를 줄 수 있는데 말입니다.) 그들은 또한 다른 사람들을 가까이 두기 위한 방법으로 자신은 아무것도 할 수 없다는 무력감을 종종 이용하여 감정적으로 힘들 때마다 도와달라고 간청합니다.

💬 **사랑하는 사람들 앞에서 여러분의 분명한 입장을 취하는 것을 꺼리나요?** 본래 자기주장이 강하면 다른 사람들과 거리를 만들 수 있습니다. 여러분이 분리에 민감한 경우 이것은 너무 위험하게 느껴질 수 있습니다. ("내 의견이 있다는 것은 당신과 분리되어 홀로

남겨지는 것을 의미할 수 있어요.") 흥미로운 점은 분리에 민감한 사람들이 자기주장은 억제하면서, 종종 싸움을 선택한다는 것입니다. 자기주장은 능력이 있다는 것을 나타내기에 여러분을 관계 밖으로 밀어낼 수 있지만, 싸움은 서로를 관계 속으로 끌어들여 얽히게 하는 것이므로 가까이 있는 것을 유지하게 해 줍니다.

존중에 민감한

존중에 민감한 사람들은 자신들의 성과와 자기들이 알아차린 완벽함을 강조하면서 자신들이 긍정적으로 구별되어야 한다고 느낍니다. 왜냐하면 마음 깊은 곳에서는 본래부터의 결함이 그대로 드러나 자신들의 인간적인 자아가 용인될 거라고 믿지 않기 때문입니다. 불완전함은 거절과 같습니다. 가장 중요한 타인으로부터 정서적인 '보급품들'(칭찬과 인정)을 얻으려고 노력하지만, 정서적 필요가 없는 것처럼 행동할 수도 있습니다. 취약하게 되는 것은 부족한 것으로 밝혀져서 수치나 굴욕을 당할 위험을 감수하는 것입니다. 버려짐은 여기에서도 두려움이지만, 초점은 불완전에 대한 거절입니다. 목표는 항상 매우 좋은 성과를 내고, 특별한 취급을 받으며, 언제나 평균 이상이 되는 것입니다.

존중에 민감한 사람들은 5장에서 서클의 **아랫부분에서 고군분투하는** 사람들이며, 수잔이 그 예입니다.

보안 카메라: 존중에 민감한 사람들이 '안정감'을 확신할 수 있는 유일한 방법은 다른 사람들이 자신을 긍정적/파격적으로 뛰어나다고 인식하는 것을 확신하는 것입니다. 따라서 그들은 자신에 대한 잠재적인 부정적·긍정적 인식에 대해 다른 사람들을 끊임없이 스캔합니다.

💬 **비판을 받아들이기가 어려운가요?** 존중에 민감한 사람들은 옳아야 할 필요를 느낄 뿐 아니라 틀리지 않아야 할 필요는 더 많이 느낍니다. 이러한 성향은 개인적, 직업적 관계에서 만연해 있습니다. 존중에 민감한 파트너가 사과하는 모습은 좀처럼 발견할 수 없는데, 이는 사과하는 것은 틀렸다는 것을 의미하고 틀렸다는 것은 비난과 굴욕의 기억을 가져오기 때문입니다. 아니면 반대로 거의 끊임없이 사과하거나 자신을 깎아내릴 수 있습니다. 처음에는 이것이 거의 겸손해 보이지만 이면에는 이런 습관이 선수 치는

것일 수 있습니다. "내가 나 자신을 먼저 비난하면, 너는 나를 비난하지 않을 거야. 아니라면 네가 비난할지라도 내가 먼저 나를 비난했으니까 그렇게까지 상처가 되지는 않을 거야."

🗨 **사랑과 우정에서 여러분과 같은 생각을 가진 사람들을 찾고 있나요?** 존중에 민감한 사람에게 이상적인 사람은 '완벽하게 이해할 수 있고' '완전히 알 수 있고' 같은 생각과 감정을 공유하면서 거의 모든 것에 완전히 동의하는 사람입니다. 이것을 '한마음(one-mindedness)'이라고 합니다. ("둘 사이에서 비판이나 결국 거절로 이어질 수 있는 어떤 차이점도 갖지 않을 정도로 같은 마음이 되는 것입니다.")

🗨 **여러분의 친밀한 관계는 완벽해져야 하나요?** 존중에 민감한 사람은 취약하다는 것을 끔찍하게 여길 수 있기 때문에 사소한 문제나 균열이 있어도 관계가 쉽게 깨질 것 같다고 느껴질 수 있습니다. ("완벽하다는 것은 우리 둘 중 누구도 우리가 미안하다고 말할 필요가 없다는 것을 의미합니다.")

안전에 민감한

안전에 민감한 사람들은 수수께끼 같은 존재인데, 특히 전형적으로 가까운 관계에 있는 사람들—부모/자녀, 친밀한 파트너, 심지어 가까운 친구 사이—에게 그렇습니다. 안전에 민감한 사람들은 다른 사람과 긴밀한 관계를 맺으려면 자기 자신은 없어지게 되는 엄청난 대가가 필요하다고 믿습니다. 너무 가까이 다가가면 상대방에게 양보해야 할 것이고, 내가 원하는 것과 나 자신을 희생해야 할 것이며, 결국 조종당하거나 이용당하게 될 것이라고 믿는 것입니다. 반대로, 굴복하지 않고 자기감을 갖는 것은 완전히 혼자가 된다는 것을 암시합니다. 그러므로 안전에 민감하다는 것은 연결이 되는 것과 자신이 되는 것에 대한 딜레마에 늘 빠지게 합니다. 참으로 어려운 갈등이지요.

안전 민감성에 대해 생각하는 또 다른 방법은 안전 민감성을 일종의 '침해(intrusion)' 민감성으로 간주하는 것입니다. 안전에 민감한 사람들은 다른 사람들이 잠재적으로 어떻게 그들의 자기감을 침해하는가를 신경 씁니다. 역설적인 것은 그들이 친밀함을 원하고 심지어 갈망하지만, 실제 관계에서 상호작용해야 할 때는 종종 불안하고 불편하게 느낀다는 것입니다. 스스로 만족하는 방법을 찾는 것이 결국 중심 목표가 됩니다.

안전에 민감한 사람들은 다른 사람들에게 자신의 필요를 드러내고 너무 가까이 가는 것을 두려워하기 때문에 안정감 서클의 아랫부분에서 어려움을 겪는 경향이 있습니다 (물론 이것은 잠재적인 침해를 암시합니다). 엘리스는 안전 민감성의 징후—자기 아이나 다른 부모들에게 너무 가까이 다가가거나 너무 멀리 떨어져 있는 것을 원하지 않는 것—를 보입니다.

보안 카메라: 안전에 민감한 사람들에게 안전이란 거리를 두는 것을 의미합니다. 그래서 그들은 끊임없이 침해, 지배 또는 조종의 징후들을 스캔합니다. 표면 바로 아래에서, 그들은 또한 자신이 다른 사람들에게 '과하다는' 어떤 징후라도 있는지 스캔하려고 합니다. 스스로가 침해가 될 수 없도록 하는 것입니다.

💬 **여러분은 새로운 관계에서 이러지도 저러지도 못하면서 가까워지고 다시 뒤로 물러나는 것을 반복하는 행동을 하나요?** 안전에 민감한 사람들은 관계를 원하고 연결되기를 원하지만 일단 그렇게 되면 종종 불편을 느낍니다. 이것은 '헌신을 내켜하지 않는 것'으로 오해받을 수 있습니다. 가까워지기를 더 원하는 사람에게는 이런 식으로 보일 수 있지만, 불편함과 멀어짐은 불가피하게 너무 많은 것을 원할 사람의 침해에 대한 두려움과 관련이 있습니다.

💬 **가까운 관계에 있는 사람들이 갑자기 물러나거나 잠적했다고 여러분을 비난하나요?** 다양한 촉발 요인(너무 많은 공감, 너무 많은 이해, 너무 많은 신체 접촉)은 안전에 민감한 사람이 위협을 느끼도록 만들어 결국 뒤로 빠지거나 관계를 닫아버리게 합니다.

💬 **사람들의 감정보다 정직함이나 진실에 더 관심이 많다는 이유로 여러분의 잠재적인 파트너가 여러분을 차갑고 무감각한 사람으로 보나요?** 안전에 민감한 사람들은 "내가 나를 믿을 수 없다면 누구를 믿을 수 있겠는가?"라는 수사적인 질문으로 살아갑니다. 그들은 인간관계를 매우 갈망하면서 많은 공감력과 개인적으로 나눌 경험들을 가지고 있지만, 어느 쪽이든 한 사람이 공유하면 상대방이 너무 가까이 오게 될 수도 있습니다. 그렇기에 더 안전하다고 느끼는 곳에 종종 초점을 맞춥니다. 즉, 정직이나 진실 편에 서려는 의지를 굽히지 않는 모습입니다. 정직에 대한 이러한 의지는 청렴함으로 보여지기도

하지만 다른 사람들을 밀어내는 경향도 있습니다. 둘 다 단기적으로는 '안전하다'고 느낄 수 있습니다. 하지만 안타깝게도, 이러한 안전감은 종종 혼자라는 느낌으로 이어집니다.

> "제 파트너와의 관계에서 저는 가끔 긴 포옹에서 벗어나고 싶다는 생각이 들지만,
> 저는 제 자신에게 그는 자기 컵이 채워질 필요가 있는 거라고, 포옹이 가끔은 나를 그 품에서
> 빠져나가고 싶게 만들지라도 사실은 괜찮은 거라고 상기시킬 수 있어요.
> '여기에는 진짜 위험은 없고 단지 나의 상어음악이 있을 뿐이야.'라고 생각하지요."
> – 앨리슨 브루스Alison Bruce, 웨스턴오스트레일리아주의 카라타

여러분은 핵심 민감성이 서클에서 두 손으로서 기능할 때 어떤 영향을 미칠지 궁금할 수 있을 것입니다 (〈글상자 22〉를 참조하세요).

🖊 글상자 22

핵심 민감성과 서클에서 우리의 두 손

기억하세요. 우리에게 균열이 있을 때, 우리는 두 손을 모두 **서클** 위에 두든지, 아니면 한쪽 손이나 두 손 모두를 **서클**에서 떼어 버릴 수도 있습니다.

분리에 민감한
여러분이 분리에 민감하다면, 아이가 여러분에게서 멀어져서 모험을 시작하는 바로 그 순간에 **서클**의 윗부분에서 손을 떼는 자신을 종종 발견할 수 있습니다. 여러분이 손을 떼면 아이는 덜 안전하다고 느끼기 때문에 다시 여러분에게 달려와 다시 여러분에게 안전하다고 느끼는 환상을 갖게 해 줍니다. 여러분의 보안카메라에 상어가 나타났고 여러분은 피할 방법을 찾은 것입니다. 또는 자녀가 부모의 확고함을 필요로 할 때 책임을 지는 데 어려움을 겪을 수 있습니다. 이는 권위 있는 양육과 권위주의적인 양육을 혼동할 뿐만 아니라 여러분이 더 크고 더 강하게 행동하면 자녀의 애정과 친밀감을 잃을까 봐 두려워하기 때문입니다.

존중에 민감한
여러분이 존중에 민감하다면 아이가 강한 감정을 처리하기 위해 위로나 도움이 필요할 때

서클의 아랫부분에서 손을 떼버리는 자신을 발견할 수 있습니다—아마도 여러분이 어렸을 때 '남들보다 뛰어날 것'을 또는 '불가능을 가능케 할 것'을 요구받았을 것이고, 그래서 무의식적으로 똑같은 교훈을 전하도록 이끌리고 있는지 모릅니다. 만약 책임을 져야 할 때라면, 꾸짖거나 수치를 주는 쪽으로 행동(상처 주는 말이나 눈을 흘기는 것)할지도 모릅니다. 여러분이 자라면서 익숙했던 수치심을 느끼게 하는 비판적 태도를 반복하는 것입니다. 아니라면 '두 마음'을 갖는 위험을 감수하고 싶지 않은데 실제로는 여러분이 뚜렷하게 갈라진 두 마음을 가지고 있다는 사실을 드러내는 것이 두려워서 자녀가 쇼를 진행하도록 허용할지도 모릅니다. 그런데 "지금은 이 특정한 순간에 이 특정한 문제에 대해 더 크고, 더 강하고, 더 지혜롭고, 자상한 자에게 들어야 하는 때입니다!"

안전에 민감한

일반적으로 안전에 민감한 부모는 아이가 가까이 있기를 원하지만, 너무 가까이 있지 않기를 원하면서 **서클**의 아랫부분에서 손을 떼게 됩니다. 때때로 그들은 **서클**의 윗부분에서도 손을 떼는데 자신이 너무 외롭다고 느끼지 않게 아이가 '가까이' 있기를 원하기 때문입니다. 물론 이것은 아이에게 혼란을 줄 수 있습니다. "제발 너무 멀리 가지도 말고 너무 가까이 오지도 말라."는 말을 듣게 되는 것이기 때문입니다.

각 핵심 민감성에서 심술궂음, 약해짐, 사라져 버림

각 핵심 민감성이 가장 극심한 경우는 자녀를 돌보는 데 지속적으로 태만하거나, 정신적으로 건강하지 않거나, 학대적인 부모 아래서 성장한 부모이거나, 가족을 돌보는 자로 지정되어서 **서클**에 손이 있는 것 자체에 대한 모델을 경험해 보지 못한 채로 자라야 했던 부모일 경우입니다. 이런 경우에는, 여러분의 핵심 민감성에 상관없이, 고통스러운 상황에서 더 크고, 더 강하고, 더 지혜롭고, 자상하게 아이의 필요를 충족시켜 주고 싶어도, 손은 **서클**에 가 닿을 수 없는 것입니다. 우리는 기적적으로, 지속적으로 심술궂고, 약해진 모습만 보여 주고, 아이가 필요로 할 때 사라져 버리는 부모를 가졌던 각각의 핵심 민감성에 취약한 부모들이 **안정감 서클**을 배워서 부정적인 유산을 뒤로 남겨 놓게 된 경우들을 보아왔습니다. 또한 이런 부모들은 흔히 자신들이 감정적으로 압도될 때 전문가의 도움으로 유익을 얻었습니다.

핵심 민감성은 가장 가까운 관계에서 가장 큰 영향을 미치지만, 일반적인 일상의 상호작용에서도 반응할 수 있습니다 (〈글 상자 23〉을 참조하세요).

✏️ 글상자 23

촉발자극(prompt) 그리고 반응: 일상적인 대화에서의 핵심 민감성

우리의 핵심 민감성은 나타나지 않을 것 같은 상황에서 활성화될 수 있습니다. 다음은 상대방이 말하는 일반적인 진술(촉발자극)에 대해 여러분이 자신의 핵심 민감성에 따라 속으로 어떻게 반응할지를 보여 주는 예들입니다.

촉발자극: "당신은 저에게 일어난 일을 믿지 못할 거예요. 저는 지난 6개월 동안 두 번이나 승진했어요. 이제 공식적으로 은행의 새로운 매니저가 되었답니다. 그리고 은행에서는 내년에 개점할 지점에서 제가 정식 매니저가 될 수 있도록 준비시키고 있는 것 같아요."

내적 반응—분리: "나에게는 절대 그런 일이 일어나지 않을 거야, 절대로. 나는 그런 패배자니까! 그게 모든 사람이 나에 대해 하는 생각이야. 자신을 위해서는 아무것도 할 수 없는 사람인 거지."

내적 반응—존중: "너무 자기를 과신하는 거 아냐? 승진하려고 매번 사람들에게 아첨하지 않았다고 보긴 어려울 것 같은데. 자신을 누구라고 생각하는 거지? 그렇게 특별하지도 않으면서."

내적 반응—안전: "그래서 그게 나랑 무슨 상관인데? 나를 그저 인질로 잡고 있을 뿐이잖아. 나갈 수도 없고, 같이 있을 수도 없고. 도대체 벗어날 수가 없잖아. 저렇게 계속해서 지껄여대고 있으니."

촉발자극: "당신이 뭔데? 당신은 나에게 그런 말 할 권리가 없어!" (화가 남)

내적 반응—분리: "맞아. 내가 누구라고… 내가 동의하지 않는다고 말하지 말았어야 했어. 되돌려야겠다. 그녀에게 내가 틀렸다고 말해. 다 내 잘못이라고 말해."

내적 반응—존중: "나는 내가 원하는 것을 말할 권리가 있어. 이전에도 그랬지만 앞으로도 할 말은 할 거야." 아니라면, "그녀는 내 보스야. 그녀가 자기는 훌륭하고 특별하며 뭐가 중요한 것인지 아는 사람이라고 여기도록 하는 것이 내 직업이야. 그녀와 같은 생각을 갖자."

내적 반응—안전: "나는 그녀의 삶에 끼어들 의향이 없어. 무슨 일이 있는지 알기 위해 주변에 머물고 싶지도 않아. 다시 한번 말하지만, 사람들이 나에게서 요구하는 게 뭐든 난 관심이 없어."

촉발자극: "여기 몇 분 동안만 같이 있으면 안 돼요? 저를 도와주시면 안 돼요?"

내적 반응—분리: "그것 참 쌤통이다. 지난주에 내가 힘들어할 때 당신은 분명 내 곁에 없었어. 이번에는 고통 속에 남겨진 것이 어떤 느낌인지 확실히 알게 해 줄게."

내적 반응—존중: "나는 우리가 공통점이 많다고 생각했지만 아닐 수도 있다고 생각해. 난 당신도 같은 생각일 거라고 생각했어. 당신이 겪고 있는 고통이 나에게 별로 신경 쓰이질 않아. 난 당신보다는 나랑 비슷한 친구를 찾고 있거든."

내적 반응—안전: "단 2초 동안도 머물고 싶지 않아. 우리가 친구라는 것은 알아. 당신이 도움이 필요하다는 것도 알아. 하지만 도와줄 수는 없어. 당신이 나를 볼 때마다 나는 그저 더 멀어질 뿐이야."

촉발자극: (누군가 비하하는/불쾌함을 나타내는 거친 표정으로 이야기함)

내적 반응—분리: "그녀를 더 화나게 하지 마. 그녀는 이미 당신에게 화가 나 있어. 당신도 너무 밀어붙였어. 밀어붙이지 마."

내적 반응—존중: "이 문제에 대해서는 내가 틀리지 않았어. 나는 아무 잘못도 하지 않았어. 당신은 항상 거드름을 피우는군. 당신은 너무 거만해. 너무 잘난 척하지 마." 또는 "그녀는 지금 정말 화가 났어. 그녀가 완벽하다는 걸 상기시켜 줘. 최고라고 그녀에게 말해 줘. 그녀가 항상 옳다고 생각하게 해 줘. 완벽함은 모든 문제를 해결하는 거잖아."

내적 반응—안전: "흠. 그녀가 방금 무엇을 했든지 나는 불쾌해. 그녀의 표정을 보니 내가 왜 곁에 있으려 하지 않았는지 분명히 알 수 있을 것 같네."

핵심 민감성에 대한 많은 설명과 삽화를 다양한 관계에서 살펴보았으니, 이제 〈글상자 24〉의 퀴즈에서 여러분에게 어떻게 적용되는지 살펴보세요. 퀴즈가 의미하는 것이 여러분에게 쉬울 거예요. 아니라면 점수를 계산해 보세요.

🖊 글상자 24

성인관계에서의 핵심 민감성

성인이 되어서 맺어 온 관계들이 여러분의 핵심 민감성에 대해 무엇을 말해 주나요?

☐ 배우자/파트너가 여러분을 떠날까 봐 걱정하는 경향이 있나요?

☐ 친구, 이웃, 지인들이 여러분과 여러분의 파트너를 커플로 생각하는 것에 대해 자주 걱

정하나요?

☐ 장거리 연애가 편안한가요(파트너는 그렇지 않더라도)?

☐ 일을 처리할 때 파트너에게 의존하는 것이 그/그녀와 더 가깝게 느끼도록 하나요?

☐ 상대방이 '작은 것 하나하나'에 계속 비판적이어서 파트너와 헤어진 적이 있나요?

☐ 냉담하거나, 유보적이거나, 헌신 공포증(배우자나 파트너를 책임지는 것에 대한 공포증)
  이 있거나, 단순히 나타나지 않는다는 비난을 받은 후 관계가 끝난 적이 있나요?

☐ 몇 달에 한 번씩만 가장 친한 친구를 만나나요?

☐ *여러분의 사회생활은 모두가 비슷하게 생각하는 친구들로 구성된 유대가 강한 그룹에*
  집중되어 있나요?

☐ 결정을 내리는 데, 도움이 되는 친한 친구의 조언을 의지하나요?

☐ *스포츠 팀의 주장, 자원봉사위원회 위원장 또는 사회단체의 지도자로 선출되거나 임명*
  되는 것이 중요한가요?

☐ 친구들과 함께 모였을 때 친구들이 하고 싶어 하는 대로 따라가기 때문에 친구들이 여러
  분을 쉽게 생각하나요?

☐ 친구에게 상처 줄 것을 알면서도 정직하게 행동해서 친구를 잃은 적이 있나요?

☐ 직장에서 윤리와 성실이 관계보다 더 중요한가요?

☐ *직장에서 최고의 성과를 내지 못하면 실패자처럼 느껴지나요?*

☐ 여러분의 연례 평가는 일반적으로 여러분이 팀의 좋은 일원이기는 하지만 주도권이 약하
  다고 하나요?

☐ 상사에게 멘토링을 받을 수 있는 직장을 선택하는 경향이 있나요?

☐ 다른 사람과 상호작용을 많이 하지 않고 생산품에 중점을 두는 직업을 선호하나요?

☐ *여러분이 반드시 최고는 아닐지라도 최고인 사람들과 함께 있으면 해결될 수 있다고 믿*
  나요?

〈채점〉

굵은 글꼴, 밑줄, *기울임 글꼴*별로 체크한 항목의 수를 더하고 아래에 그 숫자를 입력하세요.

굵은 글꼴: _____   밑줄: _____   *기울임 글꼴*: _____

출처: *Raising a Secure Child*, Kent Hoffman, Glen Cooer, Bert Powell이 Christine M. Benton과 함께 저술하였습니다.
저작권ⓒ2017 The Guilford Press. 이 책의 구매자는 이 퀴즈의 확대 버전을 복사 또는 다운로드할 수 있습니다.
(차례 끝에 있는 글상자 참조).

　그렇습니다, 여러분이 의식하거나 분석적으로 답하는 것을 줄이기 위해 우리가 문항들을 약간 섞었습니다. 여기에서 **굵은 글꼴**은 안전 민감성을, <u>밑줄 그은 부분</u>은 분리 민감성을, *기울임 글꼴*은 존중 민감성을 나타냅니다. 이전과 마찬가지로 이 '점수'는 확정적이지 않습니다. 설문지는 친밀한 파트너 관계에서 우정, 직장관계에 이르기까지 성인 관계에서 우리가 어떤 유형으로 반응하는지에 대한 몇 가지 아이디어를 제공하도록 구성되어 있습니다. 여러분의 설문 결과가 상어음악 체크리스트 결과를 웃음거리로 만드나요? 다양한 각도에서 얻은 답변 결과를 보면 여러분의 핵심 민감성에 대해 하나의 결론을 직접적으로 가리킬 수도 있지만 그렇지 않을 수도 있습니다. 절차적 기억과 암묵적 관계에 따른 지식의 작용은 복잡합니다 (〈글상자 25〉를 참조하세요).

✏️ 글상자 25

그렇게 빠르지 않게…

　책 전체가 핵심 민감성에 대해 쓰일 수 있습니다. 일반적으로 자신들의 본래 애착 유대 관계를 추적할 수 있는 다양한 문제들을 경험한 몇몇 사람들은 때때로 자신의 애착유형을 분류하기 위해 치료에 오랜 시간을 할애하기도 합니다. 이 장의 목표는 여러분에게 핵심 민감성을 알아보는 다양한 방법을 제공하여 자신을 성찰하도록 자극하는 것이지만 그것들이 완전히 명확하다고 말할 수는 없습니다. 여기서 목표는 정답을 찾는 것이 아니라 성찰의 기회를 갖는 것입니다. 다음과 같은 진술에서 두 가지 가능한 핵심 민감성을 보게 되면 이 주제가 얼마나 복잡한지 알게 될 것입니다.

　"저의 가장 오래된 기억은 아버지가 저에게 '성경은 우리가 단지 시도만 해서는 안 되고 완벽하게 행해야 한다고 말하고 있다.'고 말씀하신 것입니다. 그리고 저는 태어나기도 전에 하나님을 위해 특별해야만 하는 그런 아이였습니다. 그것은 큰 부담이 아닐 수 없었습니다. 항상 노력해야만 하기 때문이죠. 절대로 긴장을 풀 수가 없습니다. 정말로 일에서나 사람하고나 마음 편할 여유가 없습니다." 이러한 사람은 양육자로부터 많은 압박을 느끼는 사람입니다. 완벽해야 한다는 압박감 또는 양육자와 안전한 거리를 두기 위해 고분고분 따라야 한다는 압박감이 있습니다.

　"다르게 된다는 것은 제가 더 이상 가족과 연결되어 있지 않은 것처럼 느껴지게 합니다. 제가 틀렸다는 것을 알게 될까봐 두렵습니다. 진실은 제가 더 이상 가족과 연결되어 있지 않다는 것입니다; 저는 단지 부모님이 자기들이 양육했다고 생각했던 사람이 아닌 거죠. 그 사실은 저를 밖으로 밀어냈습니다. 왜 다시 안으로 돌아가고 싶은지 모르겠지만, 저는 그렇게 하고 싶습니다. 그것이 저를 너무 고립되어 있고 혼자라고 느끼게 합니다." 이 사람은 자기 자신이 되는 것을 힘들어하는 것은 물론, 연결되는 것도 힘들어하는 것으로 보아 안전에 민감한 유형이라는 것을 알 수 있습니다. 또한 그것은 존중에 민감한 사람들이 돌아갈 길을 바라고 찾는 그 한마음(one-mindedness)을 잃어 버린 것에 대한 표현일 수도 있습니다. 그리고 다시, 그것은 그녀가 분리에 민감한 유형의 사람이라는 것을 의미하며, 자기 생각과 감정을 갖는 것에 대한 위험과 고군분투하고 있음을 의미할 수 있습니다.

"부모님이 성장하는 저를 거부하시는 건 옳지 않은 것 같아요. 제가 뭘 잘못했어요? 조금 다르게 하려는 게 뭐가 그렇게 나쁜 건가요? 저는 사실 어느 정도는 부모님을 좋아해요. 하지만 그들은 제가 그들의 복사판이 되기를 원해요. 특히 아버지. 아버지는 제가 아버지처럼 생각하기를 원하시죠. 그렇지 않을 때, 저는 이상하고 불안해지기 시작한답니다." 여기서 표현된 핵심 주제는 이 사람이 부모와 분화(differentiate)[4]되기 시작했다는 것입니다. 이것은 세 가지 민감성 중 어느 것이라도 나타낼 수 있습니다: 분리에 민감한 사람들은 중요한 타인에게서 멀어지면 매우 긴장합니다. 다른 사람과 한마음을 잃고 있다고 느끼는 존중에 민감한 사람들은 균형을 잃을 수 있습니다. 그리고 이 사람이 계속해서 "저는 결코 아버지와 같은 적이 없었어요. 그냥 그런 척했을 뿐이죠."라고 말한다면 그는 안전에 민감한 유형일 수 있습니다.

핵심 민감성의 도가니: 여러분의 어린 시절

"양육과 관련된 모든 것이 서클의 어디에 있는지
그리고 그것들이 어떻게 같거나 다르기를 바라는지 보는 것은
여러분의 눈을 뜨게 하는 것입니다—
그리고 그것을 바꿀 수 있도록 용기를 부여해 주는 것입니다."

– 수잔 피녹Susan Pinnock, 오리건주의 워싱턴 카운티

이제 우리는 많은 사람에게 무엇이 어려운 부분인지 알게 되었습니다. 핵심 민감성에

---

4) 역주: 의학적으로는 특별한 기능이나 형태가 없었던 세포, 구조, 조직 등이 분열, 성장하여 성숙된 구조나 특정 기능을 얻는 과정을 뜻하는 것으로, 여기에서는 자녀가 부모로부터 분리되어 독립된 한 인격체로 성장하는 것을 의미합니다.

대한 가장 풍부한 정보 출처 중 하나는 여러분의 어린 시절입니다. 그러나 초기 애착유대에 대해 파고드는 것은 불편할 수 있습니다. 특정 필요가 충족되지 않았을 때 느꼈던 고통을 움츠러들지 않고 담담히 바라보는 것은 쉬운 일이 아닙니다. 그러니 스스로에게 강요하지 마세요―앞으로 나갔다가, 겁이 나서 주춤하고, 기억이 너무 견디기 힘들면 잠깐 뒤로 물러나고 하면 됩니다. 그러나 여러분은 절차적 기억이 마음의 표면으로 떠오를 수 있도록 자신에게 허락해 줄 수도 있습니다. 마음에 떠오른 것들은 여러분 자신을 이해하고 여러분이 어떻게 현재의 모습이 되었는지 알려줄 수 있습니다.

　대부분의 사람들은 일단 안정감 서클을 접하게 되면 어린 시절의 애착 상호작용에 대한 기억이 무의식적으로 갑자기 떠오르기 시작한다는 것을 알게 됩니다. 여러분은 이미 그것을 경험하고 있을지도 모릅니다. 몇몇 기억들은 다시 떠올리기에 좋은 것일 수 있습니다―부모나 다른 보호자가 여러분이 필요로 하는 것이 무엇인지 말할 필요 없이 정확히 알고 사랑으로 아낌없이 필요를 채워 준 순간들일 수 있습니다. 다른 기억들은 어떤 슬픔이나 분노를 자아낼 수 있습니다. 이러한 사건에 대해 수년 동안 생각해 본 적이 없었거나 그것들을 애착의 맥락에서 생각해 본 적이 없었다는 사실에 놀랄 수 있습니다. 그러나 다른 핵심 민감성들에 대해 읽어 갈 때, 한 범주 또는 다른 범주에 맞아떨어지는 사건들이 기억날 가능성이 높습니다. 다시 말하지만, 여러분 자신에게 강요하지 않고 그 사건들이 여러분에게 말해야 하는 것이 무엇인지 들을 수 있도록 스스로에게 허락하려고 노력하시기 바랍니다.

　이렇게 자발적으로 드러난 사건들은 어린 시절 애착의 그림을 채우기에 충분할 수 있습니다―여러분의 핵심 민감성이 여러분이 자란 양육 환경에서 어떻게 만들어졌는지 알 수 있습니다. 여러분에게 존중에 민감한 것 같은 부모가 있었다면 여러분은 애착용어로 회피적이라고 불리는 관계를 맺을 것입니다―서클의 아랫부분에서 발생하는 (여러분 자신의, 배우자의, 자녀의) 필요를 회피하는 것인데, 이는 그런 필요들이 여러분에게 그들로부터 떨어지라고 경고하는 상어음악을 만들어 내기 시작하기 때문입니다. 만일 여러분의 양육자가 분리 민감성 쪽으로 기울어 있었다면, 여러분은 불안 애착유형을 형성했을 수 있습니다―남겨지는 것에 대해 불안하기 때문에 서클의 윗부분에서 발생하는 (여러분 자신의, 배우자의, 자녀의) 필요에 대해 불안감을 느끼는 것입니다. 만일 여러분의 양육자가 자기 뜻대로 조종하려 했거나 안전거리나 분리된 공간에 대한 필요를 이해하지 못했었다면 여러분은 자기-보호적 애착유형―침입, 조종, 예측 불가능 또는 심술궂음을 경계하는—을 형성할 수 있습니다. 그러나 곧 읽게 되겠지만, 한 세대에서 다음 세대로 넘어가는 보편적이고 직선적인 경로들은 없습니다. 어린 시절 양육자에 대한 이 모든 정보는 여러분이 자녀 양육에서 어려움을 겪을 수 있는 부분에 대한 단서가 됩니다.

여러분은 자연스럽게 떠오르는 통찰력으로 충분할 수 있습니다. 만약 추가적으로 좀 더 탐색하고 싶다면, 다음의 정보 수집을 위한 몇 가지 아이디어를 보세요.

몇 가지 간단한 질문으로 시작하겠습니다:

- 여러분의 부모님은 서클의 어느 부분(위 또는 아래)을 가장 편안하게 느끼셨습니까?
- 여러분의 부모님은 서클의 손에서 어떤 부분(더 크고, 더 강하고, 더 지혜롭고, 자상한)을 가장 편안하게 느끼셨습니까?
- 여러분의 부모님이 심술궂거나, 약해지거나, 사라져 버리는 경향이 있었습니까?
- 이것이 여러분의 핵심 민감성과 애착유형에 어떤 단서를 제공해 줍니까?

정서의 모든 범위를 견디는 것

원 가족에서 정서가 어떻게 다루어졌는지는 여러분의 부모님의 핵심 민감성과 어린 시절 가정에서 형성된 애착유대에 대한 좋은 단서를 제공합니다. 정서가 무지개의 모든 스펙트럼을 따라 존재한다고 생각해 보세요. 부모님이나 다른 양육자가 특정 정서에 불편함을 느낀다면, 그리고 이러한 정서적 경험들을 정리하는 데 도움을 줄 수 없는 것 같다면, 여러분은 본질적으로 이러한 정서들 없이 살라는 요청을 받은 것입니다. 초록색이나 빨간색이나 파란색이 없이 삶을 산다고 상상해 보세요. 그것이 다른 색깔들을 보는 데 어떤 영향을 미칠까요? 아니면 여러분이 완전히 색맹이라면 어떨까요? 여러분을 두렵게 하거나 기분 나쁘게 만들기 때문에 빨간색, 초록색 또는 다른 색을 피하려고 애쓰는 삶을 상상해 보세요. 그것은 암묵적으로 어떤 정서들은 받아들일 수 없음을 배우는 것과 같습니다. 모든 범위의 정서적 능력을 갖는 것은 좋은 관계를 맺는 열쇠입니다. 여러분의 양육자의 정서적 능력을 살펴보고 싶다면—그리고 여러분 자신에 대한 단서를 얻고 싶다면—5장에 있는 '서클에서 함께-있어 주기'를 작성해 보세요. 아직 작성하지 않았다면 시도해 보세요.

간단히 말해서, 여러분의 부모님이 분리에 민감했다면 여러분은 종이 가장자리에 '호기심'이나 '분노'라고 썼을 것입니다. 만약 부모님이 존중에 민감했다면 아마도 여러분은 서클 바깥쪽에 '두려움'이나 '슬픔' 또는 '분노'를 썼을 것입니다. 만약 부모님이 안전에 민감했다면 아마도 여러분은 서클의 가장 끝 쪽에 '기쁨'이나 '슬픔'을 썼을 것입니다. 5장에서 작성한 도형에 대해 다음과 같은 질문을 해 보세요:

- 여러분의 양육자가 여러분을 충분히 도울 수 있었던 정서는 무엇인가요?
- 여러분의 양육자가 여러분을 부분적으로 도울 수 있었던 정서는 무엇인가요?
- 여러분의 양육자가 여러분을 도울 수 없었던 정서는 무엇인가요?
- 이 모든 것이 성인이 된 여러분에게 어떤 영향을 미쳤나요?
- 자녀가 있다면, 이것이 현재 여러분의 자녀와 함께-있어 주기를 하는 방식에 어떤 영향을 미친다고 생각하나요?
- 지금과는 다르게 하기로 선택하는 것이 자녀와 함께-있어 주기를 하는 것에 어떤 영향을 미칠 수 있을까요?

우리는 항상 부모들에게 시간의 30% 정도만 자녀와 함께-있어 주기를 해도 '충분히 괜찮다'고 말합니다. (물론 이것은 부모가 다른 70%의 시간에 함께-있어 주기를 하지 않아도 된다는 뜻이 아닙니다!) 그것은 여러분의 부모님에게도 마찬가지입니다. 이것이 의미하는 바는 각각의 핵심 감정이 적어도 일정 시간 동안은 온전히 받아들여질 수 있음을 자녀로 하여금 알게 하는 것—함께-있어 주기 서클에 끝까지 있어 주는 것—은 자녀의 안정감에 대해 큰 차이를 만듭니다.

부모의 핵심 민감성의 대물림

어린 시절에 대한 다음 진술 중 여러분에게 해당하는 것이 있나요?

"엄마의 눈에는 내가 존재하지 않는 것 같았어요. 엄마가 보고 싶어 했던 것은 그저 엄마가 자랑스러워할 수 있는 똑똑함과 장래뿐이었습니다."

"가끔 나를 삼켜 버릴 텅 빈 블랙홀 속으로 사라져 버릴 것 같은 기분이 들 때가 있어요. 그런데 그 구멍을 들여다보기 시작하면 그건 엄마의 목소리로 바뀌어 있었어요. 그것은 들어본 기억이 없는 목소리인데, 사실 그것은 제 모습이었어요. 내가 세상에서 최고라고 엄마가 여길 수 없는 뭔가를 내가 했을 때 그 순간에 엄마의 눈에 갑자기 나타날 법한 제 모습이었어요.

"내가 똑똑하려고 노력하지 않을 때의 나는 누구인가요? 내가 완벽해지려고 노력하지 않을 때의 나는 누구인가요? 아무도 그저 나를 위해서, 나를 보고 싶어 하지 않을 것 같아서 두려워요."

"지금 직장에서 나는 '대단한 인물'이 아니기에, 전혀 아무것도 아닌 사람처럼 느껴집니다."

– 존중에 민감한 성인들의 생각

"엄마가 걱정하시는 것 같을 때마다 갑자기 엄마가 저를 거부할까 봐 두려웠어요. 저는 항상 '내가 두려움을 보이면 사람들은 나를 벌줄 것'이라는 두려움이 있었습니다."

"내가 우정에 대해 생각할 때마다 나는 무슨 일이 일어날지 또는 그게 누구든지 나에게 무언가를 원할까 봐 두렵습니다. 마치 그들이 나를 그냥 내버려 두지 않을 것 같습니다. 그들이 나를 통제할까 봐 걱정됩니다. 만약 내가 관계를 가지려면, 내 자신의 생각을 가질 수 있는 관계여야 할 것입니다."

– 안전에 민감한 성인들의 생각

"나는 무엇이 나인지 보기 위해 안을 들여다봅니다—하지만 그것은 형태도 없고 그것이 무엇인지에 대한 실제적 정의도 없습니다."

"내가 된다는 것은 혼자가 된다는 것을 의미합니다. 내가 당신을 포기하면 당신도 나를 포기하게 될 것입니다."

"어디를 가든지 어린아이 취급을 받는 것에 대해 불쾌한 것이 저의 괴로움 중 하나입니다. 하지만 동시에 어린아이 취급 받는 것을 포기하고 제 삶에 대한 책임을 지고 싶지도 않습니다."

– 분리에 민감한 성인들의 생각

부모처럼, 자식처럼?

반드시 그런 것은 아닙니다. 단순히 잘못된 신호 보내기 현상 때문에 존중에 민감한 부모는 존중에 민감한 아이로 양육하는 직접적인 대물림을 보일 수 있습니다. 예를 들어, 여러분이 슬프고 위로가 필요한데 엄마는 외면한다고 합시다. 그러면 여러분은 잘못된 신호를 보냅니다. 직접 그린 그림이나 그날의 학교 과제에서 A+ 받은 것을 엄마에게 보여드리며 간접적으로 위로를 얻으려 합니다. 그렇게 하면 엄마가 칭찬하기 위해 곁에 있을 것이고 (적어도 육체적으로) 엄마가 가까이 있으면 기분이 나아질 것임을 알고 있기 때문입니다. 이러한 주고받기에 대한 절차적 기억은 자녀로 하여금 위로를 받으려는 시도를 하지 못하도록 만듭니다. 왜냐하면 상어음악이 여러분에게 그러한 시도의 거절은 상처를—크게—준다고 말하고 있으며, 여러분이 그랬던 것처럼 자녀가 상처받는 것을 원하지 않기 때문입니다. 그렇게 대물림은 계속되는 것입니다.

그러나 다른 가능성도 있답니다.

우리는 존중에 민감한 많은 부모의 한 자녀는, 방금 설명한 것처럼 존중에 민감한 자녀가 되고, 다른 자녀는 부모에 의해 요구되는 한마음이 너무 침입적이라고 느껴서 안전에 민감하게 되는 경우를 보아 왔습니다.

마찬가지로 우리의 경험에 따르면, 분리에 민감한 부모는 분리에 민감한 자녀를 둘 가능성이 높습니다. 특히 딸이 그렇습니다. 그러나 때로 분리에 민감한 엄마는 아들의 '남자 됨'을 매우 자랑스러워하지만, 아들이 집을 떠나는 것은 원하지 않고, 아들은 존중에 민감하게 됩니다. 아들은 떠나지 않고 주변에 머물지만, 자신을 세상에 대한 신의 선물이라고 생각합니다. 아니면 분리에 민감한 부모가 집착하게 되면 안전에 민감한 아이로 양육할 수 있습니다. 간섭하는 부모는 자신을 분리시키기 위해 가능한 모든 것을 하는 아이로 만듭니다. 예를 들어, 우리는 '달라스 카우보이(Dallas Cowboys) 팀의 가족이면서 열렬한 그린 베이 패커스(Green Bay Packers)의 팬이 되겠다.[5]"고 주장했던 한 소년을 압니다. 그 소년은 의도적으로 그렇게 했던 것입니다.

안전에 민감한 부모는 침해받는 것을 싫어해서 아이와 거리를 둘 수 있는데, 이는 아이로 하여금 가까이 있으려고 필사적이게 만들어서 결국 분리에 민감하게 만듭니다. 안전에 민감한 부모가 결국 간섭과 통제를 두려워하게 되면 그들의 부모-자녀 관계는 친근하지만 냉담하게 됩니다. 여러분은 그들이 뭔가 좀 더 상호작용이 있는 것을 하기보다는 함께 책을 읽으며 시간을 보내는 것을 택하는 것을 볼 것입니다. 안전에 민감한 부모가 존중에 민감한 자녀를 둘 수도 있는데 만약 다른 한쪽 부모가 존중에 민감하고 자녀는 그 부모에게 좀 더 가까이 지낸다면 그럴 수 있습니다. 만약 안전에 민감한 부모가 거리 두는 것을 필요로 하고 계속 자기에게는 아이가 버겁다고 느낀다면, 아이는 비난받고 거부된다고 느낄 수 있습니다. 앞의 예에서 언급했듯이, 한쪽 부모의 존중 민감성은 자녀에게 하나 됨을 강요하거나 완벽주의를 목표로 두도록 압박하여 자녀를 존중에 민감하도록 만듭니다. (8장에서는 양 부모 가족에서 안전감을 선택하는 것에 대해 다룹니다).

안정감과 불안정감, 그때와 지금

여러분의 핵심 민감성을 알기 시작했다면, 여러분의 첫 양육자에 대한 애착이 주로 안정적이었는지 불안정했는지에 대한 아이디어가 있을 수 있습니다. 안정감은 연속성을 가지고 있다는 점을 명심하세요. 안정감에 대한 정도는 다양할 수 있지만, 스트레스를 받으면 우리는 관계에서 회피적이거나 불안에 취약하거나 자기보호적인 경향을 나타낼 가능성이 큽니다. 다행히도 우리 모두에게는 희망이 있습니다. 우리가 말했듯이, 우리가 만난 가장 불안정한 애착을 형성한 사람들조차도 안정감을 획득할 수 있는 능력을 보여주었습니다. 안정감 서클은 마치 선원을 안내하는 항법 자동조종장치와 같이 부모를 위한 이정표 역할을 할 수 있습니다. 여러분이 성찰적 기능을 개발하면, 상어를 피라미로 만들고 여러분의 삶으로 안정감을 데려올 수 있습니다. 사실, 볼비[John Bowlby]는 건강이란

---

5) 역주: 광주 기아 타이거즈 팀의 가족이 부산 롯데 자이언츠의 광팬이 되겠다고 하는 것과 같습니다.

오래된 내적 작동모델을 최신 모델로 업데이트하는 능력이라고 정의했습니다. 안정감 서클을 통해 여러분의 성찰하는 능력을 연마하면 여러분은 관계 건강을 향한 먼 길을 갈 수 있습니다. 평생 동안 안정된 다른 사람들과 관계를 형성할 수도 있습니다.

다음은 획득된 안정감[6]이 세 가지 핵심 민감성 각각에 대해 어떤 모습일 수 있는지 보여 줍니다:

📮 **존중 민감.** 조건 없는 신뢰관계: "나는 평범할 수 있어. 실수를 할 수 있고, 너와 마음을 나누지 않더라도 여전히 환영받을 수 있고, 배려 받고, 연결될 수 있어. 불가피하게 균열이 생기면, 네가 관심을 가지고 있다는 것을 믿기 때문에 나는 나의 취약성(슬픔, 분노, 두려움)을 표현할 수 있고, 위로를 요청할 수도 있어. 결국 불완전함은 받아들일 수 있어."

📮 **분리 민감.** 네 가지 진실을 신뢰하는 것: ① 나는 할 수 있어; ② 인생은 쉽지 않아; ③ 나는 혼자서 많은 무거운 짐을 들어야 할 것이지만, 나에게 중요한 사람들이 뒤에서 나를 돌보고 있는 경우에 그래; ④ 나는 내 자신에게 큰 대가를 치러야 피하게 되는 생각과 감정과 능력들이 있어. 나는 나 자신을 지지하기에 나를 지원하지 않는 관계들에서는 벗어날 수 있어. ("나는 이제 우유를 찾으려고 철물점에 가는 짓을 그만둘 수 있어. 단지 부정적인 확신을 반복하기만 하는 관계를 선택하는 것을 그만둘 수 있어. 선택은 언제나 내 몫이야.")

📮 **안전 민감.** 협상 가능한 신뢰관계: "나는 오고 갈 수 있고, 너에게 진실을 말할 수 있고, 나만의 경험을 할 수 있어. 너는 나를 바꾸거나 통제하려고 하지 않을 거야. 너무 가깝게 느껴지기 시작하면 (숨 막히고, 침해하는 것 같고, 통제하는 것처럼 느껴지면), 서로 그것에 대해 이야기할 수 있어. 결국, 나는 안전한 연결에 대한 나의 열망을 인정할 수 있고, 나는 너에게 너무 많은 것이 되지는 않을 거야. 나는 네가 정직하고, 곁에 있어 줄 수 있고, 꾸준하길 바라."

다행스럽게도 우리에게 자녀가 있을 때, 우리는—자신과 다음 세대를 위한—안정감

---

6) 역주: 초기 애착관계에서 불안정애착 유형을 형성한 개인이 이후의 친밀관계를 통해 안정애착으로의 유형적 변화를 일으키는 데 바탕이 되는 안정감입니다.

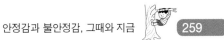

을 배우고 획득하기 위한 훌륭한 '실험실'이 있는 것입니다. 이어지는 8장과 9장에서는 애착관계의 '완전한 재앙'을 설명하고 아이의 필요를 조율하는 방법, 여러분이 다른 곳에 있을 때조차도 아이와 함께하는 방법, 상어음악을 촉발시키는 전형적인 상황과 사건에 대해 경계하는 방법, 피할 수 없는 균열을 복구하는 방법, 그리고 꿈을 이루는 관계를 발전시키고 유지하는 방법을 다룹니다.

우리는 감정들, 특히 어려운 감정들을 마주하는 법을 혼자서 배우지 않습니다.
우리는 감정들을 마주하는 법을 관계 안에서 배웁니다.

새로운 바다를 시험하기

안정감 선택하기

이 책을 처음부터 읽었다면 지금쯤—아니라면 어느 지점에서—어린 시절이 여러분에게 건네준 애착유형과 여러분의 상어음악의 독특한 울림 등으로 자신을 알고 있는 것처럼 느꼈을 수 있습니다. 아마도 아이가 안정애착을 형성했다고 확신하며 안도의 한숨을 쉬거나, 반대로 완전히 불안정애착을 형성했다고 걱정되어 순간적인 공황을 느꼈을지도 모릅니다.

성찰은 항상 도움이 됩니다. 하지만 삶은 결코 잘라내서 건조시켜 버릴 수 있는 것이 아니며, 서두에서 분명히 언급했듯이 안정애착은 상대적인 것입니다. 마치 애착이 어떤 조건이나 유전형질이었던 것처럼, 우리 각자가 안정애착의 극점과 불안정애착의 극점 사이 어딘가에 위치하는 애착의 연속체가 있는 것도 아닙니다. **우리 모두는 불안정성을 가지고 있습니다.** 우리 중에 가장 안정적 애착을 형성한 사람일지라도, 일반적이지 않은 스트레스를 받거나 우리 각자가 듣는 상어음악 소리가 배경에서 커지면 방향을 잃을 것입니다. 이것은 핵심 민감성과 애착의 토대가 얼마나 많이, 얼마나 자주, 얼마나 강력하게 우리의 양육과 다른 상호작용을 좌우하는가에 대한 문제입니다.

우리 셋과 많은 다른 과학자들이 특정 양육자와 아이 사이의 애착유대를 평가하는 데 사용하는 프로토콜은 연구 도구들입니다. 그것들의 원래 목적은 연구자들이 모집단의 애착유형에 대한 더 좋은 이해를 얻을 수 있도록 하기 위한 것이었습니다. 그것들은 개인을 '진단'하도록 설계되지 않았고, 우리의 안정감 서클 관계 평가는 부모와 자녀를 특정한 애착 종류로 낙인찍겠다는 의도가 아니라 부모와 자녀가 서클의 어느 부분에서 가장 큰 어려움을 겪는지 알아내기 위한 것입니다. 부모와 자녀 각 쌍이 그들의 상호작용에서 안정애착에 접근하도록 도우면서, 사실 우리는 우리가 '고정 핀(linchpin)[1]' 분투라고 부르는 것에 초점을 둡니다. 이와 유사하게, 이 책의 의도는 여러분이나 자녀가 안정애착을 갖고 있다고 안심시키기 위한 것이 아니라(또는 반대로 불안정애착이라고 겁을 주기 위한 것이 아니라) 아이와 가장 균열이 일어나기 쉬운 위치를 식별하도록 도와주어, 여러분이 상어음악을 알아차릴 수 있게 되어서 여러분의 감정적 불편함으로부터 자동적으로 도망치는 것이 아닌 주어진 어느 순간에라도 안정감을 선택하도록 돕는 것에 있습니다.

> "저에게 가장 도움이 된 것은 아이와 저 모두를 위한 언어사용이었습니다.
> '나는 네가 밖에 나가 탐험하고 노는 걸 지켜보는 게 좋아.
> 나는 네가 다시 돌아오는 걸 반길 수 있게 항상 여기 있을 거야.'"
>
> – 티나 머레이Tina Murray, 오스트레일리아

안정애착은 경연대회나 목표가 아닙니다. 날마다 우리 앞에 펼쳐지는 진행 중인 과정입니다. 어떤 날에는 복구보다 균열이 더 많습니다. 어떤 날에는 아이와의 상호작용이 안정애착에 대한 공익광고 모델 같기도 합니다. 다른 날에는 서클에서 손을 뗄 뿐만 아니라 그 장소를 떠나기까지도 합니다. 그런 일은 일어나게 마련입니다. 그렇기에 인간들 사이의 모든 관계에 나타나는 상어음악의 촉발요인, 전형적인 갈등상황, 발달적 도전문제 및 안정감을 방해하는 장애물 등에 대해 더 많은 통찰력을 얻는 것이 도움이 될 수 있습니다. 이 장은 바쁜 일상 속에서 어떻게 안정감을 구축할 수 있는지에 대한 제안과 도움이 될 만한 예시로 가득합니다.

---

1) 역주: 바퀴가 축에서 빠지지 않도록 그 끝에 꽂는 핀인데, 시스템이 작동하는 데 있어서 큰 역할을 하는 구심점이란 의미가 있습니다. 여기에서는 부모-자녀 상호작용을 유지시키고 있는 것과 그에 따라 필요한 변화가 무엇인지 명확히 하는 것을 의미합니다.

양 부모가 모두 있는 가족: 때때로 엇갈리는 축복

이 책 전체에서 우리는 주로 각 자녀와 함께 있는 각각의 개별 부모에게 이야기해 왔습니다. 애착은 한 사람과 여러 사람 사이가 아니라 두 사람 사이에 형성되는 것이기 때문에 애착 관점에서는 말이 되는 것이지요. 또한 현대사회에는 편부모가 많다는 것도 인정합니다. 하지만 두 부모(또는 그 이상)가 아이를 키우고 있을 때는 무슨 일이 일어날까요?

한 아이가 인생에서 너무 많은 양육자를 가질 수는 없습니다. 그리고 아기를 키울 수 있는 두 명의 성인이 있다는 것은 여러 면에서 축복이 될 수 있지만, 애착 문제에 대한 다른 종류의 관심이 필요합니다. 즉, 모든 개인은 자신만의 핵심 민감성과 상어음악을 가지고 있습니다. 여러분의 자녀가 두 부모 밑에서 양육되고 있다면 자녀가 두 부모에게 각각 다르게 잘못된 신호를 보낼 가능성을 예측할 수 있도록, 여러분 두 사람이 애착 유형에서 각자의 위치를 파악하는 것이 좋습니다. 다음은 몇 가지 예입니다:

27개월 된 마커스Markus는 언제든 탐험할 만한 호기심과 누구든 환영하며 반길 준비가 된 미소를 가지고 있습니다. 그는 새로운 것을 좋아합니다. 장난감, 친구, 공원의 새로운 오르기 구조물, 또래의 다른 아이들에게는 벅차게 보일 수 있는 이벤트 등입니다. 엄마와 함께 세상으로 모험을 떠날 때는 모든 것이 마커스를 행복하게 하는 것 같습니다. 그는 다음 모험의 시도를 기다릴 수 없을 정도입니다. 엄마는 아이가 놀이터에서 막 알아차린 뭔가에 집중하자마자 작은 목소리로 "저기 뭐가 보이니?"라고 속삭입니다. 즉시, 마커스는 자신을 기다리고 있는 놀라움을 느끼려고 달려갑니다.

그러나 똑같은 마커스가 아빠와 같은 공원을 방문할 때는 거의 다른 아이처럼 보입니다. 그의 아빠 숀Shawn은 사회적 환경에서 불안해하며, 아이가 지나치게 위험을 감수할 경우 다칠 수도 있다고 생각하여 걱정합니다. 아빠와 놀이 공간에 들어설 때 마커스는 아빠가 어느 정도로 걱정스러운 얼굴을 하고 있는지 살펴보려고 계속 뒤돌아봅니다. 잠시 아빠가 괜찮아 보여서 아이는 등반 구조물을 향해 움직여 가기 시작합니다. 그러자 "마커스, 조심해."라는 소리가 들립니다. 어린 소년은 즉시 속도를 늦추더니 멈추었다가 돌아서서 눈치를 보며 불안한 아빠에게로 돌아갑니다. 아빠는 재빠르게 가지고 온 장난감을 가방에서 꺼내고, 두 사람은 아빠가 말한 대로 '안전'하게, 마커스를 가까이 두게 할 놀이에 집중하기 시작합니다.

리치^{Richie}는 자기가 무엇이든 할 수 있다고 생각하는 것 같습니다. 두 살 반인 그 아이는 달리고, 점프하고, 그리고—여러 경우에—날려고 시도합니다. 시야에 있는 모든 테이블, 의자, 나무 그루터기를 기어오르는 리치는 하늘을 향해 몸을 날리기 위해 최선을 다합니다. 물론 이것은 종종 일말의 부드러운 착지라고는 없이, 땅으로 곧장 떨어지는 것을 의미합니다. 긁힌 자국은 눈물을 낳고, 눈물은 그의 용기와 슬픔을 자랑스럽게 여겨 손을 내미는 엄마에게로 이어집니다. "애야, 심하게 넘어졌네. 심하게 떨어졌어. [엄마는 아이를 당겨 잠시 끌어안습니다.] 다음번에는 이 정도 낮은 지점에서 점프해 볼 수 있을 거야. 그래도 재미있을 거야."

리치가 아빠와 있을 때는 전혀 다릅니다. 아빠와 함께 있을 때 리치는 달에 도달하는 것까지에 관심이 있습니다. 하지만 불가피하게 땅에 추락할 때 리치는 울지 않습니다. 그저 힐끗 쳐다봅니다. 즉, 못마땅한 표정을 짓는 아빠를 재빨리 살펴본다는 의미입니다. 예전에 "너무 높이 올라가면 그렇게 된다고 했지."라는 말을 담고 있었던 표정입니다. 그런 말은 더 이상 말로 표현되지 않고, 암시만 줍니다. 아빠의 표정이 모든 것을 말해 주기에, 아빠가 한 번 이상 말할 때 리치는 상처를 감추고 '참는' 방법을 찾습니다.

마커스와 리치는 각기 다른 상어음악을 듣는 엄마 아빠들에 의해 양육되고 있습니다. 아이들은 부모가 제공하는 마음 상태가 무엇이든 내면화²⁾하고 (다양하게) 살아가는 방법을 찾습니다. 아이가 세상을 어떻게 항해해야 하는지에 대한 자신만의 감각 속으로 한 부모의 안정성과 다른 부모의 불안정성을 가져오는 것은 확실히 가능합니다. 그러나 서로 다른 마음 상태를 혼합하고 일치시켜야 하는 상황에서 아이가 어떻게 될 것인지에 대한 정확한 일대일 상관관계나 직접적인 로드맵은 전혀 없습니다. 분명한 것은 모든 아이는 부모의 강점과 고군분투하는 모습을 자신의 고유한 성격으로 통합하는 방법을 찾는다는 것입니다. 이것을 문제로 볼 필요는 없습니다. 시간이 지남에 따라, 모든 아이는 지나간 세월 동안에 자신을 둘러싼 다양한 영향을 어떻게든 이해하도록 요구받아 왔습니다.

말하자면, 아이가 (한쪽 부모나 양쪽 부모로부터 오는) 상어음악을 내면화하도록 요구받을 때 문제는 발생할 수밖에 없습니다. 그 상어음악이 확실하게 강렬할 때, 그리고 그 상어음악이 서클의 윗부분이나 아랫부분에서 아이의 필요를 강하게 거절하라고 말하거나,

---

2) 역주: '내면화'란 타인의 생각, 감정, 태도, 세계관 등이 상호관계를 통해 자신의 의식체계에 병합되는 심리 과정을 말합니다.

만성적으로 심술궂거나, 약해지거나, 사라져 버리는 양육자를 경계하라고 가르칠 때 문제가 발생할 수밖에 없다는 것입니다. (물론 이것이 바로 안정감 서클 프로토콜이 부모가 자신의 상어음악을 이해하고 자녀를 위해 더 안전한 옵션을 찾도록 돕기 위한 중재로 설계된 이유입니다).

여기 다루기 어려운 소식이 있습니다: 문제에 대해 성찰할 줄 모르는 높은 수준의 상어음악 강도를 가진 부모는 비슷한 강도의 상어음악을 자녀에게 전달할 가능성이 높습니다. 우리가 수년간 가족들을 도우며 알게 된 고통스럽지만 흔한 결과입니다.

좋은 소식은 이것입니다: 부모들은 자녀에게 필요한 것이 무엇인지에 대한 명확한 로드맵과 그러한 필요 중 일부에 대한 자기 자신들의 상어음악을 이해하는 방법을 제공받을 때 부모들이 보여 주는 그들의 긍정적인 의도와 성찰하고 변화하려는 타고난 의지 역시 동일하게 흔한 결과입니다.

도전 많은 양육 서적은 아이들과 공동 전선을 유지하는 것이 중요하다고 강조합니다. 모든 책은 (부모가 별거해서 자녀가 부모를 찾아 이동하는 상황을 포함해서) 두 부모 간의 애착 차이를 다루는 것에 대해 쓰일 수 있습니다. 여기서 우리가 자녀의 또 다른 부모에게 항복하기 위해 여러분의 방어 전략을 사용하지 말라고 하거나 상어음악을 음소거하라고 요청하는 것은 말이 되지 않는다고 할 수 있습니다. 그 대신, 도전이 되는 것은 여러분 자신의 상어음악과의 고군분투에 대한 이해를 계속 발전시키고 아이를 위해 안정애착을 스스로 선택하려고 노력하는 것입니다. 우리는 자녀에 대한 다른 쪽 부모의 고군분투와 그것이 자녀에게 미치는 영향에 대해 여러분이 안다고 생각하는 것이 무엇이든, 다른 쪽 부모의 애착 필요에 대해서 가능한 한 공감을 나타내 주고 그 사람과 "함께-있어 주기를" 노력하라고 권합니다.

다니엘Danielle은 부모님이 얼마나 많이 싸우는지를 이해하기에는 너무 어립니다. 어떤 영화를 볼 것인지, 저녁에 무엇을 먹을 것인지, 아이를 어떻게 키울 것인지 등 어디에 초점이 맞춰져 있든, 다니엘의 부모는 대부분의 시간에 갈등상태에 있습니다.

"당신은 그냥 말을 들으려고 하지 않아."
"당신은 그냥 신경을 쓰지 않잖아."
"당신은 전혀 집중하지 않아."

"당신은 신경 쓴 적이 없어."

그래서 네 살에 다니엘은 방에서 TV를 보거나 상상의 친구들과 노는 시간을 늘리는 법을 배웠습니다. 마치 레이더에 나타나지 않는 것처럼 느끼면서, 다니엘은 자기 집에서 서서히 낯선 사람이 되는 법을 배우고 있습니다.

도전 결혼이 스트레스와 갈등의 고조기를 겪고 있을 때를 인식하는 것이 중요합니다. 왜냐하면 그것은 서클에서 손을 뗄 가능성을 분명히 높일 것이기 때문입니다. 심지어 아이와 함께 서클을 유지하려고 할 때에도 스트레스는 상어음악으로 야기된 불화의 가능성을 증가시킵니다. 여러분이 관계 균열을 해결하는 동안 (서클 위의) 손을 빌려 줄 수 있는 '예비' 양육자가 있나요? 만약 아이가 여러분과의 '그리고'로부터 사라지려는 징후가 있다면, 상담자를 만나는 것이 도움이 될까요?

서클 주변에서의 어려움 다루기

여러분이 단지 상어음악을 들었음을 인지하고 핵심 민감성이 어디에 놓여 있는지 아는 것만으로도 여러분이 서클의 주변에서 계속 아이와 함께-있어 주기의 긴 여정을 취하도록 해 줄 것입니다. 그러나 이 말이 그 과정이 문제가 없을 것임을 의미하지는 않습니다. 여기에 여러분이 서클의 윗부분이나 아랫부분에서 또는 서클 위의 손으로서 대응하는 데 어려움을 겪는 경향이 있음을 알 때, 여러분이 조심할 몇 가지 공통된 함정들이 있습니다.

"서클에 대해 생각하는 가장 좋은 방법은 일단 서클에 있었다면
서클에서 떨어졌더라도 언제든지 다시 돌아갈 길을 찾을 수 있다는 것입니다.
당신이 어디서 돌아가느냐는 중요하지 않습니다.
그냥 어딘가 열린 곳을 찾아서 곧장 다시 돌아가면 됩니다…
곧장 처음으로 돌아가서 다시 시작해도 됩니다."

−티나 머레이Tina Murray, 오스트레일리아

서클 아랫부분에서의 어려움 다루기

주로 서클의 아랫부분에서 어려움을 겪는 부모, 즉 존중 민감성과 안전 민감성에 치우치기 쉬운 부모는 자녀가 서클의 윗부분에 있을 때 더 편안함을 느낄 수 있지만, 윗부분을 편애하면 그 자체로 문제가 생길 수 있습니다.

융합, 한마음, 침해, 그리고 너무나 소중한 육아

네 살짜리 제프리Jeffrey보다 트랙터에 더 관심이 있는 아이는 없을 것입니다. 그가 보는 모든 것은 트랙터이거나 트랙터를 생각나게 하는 것들입니다. 어린 제프리에게는 자동차, 트럭, 상자, 심지어 쓰레기통까지 트랙터를 떠올리게 합니다. 그리고 어느 것도 엄마인 에린Erin에게는 전혀 문제가 되지 않습니다. 엄마는 트랙터에 대한 아들의 관심을 좋아합니다. 아들에게 트랙터에 대해 묻는 것도 좋아합니다. 그녀는 트랙터에 관한 모든 것입니다.

에린은 실제로 트랙터에 너무 빠져 있습니다. 아들의 집착을 자신의 집착으로 만들 정도로 말입니다. 엄마가 완전히 참여해서 함께하지 않으면 제프리는 자신의 경험을 할 수가 없습니다. 엄마의 강한 관심과 열정으로 보이는 것은 사실은 아들과 한마음이 되고 싶은 그녀의 필요입니다. 엄마와 다르다는 것(종종 '건강한 분화'라고 함)을 엄마는 허용하지 못하는 것처럼 보이기 때문에, 제프리는 사실상 자신의 열정은 경험하지 못하게 됩니다. 대신에 항상 엄마의 마음과 에너지를 자기 것으로 통합시켜야 합니다. 안타깝게도, 제프리는 그들의 동일성에서 길을 잃고 있습니다.

그가 선택한 모든 것을 결국은 엄마가 주장하게 되기 때문에, 제프리는 트랙터에 대한 열정이 점점 식고 심지어 다른 것들에 대한 열정도 꺾이기 시작합니다. 여전히 관심이 없는 것은 아니지만 그저 엄마에게 알리지 않기로 선택하는 것입니다.

이는 부모가 아이와 융합(fusion)되거나 한마음(one-mindedness)이 되기를 원할 때 오는 문제이며, 5장에서 언급한 일반적인 문제로, 존중에 민감한 양육자에게 자주 나타날 수 있습니다. 자녀의 성취와 재능, 그리고 아이에 대한 그 외 모든 것이 그 부모의 체면에 영향을 미치고, 때로 그런 부모는 어떤 차이점도 수용하기 어렵게 됩니다. 아빠가 운동을 잘하기 때문에 그레그Greg는 운동을 잘합니다. 엄마에 따르면 '우리는 그런 음식 맛을 좋아하지 않기' 때문에 칼리^{Carly}는 특정 음식을 가립니다. 부전자전: 이 또 다른 '작은-나(mini-me)'라는 접근은 부모에게는 편안하고 안심할 수 있게 하지만, 아이에게는 자신에 대한 독특한 경험을 쌓을 수 있는 기회를 제한합니다. 어떤 아이들은 가족의 취미 생활을 가지도록 기대될 뿐만 아니라 부모의 교육적 또는 직업적 소망까지 떠안을 것이라는 가정 아래 양육되기도 합니다. 종종 말하지 않는 압박감이 놀라울 정도로 강렬할 수 있습니다.

한 엄마는 자신이 자랐을 때처럼 자녀들에게 부와 성공을 동일시하도록 강요하는 함정을 피했음에도 불구하고, 여전히 자녀의 놀이와 관심사에서 자신의 방법을 강요하는 부모임을 깨달았다고 얘기했습니다. 근본적으로는 어린 딸의 세계의 일부가 되기를 원했고, 적어도 그 자리에서 딸과 융합하기를 원했던 것입니다. 서클의 윗부분에서 아이의 자기 결정권을 빼앗고 있다는 깨달음은 그녀를 한 걸음 물러나게 해 주었습니다, 그녀는 부모가 자녀의 미래를 지시하거나 통제하려는 '경향'을 인식한다면 특히 그것이 완벽주의나 최고주의에 근거하고 있다면, 부모는 간섭하는 것에서 스스로를 멈춰 세우지 않은 채 이미 먼 길을 왔을 것이라고 말했습니다.

[도전] 여러분은 자녀를 너무 가까이서 뒤쫓지 않고 한 발 물러서서 아이가 서클의 윗부분에 있도록 할 수 있나요? 자녀가 원하는 "저를 기뻐해 주세요."의 필요를 "우리를 기뻐해라."로 바꾸지 않고 충족시켜 줄 수 있나요? 아이가 직접 경험한 탐험에서 아이가 혼자라고 느끼도록 내버려 두지도 않고 그렇다고 일일이 확인하지도 않으면서 뒤로 물러서서 지켜볼 수 있나요? 아이들은 서클의 윗부분에 있을 때 자기들의 자율성을 시험할 약간의 공간이 필요하지만, 여전히 우리가 가까이 있다는 것과 필요하면 이용할 수 있다는 것을 알아야 합니다. 여러분이 아이가 하는 모든 일에 대해 칭찬하는 경향이 있다면, 아이가 하는 행동을 묘사하는 말로 바꾸어 보세요: 혹시 끼어들어 지시하는 타입이면, "저를 지켜봐 주세요." 순간으로 바꾸어 보세요. 고개를 끄덕이고 미소로 격려해 주면서, 아이가 필요로 할 때는 끼어들지만 말은 최소화하는 것입니다. 부모가 그것을 원한다고 배웠기 때문에 부모에게 끼어들어 달라고 잘못된 신호 보내기를 발달시킨 아이들은 여러분이 덜 참여하는 것에 적응할 시간이 필요하겠지만, 그 방법을 고수하세요.

"저를 기뻐해 주세요."가 "우리를 기뻐해라."로 바뀌지 않도록 하는 것은
도전일 수 있습니다.

아이를 '너무 소중하게' 다루는 양육은 존중에 민감한 일부 양육자들 편에서 볼 때 한마음을 이루려는 또 다른 형태입니다. 아이를 '너무 소중하게' 다루는 접근 방식은 부모가 자녀를 '독특하게 다른' 아이로 보거나 '특별하게' 또는 '다른 아이들과 구별되는' 것으로 보려는 욕구가 있을 때 가장 일반적으로 나타납니다. 이것은 물론 다른 부모들로부터 환영받지 못하지만 이상하게도 '너무 소중한' 자녀를 둔 부모는 종종 자기 자녀가 주변의 다른 아이를 본의 아니게 평가절하하고 있다는 사실을 인식하지 못합니다. 근본적인 메시지는 "너는 탁월해."라기보다는 "우리는 함께 탁월해."입니다. 말하자면, "너의 탁월함은 곧 나를 탁월하게 하는데, 그 이유는 우리의 특별함은 서로 융합되어 있기 때문이야."라는 것입니다. 이것은 때때로 자녀가 독특한 재능이나 지능이라는 면에서 눈에 띄기를 바라는 부모에게 나타날 수 있습니다. 또는 특별한 필요를 가진 자녀나 문제가 있는 아이를 둔 부모가 자녀의 그런 문제를 '특별하고' '매우 희귀하다고' 보려고 할 때 나타날 수 있습니다. 결국 '특별한 필요가 있는 특별한 아이' 또는 '동네에서 가장 문제가 많은 아이'가 됩니다. 여기에 숨겨진 욕구는 같습니다. 남들보다 눈에 띄는 것입니다.

도전　모든 아이는 부모에게 특별하다는 사실을 상기시킬 수 있나요? 여러분의 자녀를 기뻐하는 것이 자녀에게 큰 선물입니다. 비교하거나 추켜세우지 말고 기뻐하세요. 여러분의 아이는 더 훌륭하거나 가장 훌륭하지 않아도 훌륭할 수 있습니다.

굉장함을 키우기

이 책의 앞부분에서 언급했듯이, 많은 선진국에서 아이들을 과대평가하는 놀라운 추세를 인식한 연구 그룹은 이러한 태도와 그에 수반되는 양육 관행을 측정하기 위한 척도를 고안했습니다. 아이들을 과대평가하는 것은 문제가 있는 (잠재적으로 자기애적인) 성격 특성으로 이어질 수 있습니다. 그로 인해 아이는 또래보다 우월하다고 느끼지만, 이것이 사실이라는 다른 사람들의 지속적인 확인이 필요합니다. 그리고 어린 시절 불가피한 굴욕이나 거부감을 경험하면 아이는 감당하기 어려워하며 종종 다른 사람이나 자신에 대해 공격적으로 반응합니다.

여러분이 자녀의 자존감을 염려하여 아이가 하는 모든 일에 대해 "잘했어." "정말 멋져."와 같은 표현으로 끊임없이 칭찬하면, 자녀를 과대평가나 과대칭찬하는 경향을 발달시킬 수 있습니다. 자아존중감이란 셀 수 없이 많은 (종종 비언어적인) 방식으로 다음과 같은 말을 해 주는 관계의 결과입니다: "네가 너이기 때문에 나는 너와 함께하는 게 좋아, 네가 무엇을 하든지 상관없이 말이야." 자아존중감은 끊임없는 칭찬의 결과라기보다는 함께-있어 주기의 결과입니다. 물론 아이들에게 우리가 그들을 자랑스럽게 생각한다는 것을 알려주는 것은 훌륭하고 필요하지만, 아이들의 자아존중감이 끊임없이 위협받고 있다는 우리의 숨겨진 불안이 감지되면 아이들은 우리와 마찬가지로 다른 사람들에게 비치는 자신의 가치와 진가에 대해 긴장하게 될 것입니다.

자아존중감은 칭찬이 아니라 수용으로부터 만들어집니다.

자기-만족감(self-sufficiency)을 키우기

여러분은 다음의 시나리오를 6장에서 읽었습니다:

"너 혼자서 고치는 게 뭐가 그렇게 어렵니?" 에릭의 아빠가 묻습니다. "계속 아빠한테 찾아오면 혼자서는 아무것도 알아낼 수 없을 거야." 에릭은 세 살입니다.

분명히, 부모가 자녀의 자립을 격려해야 할 때가 있습니다. 그러나 강제적으로 만들어진 능력은 종종 자책과 자기만족으로 이어질 수 있습니다. 그리고 이 경우 가장 문제가 되는 것은 에릭의 아빠가 반응할 때의 어조입니다. 그는 아들의 능력을 격려하기보다는 아이가 새로운 시도를 해 보면서 아빠와의 연결을 필요로 하는 것에 대해 꾸짖고 있는 것입니다.

이것이 존중에 민감한 사람들이 종종 '사라져 버리는' 사람으로 분류되는 이유입니다—그들의 상어음악이 그들에게 취약한 감정('약함'이나 '부드러움'의 표시)의 중요성을 기각하도록 지시하기 때문에, 결국 그들은 서클의 아랫부분에서 자녀에게 위안을 주는 것을 회피합니다.

다른 한편으로, 에릭의 아빠는 안전에 민감할 수도 있습니다. 그의 반응은 여전히 '사라져 버림'으로 표시되지만, 다른 의미가 있을 수 있습니다. 그의 반응은 위로에 대한 아들의 필요를 어떤 식으로든 평가절하하거나 심지어 부끄럽게 만들기보다는, 아들이 아빠에게 가까이 가는 것으로 아빠를 불편하게 만들 필요가 없이 자급자족하도록 가르치려는 의도였을 수 있습니다.

숙제:

📋 아이가 즐겁게 놀고 있다면 혼자 하게 해 주세요. 여러분의 참여가 필요한지, 아이가 편안하게 하던 일로 돌아갈 수 있도록 위로가 필요한지 지켜보세요. 그렇지 않다면, '아이가 여러분이 있는 상태에서 혼자 있는 것'을 즐기게 해 주세요.

📋 항상 칭찬만 하고 있다면 잠시 쉬어보세요.

📋 아이가 스스로 해 보는 경험을 가지도록 필요한 만큼의 도움만 제공하는 '비계 (scaffolding)' 개념에 대해 더 알아보세요. 자녀에게 자립을 격려하는 것은 비계라는 맥락에서 가장 잘 이루어집니다. 자립을 증가시키도록 지지하는 동안 함께-있어 주기가 바로 아이들이 필요로 하는 것입니다. 능력을 키우라는 여러분의 강요가 아이에게는 스스로 자신을 돌봐야 한다는 메시지를 주는 것이라면, 여러분의 상어음악이 그 메시지를 주도하고 있을 가능성이 높습니다. 이 메시지는 다소 존중에 민감하거나 안전에 더 민감할 수 있습니다. 어느 쪽이든, 언제 이런 일이 다시 발생하는지 경계하면서, 여러분을 향한 위로나 접촉 또는 친밀감에 대한 숨겨진 아이의 시도가 있는지 살펴보십시오. 숨을 고르고 자녀에게 필요한 것을 제공하세요.

서클 윗부분에서의 어려움 다루기

매기^{Maggie}는 엄마가 되는 것을 좋아합니다. 그렇지 않을 때를 제외하고는요. 그녀는 "나는 엄마가 되는 것보다 만족감을 더 느껴 본 것이 없어요."라고 종종 말하곤 합니다. 그러나 그녀는 바로 이어서 두 자녀인 개리^{Gary}와 프랜시^{Francie}(각각 7세와 3세)가 그녀에게 약간의 여유를 주기를 바란다는 취지로 무언가를 말할 것입니다. "나는 아이들의 모든 면을 사랑해요. 하지만 그것은 마치 아이들은 나를 그들의 시야에서 벗어나게 하지 않을 거라는 것과 같은 거예요."

한부모로서 매기는 '모든 것을 해야 한다.'는 부담감을 느낍니다. 어떻게 안 그럴 수 있겠어요? 그녀는 풀타임으로 일하고 집으로 돌아오면서 '피곤하고 외롭다.'고 말하지요. "파트너가 있었으면 좋겠어요. 멋지지만 끝이 없는 부모가 되는 이 일을 나와 함께

할 수 있는 사람 말이에요. 내 아이들을 주신 하나님께 감사드려요. 그들은 나에게 세상의 전부랍니다. 애들이 없다면 내가 무얼 할지 모르겠어요."라고 덧붙여 말합니다.

집에 돌아오면 매기는 아이들이 엄마의 참여 없이 놀거나 어떤 일을 하도록 내버려두는 것이 어렵습니다. 저녁 식사와 설거지를 아이들이 도와주도록 하고 나서 아이들이 하는 모든 게임에 참여합니다. 매기는 또한 아이들이 이웃 아이들과 놀겠다고 요청할 때마다 매우 불편합니다. 그녀는 "왜 그래? 엄마랑 노는 걸로 충분하지 않아?"라고 호소하듯이 말합니다. "자, 아이스크림을 먹고, 다른 멋진 게임을 고르자." 아이들은 항상 엄마 말을 듣지만, 결국 세 사람 모두 좌절하고 의견이 일치되지 않아 심지어 많은 시간을 화가 난 채 지내기도 합니다. 매기는 "전 이해가 안돼요. 왜 아이들은 더 감사하지 않는 거죠?"라고 묻습니다. "나는 애들에게 내 삶을 주는 것이 전부인데요."

이것은 부모가 자녀와의 분리 경험을 제한하려고 할 때 종종 나타나는 시나리오이며, 일반적으로 분리에 민감한 양육자에게 나타날 수 있는 문제입니다. 이러한 부모는 ① 자신이 실제로 자녀들에게 응하는 시간을 지나치게 내주고 있다는 사실과 ② 자녀에게 강하게 집중하는 것이 슬프게도 자녀들의 필요보다 그녀의 필요에 더 가깝다는 사실을 깨닫지 못한 채 자녀를 위해 곁에 있으려고 열심히 노력합니다.

서클의 아랫부분에 있는 어려움과 관련하여 앞에서 논의된 문제를 감안할 때, 매기는 아이들과 한마음이 되는 것도 아니며 아이들의 자존감에 초점을 맞추는 것도 아닙니다. 그녀는 종종 아이들에게 어떤 일에 대해서 잘한다고 말할 수 있지만, 실제로 아이들이 그 일을 수행하는 방식이나 특별하고 싶은 아이들의 필요에 대해서는 그다지 신경 쓰지 않습니다. 그녀는 단지 아이들이 그녀로부터 멀어지는 것을 원하지 않을 뿐입니다. 실제로 그녀는 모든 면에서 두 자녀와의 관계의 경계를 모호하게 만들었지만, 자신은 자녀들과 서로 '가장 친한 친구들'이라고 생각합니다. 비록 설거지나 취침 시간은 아직까지 엄마로서 책임자로 있지만, 함께 놀 때는 모두가 형제자매인 것처럼 싸울 수 있다는 것은 놀랄 일이 아닙니다.

보호 대 집착

매기는 재빨리 그 문제를 자녀들을 보호해야 하는 그녀의 필요로 짜 맞춥니다. "더 이상 안전한 세상이 아닙니다. 저는 제 아이들이 다른 아이들과 밖에서 함께 노는 것에 기분이 좋지 않습니다. [참고: 이 가족은 지역사회에서 중산층 동네로 여겨지는 곳에 살고 있습니다.] 사랑이 많은 부모는 자녀의 필요에 계속 집중하기 위해 자신의 행복 중 일부를 기꺼이 포기해야 한답니다." 분리에 민감한 많은 부모는 이러한 사고방식을 고수합니다. 안전이라는 명목으로 그들은 아이들을 집 가까운 곳에 그리고 자기들 가까이에 두려고 합니다. 아이들을 위해 우리가 원하는 만큼 세상이 안전하지 않다는 것이 종종 사실일 수 있지만, 아이들은 자기 가까이에서 제한된 외부 탐험(다른 아이와 노는 것이든 바깥 세상에 대한 모험이든)만 해야 한다는 어떤 부모의 주장은 그녀가 자율성을 위해서는 필수적인 움직임이라고 여기는 관계들을 갖는 것에 대해 실제로는 불편해하는 양육자라는 표시일 수 있습니다.

도전 　자율성이 버림받음과 동일하지 않다는 것을 스스로에게 상기시킬 수 있나요? 말로 표현되지는 않았지만 어쩐지 항상 표면 아래에서 느껴졌던 것이 "한 번 떠나면 다시 돌아오지 않을 수도 있어."라는 상어음악의 메시지라는 것을 인식할 수 있나요?

필요하지 않게 되는 것도…
너무 많이 필요하게 되는 것도 불편한

매기에게 나타난 또 다른 문제는 분리에 민감한 부모들에게 공통적으로 나타나는 것입니다. 그녀가 "나는 아이들의 모든 면을 사랑하지만, 그것은 마치 아이들이 나를 그들의 시야에서 벗어나게 하지 않을 거라는 것과 같은 거예요."라는 말에 이어서 곧바로 "나는 아이들에게 내 삶을 주는 것이 전부거든요."라고 말하는 것은 필요의 본질에 대한 그녀의 양면성을 나타냅니다. 자신이 필요한 존재가 되기를 원하는 것이 명백한데 결과적으로 그 명백한 필요성 때문에 힘들어합니다.

도전 　여러분이 분리에 민감한데, 자율성을 허용하는 것에서 어려움이 있다는 것을 보기 시작한 경우라면, 친밀감에 대해서도 동등하게 (덜 분명하지만) 어려움을 겪을 가능성이 있다는 것을 생각해 볼 수 있나요? 언뜻 보기에는 이해가 되지 않을 수 있지만, 밝혀진 것처럼 불안정은 균등하게 기회를 제공한답니다. 제가 서클의 절반인 윗부분에서 자립을 위한 여러분의(또는 제 자신의) 시도를 지지하는 데 능숙하지 않다면, 절반의 아랫부분에서 나타나는 취약성에 대해 필요한 자립의 강도를 허락하는 것에도 어려움을 겪을 것입니다. 자율성과 취약성은 일종의 짝으로 맞춰진 세트입니다. 어느 하나에 대한 역량이 증가하면 다른 하나에 대한 역량도 깊어집니다. 자신의 방식으로 세계를 경험하기 위해 (여러분과 시간 보내기를 멀리하는 것을 포함하여) 자기 고유의 욕구와 마음을 분명히 소유한 누군가와 여러분이 관계할 수 있다는 것을 아는 것(그리고 신뢰하는 것)은 핵심감정들이 때로는 강렬하게 경험될 수 있고 공유될 수 있다는 것을 깨닫고 신뢰하기 위한 좋은 토대가 될 수 있습니다. 우리가 고유한 자아감(자신과 주변 사람들의 자아감)으로 안전할수록, 분리되어 있지만 동등한 두 자아가 서로에게 제공할 수 있는 필요와 친밀감에 대해 더 편안해질 수 있습니다. 따라서 자율성이 깊을수록 취약성은 더 풍부해집니다. 그리고 이것이 사실이 아닐 때, 분리에 민감한 사람은 버림받음을 피하기 위해 집착하고 (그래서 자율성을 차단하고) 그렇게 함으로써 진정한 친밀감을 위해 필요한 분리를 허용하지 않습니다. 속담은 이렇게 말합니다: "당신이 나를 놓아주지 않는다면 내가 어떻게 집에 올 수 있을까요?"

숙제:

💬 아이가 즐겁게 놀고 있다면 혼자 하도록 해 주세요. 아이가 여러분의 참여를 필요로 하는지 살펴보되, 여러분과의 관계에서 지금 가장 필요로 하는 것은 자기가 스스로 하는 탐험을 늘리기 위한 지속적 지원이라는 것을 인식하세요. 여러분이 조용히 방해하지 않으면서 곁에 있는 것이 아이에게는 언제든 뒤에서 도움을 줄 수 있는 존재로 보이기 시작할 것입니다─필요로 할 때는 되돌아가 의지할 수 있는 존재이지만 동시에 자기가 하고 있는 일에 지나치게 간섭하지 않는 존재인 것이죠.

💬 현재에 머무르면서, 관심을 유지하고, 여러분 자신의 관심사에도 집중하세요. 분리에 민감한 부모의 자녀들은 아이에 기반을 둔 것이 아닌 부모 자신들만의 관심이 있는 부모들만의 삶이 있다는 것을 알아야 합니다.

💬 동시에, '추웠다 더웠다(변덕스럽게)' 하지 않는 것을 분명히 하세요─어떤 때는 관심을 가지다가 다음번엔 뚜렷하게 무관심한 모습으로 바뀌는 것을 피해야 합니다. 분리에 민감한 부모는 일관성이 없는 것처럼 보일 수 있으며, 이로 인해 자녀는 경계심을 느낄 수 있습니다─"곁에 있다가 가 버리면, 다시 떠날 때를 대비하여 나는 엄마 아빠에게

집중하는 데 매달리게 돼요." 그 불안감은 아마도 여러분이 자라면서 알았을 것이고 무심코 자녀에게 전가할 수 있는 것입니다.

📭 여러분이 서클의 아랫부분에서 아이를 환영하고 지지해 줄 때 자녀의 감정에 함께 했다는 선물과 즐거움을 즐기세요. 여러분의 상어음악이 어떻게 아이의 실제 필요보다 더 감정 중심적인 대화를 하도록 아이의 필요에 대해 지나치게 반응하도록 부추기는지 인지하세요. 모든 아이는 자신의 감정을 탐색할 필요가 있지만, 감정 속에서 허우적댈 필요는 없습니다. 그리고 아이들은 확실히 부모가 자신들과 함께 감정 속에서 허우적대는 것이 필요하지 않습니다.

📭 서클의 위와 아래 모든 영역을 존중하세요. 자녀가 자신의 열정을 발견하고 점점 더 많은 관심을 가지고 세상을 탐험하려는 강한 열망을 지지해 주세요. 동시에 여러분 가까이 다가와서 마음의 빈 컵을 채우려는 자녀의 욕구를 잘 받아주고 채워주되 넘치지는 않게 해 주세요!

서클에서 손을 유지한 채 균열 관리하기

소렌Soren은 아빠가 되는 것에 확신이 없었지만, 미시Missy가 임신했다는 것을 알게 되자 그의 열정은 나날이 커지는 것을 깨달았습니다. 6년이 지난 지금, 소렌과 미시는 양육 방법에 대해 의견이 엇갈리고 있습니다. 미시는 아들 자크Zak가 버릇없이 구는 것을 보고 싶지 않습니다. 엄하고 거리를 두는 냉담한 아버지 밑에서 자란 소렌은 자크를 훈계해야 할 때마다 긴장합니다. 최근에 자크는 잠자리에 들거나 방을 청소할 시간이 되면 아빠가 다 들어줄 것이라고 확신하면서 아빠에게 옵니다. 이에 미시는 남편과 아들 모두에게 화를 냅니다. 모든 분노가 결국 아들에게 집중하여 쏟아지는 일이 전형적 모습입니다.

패턴은 거의 매일 이렇게 반복됩니다: 자크는 엄마가 정해 준 선을 넘는 행동을 하고 아빠에게 달려가 일시적으로 모면합니다. 소렌은 아들의 행동이 '그렇게 나쁘지는 않다.'고 방어해 주면서 미시를 중재하려고 개입합니다. 미시는 점점 더 화가 나서 아들을 더 비판하게 된다는 것을 느낍니다. 소렌은 자크가 어린 시절의 가혹했던 기억을 다시

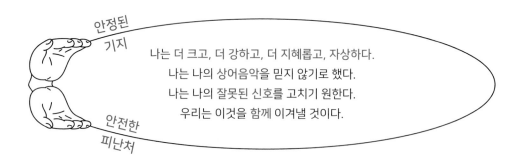

복구: 서클 위에서 두 손을 유지하기

떠올리는 일이 없도록 보호하기 위해 최선을 다하고 있다고 느낍니다. 소렌이 부드러워질수록 미시는 더 강렬해 보입니다. 미시는 자신이 소위 '가정의 폭군'이라고 부르는 역할을 맡게 된 것에 대해 수치와 분노를 번갈아 가며 느낍니다. 소렌은 어떻게 해야 할지 몰라 혼란스럽습니다. 그는 아들을 무서워하고 점점 미시를 두려워합니다.

우리는 이런 시나리오를 가족들을 돕는 과정에서 수십 번 보아 왔습니다. '더 크고, 더 강하고, 더 지혜롭고, 자상하기' 패러다임이 중심이 되어야 함을 인식하지 못하고, 한쪽 부모는 이해를 제한하는 것이 중요하다고 하면서 확고함을 시도하려는 방향으로, 다른 부모는 양육자의 필요보다 아이의 필요를 이해하는 것이 더 중요하다는 믿음을 키우는 방향으로 부모의 역할이 굳어지는 것입니다. 한 부모가 균형막대에서 자신의 쪽으로 더 멀리 갈수록 다른 부모는 거의 같은 비율로 반대쪽으로 더 멀리 걷습니다. 긴장이 확연하고 해법이 없어 보일 수 있습니다. 그래서 부모는 '이 불가능한 상황'에 대해 도움을 청하기에 이르게 됩니다.

균형 상실

서클의 손에 대해 고군분투하는 가족 시스템에서 사는 것에 있어서 미시와 소렌과 자크는 분명히 그들만 그런 것이 아닙니다. 지침 원칙으로 '더 크고, 더 강하고, 더 지혜롭고, 자상하기'라는 안내 문구를 채택한 것은 우리와 함께했던 다양한 부모들에게 도움이 되었습니다. 그것은 분명 마법의 지팡이는 아니지만, 자녀에게 꼭 필요한 것이 무엇인지 정확하게 알 수 있는 간단하고 현실적인 방법이며 또한 (막대의 다른 쪽이 잊혀지거나 덜 사용되고 있을 때) 균형막대의 양쪽에 있는 위험을 알려주는 로드맵입니다. 기억하기: 자상하지 않으면서 더 크고 더 강하기만 하면 심술궂은 부모가 됩니다. 더 크고 더 강하지 않으면서 자상하기만 하면 약한 부모가 됩니다. 우리는 필수적인 균형을 아는 지혜가 항상 필요합니다. 특히 이 필요한 균형은 매번 새로운 상황에서 정해진 대로만 쓸 수 있는 쿠키 절단기와 같은 것이 절대로 아닙니다. 지혜는 우리가 자녀를 돌보고 이해하는 데 요구되는 헌신과 적절한 강도의 강경한 태도 사이의 균형을 맞출 때 필요합니다.

자상하지 않으면서 더 크고 더 강하기만 하면 심술궂게 됩니다.
더 크고 더 강하지 않으면서 자상하기만 하면 약하게 됩니다.

미시와 소렌의 경우와 마찬가지로 단순히 그들이 어디에서 어려움을 겪고 있는지 이해하고 각자에게 무엇이 부족한지 명확하게 이해하는 것만으로도 필요한 변화는 시작된 것입니다. 처음에 소렌은 '심술궂은' 아버지 밑에서 자란 자신의 성장기를 보았고, 자신이 한때 미워했던 사람처럼 되지 않을까 하는 두려움 때문에, 책임지기를 꺼려하는 자기를 보기 시작했습니다. 이를 통해 그는 아들에게 강하고 책임감이 있으면서도 자상한 아빠가 필요하다는 것을 알 수 있었습니다. 그는 그렇게 되려고 전념했습니다.

마찬가지로 미시는 집안의 모든 훈육을 자기에게 맡긴 것에 대해 소렌에게 분개했습니다. 또한 아들에게 자상하고 힘이 되어 주기를 정말로 원했지만 '항상 아빠가 열어준 탈출구'를 가지고 있는 아들 앞에서 그렇게 할 수 없었다는 마음을 표현했습니다. 미시는 자신의 슬픔을 분명히 말할 수 있게 되자 강인하면서도 자상한 엄마로서의 위치를 공개적으로 주장할 수 있었습니다.

이러한 비교적 단순한 이해로, 이 가족은 균형 잡힌 방식으로 서클에 다시 손을 얹게 되는 빠르고 놀라운 진전을 이루었습니다. 처음에는 부모의 명백한 변화에 어리둥절해 보였던 자크는 곧 긴장을 풀고 깊은 안정감과 함께 강요받지 않아도 되는 자신을 발견했습니다.

[도전] 비난 게임을 멈출 수 있나요? 자녀의 다른 부모에게 손가락질하는 것은 자신을 정확히 이해해야 할 필요가 있을 때 자신으로부터 초점을 옮겨 버리는 것입니다. 하지만 그것도 자기-긍휼(self-compassion)이 필요합니다. 오래전에 여러분의 방어 전략을 만들어 낸 고통에 대해 너그러워질 수 있나요? 심술궂거나, 약해지거나, 사라져 버렸

던 중요한 사건들은 대면하기 어려울 수 있는 기억과 감정을 남깁니다. 그 고통을 받아들이고 존중하는 것은 지금 여러분의 가족에게 미치는 영향을 크게 바꿀 것입니다.

여기에서 누가 부모인가요

특히 책임을 지는 데 어려움을 겪는 부모에 대한 또 다른 공통 주제는 부모가 당혹감을 느껴서 가족 안에서 아이에게 지정된 '더 크고, 더 강하고, 더 지혜롭고, 자상한' 사람이 될 것을 요청할 때 만들어질 수 있는 무의식적 변화입니다. 극단적인 경우, 특히 이것이 일상적으로 진행되고 있다면 가족 내에서 부모 역할을 하도록 요청받는 자녀에게는 심각한 정서적 어려움을 초래할 수 있습니다. 그러나 종종 가정의 위기 상황이나 한쪽 부모가 슬픔이나 우울한 시기를 보내는 이유로 본의 아니게 역할이 바뀌고 아이가 부모의 힘이 되어 달라는 요청을 받는 경우가 있습니다. 이런 것은 아이에게 긍정적이고 칭찬받을 만하다고 표현할 수 있지만, 역할 반전은 아이를 항상 혼란스럽게 하고 아이의 내면세계를 와해시킵니다. 애착연구의 관점에서 볼 때 그것은 결코 안정감을 지원하지 않습니다.

아이들은 십대가 되어도 항상 더 크고, 더 강하고, 더 지혜롭고, 자상한 모습을 유지하는 누군가(또는 여러 사람)와 관계를 지속해야 합니다. 심지어 청년이 되어서도 아이들은 도움이 필요치 않더라도 지지해 주고 지혜를 주고 열정을 심어줄 수 있는 또래가 아닌 누군가와 관계를 가지는 것이 필요하고 그것은 도움이 됩니다.

핵심 민감성의 맥락에서 볼 때, 역할 전환은 다른 '톤(tone)'을 가질 수 있습니다.

- 역할을 바꿔 버리는, 분리에 민감한 부모는 전형적으로 자신을 '돌봐 줄' 누군가(이 경우에는 자녀)를 찾습니다. 메시지는 이렇습니다: "나는 능력이 없어. 나한테는 네가 나보다 커야 해."

- 존중에 민감한 부모는 자녀를 이상화하는 경향이 있어서, 자녀가 독특하고 특별하다는 틀에 맞춰 '나이보다 훨씬 똑똑하다.'고 주장합니다. 이러한 방식의 칭찬은 다소 좋게 (명백히 혼란스러운 상황에서도 '긍정적'으로) 느껴질 수 있지만, 그러면 아이는 문제가 있는 부모를 더 많이 도울 수 있는 방법을 적극적으로 찾아 더 많은 칭찬을 얻으려 할 것입니다.

- 밝혀진 바와 같이, 안전에 민감한 부모에게는 역할 전환이 훨씬 덜 흔합니다. 이것

이 나타날 수 있는 한 가지 가능한 상황은 부모가 부모의 역할에서 물러나고 정말 아이가 책임을 지도록 요구하는 때입니다. 모든 상황에서 아이는 더 이상 아이로 취급받지 않으며, 발달적으로 아직 사용할 수 없는 힘과 지혜를 지니고 있는 척할 것이 요구되는 것입니다.

[도전] 아이들이 자신들의 묶임을 인식하기 시작하면 할당된 역할에서 벗어날 방법을 찾기 시작할 것입니다. 그런 일이 발생했을 때 만약 여러분이 분리에 민감하다면 아이를 다시 데려오기 위해 죄책감을 이용하는 행위를 그만둘 수 있나요? ("많은 걸 요구하는 게 아니잖니. 잠깐 도와주는 걸 못 해?") 만약 여러분이 존중에 민감하다면 수치심을 이용하는 행위를 그만둘 수 있나요? ("그래 알았어! 넌 항상 너만 생각하잖아. 그만둬!")

우리 친구 하자

역할 전환과 밀접한 관련이 있는 또 다른 공통 주제는 부모가 아이와 똑같은 수준의 성숙도에서 살고자 하는 것입니다. 이것은 책임지는 것과 관련하여 거절당하는 것에 대한 두려움(존중 민감형)이나 버림받는 것에 대한 두려움(분리 민감형)과 가장 흔하게 관련이 있습니다. "내가 너에게 맞서면 너는 나를 좋아하지 않을 거야. 그러니 나는 우리가 서로 사이좋은 친구가 되는 방법을 찾을 거야." 건강한 양육을 위한 가장 간단한 규칙은 가족을 민주주의로 정의하는 것은 결코 도움이 되지 않는다는 것입니다. 누군가가 책임져야 합니다. 위계질서는 매우 좋은 것입니다. 따라서 부모가 책임자로서 필요한 역할을 주장하는 것을 두려워하여, 오히려 그 책임을 피하려 할 때 아이는 표류하는 것으로 느낄 수 있습니다. 역할 왜곡은—특히 '우정'으로 유혹적이게 표현될 때—항상 아이에게는 상당한 혼란을 가져옵니다. "내가 가장 필요로 하는 바로 그 사람은 이제 내가 신뢰할 수 없는 사람이에요. 왜냐하면 ① 엄마는 내가 여전히 필요로 하는 더 크고, 더 강하고, 더 지혜롭고, 자상한 모습의 역할 하기를 거부하기 때문이죠, 그리고 ② 엄마는 내가 그녀가 아니라고 알고 있는 다른 사람인 척하기 때문이에요. 나는 '가장 친한 친구'가 필요한 게 아니에요; 나는 부모가 필요해요."

[도전] '심술궂은'의 반대말이 '영원한 절친(BFF: Best Friend Forever)'이 아니라는 것을 명심할 수 있으세요? 여러분의 부모가 더 크고 더 강하지만 자상하지 않은 부모였다면 가혹한 대우를 받는 것이 얼마나 고통스러운지 알기에, 정반대로 아주 멀리 도망가고

싶은 유혹을 받을 수도 있을 것입니다. 이해할 만하지만, 이런 현상을 내 부모의 실수를 반복하지 않으려는 충동으로 생각하기보다 상어음악으로 생각하면 저항하기가 더 쉬워집니다. 여러분의 상어음악을 이해하면 강한 모습에다가 얼마든지 자상하고 지혜가 담긴 다른 옵션을 만들어 낼 수 있습니다.

내 공간이 필요해요! (너무 많이 나를 요구하지 마세요!)

이것은 아이들의 필요에 대해 방해받는 것으로 느껴져서 어려움을 겪는 안전에 민감한 부모들의 공통된 주제입니다. 항상 바쁘거나, 주방이나 서재, 텔레비전, 휴대전화 또는 컴퓨터로 '사라져 버리거나', 아이가 '너무 보챈다고' 아이를 탓하거나, 함께-있어 주기가 필요할 때 자녀의 감정에 논리적으로 반응하는 것은 거리를 유지하는 전형적인 방법입니다. 슬프게도 아이러니한 것은 많은 아이에게 있어서 거리를 유지하는 것이 실제로 더 까다로운 아이를 만든다는 것입니다. 또 다른 아이들에게는, 부모를 활용할 수 없다는 것은 가까이 있음이 안전하거나 활용 가능한 옵션으로 간주되지 않아야 한다는 신호로 받아들여지게 됩니다. 이런 아이들은 부모가 응답하지 않을 것이라는 것을 배웠기 때문에 종종 서클의 아랫부분에서의 필요를 숨길 수 있습니다.

도전 상어음악이 여러분에게 도망치라고 말할 때 브레이크를 밟을 수 있나요? 자녀에게 필요한 것을 제공해 주는 것이 요구 사항의 증가를 막을 수 있다는 것을 스스로에게 상기시켜 주세요.

제때에 한 번 채워 주면 아홉 번 채울 것을 덜 수 있습니다.

(A filled cup in time saves nine.[3])

숙제:

📮 자녀가 여러분과의 관계에서 돌보는 사람의 위치에 있도록 요구되고 있다면, 더 크고, 더 강하고, 더 지혜롭고, 자상한 모습으로 되돌아가는 방법을 찾으세요. 십대 후반의 자녀가 주기적으로 여러분에게 조언이나 지지를 해 주는 것은 괜찮지만, 집에 함께

---

3) 역주: One stitch, in time, saves nine stitches (제때의 한 번 바느질이 아홉 번 바느질 수고를 덜 수 있다)라는 영어 속담을 각색해 표현한 것입니다.

사는 자녀에게 여러분이 겪는 어려움이나 감정의 무게를 짊어지게 하는 것은 문제가 됩니다. 경험 법칙: 여러분에게 상황이 너무 커서 이해하거나 처리할 수 없다면, 그것은 자녀가 짊어지기에는 너무 큰 것입니다. **외부 지원을 찾는 것이 필수적인 상황입니다. 친구나 지지 그룹 또는 전문가의 조언은 모두 도움이 될 만한 옵션입니다.**

🗨 자녀에게 가장 친한 동료나 친구가 되어달라고 요청하고 있는 자신을 발견한다면, 부모가 되는 것으로 다시 초점을 바꾸는 방법을 찾으세요. 아이들에게는 친근하지만 동등하지는 않은 (또는 동등에 가까운) 부모가 필요합니다. 취미나 스포츠를 공유하거나 재미를 함께 느끼는 것은 훌륭한 옵션입니다. 그러나 이러한 공유가 한마음과 융합된 사고("우리는 모든 것에 마음이 맞아요." 또는 "같은 것에 완전히 빠져 있어요.")의 방향으로 이동한다면, 때로 다른 마음과 다른 경험을 장려하는 방법들을 찾는 것을 고려해야 할 때입니다. 다름을 존중하는 것은 안정감의 필수 요소입니다. 실천적 측면에서, 생활 가운데서 다른 성인과 우정을 늘리기 위해 할 수 있는 것을 하세요.

🗨 여러분이 종종 '사라져 버리고', 그것이 안전에 대한 민감성에서 비롯된다는 것을 깨닫는다면, 여기에서 문제는 여러분의 선택이 '나쁘다'거나 사라져 버리는 선택을 원한 것을 부끄러워 해야 한다는 것이 아님을 기억하기 위해 최선을 다하세요. 문제는 그 선택들이 아이들에게는 부모가 종종 '사라져 버리는' 것같이 느껴지도록 하는 경향이 있다는 데 있습니다. 단지 자녀의 정당한 필요를, 특히 서클의 아랫부분에서의 필요를 인식하고, 여러분이 할 수 있을 때까지 정기적으로 몇 분 정도 더 할애하여 매주 조금 더 많이 아이와 함께하기 바랍니다. 급하게 바뀔 필요는 없습니다. 천천히 하세요. 그리고 다음 두 가지를 인식하기 위한 방법을 찾는데 계속 전념하세요. ① 여러분이 함께-있어 주기를 원하는 자녀의 진짜 필요 (심지어 그 필요가 지금 참을 만하다고 느끼는 것보다 더 많이 가까이 있는 것을 필요로 하는 때일지라도), 그리고 ② 서클을 이해하는 것의 유익과 서클의 아랫부분에서 필요가 충족될 때 아이가 자연스럽게 서클의 윗부분의 자기 모험으로 되돌아가는 것을 환영하는 방법입니다. 아이는 여러분을 원합니다. 맞습니다. 그리고 아이는 여러분보다 훨씬 더 많은 것을 포함하고 있는 세계를 알고 싶어 합니다.

성찰에 대한 성찰

데릭^{Derek}은 자신이 존중에 민감하다는 것을 알고 있었습니다. 다섯 살짜리 아들에게 자신과 똑같이 생각하게 하고 스포츠에 대해서도 똑같은 관심사를 갖도록 요구하고 있었다는 사실을 깨달은 것이 첫 번째 단서였습니다. 그는 심지어 리스^{Reece}가 커서 자신이 선택한 직업인 코치가 되기를 희망한다는 사실을 깨달았습니다. 두 번째 단서는 아내 완다^{Wanda}가 자신의 양육에 대해 조금이라도 부정적인 말을 할 때면 화가 나고 위축되는 자신을 발견했다는 것이었습니다. 그는 양육과 같이 자기에게 매우 중요한 것에 대해 어떤 형태로든 비판을 경험하는 것을 싫어했습니다.

데릭은 아버지로서 자신을 자랑스러워했습니다. 소원하고 비판적인 아버지 밑에서 자란 그는 삶의 목적의 일부로 양육의 책임을 맡으며 기뻤습니다. 양육 주제에 관한 수많은 책을 읽었고, 다양한 양육 세미나에 참석했으며, 자기는 자신이 어렸을 때 그리워했던 그런 아버지라고 만족스럽게 말할 수 있었습니다.

그래서 서클에 대해 알게 되었을 때 아들의 성취를 열렬히 응원하는 것이 실제로는 그가 리스에게 가하고 있는 추가적인 압력이라는 사실을 알고 놀랐습니다. 또한 그는 슬픔, 두려움, 분노는 신경 쓸 가치가 없다는 자신의 미묘하지만 일관된 암시를 알아차리는 데 흥미를 느꼈습니다. "무조건 해!"라고 말하는 범주에 속하지는 않았지만, 데릭은 아들에게 '더 열심히 노력하는 것' 그리고 '고통에도 불구하고 성공하는 것'이 실제로 이러한 중요한 감정에서 벗어나는 방법이라고 가르치고 있었습니다.

데릭은 존중에 민감한 자신의 문제에서 오는 잘못된 신호를 인식하고 그것에 이름을 붙이기 시작했습니다. 그는 성공해야 하는 압박감과 한마음으로 융합하는 것에 집중하고 있다는 것을 알아차렸습니다. 진정으로 자신을 성찰하고 있었습니다. 그러나 이러한 성찰이 자신에게 주는 미묘한 우월감은 인식하지 못했습니다. 그렇습니다. 그는 완벽하진 않았지만, 자신의 잘못을 인정하지 못하는 사람들보다는 다소 낫다고 느꼈던 것입니다. 그가 아직 알아차리지 못한 것도 있습니다. 서클에 대한 지식이 어떻게 자신을 독특하고 특별하게 만들었는지 종종 다른 부모들에게 가르치면서 언급했다는 것입니다. 아직 눈치 채지 못한 것이 또 있습니다. 비판에 대해 날카로운 반응을 보인다는 점입니다.

존중에 민감한 사람들은 종종 관계에서 마치 벼랑 끝에서 사는 것처럼 보입니다. 앞에서는 우호적인 것처럼 행동해도 이면에는 종종 "강요하지 마세요. 그렇지 않으면 화를 낼 수도 있어요."라는 태도가 있을 수 있습니다. 아이들은 이러한 암시적인 위협에 대해 매우 잘 알고 긴장할 수 있습니다. 그래서 리스가 화가 나서 울면서 집으로 달려왔을 때 즉시 '너무 연기하지 말라.'고 야단치는 아빠만 보게 된 그날은 중요한 날이 되었습니다. 완다가 끼어들어 남편에게 진정하고 애한테 한 말을 다시 한번 생각해 보라고 말하자, 데릭은 폭발했습니다. "당신이 뭔데 나한테 부모 노릇을 가르치려는 거야?" 리스는 재빨리 자기 방으로 들어가 버렸습니다.

데릭의 말을 빌리자면: "상황은 절대로 잘 풀리지 않았을 것입니다─곧바로 완다가 옳았다는 것을 깨달을 수 없었다면 말이죠. 제가 서클에서 벗어난 것인데, 리스에게 슬퍼한 것에 대해 수치를 주는 것으로, 그뿐 아니라 아이가 보는 앞에서 완다에게 화를 낸 것으로 그렇게 했죠. 훌륭한 아빠가 된 것에 대한 저의 최근의 자부심의 실상이 드러났죠. 어찌 보면 정확하기도 한데, 어찌 보면 제가 완벽하지 못한 것을 얼마나 싫어하는지, 비판받는 것을 얼마나 싫어하는지에 대한 정교한 은폐였죠."

데릭은 성찰이 부족했다는 것을 성찰하고 있었습니다. 즉, 자신이 서클에서 어떻게 고군분투하는지를 보기 시작했지만 어떻게 한 단계 더 둔하게 되었는지에 대해서 성찰하고 있었습니다. 그렇습니다. 그는 분명히 자신의 아버지보다 더 나은 아버지였지만, 비판받는 것에 관한 자신의 근본적인 (항상 보류 중인) 반응 때문에 가족 전체가 긴장하며 살아가야 하는 것을 보기를 꺼려 했었습니다. 데릭은 자신을 더 깊이 성찰하면서 (그리고 새로 알게 된 양육기술을 얼마나 사용하지 않았는지를 성찰하면서), 자신의 어린 시절 양육에 대해 증가된 슬픔을 느끼는 자신을 발견했습니다. 자신의 취약성에 대한 새로운 경험의 비율만큼, 그는 리스가 위로받기 원하고 달래 주기를 원할 때 자신에게 온다는 사실을 더 자주 알아차렸습니다. 리스는 아빠와 함께할 때 불안도 덜하고 장난기도 많아 보였습니다. 데릭도 눈에 띄게 초조함이 누그러지기 시작했습니다.

우리는 지금까지 자기성찰이 주는 힘에 대해 많은 이야기를 했습니다. 뒤로 물러서서 서클에서 일어나는 일반적인 패턴을 알아차리는 능력이 바로 자기성찰의 힘입니다. 심리치료사들이 수십 년 동안 일하며 알아낸 것은 우리가 현재 하고 있는 일(긍정적인 일)과 아직 하지 않은 일(부정적인 일)에 대해 더 많이 성찰하면 할수록 우리의 관계는 더 건강해진다는 것입니다. 서클에서 자신의 강점과 어려움을 성찰할 수 있는 양육자가 있는 가족의 미래는 양육자가 (특히 심각한 방식으로 어려움을 겪을 때) 도대체 문제가 어디에서 계속 일어나는지 알아채지 못하는 가족보다 훨씬 더 안정감 있는 것으로 드러납니다.

아홉 점 묘기

아홉 점 묘기 게임을 해 본 적이 있나요? 다음 9개의 점들을 종이에서 연필을 떼지 않으면서 3개 이하의 직선을 사용하여 모두 연결하라는 것이 도전 조건입니다.

사람들은 종종 다음과 같은 전통적인 해결책을 찾으려고 고군분투합니다:

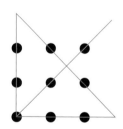

그러나 이미 알려진 방법을 보면 이 퀴즈를 푸는 데는 한 가지 방법만 있는 것이 아닙니다. 예를 들면 다음과 같습니다:

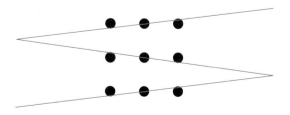

이 퀴즈를 심리학적으로 이해한다면, 문제는 퀴즈가 만들어진 수준이나 퀴즈의 틀 안

에 고착되어 있는 한 해결할 수 없다는 데 있습니다. 우리는 말 그대로 '문제의 틀 밖에서 생각'해야 하는데, 사실 그 표현은 이 연습에 그대로 적용됩니다. 애착과 관련하여, 우리는 항상 '원래 그런 것'이라고 생각해 왔던 패턴이나 신념(상어음악)에서 벗어날 필요가 있으며, 어떤 행동들은 우리와 주변 사람들을 제한하고 있는 패턴이나 신념에 의해 통제되고 있다는 사실을 깨달을 필요가 있습니다. 우리의 '틀 안의 현실'을 이해할 수 있는 것(비난은 결코 유용하지 않음)이며 제한적인 것으로 보기 시작할 때, 새로운 가능성을 열 수 있습니다. 문제의 틀 안에 머무르려는 과거의 선택이 안전하지 않은 환경에서 살았던 삶에 기반을 두고 있다는 것을 통찰할 때, 우리 자신과 다른 사람들에게 더 큰 안정감을 제공하는 새로운 선택을 환영하는 것이 더 쉬워지는 것을 알 수 있습니다.

상어음악에 반사적으로 반응하지 않는 양육의 선택들을 하는 것은
우리에게 틀 밖에서 생각할 것을 요구합니다.

안정감 서클을 활용하는 부모와 함께 작업하며 드는 생각은 성찰이 항상 건강한 선택지라는 것입니다. 이 책의 분명한 목적은 독자들이 성찰 능력을 키워가도록 돕는 것입니다. 지금쯤이면 여러분의 양육의 일부였던 다양한 패턴들―안정적인 그리고 불안정적인―을 발견했을 것입니다. 바라기는 성찰의 결과로 수치심이나 죄책감이나 두려움이 증가하지 않았으면 좋겠습니다. 우리는 여러분이 뒤로 물러서서 여러분의 양육을 방해하는 패턴들을 보고 새로운 옵션을 선택할 때, 여러분이 모든 관계에서 진정으로 유익한 변화를 경험하기 시작하기를 바랍니다. 이것은 우리가 알고 있는 가족들을 오래 관찰해 온 결과이며 우리가 수행한 연구의 일관된 결과랍니다.

그리고 아직, 성찰적 절차 안에 도움이 되는 추가적인 단계가 남아 있습니다. 이는 다음 질문으로 가장 잘 설명할 수 있습니다: "나의 성찰을 성찰할 수 있을까요?" 즉, "나는 이러한 문제들을 고려하고 있다는 것을 알지만, 내가 여전히 이해하려고 하지 않는 문제나 나에게 영향을 미치지 못하도록 하는 문제에 대해 물러서서 알아차릴 수 있을까요?" 아니면, "속으로는 잘 모르면서, 서클의 어떤 주제나 핵심 민감성의 어떤 측면을 내가 지금 완전히 이해하고 있다고 생각하는 걸까요?" 데릭, 완다와 리스의 이야기에서 설명했듯이 부모가 자신의 성찰 과정을 기꺼이 성찰하려고 할 때 새로운 고려 사항들이 나타납니다. 새로운 문들이 열립니다.

우리가 더 깊이 성찰할 수 있을수록,
우리의 관계는 더 안정적인 관계가 될 수 있습니다.

공통된 핵심 민감성/상어음악의 유인자극 다루기

어떤 것들은 우리 모두를 자극하여 짜증나게 하고 아이들과 함께-있어 주기를 어렵게 만듭니다. 정신없는 상황, 스트레스, 극도의 피로감, 질병, 배고픔, 우울감, 불안감 … 셀 수 없이 나열할 수 있습니다. 하지만 여러분의 핵심 민감성은 여러분을 특정 상황이나 요인에 취약하도록 만들 수 있고, 더 쉽게 균열을 만들 수 있습니다. 이제 더 많이 알수록, 피할 수 없는 스트레스와 어려움이 갑자기 찾아올 때 더 잘 대처할 것입니다. 각각의 민감성에 대한 다음의 전형적인 유인자극 리스트, 그리고 그 유인자극들과 함께 일반적으로 떠오르는 생각의 유형을 확인해 보세요. 이러한 생각들 중 일부는 다양한 나이 대에 있는 자녀와 부모의 상호작용에서 나타날 수 있고 다른 것들은 성인 간의 상호작용에서 보다 더 흔하게 나타날 수도 있습니다. 어쩌면 양쪽 모두에서 나타날 수도 있어요. 그 다음에 이어지는 문장들은 여러분이 여러분의 취약성을 인식하고 필요에 따라 시간을 내어 아이와 함께-있어 주기를 실천한다면 떠오를 수 있는 생각들입니다.

분리에 민감한

여러분이 스스로를 주장했을 때:
- "그는 지금 나에게 화가 난 게 분명해. 했던 말을 취소해, 취소하라고."
- "오! 세상에, 다 끝났어. 그녀는 그냥 돌아서서 가버릴 거야. 그녀는 내가 내 생각을 말할 때마다 늘 그랬어."
- "난 이런 짜증이 너무 싫어. 지금 당장 아이의 장난감을 치우는 것은 그리 중요한 일이 아니야."
- "내가 부탁할 때 좀 더 친절하게 말한다면 아이가 내 말을 따르도록 할 수 있을 거라고 확신해."

여러분이 상어음악을 인식했을 때 할 수 있는 말:

- "그는 지금 나에게 화가 날지도 몰라. 하지만 난 사실 나를 위해 진실을 말한 거야. 정신 차려! 그가 항상 옳은 건 아니야."

- "끝나지 않았어. 그녀가 나갈지라도 다시 올 거야. 아닐 수도 있지. 만일 내가 계속 내 자신을 포기한다면, 돌아올 사람은 여기에 아무도 없을 거야!"

- "난 아이의 이런 짜증이 싫어. 사실 난 아이와 똑같은 입장을 취하는 게 싫어. 하지만 지금 아이의 장난감을 치우는 것은 정말로 필요해. 내가 하지 않으면 아이는 대가를 치를 거야. 글쎄, 우리 둘 다 대가를 치르겠지."

- "이젠 그만하고 싶다. 하지만 항상 그랬던 것처럼 내가 '자상하게만' 하는 것은 아이를 실망시킬 거야. 아이는 단호하면서도 동시에 자상한 나를 필요로 해. 자상하기만 한 것 말고 말이야."

여러분이 뭔가 스스로 해야 하거나 스스로를 지지해야 할 때:

- "나는 아이가 뭘 어떻게 하고 있는지 알지 못하면 견딜 수가 없어―다시 문자를 보내고 있잖아."

- "나는 아마도 별것 아닌데 유난을 떠는 것 같아. 내 생각은 그렇게 중요하지 않아."

- "내가 뭘 생각하고 있었던 거지? 난 이걸 알아낼 수 있는 사람이 아니야. 로저Roger가 답을 가지고 있을 거라는 걸 알아. 그는 항상 나보다 아이들에 대해 더 많이 알고 있어."

- "만약 내가 아기를 다루는 그의 방법을 따른다면 그가 누그러질 거라는 걸 알아. 뭐든지 할 테니까, 날 좀 돌봐 줘."

여러분이 상어음악을 인식했을 때 할 수 있는 말:

- "나는 아이가 뭘 어떻게 하고 있는지 알지 못하면 정말 걱정돼. 그 애는 초보 운전자잖아. 하지만 내가 계속 문자를 보내면 아이는 날 밀어낼 거야. 게다가 그것은 그 애에게 안전하지도 않아. 여기에서 내 마음을 진정시킬 필요가 있어."

- "농담하고 있는 난 누구지? 내 생각이 중요해!"

- "로저Roger는 좋은 부모야. 나도 그렇고. 자 이제 내가 알아야 할 때인 거 같아."

- "만약 내가 따라준다면 그가 더 좋아할 걸 알아. 하지만 난 항상 따라주잖아. 그건 그에게 좋지 않아. 나에게도 좋지 않고. 여기에서는 내 관점을 믿을 필요가 있어."

여러분이 외로울 때:

- "이건 지독한 지옥이야. 난 그녀 없이는 못 살겠어. 그녀의 마음을 돌릴 만한 뭔가가 있어야 해. 난 너무 성급해."
- "아무도 날 좋아하지 않아. 날 좋아하는 사람은 영원히 없을 거야. 난 방해만 될 뿐이야."
- "너무 죄책감 든다. 내 진심을 그에게 말하지 말았어야 했어."
- "난 그가 안전하다고 확신해. 하지만 확인하기 위해 전화할 거야."
- "난 아이가 이렇게 안아주는 게 너무 좋아. 애가 결코 자라지 않았으면 좋겠어."

여러분이 상어음악을 인식했을 때 할 수 있는 말:

- "내 주장을 할 때마다 난 죄책감을 느껴. 그래서 난 그냥 따르게 돼. 그러면 외로움을 느끼지 않거든. 그건 말도 안 되는 거야. 왜냐하면 그건 계속 내 물통에 구멍을 뚫는 거니까. 그건 그냥 비워질 테고, 난 계속 더 필요하게 되는 거지."
- "나를 좋아하기 시작할 시간이야. 내가 나서지 않는다면, 난 방해가 되지 않아. 심지어 나는 여기에 있지도 않잖아!"
- "내 두려움은 나에게도 그에게도 도움이 되지 않아. 재확신하려 하면 할수록 상황은 악화될 거야."
- "난 아이가 이렇게 안아주는걸 좋아하지만 아이가 나를 필요로 하는 것보다 내가 지금 아이를 더 필요로 하고 있다는 생각이 들어. 만약 내가 외로움을 느낄 때마다 아이를 계속 끌어들인다면 아이는 서클의 윗부분을 배우지 못할 거야."

존중에 민감한

여러분이 취약하다고 느낄 때:

- "이건 최악을 넘었어. 아이 앞에서 울다니, 믿을 수가 없네. 이건 나를 약하게 보이게 만들 뿐이야. 누가 약한 사람을 사랑하겠어?"

- "나는 그 사람이 모든 칭찬을 받는 게 싫어. 왜 모든 관심을 그가 다 받는 거야? 그는 정말 자만심이 넘치잖아. 여기저기서 웨슬리^{Wesley}, 웨슬리, 웨슬리야."

- "그녀가 자기 딸에 대해 말할 때 부모로서 난 항상 너무 기분이 나빠. 내가 이류가 된 것 같아. 아니 심지어 부모가 되지 말았어야 한 것처럼 느껴져. 그녀는 뭐가 그렇게 특별해?"

- "그녀는 자신이 누구라고 생각하는 거지? 가장 큰 어려움을 가진 아이를 키우는 엄마는 바로 나인데. 지금 놀리고 있는 거야? 만약 특별한 관심과 특별한 도움이 필요한 아이가 있다면 바로 도니^{Donnie}야."

여러분이 상어음악을 인식했을 때 할 수 있는 말:

- "이 눈물은 나약함의 표시가 아니야. 내가 평생 숨겨 왔던 내 모습의 일부일 뿐이야. 이제는 숨기지 않고 드러내기에 가장 좋은 시기야."

- "난 지금 하찮게 느껴져. 그건 나에 관한거야. 웨슬리를 깎아내리는 게 그런 내 감정에 조금도 도움이 되지 않아."

- "또 시작이네. 그녀가 제이미^{Jamie}의 최근 업적에 대해 말할 때마다 나는 이류 부모처럼 느껴져. 그건 미친 짓이야. 제이미는 제이미야. 그리고 테냐^{Tanya}는 테냐야. 둘 다 유쾌한 아이들이야. 어린 시절은 미인대회가 아니잖아!"

- "내 아이 도니는 특별한 도움이 많이 필요하지. 하지만 타샤^{Tasha}도 마찬가지야. 도니의 필요가 다른 모든 아이의 필요보다 우선해야만 하는 것 같지는 않아. 게다가 나는 타샤도 많이 좋아하잖아. 이제 타샤 엄마가 그 사실을 알도록 해줄 시간이라고 생각해."

여러분이 불완전하다고 느낄 때:

- "난 이 모임을 잊지 않았어. 그는 항상 그게 나라고 얘기해. 실수하는 건 자기면서. 더구나 난 한 시간 전만 해도 내가 와야 한다는 건 몰랐어. 언젠가 복수할 거야."

- "어떻게 감히 내 아이가 잘못했다는 암시를 할 수 있지? 앤지^{Angie}는 모든 걸 완벽하게 했어. 방금 일어난 일은 어린아이의 어리광이라고 불리는 게 맞잖아."

- "버릇이 없어. 타임-아웃을 받을 만 해. 아마 다음엔 더 열심히 하려고 할 거야."

- "여기엔 아무것도 잘못된 것이 없어. 난 대단해! 상사가 화났다고 해서 내가 덜 멋진 건 아니야. 단지 내 자신이 얼마나 멋진지 되새길 필요가 있어. 난 괜찮을 거야."

- "최악이야. 수치심이 느껴지네. 난 항상 실수투성이야. 난 실패자야. 지금 모든 사람이 나에 관해 이야기하는 게 확실해. 어제는 여기에서 내가 확실히 최고였는데. 지금은 내가 팀에 있어서는 안 된다는 것이 명백해졌어."

여러분이 상어음악을 인식했을 때 할 수 있는 말:

- "다시 한번, 나는 비난받는다고 느끼는 순간 방어적이 되었네. 난 비난받는 게 싫어. 하지만 그건 여기서 시작된 게 아니야. 심호흡을 하자. 한 번 더 하자. 다음에 말할 때 친절함을 보일 수 있을 만큼 진정할 수 있는지 보자."

- "앗! 선생님이 나에게 니키^{Nicki}가 학급에서 멋대로 행동하고 있다고 말하는 거잖아. 난 선생님이 가르치는 방식을 비난하기 시작한 거네. 난 지금 당장 진정하고, 니키의 선생님이 된다는 것이 어떤 것인지 들어야만 해."

- "아이는 버릇이 없는 게 아니야. 지금 정말로 혼란스러운 거야. 만일 지금 당장 아이를 자기 방으로 들여보낸다면 계속 화가 날 것이고 외로움을 느낄 거야."

- "난 성공하기도 하고 실패하기도 해. 난 인간이거든. 나 자신을 특별하거나 아무것도 아닌 것 둘 중 하나로만 보는 것을 끝내야 할 때가 왔어. 나의 결점과 모든 것을 전체로 보고 괜찮다고 봐줄 친구를 찾을 때가 온 거야."

여러분이 실망감을 느낄 때:

- "난 화나지 않았어. 실망한 거야. 난 그저 네가 이것보다는 나을 줄 알았지."

- "그가 우울해 보여. 웃어. 활짝 웃으라구. 그에게 멋지다고 말해 줘. 자기가 최고라고 생각하도록 분명히 해 봐. 그건 모두 너의 잘못이라고 그에게 말해."
- "이봐요! 우리는 모두 실수한다는 쓸데없는 말은 하지 마. 당신은 이번에도 해내지 못한 사람이잖아. 난 최고의 아이를 가진 사람이야. 당신 아이는 말썽투성이잖아. 그리고 그 애는 모든 특별한 주의와 관심을 필요로 하는 아이잖아."

여러분이 상어음악을 인식했을 때 할 수 있는 말:
- "그래, 난 아이가 방금 했던 것에 실망했어. 지금 당장 벌을 주고 싶어. 하지만 그건 엄마가 언제나 나에게 했던 것과 똑같아. 냉정한 태도를 내려놓고 화제를 바꾸자. 전체적으로 천천히 하고 아이가 다시 해 보도록 요청해 봐야겠어."
- "그는 자신이 어떻게 인식되는지에 대해 과민반응을 보여. 자신을 깎아내릴 필요가 없는데. 하지만 너 역시 자신을 깎아내릴 필요는 없어. 자신을 존중할 수 있는 방법을 찾아봐. 그리고 말할 필요가 있다고 생각한 것을 말해."
- "그녀가 이렇게 자기 아이를 변명하면 난 소리를 지르고 싶어. 하지만 지금은 그녀가 받고 있는 압박감에 관해 생각할 때야. 난 그녀 집안에서 일어나고 있는 일들 속에서 부모가 된다는 것이 어떤 것인지 눈곱만큼이라도 아는지 모르겠어."

안전에 민감한

여러분이 침해당했다고 느낄 때:
- "아이가 너무 보챈다. 그 애는 항상 울고 나에게 뭔가를 요구해. 생각만 해도 끔찍하게 느껴져. 난 그저 아이가 혼자서 해결하기를 바랄 뿐이야."
- "미소 지어. 하지만 조금만 더 뒤로 가. 계속 웃어 봐. 재미있어 보이네. 조금만 더 뒤로 가. 이만큼 떨어져서 대화하는 것이 훨씬 좋을 거 같다."
- "그녀는 내가 그녀에게 동의한다고 생각하는 이유가 뭐지? 이건 말이 안 되는 일이야. 우리가 같은 편이라고 생각하는 거 같네."
- "난 운이 좋아. 로지Rosie는 징징대거나 나에게 매달리지 않고 스스로 잘 지내는 법을 정말로 알고 있어. 난 매달리는 애들을 어떻게 해야 하는지 모르겠어."

여러분이 상어음악을 인식했을 때 할 수 있는 말:

- "난 이렇게 보채는 게 싫어. 정말 소름끼쳐. 하지만 아이가 지금 정말로 날 필요로 하고 있잖아. 만일 내가 밀어내 버리면 아이의 기분은 더 나빠질 뿐이야. 나도 그렇고. 배웠던 것만 기억하자. 아이의 컵을 채워 주면 아이는 더 보채는 것이 아니라 덜 보채게 돼."
- "뒤로 물러가서 내가 원하는 거리만큼 떨어질 것을 주장하는 것은 괜찮아. 지금은 나의 어떤 것도 바꿀 필요는 없어."
- "차이점을 주장하는 것은 괜찮아. 가혹하게 굴 필요는 없잖아. 그리고 같은 편인 것처럼 행동할 필요도 없어."
- "또 시작이군, 난 로지가 혼자서 모든 것을 할 수 있다고 생각하고 있는 거야. 그건 내가 원하는 것일 뿐 그 애가 정말로 필요한 게 아니야. 잠시 숨을 고르고 나서 이리로 와서 잠시 가까이 앉으라고 해야겠어. 우리 둘 다 기분이 좋아질 거야 (잠시 동안이겠지만!)."

여러분이 왕따 당함을 느낄 때 (소속되지 않거나 일반적이지 않을 때):

- "내가 여기서 뭘 해야 하는 거지? 예측이 안 돼. 이방인 같아. 난 낄 수 없을 거야."
- "왜 모든 사람이 자기 아이가 특별히 뛰어나게 되는 것에 저렇게도 관심이 많지? 바보들이야. 아이들 각자는 그저 그 아이일 뿐이야. 뭐가 그렇게 특별하고, 특별하고, 특별한 거야?"
- "만약 그녀가 나에게 한 번 더 나를 '완전히' 이해했다고 말하면, 난 가버릴지도 몰라."

여러분이 상어음악을 인식했을 때 할 수 있는 말:

- "난 이 부모 그룹에 속했다고 느껴지지 않을 수도 있어. 하지만 그건 사실이 아니야. 우리 모두는 정말 열심히 부모노릇을 하고 있거든. 우리 모두는 실수를 해. 나도 실수와 함께 살 수 있어."
- "그녀가 나에게 브라이언Brian이 얼마나 특별한지 또 말하고 있어. 그건 분명히 그녀에게도 브라이언에게도 약간은 좋지 않은 일이야. 난 완전히 짜증이 날 수도 있고 그저 두 사람 모두 잘 되기를 바랄 수도 있어."

● "난 그녀의 완전한 승인이 필요하진 않아. 원하지도 않고. 이 논쟁으로부터 떠나서 좀 더 중립적인 주제로 옮겨갈 방법을 찾아보자."

여러분이 조종당한다고 느낄 때:

● "왜 나한테는 내가 화장실도 못 가게 기겁을 하는 아이가 있는 거지? 내가 항상 아이를 멀리하려고 하는 건 하나도 이상하지 않아."

● "왜 부모 모임은 항상 자기 자녀의 자존감에 대해 걱정하는 사람들이 운영하는 거지? 종교집단 같아."

● "난 내 아이를 사랑해. 하지만 내 자신도 사랑해. 가끔 나에게 뭔가 문제가 있다고 생각해. 왜냐하면 난 다른 부모들이 내가 느끼는 대로 '내 자신이 내 아이만큼 중요해.'라고 말하는 것을 들어본 적이 없으니까."

여러분이 상어음악을 인식했을 때 할 수 있는 말:

● "제시^{Jessie}는 지금 정말 나를 필요로 해. 난 숨어 버리고 싶은 심정이야. 그게 단순한 사실이야. 하지만 그게 유일한 사실은 아니야. 지금 당장 제시를 위해서 안아 주고 적어도 잠시 동안이라도 달래 줄 거야. 바라건대 그걸로 됐으면 좋겠다. 만약 안 되면 숨 좀 고르고 다시 한번 해 주지 뭐."

● "모임은 그냥 모임이야. 난 딸을 사랑하니까 여기에 있는 거야. 그리고 말해지고 있는 모든 사항에 내가 동의할 의무는 없어. 팔로마^{Paloma}는 괜찮을 거야."

● "난 아이가 여기에서 도움을 필요로 하는 유일한 아이라고 생각해서 원망하기 시작했던 거야. 아이를 사랑해야 하고 아이가 생활의 중심이 되어야 한다고 말하는 양육방식을 받아들이지 않을 거야. 그건 그냥 바보짓이야. 내가 중요한 거야. 아이도 중요하고. 둘 다 사실이라는 전제 아래 난 아이에게 좀 더 집중할 수 있어."

상어음악을 인식하는 법을 배운 후에 가질 수 있는 이런 생각들은 성찰적 기능이 증가되면 어떤 모습일지, 그리고 어떻게 아이(그리고 여러분의 인생에서 중요한 타인들)와 함께-있어 주기 능력을 향상시킬 수 있는지를 보여 줍니다. 하지만 아이와 함께-있어 주기는 지속적인 (끝나지 않는) 헌신입니다. 그리고 물론 자녀가 성장함에 따라 서클에서 자녀의 필요가 나타나는 방식의 모든 변화에 대해 준비되어야 합니다. 여러분의 성찰을 성찰하는 것에 대해 마음을 여는 것은 이 시점부터 앞으로 계속적으로 도움이 될 수 있습니다. 9장은 다양한 연령대의 자녀에 대한 안정감을 선택하는 데 도움이 될 것입니다.

바닷물 위에 떠 있기

자녀의 성장에 맞춰 안정감을 끝까지 선택하기

아이들을 태어날 때부터 성인이 될 때까지 양육하는 데 있어서, 대부분의 아이들이 따라가는 어느 정도 예측 가능한 발달 궤적이 있다는 것을 아는 것은 도움이 됩니다. 또한 동일한 유형의 상어음악을 들으며 어려움을 겪고 있는 부모들은 핵심 민감성을 공유하고 있다는 사실을 알 수 있습니다—그리고 자녀를 위한 안정감을 선택하기 위해 우리가 반응할 수 있는 방법들이 있습니다. 하지만 아이와 함께-있어 주기와 안정애착을 형성한다는 것은 각 아이와 연결하는 것이며 우리의 독특한 마음 상태를 알고 있다는 것을 의미합니다. 여러분이 아이에 대해 가장 잘 알고 있다는 사실을—그리고 아이가 자라면서 겪는 시행착오와 어려움에서 여러분이 함께-있어 주기를 할 수 있다면 아이에 대해 더욱더 잘 이해할 것이라는 사실을 항상 기억하세요.

영아기

이 책에서 읽은 대부분의 내용은 영아기와 초기 유아기에 관한 내용인데, 그 이유는 그 나이가 우리의 안정감 서클 프로그램에서 가장 자주 작업하는 연령대의 그룹이기 때문입니다—그리고 그때가 애착 유대가 처음 만들어지는 시기이기 때문입니다. 그래서 이 장에서는 주로 영아기를 지난 자녀와 함께-있어 주기 및 안정감을 선택하는 것이 어떤 모습인지에 대해 다룰 것입니다. 하지만 여러분의 아기와 함께-있어 주기를 하는 것에 관한 비결은 명심할 가치가 있습니다. 아기를 재우는 방법에 관한 질문에 대한 약간의 통찰력을 제공하는 〈글상자 26〉을 놓치지 마세요.

📮 **눈에 있어요.** 아기들에게는 눈을 맞추며 엄마와 아빠를 찾는 것이 전부랍니다. 하지만 아이가 눈길을 다른 곳으로 돌린다고 해서 문제가 있거나 강제로 눈을 마주쳐야 하는 것은 아닙니다. 아기가 과각성되면 가끔 눈을 잠시 동안 다른 데로 돌리기도 합니다. 이것은 초기 형태의 자기조절이기 때문에 아이가 그렇게 하도록 놔두는 것이 중요합니다. 만약 여러분이 4개월 된 아이와 놀이를 하고 있는데 아이가 다른 곳으로 눈을 돌린다면, 아이와 함께 기다리면서, 아이가 스스로를 진정시키는 동안 부드럽게 중얼거려도 돼요. 잠시 후 아이는 다시 반갑게 여러분을 쳐다볼 것입니다. 이 과정이 바로 아이가 엄마와 감정을 함께 조절하는 법을 배우기 시작하는 방법입니다. 눈길을 돌렸다가, 다시 돌아오고, 돌렸다가, 다시 돌아오는 것이지요. 여러분이 할 유일한 임무: 아이의 필요를 따르세요.

📮 **순간에서 순간으로: 괜찮나? 안 괜찮나?** 아기들의 정서 상태는 생각보다 빠르게 바뀝니다. 기분이 좋다가도 안 좋아지고, 좋은 것 같으면서 안 좋아지다가 좋아지고—이 모두를 몇 분 안에 합니다. 우리 부모들이 아이를 '좋은 아이' 또는 '어려운 아이'로 분류하지 않아야 하는 이유입니다. 아기들은 모든 시간을 순간순간의 세상에서 단순하게 살아갑니다. 다시 강조하지만, 여러분의 임무는 아기가 현재 어떤 정서를 경험하든 아기와 단순히 함께-있어 주기를 하는 것입니다. 아기가 짜증을 낼 때마다 과도한 걱정을 하면서 아기를 다시 행복하게 해 주려고 하기보다는 아기가 경험하고 있는 것을 경험해 보고 아기와 함께 있으세요—여러분의 얼굴, 호흡 패턴, 말, 부드러운 목소리 톤으로 아기가 경험한 것을 여러분이 공유하고 있음을 반영해 주도록 하세요. 물론 아기가 화난 상태가 계속되고 해야 할 일이 있을 때 (자세를 바꿔주거나, 안아주거나, 모유를 먹이는 등) 단지 계속해서 아기의 정서 상태만 모니터링하고 반영해야 한다는 것을 의미하지는 않습니다. 하지만 때때로 아기는 우리와 함께 정서조절을 배울 기회가 필요합니다. 다른 감정보다 하나의 감정(보통 행복에 관한 감정)만을 강조하려고 하지 않으면서 긍정적 정

서와 부정적 정서상태 모두에 대해서 함께-있어 주기를 실천하는 것이 바로 정서조절 방법입니다.

💬 아기를 버릇없게 만들 수 없어요. 부모들은 아이가 버릇없어지는 것을 걱정합니다. 하지만 아이의 첫해에서는 그럴 가능성이 없습니다. 실제로 현재의 연구에 따르면 첫해 동안 기쁨을 느끼는 것이 안정애착을 위한 핵심 구성요소입니다. 연구에 따르면 버릇이 없어지는 것은 아이들이 자라면서 부모가 '안 돼'라고 말할 수 없거나 경계설정을 할 수 없는 것과 관련 있는 것으로 나타났습니다. 하지만 영아는 경계설정에 대해 아무것도 모르기 때문에 확실히 경계를 밀어붙이지 않을 것이고, 여러분을 '버릇없게 만드는' 위치에 놓지도 않을 것입니다. 여러분이 서클의 전 영역에서 아기의 필요에 반응해 주고 아기와 함께-있어 주기 위해 여러분이 할 수 있는 것을 할 때, 아기들이 그들의 첫해 동안 배우는 것은 다음과 같습니다: "나에게 필요가 있을 때는 충족될 거야. 두 번 생각할 것도 없고, 필요한 것이 충족되지 않을지도 모른다는 걱정을 할 필요도 없어. 나의 안정감은 내가 요구하는 선함이 여기 나와 함께 있음을 신뢰하는 것에 기초하고 있거든."

💬 아기랑 얘기하고, 얘기하고 또 얘기하세요. 생후 6개월쯤 되면, 아이는 엄마 얼굴 너머에 있는 세상에 대해 점점 더 관심을 보이게 될 것이고, 여러분과 내적으로 공유한 경험 이외에 서클의 윗부분을 탐색하는 기쁨이 증가할 것입니다. 그렇게 하면서 아이는 여러분이 자기 바깥에 있는 것에 대해 자기에게 말해 주기를 원합니다. 아기의 행동에 반응하며 말하는 것("우리 아가, 귀여운 발가락들을 잡을 거예요?")이나 아이가 보고 있는 것을 설명해 주는 것("그래 맞아! 그게 바로 큰 곰인형이야!")이 바보같이 느껴질지라도, 주저하지 말고 하세요. 여러분이 얘기해 주는 것이 아이의 언어발달을 위한 로드맵을 만드는 것입니다. 아이가 서클의 아랫부분에 있을 때, 아이의 정서에 대해 반응하는 여러분의 목소리 톤은 아이의 모든 감정은 안전하고, 그것들이 무엇이든 정상적이고, 여러분에게 수용될 수 있다는 것을 이해하도록 도와줍니다. 이러한 방식으로 아이의 모든 정서는 자기 자신에게도 수용될 수 있게 됩니다.

글상자 26

잠을 자지 않으려는 아이와 함께-있어 주기[1]

우리가 원할 때 아기를 재우는 것은 오래된 문제이자 끊임없는 논쟁의 주제입니다. 아기가 원할 때 잠을 자게 해야 할까요, 아니면 하루 중 특정한 시간에 미리 정해진 시간만큼 자도록 해야 할까요? 아기가 잠투정으로 울어도 괜찮을까요, 아니면 아기가 잠 들기 충분할 정도로 진정될 때까지 달래야 할까요? 아기는 혼자 자야 할까요, 아니면 부모 방이나 가족침대에서 함께 자야 할까요?

요즘 우리 사회는 잘 자는 아기를 높이 평가하지만, 아기는 자연스럽게 자주 깨는 경우가 많기 때문에 부모는 아직 준비되지 않은 아기를 더 오래 재우고 싶은 유혹을 받을 수 있습니다. 아기는 성장하면서 궁극적으로 좀 더 길게 잠을 자지만, 그 과정에서 잠을 자는 데 약간의 부드러운 안내가 필요할 수 있습니다. 여러분이 선호하는 방법이 무엇이든, 아기는 매 순간 자신의 세계를 경험하고 있다는 것을 기억하고, 그런 일이 일어날 때 특정 결과를 찾는 과정에서 아기의 감정을 고려하세요.

여러분이 고려해야 할 몇 가지 제안은 다음과 같습니다:

1. 부모가 되는 것에 대한 정상적인 적응은 우리에게 수면에 대한 불안감을 느끼게 합니다. 아기들은 자연스럽게 우리가 어떻게 느끼는지 알아차리므로, 잠에 대한 문제는 종종 우리가 실제로 하고 있는 행동보다는 아이를 진정시킬 때 우리의 마음 상태에 관한 것입니다. 아기들은 점점 성장해 가면서, 자기들을 돌봐 주는 사람이 있다는 것과 그 사람이 자기들을 진정시킬 때 자기 자신을 진정시킬 수 있다는 것을 느낀다면, 잠은 더 쉽게 온다는 것을 꼭 기억하세요.

2. 다음 주에는 아기를 재우려고 '애쓰지' 않고 단지 아기와 **함께-있어 주기**를 해 보세요. 아기를 지켜보면서 일단 아이가 진정되면, 단순히 여러분의 존재 안에 있을 수 있는 순간을 갖게 해 주세요. 거기 있는 것 외에 아무것도 할 필요가 없습니다. 이런 순간은 잠 자는 시간 전에 함께 안정되고, 조용하고, 즐거운 시간 속에서 아이 또한 여러분이 **함께-있어 주기**를 하도록 해 준답니다.

3. 아기들이 잠들기 가장 좋은 시간은 피곤할 때입니다. 그러므로 피곤한 기색이 있는지

[1] 헬렌 스티븐Helen Steven에게 감사합니다.

살펴서 아기의 몸 상태에 맞춰 아기를 지원할 수 있게 하세요.

4. 아기가 잠들 준비가 되어 있지 않을 때는 가능한 한 많이 토닥여서 진정시켜 주세요. 진정된 상태에서 보다 더 쉽게 잘 수 있답니다.

5. 새로운 방식으로 아기를 재우려고 한다면 두 가지를 살펴야 합니다: 먼저, 여러분의 직감이 무엇인가요? 만약, '이건 아니다.' 싶으면 여러분에게도 가족에게도 아닌 것입니다. 다음으로, 아기의 반응을 살펴보세요. 만약 아기가 너무 힘들어하면 아기를 위로해 주고 다른 때에 한 번 더 시도해 보세요.

6. 잠들게 '만들려고' 서두르지 마세요; 아기들이 아주 어릴 때는 자연적으로 일상적인 잠자는 패턴이 있지 않지만 아이가 성장하고 발달할 때 수면 능력도 발달한다는 사실에 여러분은 위안 받을 수 있습니다.

7. 만약 아기의 수면 패턴이 여러분을 힘들게 한다면, 여러분의 '더 크고, 더 강하고, 더 지혜롭고, 자상하기' 필터를 사용하여 다른 사람의 조언들을 들어보아서, 여러분의 아이에게 맞는 것을 결정할 수 있습니다. 부모처럼 아이를 아는 사람은 없으니까요. 무엇이 가장 좋은지 결정하도록 도와주는 여러분 자신의 지혜를 존중하세요.

이제 여러분이 자녀가 각각 다른 연령대에서 보이는 발달적으로 전형적인 상황에 대해 여러분의 핵심 민감성에 따라 어떻게 대응할 수 있는지—그리고 여러분이 '여러분의 최근 샤크네이도(Sharknado)[2] 버전'보다 안정감을 선택한다면 어떻게 반응할 수 있게 될지 살펴보겠습니다.

3세 아이들

쉘비Shelby는 35개월로 접어드는 세 살 아이입니다. 그 아이는 자기가 세상을 다 가졌다고 생각하고, 자기 뜻대로 맞춰달라고 하며, '안 돼'라는 대답을 힘들어합니다. 아이의

---

[2] 역주: 미국 TV에서 상영된 상어가 등장하는 미니시리즈 드라마 제목으로 상어(shark)와 폭풍(tornado)의 합성어입니다.

막무가내는 동네 전체에 알려져 있을 만큼 유명합니다. 하지만 장난감을 친구와 같이 가지고 놀아야 한다는 말보다 쉘비 아가씨를 더 화나게 하는 것은 없답니다.

존중에 민감한
"쉘비, 넌 큰 언니야, 착한 큰 언니. 하지만 네가 장난감을 함께 가지고 놀지 않으면, 욕심 부리지 않는 게 뭔지 잘 아는 작은 동생에게 그 장난감을 줘 버릴 거야. 내가 한 번만 더 너에게 요청하게 만들면 넌 네 방으로 가는 거야."

때때로 우리의 존중에 민감한 상어음악은 우리가 아이들에게 수치를 주도록 이끕니다. 우리의 기대에 미치지 못해서 우리를 난처하게 만든다는 이유로 벌을 주는 것이지요.

"애야, 장난감을 친구랑 함께 가지고 놀지 않는 것은 옳지 않아. 우리 집에서는 모든 걸 같이 쓰잖아. 네가 엄마처럼 되고 싶고 켈리^{Kelly}한테 잘해 주고 싶은 거 알아. 켈리는 손님이야, 그리고 켈리도 놀고 싶어 해. 그러니까 소란피우지 말자. 그렇게 하는 것은 부끄러운 거야. 넌 큰 언니가 되고 싶지, 그렇지?"

때때로 우리의 존중에 민감한 상어 음악은 우리의 책임지기가 아이와의 연합을 깨뜨릴지 모른다는 두려움을 불러일으킵니다. 그래서 최상의 상태를 바라면서 간청은 하지만, 이런 순간에는 결국 더 크고, 더 강하고, 더 지혜롭고, 자상한 부모가 되는 것을 포기해 왔던 것입니다.

분리에 민감한
"쉘비 제인^{Shelby Jane}, 난 너를 어떻게 해야 할지 모르겠다. 매번 네가 친구랑 장난감을 함께 가지고 놀게 하려고 할 때마다 난 그걸 못 하겠어. 넌 네 맘대로만 하려고 하고, 난 끔찍한 햇볕 아래서 모든 걸 다 해 봤어. 네가 이번에도 말 안 들으면, 아빠가 집에 오실 때 말할 수밖에 없어. 네가 이번에도 그랬다는 걸 아빠가 알면 좋아하지 않으실 거야. 아빠는 조금도 좋아하지 않으실 거야."
"쉘비야, 난 완전히 포기했어. 난 너를 어떻게 해야 할지 모르겠다. 난 네가 감당이 안 돼. 내 말을 듣지 않으면 우린 더 이상 누구와도 놀 수 없어. 널 어떻게 해야 할까? 도무지 모르겠다."

우리의 분리에 민감한 상어음악은 우리를 보호자로서의 능력이나 자립심 없는 홀로라는 느낌이 들게 할 수 있습니다. 무력하다고 느끼면서, 위협과 무력감의 메시지로 호소합니다.

안전에 민감한

"내가 어쩔 수가 없구나. 쉘비야, 이젠 참지 않을 거야. 넌 여기서 대장이 아니야. 켈리랑 장난감을 사이좋게 함께 가지고 놀라고 했잖니. 켈리는 좋은 친구니까 좀 더 친절하게 굴라고 말하는 것에 나도 이젠 지쳤다. 장난감을 친구한테 주든지 아니면 네 방으로 들어가든지 해."

누군가에게 통제당하고 무력해지는 것에 대해 예민한 우리의 안전에 민감한 상어음악은 통제 불능에 대한 분노와 두려움을 유발시킵니다. 그런 순간이 되면 관계를 어떻게 긍정적으로 만들 수 있는지에 대한 감각을 잃고 맙니다.

안정 유형

"쉘비야, 엄마는 오늘 아침에 우리가 얘기했던 것을 네가 기억하고 있다는 거 알아. 네가 새 장난감을 가지게 될 때는 다른 사람하고 함께 가지고 노는 것을 정말 싫어하지. 그리고 이 인형이 네가 정말 좋아하는 거라는 것도 알아. 이리 엄마한테 와 봐. 엄마가 켈리도 이리로 데려 올게. 그러면 네가 새 인형을 왜 그렇게도 좋아하는지 켈리에게 얘기해 줄 수 있어. 우리는 이 문제를 함께 잘 풀어갈 거야." (어조는 단호하고 다정하며, 아이는 확실히 부모가 모든 것을 책임지고 있다는 것을 아는 방식으로 말해야 합니다.)

"쉘비야, 이 인형은 네가 정말 좋아하는 것이고, 네가 제일 아끼는 장난감을 누구랑 같이 가지고 노는 게 특히 어렵다는 거 알아. 이렇게 해 보자. 켈리가 너의 다른 인형들을 가지고 노는 걸 좋아하는지 한번 알아보면 어떨까? 켈리에게 줄 다른 인형들을 가져올 수 있겠니?"

우리가 안정감을 선택할 때, 우리는 자녀의 감정을 인정하고, 이런 필요를 함께 다룰 것을 제안합니다. 세 살 아이들은 이제 막 다른 친구들과 함께 노는 것을 배우기 시작하고, 처음에 또래관계에서 협상하는 것은 어렵습니다.

안정된 반응이란 아이의 경험이 사실이고
공유할 가치가 있는 것이라고 수용하는 것으로 시작합니다.
그래야만 문제해결로의 전환이
변화를 위한 새로운 선택사항으로 주어지게 됩니다.

"세 살 된 제 아이가 화를 내면, 전 이제는 아이 곁에서 아이의 감정을 소리 내어 말해 주거나 정리해 줍니다. '엄마가 동생을 그만 때리라고 해서 네가 화가 났구나. 동생도 똑같이 너를 때렸기 때문에 불공평하다고 느끼는구나.' 안 되는 것은 여전히 똑같아요—때리는 것은 안 되지요—하지만 저는 지금은 세 살짜리 아이의 화나고 짜증나는 감정과 함께 있으면서 아이가 그 감정을 이해하고 더 좋은 방법으로 표현하도록 지원해 줍니다. 저는 아이가 다시 저를 향한 애정을 더 많이 표현하고 있다는 것을 알아차리고 있어요. 소파에서 내 옆에 가까이 앉기도 하고, 잠들기 전에 등을 쓰다듬어 달라고 요청하기도 해요. 예전에는 '미스터 독불장군'이었고 제가 이렇게 해 주는 것들을 그다지 좋아하지 않았었답니다."

– 체릴 로우Cheryl Lowe, 오스트레일리아 아델레이드

5세 아이들

카말Kamal은 요즘 유치원 적응에 어려움을 겪고 있습니다. 아이는 종일 집을 떠나 지내는 것을 벌써 힘들어하고 있으며, 집에서는 뭔가를 하라고 요청받을 때 반항심이 점점 커지고 있습니다. 유치원에 가기 위해 빨리 차에 타라고 재촉하는 것에 대한 카말의 가장 최근 폭발에서 그 아이는 즐겨 쓰는 새로운 말인 "아빠 싫어!"를 2분이 안 되는 시간에 다섯 번 이상 말했습니다. 두 번째로 즐겨 쓰는 말, "아빠 나빠!"도 두 번이나 사용했습니다.

존중에 민감한

"아들! 다시는 절대로 아빠에게 그런 식으로 말하지 마라. 이젠 제시간에 차에 타야 하는 걸 배울 때가 됐어. 도대체 이게 몇 번째인지 모르겠다. 당장 차에 타거라! 한마디만 더하면 한 달 동안 비디오게임은 없을 거야."

존중에 민감하면 흔히 가르치는 것을 자녀와의 관계를 위한 수단으로 사용하려 합니다. 특히 감정이 고조될 때 그렇습니다. 실망하고 분노하게 되면, 이 아빠의 가르침의 어조는 아빠의 격노를 가릴 수가 없습니다. 종종 그렇듯 아이는 수치심을 느낄 것이고 새로운 배움의 감각을 차단할 것입니다.

"카말, 아빠는 이럴 시간이 없어. 늦었거든. 네가 지금 차에 타면, 유치원 갈 때까지 아빠 폰으로 게임하게 해 줄게. 지금은 우리가 같은 팀이어야 해."

이 경우 카말의 아빠는 자신의 아버지의 분노를 상기시키는 상어음악을 듣고, 아이가 자기 입장을 취하면 아이의 짜증을 예상하기 시작합니다. 그는 아버지와 항상 한 마음으로 융합되어 있었기 때문에, 지금 화가 난 자기 아이도 자기와 융합되기를 바라고 있습니다. 아빠는 실용적인 전략으로 게임이라는 뇌물을 사용하는 동시에 아들에게 '같은 팀'이 되라고 호소하는 것입니다.

분리에 민감한

"카말, 다시는 엄마에게 그런 나쁜 말은 하지 않겠다고 약속했었지. 엄마를 미워하는 건 옳지 않아. 그건 엄마 마음을 아프게 해. 넌 나의 꼬마 신사잖아. 엄마가 시간에 맞춰 일하러 갈 수 있도록 도와줄 수 있으려면, 너는 엄마 말을 들어야 해. 엄마가 직장에서 힘든 시간을 보내고 있다고 전에 말했잖아. 이해해줬으면 좋겠어."

이 부모의 분리에 민감한 상어음악은 엄마가 자기 입장을 취하면 아들이 떠나버릴 것이라고 말하고 있기 때문에 엄마는 아들을 강제로 협조하도록 하기 위한 방법으로 죄책감과 그녀 자신의 무력감을 사용하고 있습니다.

안전에 민감한

"난 한 번도 너에게 그런 식으로 말해도 된다고 한 적이 없다고 생각해. 지금도 허락하지 않아. 난, 우선 너의 태도가 문제라고 생각해, 이 젊은 꼬마 친구야! 저기에 문이 있고, 바깥에 차가 있어. 넌 그것들로 가는 방법을 찾아야 해. 어서!"

관계와 아이의 요구에 대해 부모와 자녀가 함께 방법을 찾는 것에 초점을 두는 대신에, 이런 안전에 민감한 부모는 자기가 편한 개념─엄격한 규칙과 똑바로 하라는 명확성─에 의지합니다.

"난 네가 그런 태도를 보이지 않았으면 좋겠어. 네가 나에게 원하는 게 뭔지 잘 모르겠다. 네가 차에 탄다면, 유치원 가는 동안 태블릿으로 놀 수 있어."

자기가 아이를 조율할 자원이 될 수 있다는 감을 잃어버린 이 엄마는 자기의 혼란을 아이와 공유하고 있으며, 외적인 대상물이 자기가 바라는 평온함을 가져다 줄 거라고 추정하고 있습니다.

안정 유형

"카말, 지난주에 네가 정말 힘든 시간을 보냈다는 거 너도 알고 나도 알고 있잖아. 그리고 네가 그렇게 말하면 아무것도 제대로 되지 않는다는 것도 우린 알잖아. 나는 네가 화가 났다는 걸 알고, 지금 당장은 유치원에 가기 싫은 거 알아. 또 엄마는 지금 일하러 가야 한다는 것도 알아. 그래서 네가 원하든 원하지 않든, 너는 차에 타게 될 거야. 우리는 오늘 저녁에 확실히 이 모든 문제에 대해서 중요한 얘기를 할 거야. 우린 지금 네가 느끼는 것보다는 기분이 더 좋아질 방법을 찾을 거라고 약속할게."

이 부모는 더 크고, 더 강하고, 더 지혜롭고, 자상한 모습으로 모범을 보이고 있습니다. 강함, 자상함 그리고 자녀가 기분 상한 것에 대해 함께 헤쳐 나가고자 하는 다짐에 초점을 맞추면서 말입니다. 전체 상황을 비현실적으로 풀어가려고 하지도 않고, 가르치려 들지도 않는다는 점을 주목하세요. '미워'라는 말에 과잉반응을 보이지도 않았습니다─왜냐하면 우리 아이들에게 필요한 것 중 하나가 자기들이 그런 순간을 가질 수 있다는 것을 아는 것이고, 우리는 당황하거나 과잉반응하지 않고 살아남을 것이기 때문입니다.

7세 아이들

사만다Samantha는 학교에서 주어진 새 숙제로 스트레스를 느끼고 있습니다. 이미 춤, 음악, 그리고 축구 레슨으로 바쁜 스케줄에 더해서 항상 자신이 뒤처질까 두려워하는 마음이 있습니다. 밤에는 걱정하며 잠이 안와서 힘들어하기 시작했습니다.

존중에 민감한

"사만다, 너는 반에서 가장 똑똑한 아이야. 너도 그걸 알아. 모두가 알고 있어. 네가 걱정할 건 하나도 없어. 너는 너만의 부류에 속해 있는 게 너무 확실해서 네가 걱정한다는 사실이 엄마를 거의 웃게 만든다. 괜한 걱정은 그만하고, 숙제부터 끝내라. 그러면 저녁 식사 시간에 네가 말했던 아이스크림을 듬뿍 먹을 수 있을 거야."

존중에 대한 민감성은 아이가 인지하는 우월감을 짐이 되게 할 수 있습니다. 자신의 성취 지향적 의제를 따라 살도록 딸에게 아부하듯 말하는 이 엄마는 동시에 딸의 걱정을 평가 절하합니다.

"새미Sammy[3], 내 사랑아, 괜찮을 거야, 엄마가 약속할게. 엄마도 예전엔 너랑 똑같았어. 결국엔 난 완벽하게 잘 되었단다. 내가 학교에서 잘했으니까 너도 그럴 거야. 걱정할 필요 전혀 없어. 너는 대부분의 다른 애들이 갖지 않은 특별한 재능을 갖고 있어. 이렇게 걱정하는 것은 정말 어리석은 거야."

아이의 불편함을 일축하는 것 외에도, 이 부모의 상어음악은 '완전히 똑같이' 되는 것이 딸에게 힘이 될 거라고 가정하며, 한마음을 가지고 위로하라고 말합니다. 이 엄마는 딸의 감정에 귀를 기울이기보다는 칭찬과 수치심을 혼합하여 사용하면서 서클의 아랫부분을 탐색하는 데 필요한 취약성으로부터 벗어나려고 시도합니다.

---

3) 역주: 사만타Samantha를 부르는 애칭

분리에 민감한

"새미, 학교생활은 힘든 거야. 학교가 너한테 너무 많이 요구하는구나. 어쩌면 반 배정이 잘못되었을지도 몰라. 선생님께 얘기해서 너에게 숙제를 좀 덜 내주시라고 말할 수 있겠다. 숙제가 너에게 너무 많다고 생각해. 안됐구나, 우리 딸. 네가 좀 쉴 수 있게 일주일에 하루는 집에 있게 하는 게 어떨지 모르겠구나. 그게 도움이 될 거라고 생각하니?"

분리에 민감한 상어음악은 언제나 홀로 남겨질 것을 암시하는 방어를 촉발시킵니다. 따라서 이 엄마는 무의식적으로 아이의 능력을 제한하고 무력감을 키워서 아이가 자기 가까이 머무르게 하려고 합니다. 마찬가지로, 이 부모는 단순히 딸과 함께-있어 주기를 하는 대신에 딸의 불안과 과잉 동일시합니다.

분리에 민감한 상어음악은 우리에게 홀로 남겨지는 것에 대항하여
자신을 방어하라고 경고합니다.

안전에 민감한

"사만다, 네가 너무 스트레스를 받아서 안됐구나. 정말 이해가 된다. 하지만 인생에서 원하는 것이 있다면, 열심히 일하는 법을 배워서, 원하는 것이 너에게 실제가 되게 해야 한단다. 교육이 너를 위해 그 차이를 만들어 준단다. 그러니 네 방으로 돌아가서 조금만 더 노력해 보기 바란다."

안전에 민감한 상어음악은 필요란 너무 많은 친밀감으로 이끌 것이라고 경고합니다. 따라서 이 부모의 과업지향성은 서클의 아랫부분에서 많은 공감이나 증가된 연결감을 느끼지 않으려고 하는 데 사용됩니다.

안정 유형

"새미, 너는 너무 많은 압박감을 느끼고 있어. 우리는 변화를 위해 무엇이 필요한지 알아봐야겠다. 오늘 밤 네가 잠자리에 드는 동안 내가 함께 앉아 있어 주면 좋겠니? 아빠랑 엄마가 오늘 밤 늦게 이 문제에 대해 이야기해 보고 나서, 내일 너랑 같이 무엇이 바뀌어야 하는지 알아볼 거야. 네가 이런 일을 겪게 된 것에 대해 엄마가 미안해한다는 것을 알았으면 좋겠고, 우리가 함께 이 문제를 해결할 거라는 것도 알았으면 좋겠구나. 방법이 있을 테고, 우린 함께 찾아낼 거야."

안정형의 부모는 공감을 보여 주지만 동시에 새로운 선택을 찾는 것에 대한 명확한 초점과 자신감을 가지고 함께 져야 할 책임에 대한 모범을 보여 줍니다.

9세 아이들

키라^{Kira}는 항상 마음에 상처를 받습니다. 그녀는 오빠가 항상 자기를 놀린다고 확신합니다. 그녀의 가장 친한 친구인 리사^{Lisa}는 하루건너 하루마다 최악의 적이 됩니다. "걔는 나를 좋아했어. 이제는 조디^{Jodie}에게 문자만 보내고 있잖아. 나는 랜드^{Rand}가 싫어. 나는 리사^{Lisa}가 싫어. 아무도 더 이상 신경 쓰지 않는 거야?"

존중에 민감한
"키라, 그렇게 나쁜 건 아니야. 너는 아주 작은 것에서 아주 많은 것을 만들어 내고 있어. 충분히 들었다! 이 세상은 너의 모든 변덕과 분노를 중심으로 돌아가지 않아. 네가 알아차렸는지 모르겠지만, 너는 너 자신으로 가득 차 있을 수 있어. 변화를 위해 다른 사람들을 생각하는 걸 시작해 보는 건 어떨까?"

존중에 민감한 부모에게는 상식적이고 실제적인 생각으로 보이는 것이 종종 수치심의 한 형태입니다. 수치심은 행동의 변화를 불러일으키는 것으로 알려져 있지만, 태도의 변화를 가져오지는 않습니다. 이 경우, 분노와 슬픔의 감정을 더 아래로 밀어내서 아이의 고통을 해결하는 데 도움이 될 수 있는 바로 그 관계에서 멀어지게 할 뿐입니다.

"키라, 나는 도대체 네가 왜 그 여자애들에게 신경을 쓰는지 모르겠어! 우린 둘 다 걔들이 정말로 너만큼 성숙하지도 쿨하지도 않다는 걸 알잖아. 그냥 걔들은 잊어 버려. 우리 둘이서 내일 특별한 데이트를 하는 게 어때?"

존중에 민감한 부모는 종종 부정적인 감정을 해결하는 방법으로 융합을 장려합니다. '더 큰' 사람과 힘을 합치는 것은 도움이 될 수 있습니다. 하지만 더 큰 사람이 아이의 감정과 함께-있어 주기를 꺼릴 때, 아이는 서클의 아랫부분의 감정을 무시하는 것이 유일한 해결책이라는 것을 근본적으로 학습하게 됩니다.

분리에 민감한

"불평하는 것을 그만 두지 않으면, 내가 비명을 지를 것 같아. 나는 네가 사소한 모든 일에 대해 계속 지껄이는 것에 지쳤어. 나는 항상 널 위해 내 것을 포기하는데, 네가 신경 쓰는 것은 오직 친구들뿐이라는 게 안 보이니? 어제 네 옷도 치워주고 네 허드렛일도 다 해 주었잖아. [눈물을 흘린다.] 고맙지도 않니?"

아이를 가까이 두려고, 이 부모는 딸이 엄마에게 계속 집중하도록 비난과 죄책감을 사용합니다. 엄마가 감정에 압도되는 것이 문제가 되어 버려서, 아이는 자기 자신의 감정을 이해할 방법 없이 남겨지게 됩니다.

안전에 민감한

[키라에게서 멀어지며 문을 향해 걸어간다.] "무슨 말을 해야 할지 모르겠다. 네가 속상해하는 건 알겠는데, 네 또래의 다른 여자애들도 마찬가지야. 자전거 타러 나갈 생각은 해 봤니? 그게 전에 꽤 효과가 있었던 거 알잖아."

안전에 민감한 이 부모는 딸이 화내는 것이 불편하기 때문에, 딸에게 화를 식힐 수 있는 실용적인 방법을 제공합니다─딸이 혼자 해결하도록 장려하는 동시에 딸과 자신 사이에 거리를 두는 방법이죠. 이 두 가지는 우연의 일치가 아닙니다.

안정 유형

"키라야, 나는 마음속에서 일어나는 일을 온전히 다 아는 척하지 않을 거야. 하지만 요즘 너는 분명히 물질 세상 바깥에 있는 것처럼 느끼고 있어. 이 문제에 대해 함께 얘기 좀 하자. 엄마랑 얘기하는 것이, 이 상황을 도울 방법이 뭐가 있는지 아이디어를 얻는 데 도움이 될 거야. 지금 얘기할 수도 있고, 조금 기나릴 수도 있어. 난 어느 쪽이든 괜찮아."

이 부모는 감정의 상호조절과 딸의 자립 능력을 동시에 촉진하고 있습니다.

이게 좀 너무 쉽게 들린다면… 이와 같은 안정감 있는 반응을 수년에 걸쳐 사용한다면 훨씬 더 효과적이라는 점을 명심하세요. 안정감 있는 상호작용 패턴이 깊이 뿌리박혀 있을 때, 이런 유형의 반응은 부모의 노력을 훨씬 덜 들이고 자녀의 노력도 훨씬 덜 들이면서 신뢰하는 반응을 이끌어 냅니다.

"안정감 서클 수업을 듣기 전에는 확실히 아이들의 부정적인 정서가 편하지 않았습니다. 특히 너무 자주 짜증을 내는 딸은 저를 걱정하게 했었는데, 그건 그런 짜증들이 연극 같고 불합리하다고 생각했기 때문이었죠. 저의 평소 전략은 밀어내는 거에요 – 아이를 자기 방으로 들여보내거나 아이가 틀렸다는 것을 설득하려고 했었는데, 결국 이 모든 것은 너무나 자주 울면서 고함치는 경기로 끝나 버렸지요.

"수업을 들으며 저는 아이와 **함께-있어 주기**에 대해 배웠고 이 전략을 실천하려고 노력했어요. 하지만 처음 몇 번의 시도는 어색했고 특별히 효과적인 것 같지도 않았어요.

"마침내 수업을 들은 지 1년 정도 지나자 무언가 이해되는 것 같았어요. 제 딸은 보기 드문 경우였어요. 아이가 '모두 날 싫어해, 아무도 나를 이해하지 않아!'라고 소리 지르면서 자기 방으로 뛰쳐 들어갔어요. 아이는 팔을 휘저으며 흐느끼면서 침대로 몸을 던졌어요.

"아이를 따라 들어가 등을 쓰다듬어 주기 시작했죠. 이렇게 말했어요. '아무도 널 이해하지 못하는 것 같은 느낌이 드는구나. 모두가 널 싫어하는 것처럼 느껴지고.' 그 순간 저는 마치 '짜증 멈춤' 스위치를 찾은 것 같았어요. 거의 즉각적으로, 딸아이의 눈물이 뚝 멈췄고 아이는 나를 꼭 껴안아 주었어요.

"나중에 아이가 남편에게 이렇게 말했더라구요. '정말 기분이 상해서 미쳐 버리겠는데 엄마가 와서 즉시 기분이 좋아지게 만드는 마법의 말을 해 주는 것 같았어요!'

"마법이라니요! 전 부모로서 더 나아진 저를 느꼈죠. 그리고 제 딸도 한 인격체로서 더 나아진 자기를 느꼈구요. 그것은 큰 승리였고, 바라기는 서로 함께 있어 주는 완전히 새로운 방식의 시작이었으면 좋겠어요. **안정감 서클** 클래스에 감사해요."

– 사라 샌더슨Sarah Sanderson, 워싱톤주의 스포케인

"조율된다는 건 아이들에게 져버리거나 '물질'을 아낌없이 베푸는 것을 의미하지 않아요. 그것은 아이들이 집안을 다스리게 하거나 원하는 모든 걸 얻도록 해 주는 것을 의미하지도 않아요. 오히려 그것은 어떤 이유로든 물질적이거나 정서적으로 우리가 애들에게 주고 싶지 않은 것을 애들이 원할 때, 애들을 자기들이 틀렸다거나, 나쁘다거나, 떳떳하지 못하다거나, 이기적이라고 느끼

도록 만들어 버리는 거죠. 어쩌면 이것은 아이들을 실망시켰을 때 우리의 죄책감을 면하기 위한 것일 수도 있고, 부적절하다고 느끼는 것에서 우리를 보호하기 위한 것일 수도 있고, 우리가 어렸을 때 필요한 것을 얻지 못했다는 것에 대한 더 큰 절망감을 피하기 위한 것일 수도 있을 겁니다. 그래서 우리는 감정이 조절된 평정심—'얘야, 네가 실망하게 되어 미안하구나. 네가 얼마나 그걸 원하는지 나도 알지. 하지만 안 돼.'—을 가지고 아이의 실망을 참아낼 수 있는 대신에, 우리는 '네가 그걸 요구한다는 걸 믿을 수가 없어. 넌 항상 더 많이 원해! 진지해져 볼 수 있겠니? 너한테는 결코 충분한 적이 없어!'라는 말과 같이 방어와 판단으로 반응하려는 유혹을 받죠. 이것이 아이에게 뭘 가르칠까요?

"우리는 수치심을 이용해서, 요구 같은 건 하지 말라는 잘못된 신호를 보내는 거예요. 그런 건 우리(부모)를 불편하게 만드니까 원하지 않는 것처럼 행동하라고 아이들을 가르치고 있는 거죠."

—쥬디 피에르몽Judy Fiermonte, 캘리포니아주의 산타로사

11세 아이들

에밀리Emily는 가장 친한 친구인 젠Jenn을 "완전히 좋아합니다." 다른 11세 아이들처럼 에밀리와 젠은 휴대폰으로 저녁시간 대부분을 보내는 것 같습니다—문자를 보내고, 얘기하고 수다를 떨면서, 최근까지는 다른 사람은 아무도 끼어들지 못하게 했지요.

그러나 이런 불가분의 관계가 변하기 시작했습니다.

젠에게 남자친구가 생겼습니다. 그리고 젠의 남자친구는 젠이 너무 에밀리에게만 집중하는 걸 원하지 않았습니다. "에밀리, 난 여전히 너의 절친이야. 하지만 브라이언Brian을 놓치고 싶지 않아. 사랑하거든. 왜 그걸 모르니?"

에밀리는 망연자실해서 지난 2주 동안 저녁식사 내내 삐져 있었고, 방에 혼자 앉아 있었고, 자기가 '자기 인생의 끝'이라고 말한 것에 대해 함께 얘기하기를 꺼렸습니다. 그 아이가 말을 할 때, 메시지는 항상 가치 없는 사람, '완전한 패배자', 아무도 좋아하지 않을 사람 등입니다. "난 그런 괴짜야. 아무도 신경 쓰지 않아. 내가 뭐가 문제지? 어쩌면 살이 찌고 있나 봐."

존중에 민감한

"너는 무에서 유를 창조하는 아이야. 나는 젠이 이 모든 것에 대한 가치가 있는지조차 모르겠다. 너는 거의 모든 면에서 그 애와는 급이 달라. 외모와 지능 말이야. 날 믿어, 바

다엔 훨씬 더 많은 물고기들이 있단다."

서클의 아랫부분에 있는 필요를 평가 절하하는 것은 종종 추가적인 표현을 짓누르는 전술입니다. 이 부모는 칭찬이 딸의 기분을 나아지게 할 것이라고 가정하면서 필요를 무시하는 것부터 시작합니다. 그런 다음, 사람은 교환 가능하다는 것을 암시함으로써 자기 자녀의 관계를 평가 절하합니다.

"우리 딸, 넌 아름다워. 너희 반에서 가장 예쁜 아이야. 어떻게 아무도 너를 사랑하지 않는다고 말할 수 있어? 네가 태어난 날부터 난 네가 지구상에서 가장 완벽한 아이라는 것을 항상 알고 있었단다."

존중에 민감한 부모의 근본적인 생각은 칭찬이 항상 정서적 고통을 능가한다고 가정 하는 것입니다. 이 경우 부모는 딸을 칭찬하고 나서 사랑과 완벽함(반에서 덜 예쁜 아이들 과 비교하여 완벽함)은 서로 연결되어 있다고 주장하는 것입니다. 아이들에게 그 의미는 완벽해지지 않으면 사랑을 잃는다는 것이 될 수 있습니다.

존중에 대한 민감성은
우리에게 칭찬이 항상 정서적 고통을 능가한다고 말합니다.

"난 네가 어떻게 느끼는지 잘 알아. 내가 네 나이였을 때 똑같은 일이 일어났었거든. 우리는 거의 똑같은 사람인 것 같다. 지금 나를 봐봐. 나에게 그랬었던 것처럼 모든 것 이 너에게도 완벽하게 잘 될 거야."

이 부모는 딸(그리고 자신)의 취약성에 대한 느낌을 차단하는 방법으로 자신과의 융합 과 이상적인 결과로 방향을 돌립니다.

분리에 민감한
"젠이 널 그런 식으로 대하다니 공평하지 않구나. 절친은 너를 다른 사람과 대결시키 는 것 같은 그런 짓은 안 하는 거야. 난 항상 기꺼이 너의 가장 좋은 친구가 되려 한다는 걸 알았으면 좋겠다."

이 부모는 지속적인 친밀감을 보장받기 위해, 부모로서의 위계에 대한 모든 주장을 포기하고 '최고의 우정'을 제안하며 다른 사람을 비난합니다.

"애야, 네가 뚱뚱하다고 말할 때 그건 엄마를 걱정시켜. 넌 뚱뚱하지 않아. 난 네가 나를 네가 굶으면서까지 날씬해지려고 하는 그런 애들 중 하나가 되려 한다고 생각하며 초조해하는 가련한 자로 만들지 않았으면 좋겠어."

아이의 고통을 막아보려는 시도에서, 이 엄마는 딸이 계속해서 문제를 겪을 경우 자신이 압도될 거라고 단언하는 것으로 딸의 화를 '달래 보려고' 시도합니다. 죄책감이 정서적 고통을 통제할 수 있다고 가정하는 것입니다.

분리에 대한 민감성은
우리에게 죄책감이 정서적 고통을 통제할 수 있다고 말합니다.

안전에 민감한

"내가 너라면 걱정하지 않을 거야. 이건 세상의 종말이 아니야. 너는 앞날이 창창해. 더 많은 친구도 사귈 수 있을 거고. 지금은 공부에 집중하지 그래? 지금은 그 어느 때보다 대학 진학을 준비하기에 좋은 시기야. 대학에서 많은 친구를 찾을 수 있을 거야."

안전에 민감한 부모는 종종 '실행' 계획을 가지고 있고, 자급자족을 정서적 어려움을 끝내는 수단으로 생각하는 경우가 많습니다. 정신이나 몸(운동)에 초점을 맞추는 것은 감정으로부터 거리를 두기 위한 공통된 주제입니다.

안전에 대한 민감성은
우리에게 자기만족이 정서적 고통을 해결할 수 있다고 말합니다.

"이런 일은 언제나 일어나. 솔직히 난 네가 젠과 너무 많이 시간을 보내는 게 걱정되었거든. 그 애도 좋은 아이지만, 넌 공부에 집중해야 해. 난 네가 늘 절친한 친구를 갖는 것에 사로잡혀 있기보다 숙제하는 모습을 좀 더 봤으면 좋겠다.”

안전에 민감한 이 부모의 말 속에 담긴 메시지는 관계란 아이가 생각하는 것만큼 중요하지 않을 수 있다는 것입니다. 함축하고 있는 목적은 공부 자체를 잘하는 것이 아니라 다른 사람에 대한 필요를 관리하기 위한 수단으로서 공부를 잘하는 것입니다.

안정 유형

“에밀리야, 안됐구나. 젠이랑 어떤 일이 있는지 잘 모르겠지만, 마음에 정말 상처가 된다는 건 알아. 너희는 오랫동안 친구였잖니.

“그리고 이런 것이 우리를 가치 없는 것으로 느끼게 만들 수 있다는 것도 알아. 어쩌면 아무도 좋아하지 않는 것 같고, 앞으로 다시는 좋아하지 않을 것 같을 거야. 나도 그런 시간을 보냈단다. 그 경험은 정말 싫었어.

“지금 난 어떤 해답도 없어. 하지만 확실히 아는 건 너 혼자 그렇게 큰 감정을 해결하려고 하는 건 절대로 좋지 않다는 거야. 그러니까 지금이든 내일이든 아니면 조만간, 네가 겪는 일에 대해 어떻게 느끼고 있는지 얘기하는 시간을 가져보자. 그저 네가 필요할 때 엄마는 여기 있다는 걸 알고 있으면 돼.”

이 부모는 아이가 느끼는 감정이 무엇이든 함께-있어 주기를 할 수 있다는 메시지를 전하면서 아이 자신의 경험에 초점을 두는 것을 유지합니다. 부담을 주지 않죠. 해결책을 주는 것도 아닙니다. 가르치지도 않습니다. 그저 단순히 있어 주는 거죠.

13세 아이들

닉Nick은 최근까지는 스스로를 잘 지켜왔습니다. 하지만 지난 몇 달 동안 ① 여자애들을 알기 시작했고, ② 새로운 남자 친구 그룹과 어울리기 시작했습니다. 새로 좋아하게 된 오락? 그건 새로운 친구들과 여자애들에 대한 문자를 주고받는 것입니다—밤낮으로.

닉이 저녁식사 중에 대여섯 개의 문자를 주고받는 것은 흔한 일입니다. 잠자리에 들기 전에 30개 이상의 문자를 더 주고받죠. 그리고 아이는 그것을 밤의 ‘쉬는 시간’이라고 부릅니다. 새벽 두 시 또는 세 시에 들려오는 "딩" 소리를 듣는 것도 드문 일이 아닙니다.

존중에 민감한

"난 네가 식구들과의 관계는 날려 버리라고 그 휴대폰을 사준 게 아니야. 넌 가족에게도 신경 쓸 책임이 있는 거야. 우리가 너의 새로운 취미의 관객으로 여기에 있는 게 아니란다. 저녁 먹을 땐 그놈의 것 좀 집어치워! 두 번 얘기하게 하지 마라."

존중에 민감한 부모가 화가 날 때는 평가 절하와 수치심을 내포하는 메시지로 현재 일어나고 있는 일에 대해 선언하는 일이 많습니다. 이는 불을 끄는 가장 좋은 방법은 명백히 불을 붙인 사람에 대한 가치판단을 포함하는 것이라는 안타깝고 잘못된 가정입니다.

"닉, 내 부모님은 지금 네가 하고 있는 일을 내가 하도록 허락하지 않으셨을 거라고 생각해. 새 친구들이 생긴 것은 정말 기분 좋은 일이야. 나도 새 친구를 사귀었을 때 어땠는지 기억나. 지금까지도 그때가 최고였지. 한 번만 더 문자 보내게 허락할 테니, 저녁 식사 끝날 때까지 휴대폰 치우자."

존중에 민감한 이 부모는 융합된 관계가 깨질까 봐 훈육에 대한 경계설정을 꺼리는 것처럼 보입니다. 칭찬과 한마음이 위계질서의 필요성을 취소시킬 수 있을 거라는 바람입니다. 사실은 그렇지 않을 것입니다.

분리에 민감한

"닉, 무슨 일이 생긴 거야? 가족과 얘기도 잘하고 관계도 잘 했잖아. 지금 네가 온통 생각하는 것은 식구를 제외한 다른 사람들이야. 예전의 모습으로 지낼 수 없을까? 공손하고, 말 잘 듣고, 모나지 않은 모습으로 말이야. 난 수년 동안 널 위해 많은 걸 했는데, 지금은 너한테 먼지 조각 같구나. 우리에게 돌아오게 하려면 뭘 하면 되겠니?"

때때로 독립이라는 것에게 아이를 잃어버릴 거라는 두려움은 분리에 민감한 부모가 아이를 가까이 잡아두려고 죄책감을 적용하게 합니다. 이것은 종종 구걸이나 뇌물수수를 동반한 무력감에 대한 메시지를 포함합니다.

안전에 민감한

"넌 친구들과 문자할 시간이 낮에 충분히 있었잖니. 네가 새 친구들을 사귄 건 기쁘지만, 자비로운 마음으로 저녁식사 시간에는 그것을 치워주겠니? 저것이 계속 울리지 않아도 이 주변은 충분히 시끄럽거든."

안전에 민감한 부모는 흔히 정서로 협상하는 것은 편하지 않지만, 분노로 편안할 만한 거리와 어느 정도 통제의 외형은 유지할 수 있습니다.

안정 유형

"닉, 진지하게 할 얘기가 있어. 여기 뭔가 아주 잘못되고 있고, 이 모든 것을 알아낼 방법을 함께 찾아봐야겠다. 우선, 엄마가 매일 밤 9시에는 전화기에 대해 책임을 져야겠다. 통화도, 문자도 아침식사 후까지는 안 돼. 둘째, 우리는 가족이야. 그 말은 식사 시간은 존중되어야한다는 뜻이야. 저녁식사 중에는 문자는 안 돼. 친구들과 시간을 많이 보내지 말라는 게 아니야. 그건 정말로 괜찮아. 하지만 가족 시간은 가족 시간이야. 그리고 자는 시간은 자는 시간이야. 그리고 항상 그래왔듯이 내가 말한 모든 것은 언제든 서로 논의할 수 있게 열려 있어. 내가 방금 정한 규칙들이 말한 대로 지켜질 것이고 협상의 여지는 없다는 것을 네가 아는 한, 네 얘기를 듣는 건 얼마든지 좋아."

십대 자녀를 위해 서클에서 손 역할 하기

2015년 6월, 심리학자 그리첸 슈멜처Gretchen Schmelzer[4]는 한 십대 아이가 부모에게 보내는 가상의 편지를 썼는데, 소셜 미디어를 통해 입소문이 나서 공유되기도 했습니다. 그가 쓸 수 있기를 원했던 가상의 십대 아이의 편지는 청소년들을 이해하고 연결되려고 고군분투하는 부모들의 심금을 울렸습니다. 특히 반항적이거나 기죽어 있거나, 짜증내거나 시무룩하거나, 당혹시키

---

4) 그리첸 슈멜처는 이 감동적인 가상 편지를 2015년 6월 23일에 www.emotionalgeographic.com/parents-corner에 올렸습니다.

거나 공격적이거나, 또는 이 모든 것이 될 수 있는 청소년을 둔 부모들에게 그러했습니다. 그 십대 청소년은 비록 자신의 감정이나 생각을 잘 표현할 수 없었음에도 불구하고 그 순간에 자신과 부모가 처했던 싸움이 얼마나 필요했었는지를 묘사했습니다. 그 편지가 강조하는 것은 싸움의 주제가 중요한 것이 아니라 단지 "그것에 대해 부모님과 싸울 필요가 있었어요."라는 것이고, 그 십대에게는 그 싸움에 맞서서 강하게 버텨 주는 부모가 필요했습니다. 그런 다음, 십대는 이 편지를 읽는 부모들의 마음을 사로잡는 진심 어린 간청을 했습니다. "전 밧줄의 반대편에서 잡아줄 수 있는 부모가 절실히 필요해요. 제가 반대편 끝에서 몸부림치는 동안 꽉 매달릴 수 있도록 말이에요 ─제가 속했다고 느끼는 새로운 세상에서 손잡이와 발판을 찾는 동안 말이죠." 그리고 "제 감정이 얼마나 나쁘든지 크든지 간에─그 감정들이 저나 부모님을 망가뜨리지 않을 거라는 것을 볼 필요가 있어요. 전 최악의 상황에서조차도 저를 사랑해 줄 수 있는 부모가 필요해요. 심지어 제가 부모님을 사랑하지 않는 것처럼 보이는 경우에도 말이에요. 부모님과 저 모두를 위해서 바로 지금 자기 자신과 저를 사랑해 줄 수 있는 부모님이 필요해요."

거의 불가능하다고 느껴지고 미칠 것 같은 순간에 우리는 아이들과 함께 그 속에 있는 우리 자신을 발견하게 됩니다. 특히 아이들이 청소년기를 통과하는 고통스러운 여정에서 우리는 스스로에게 이렇게 말할 수 있습니다: "내 아이는 이 별나고, 당황스럽고, 거의 견딜 수 없는 순간에 타고난 지혜를 가지고 있구나. 지금 일어나고 있는 일─현재 나에게는 도저히 이해 안 되는 이 행동을 포함하는─이면에서 아이는 내가 더 크고, 더 강하고, 더 지혜롭고, 자상한 최상의 상태로 돌아가기를 기다리고 있구나. 감사하게도, 나는 다시 **서클**로 돌아가서 어찌하든, 어떤 방식으로든, 발생한 어떤 균열도 복구할 것을 분명히 할 만큼 충분히 전념하고 있어. 네가 필요로 하는 손이 되어줄게."

15세 아이들

마르니Marney는 15세인데, 최근 휴대폰으로 하는 스냅챗Snapchat[5]의 즐거움을 알게 되었습니다. 아이는 새로운 남자친구를 사귀었고, 그들은 부모가 정해 놓은 '방문 열어 놓기' 규칙을 우회하는 방법을 찾았습니다. 어느 날 밤, 엄마는 잘 자라고 말하려다가 우연히 딸의 방을 엿보게 되었는데, 마르니가 잠자는 시간에 통화하지 않기 규칙을 어기는 것뿐만 아니라, 남자친구와 자신의 성적인 사진으로 채팅을 하는 것을 보게 되었습니다.

─────────
5) 역주: 미국의 메신저 서비스

존중에 민감한

"마르니!! 너 무슨 생각을 하고 있는 거니?? 난 널 더 사려 깊은 아이로 키웠다고 생각 했는데. 그건 자존감도 없는 멍청한 아이나 하는 짓이야. 그 휴대폰 당장 내 놔. 너에게 정말 실망했다. 이거 다시 돌려받으려면 몇 달은 걸릴 거다. 얼른 자라."

존중에 민감한 이 엄마에게 분노는 즉각적이고 영구적인 선택입니다. 엄마는 아이를 부끄럽게 하는 동시에 벌을 주고, 딸이 하고 있는 행동의 위험성에 대해 터놓고 얘기할 기회를 차단해 버립니다. 이 경우 분노와 수치심은 장래에 건강한 자기조절로 이어질 수 있는 모든 선택권을 매몰시켜 버립니다.

"마르니? 애야, 첫사랑의 짜릿함이 생각나는구나. 남자친구가 참 귀엽네. 내 부모님은 너무 엄격해서, 난 너만 할 때 한 번도 데이트를 해 본 적이 없어. 이제 잘 자라고 그 애한테 인사하렴. 그리고 난 네가 더 이상 그 애한테 그런 사진을 보내지 않을 거라고 믿을 거야—남자애들은 너무 쉬운 여자를 절대로 귀하게 생각하지 않는단다."

이 엄마는 딸과의 융합된 관계를 잃을까 두려워서, 위계질서를 타협하고 아이에 대한 환상적인 삶에 지나치게 동일시합니다. 그녀의 아이는 명백히 매우 위험한 물속에서 스스로 힘써 저항하도록 남겨진 것입니다.

분리에 민감한

"휴대폰 지금 당장 내려놔. 애초에 너에게 휴대폰이나 데이트를 허락하지 말았어야 했어. 널 아껴주는 가족이 있다는 것과 쿨하게 대해 주는 엄마가 있다는 사실을 잊은 것 같구나. 난 너에게 너무 잘해 주는데, 넌 그냥 모든 걸 다 취하고, 취하기만 해. 감사해하거나 최소한 내가 다 너 잘되라고 지키도록 요구하는 규칙은 들어 줘야 하는 것 아니니?"

이 엄마는 부모의 필요에 초점을 맞추어서 딸에게 위험한 행동을 그만하라고 요청합니다. 단기적으로는 딸이 순응(또는 반항)할 수 있지만, 어느 쪽이든 이런 위험한 교훈을 배우게 됩니다. 보호는 가능하지 않고, 죄책감이 동기를 부여하는 것이고, 건강한 자아감이나 건강한 경계설정은 대가를 치르게 됩니다.

안전에 민감한

"마르니, 난 십대들이 이런 것을 한다는 거, 그리고 이 모든 게 적응 과정이라는 것을 알아. 하지만 이런 행동은 우리 집에서는 일어날 수 없는 일이야. 내가 휴대폰과 데이트에 대해 분명한 규칙을 정해 놓았어. 이건 마치 네가 규칙을 지키는지 아닌지 내가 평생 모니터링 해야만 할 것 같구나. 넌 계속 밀어붙이기만 해. 이젠 지쳤다. 네 폰 이리 주렴."

이 엄마는 위계질서를 유지하지만, 딸이 청년기에 들어섰을 때 더 깊은 인간관계를 경험할 기회까지 없애려 합니다. 초점이 새로운 관계 기술을 배워야 할 딸의 필요성에 있지 않고 부모가 딸에 대한 노예화를 인식하는 것에 있습니다.

안정 유형

"마르니, 네가 하는 행동은 선을 넘었어. 그것도 완전히! 이건 매우 위험한 일이야. 당장 휴대폰 이리 줘! 네가 무슨 생각을 했는지 잘 모르겠지만, 조만간 내가 기꺼이 들을 게. 내가 휴대폰이랑 데이트에 대해 만든 규칙은 정당한 이유로 설정한 경계선이야. 그 규칙들은 훨씬, 훨씬 더 엄격해졌어. 우린 진지하게 얘기해야 할 것이 있어. 지금 당장은 난 기겁했어. 내일 우리는 이것에 대해 이야기할 거고, 어떻게든 해결할 거야… 함께 말이야."

이 부모는 딸이 방금 일어난 일을 이해하도록 도와주겠다고 약속하면서 딸에 대한 진정한 관심과 함께 정직한 (과도하지 않은) 분노와 단순하고 명확한 경계선을 사용합니다. 이 엄마는 비난이나 수치심이나 욕설이나 죄책감을 사용하지 않고, 딸이 아직 가지고 있지 않은 새로운 기술을 습득해야 할 필요성을 존중합니다. 엄마가 암시하는 부모-자녀 사이의 약정은 그들이 함께 이런 기술을 구축할 방법을 찾을 거라는 것입니다. 십대 후반의 자녀를 둔 안정유형의 부모들은 '통제'하는 시기는 끝났다는 것을 알고 있습니다. (통제를 강하게 하면 할수록 반발과 뒤따르는 혼란은 더 커집니다). 대신에 그들은 그들의 기본적 선택권과 타고난 재능은 지속적 영향력이라는 것을 인식합니다. 영향력이 위협, 뇌물, 평가 절하 또는 죄책감 없이 더 크고, 더 강하고, 더 지혜롭고, 자상한 모습으로 제공될 때 십대 청소년이 건강한 의사결정을 내릴 수 있는 더 증가된 역량을 지닌 청년이 되도록 하는 발판이 됩니다.

✏️ 글상자 27

간단한 퀴즈: 여러분의 십대 자녀가 위축된다면?

알렉스Alex는 14세입니다. 아이는 많은 십대가 몇 달 … 혹은 수년 동안 보내는 암흑기에 접어들었습니다. 말도 많고 활발하게 놀던 게 고작 1년 전인데 지금은 어떤 질문에도 아이의 반응은 대부분 어깨를 으쓱하며 한두 단어로 답하는 것으로 일관할 뿐입니다: "예." "아마도요." "모르겠어요." "그럴지도." 무례하지는 않지만, 알렉스는 거리를 두는 것과 무례함 사이의 미세한 경계를 거닐고 있습니다.

동시에, 알렉스는 욕구가 많을 수 있습니다. 식사를 마친 지 4초 뒤에 저녁 식탁자리에 더 있고 싶지 않다고 말하고 나서 두 시간 만에 아이는 다시 부엌으로 돌아와서, 자기가 확신하기는 모든 사람은 자기를 못생겼다고 생각하는데 정말로 자기가 못생겼는지 알고 싶어 합니다. 그것이 바로 지금 아이가 말을 하게 만든 이유입니다.

여러분의 핵심 민감성에 따라 여러분은 어떤 말을 할 것 같나요? 우리가 제시하는 예문을 읽기 전에 여러분의 답을 적어 보세요.

분리에 민감한

존중에 민감한

안전에 민감한

안정 유형

이제 우리의 예문과 여러분의 답을 비교해 보세요:

분리에 민감한

"알렉스, 우리 딸, 네가 마음이 정말 상했구나, 그렇지? 네가 기분이 안 좋아서 나에게 말한 지 꽤 오랜만이네. 우리가 가깝게 지냈던 게 언제인지 생각해 봐. 알다시피 난 널 위해 바로 여기에 있단다. 어쩌면 우린 다시 친구가 되는 시간이 될 수도 있겠다. 얘기해 보자."

존중에 민감한

"알렉스, 난 네가 겪고 있는 걸 너무 잘 이해해. 날 믿어, 내가 다 경험했던 거야. 내가 네 나이 때 똑같이 느꼈었단다. 네가 알아야 할 것은 이건 결국 지나갈 거라는 거야. 완전히 사라지게 돼. 너처럼 예쁜 애는 금방 극복할 거야."

안전에 민감한

"무슨 일인지 알겠다. 하지만 전혀 걱정할 일이 아니라고 생각해. 네가 못생겼다고 생각하는 것은 맞지 않으니까, 다시 잘 생각해 봤으면 좋겠다. 난 네가 보기에 딱 좋다고 생각해. 아빠와 난, 네가 학교에서 잘하고 있다는 게 기쁘단다. 이것도 지나갈 거라고 생각해."

안정 유형

"음, 이해가 가네. 매력적으로 느껴진다는 건 정말로 중요한 일이고, 네가 형편없지는 않다고 느끼는 것도 중요하지. 나도 분명히 그런 순간이 있었지. 나는 네가 그렇게 느끼고 어쩌면 그것에 대해 말하고 싶은 때도 있을 것이고, 그렇게 느끼지만 그것에 대해 말도 꺼내기 싫을 때도 있을 거라는 것을 알았으면 한다. 내가 제일 바라는 건 네가 말하고 싶을 때 나도 그렇다는 것을 네가 알았으면 하는 거야. 혹시 지금이 그때라면, 얼마든지 환영이야."

우리가 자녀에게 어떻게 반응하는지 살펴보고 의식적으로 생각하면서 결정하는 것이 항상 쉬운 일은 아닙니다. 그리고 물론 우리의 딸과 아들은 세월이 흐르면서 계속해서 변할 것이며, 계속 반복해서 우리에게 새로운 도전을 제시할 것입니다. 의심이 들면 다음을 기억하세요:

그저 아이와 함께-있어 주기를 해 주세요. 그렇게 할 수 있다면,

모든 것은 속도가 늦춰지고 일들은 더 좋아질 것입니다.
때로는 좀 더 이르게. 때로는 좀 더 나중에.
완전히 선택하게 되면, 안정감이 생깁니다.

상어음악이 여러분이 후회하는 균열을 일으키게 할 때—더 크고, 더 강하고, 더 지혜롭고, 자상한 손을 서클에서 떼버릴 때—각각의 균열은 복구할 수 있는 기회이고, 각각의 복구는 여러분의 자녀를 위한 안정감을 강화한다는 것을 기억하세요. 또한 여러분이 안정감을 선택할수록, 여러분의 관계는 시간이 지남에 따라 더 쉬워질 거라는 점을 명심하세요.

"저에겐 네 자녀가 있습니다. 그 아이들은 제가 늘 생각하는 것처럼 신호들을 읽어 내고 상황이 고조되려고 하거나 '나빠지려고' 하는 순간들을 찾게 하는 많은 연습 거리를 제공해 준답니다. 어느 특별한 날 저녁에, 저는 학교의 성탄절 콘서트에 아이들과 함께 있었습니다. 저는 아홉 살짜리 아이가 그 순간을 즐기고 있는 동안에 그 표정에서 완전 붕괴의 순간이 다가오고 있음을 볼 수 있었습니다. 또한 학교에서 그것도 친구들과 친구들의 모든 가족이 보는 앞에서의 완전 붕괴 사건은 차 속이나 집에서 그러는 것보다 아이를 더 당황하게 만들 거라는 것도 알고 있었습니다.

"저는 동요를 일으키지 않고 재빨리 아이들을 모았습니다. 그 순간에 침착해야 앞으로 닥칠 일들을 헤쳐 나가게 될 거라는 것을 알았습니다. 학교를 떠나기 시작하자 아들은 점점 더 화가 나고 동요됐습니다. 아들이 허락하기도 전에 저는 학교를 떠났습니다. 차에 타자마자 아들이 울면서 저에게 소리를 지르기 시작했습니다. 그 애는 우리가 떠난 것에 너무 화가 났습니다. 제가 지금 알고 있는 애착과 **안정감 서클**에 대한 모든 것을 배우기 전이었다면, 제 첫 반응은 아이가 소동을 일으키고 저에게 무례한 것에 대해 그 애에게 정말로 화를 냈을 겁니다. 아들이 전에 한 번도 말한 적이 없던 잔혹한 말을 저에게 하고 있었거든요! 저는 반사적으로 반응하는 대신에 심호흡을 하고 아들과 **함께-있어 주기** 연습을 할 수 있는 좋은 기회라는 것을 깨달았습니다. 다음 30분 동안 아들은 차 안에서 격분했고 저는 바로 거기에서 함께 머물렀죠. 집에 돌아왔을 때, 저는 아이에게 화가 나고 기분이 상할 수 있다고, 하지만 아이가 기분이 나아질 때까지 우리는 함께 있을 거라고 말해 주었습니다. … 그리고 그 애의 '분노폭발'은 20분 정도 더 계속되었죠. 아들은 울고 소리를 질렀고 저는 함께 머물면서 듣고 공감해 주었습니다. 결국 아이의 분노는 마치 풍선처럼 가라앉기 시작했어요. 그는 진정되었고 우리는 여전히 앉아 있었습니다. 그러더니 다시 울기 시작했습니다. 지금은 왜 우느냐고 묻자 아이는 자신이 저에게 했던 말이 너무 나빴다고 느끼기 때문이라고 말했습니다. 저는 그 애에게 우유 한 잔을 가져다주었고 소파에서 곁에 앉아 이야기도 하고 포옹도 해 주었습니다. 물론 아들이 말했던 것에 대해서도 용서했죠! 아이가 못되게 굴고 버릇없이 굴려고 의도했던 것이 아니었어요. 화가 났고 과각성되었는데, 일어난 이 모든 일에 대해 어떻게 해야 할지 몰랐던 것이죠. 제가 옳은 일을 했다고 느꼈을 뿐만 아니라, 아들 역시 자기가 화를 내거나 일이 잘 풀리지 않을 때 엄마는 화를 내거나 자기를 포기하지 않는다는 것을 배웠다는 느낌이 들었습니다. 그는 또한 자기가 힘든 순간을 이겨낼 수 있고 필요할 때 관계를 회복할 수 있다는 것도 알았습니다. 제가 평소의 공식을 따랐었다면 아들은 화가 나서 잠자리에 들었을 것이고 자기 분노가 정당하다고 느꼈을 것입니다. 그 대신에, 그날 밤 아들은 자기 엄마가 자기를 사랑한다는 사실을 알고 잠자리에 들었답니다.

"언젠가, 저는 네 명의 십대 소년을 한꺼번에 갖게 될 것입니다. 앞으로 이와 같은 순간이 더 많이 있을 것을 알고 있습니다. 저는 또한 **안정감 서클**이 그러한 순간을 극복하고 우리 관계를 더 강하게 만드는 데 도움이 될 거라는 것을 알고 있습니다."

– 에린 밴데일Erin Vandale, 캐나다 위니펙

안정감으로 가는 길에서

여기에 희망과 경이로움이 있습니다: 한때 매우 작고 연약해 보였던 여러분의 자녀는 여러분이 (그 과정에서 적지 않게 힘든 노력으로) 사랑스럽게 창조해 낸 안정애착관계를 자신감 있고, 타인을 신뢰할 줄 알고, 사랑할 줄 아는 어른이 되는 평생의 경험으로 변화시켜 갈 것입니다. 생각해 보면, 이것이 우리가 자녀들과 다음 세대들에게 가장 물려 주고 싶은 유산입니다.

다행스럽게도, 이 책 전체를 통해 우리는 이 유산의 핵심요소가 그다지 복잡하지 않다고 암시해 왔습니다.

1. 간단한 로드맵을 찾을 수 있어야 합니다.
2. 최선을 다하려는 우리의 깊은 의도를 믿어야 합니다.
3. 도중에 어디에서 길을 잃기 쉬운 경향이 있는지에 대한 깨달음이 있어야 합니다.
4. 우리의 실수를 허용하고 필요한 것으로 되돌아가는 길을 찾아야 합니다.
5. 공유된 선함이 우리가 나누고자 하는 모든 것의 수단이자 목적임을 신뢰해야 합니다.

　유산이 전해지는 것이 진행됨에 따라, 우리 아이들의 돌봄 능력과 자기 의존력과 회복력은 우리가 바라는 만큼 훌륭해집니다. 왜냐하면, 우리가 알 듯, 삶은 우리가 아이들을 위해서라면 결코 선택하지 않을 상황들을 제공하기 때문입니다. 이러한 상황 중 일부는 우리가 아이들을 직접 돌볼 때 발생할 수 있고, 일부는 우리 영향력의 궤도를 벗어난 후 몇 년까지는 발생하지 않을 수도 있습니다. 어떤 일이 있든 간에, 우리의 가장 깊은 취지는 우리 아이들이 모든 상황에서 용기와 기꺼이 하려는 태도를 가지고 대처할 수 있는 것입니다. 즉, 어려움에 직면하여 굳건히 설 수 있는 데 필요한 능력과 필요할 때는 기꺼이 지원을 요청하기도 하고 제공하기도 하는 신뢰 말입니다. 결론적으로, 아이들이 우리에게서 우리와 함께 배우는 것은 다름 아닌 그들의 미래에 가장 필요한 역량을 구축하는 방법입니다.

우리 모두는 사랑합니다.

우리 모두는 고군분투합니다.

'그리고'는 항상 평범한 광경 속에 숨겨져 있습니다.

참고 자료

더 읽을거리

　다음의 책과 논문들은 애착 이론의 역사, 안정감 서클을 알려준 주요 연구들을 탐색해 보고 싶은 분들, 그리고 영아와 유아의 발달과 이 책에서 언급된 특정 주제들을 더 배우고 싶은 분들에게 흥미가 있을 것입니다.

Bowlby, J. (1973). *Attachment and loss: Vol. 2. Separation.* New York: Basic Books.

Bowlby, J. (1980). *Attachment and loss: Vol. 3. Loss, sadness and depression.* New York: Basic Books.

Bowlby, J. (1982). *Attachment and loss: Vol. 1. Attachment* (rev. ed.). New York: Basic Books.

Bowlby, J. (1998). *A secure base: Parent-child attachment and healthy human development.* London: Basic Books.

Bowlby, J., & Ainsworth, M. D. S. (1951). *Maternal care and mental health.* Geneva, Switzerland: World Health Organization.

Bretherton, I. (1992). The origins of attachment theory: John Bowlby and Mary Ainsworth. *Developmental Psychology, 28,* 759-775.

Cassidy, J., & Shaver, P. R. (Eds.). (2016). *Handbook of attachment: Theory, research, and clinical applications* (3rd ed.). New York: Guilford Press. (Excellent compilation of attachment research, theory, and clinical applications.)

Cooper, G., Hoffman, K., & Powell, B. (2009). *Circle of Security parenting manual for use with COS-P DVD.* Unpublished manuscript distributed as part of COS-P training.

Cooper, G., Hoffman, K., & Powell, B. (2009). *Circle of Security parenting: A relationship based parenting program [DVD].* Available at http://circleofsecurity.com.

Fraiberg, S., Adelson, E., & Shapiro, V. (1975). Ghosts in the nursery: A psychoanalytic approach to the problems of impaired infant-mother relationships. *Journal of the American Academy of Child and Adolescent Psychiatry, 14*(3), 387-421.

George, C., Kaplan, N., & Main, M. (1984). *Adult Attachment Interview.* Unpublished document, Department of Psychology, University of California, Berkeley.

Goleman, D. (1995). *Emotional intelligence: Why it can matter more than IQ.* New York: Bantam Books.

Goleman, D. (2006). *Social intelligence: The new science of human relationships.* New York: Bantam Books.

Karen, R. (1990, February). Becoming attached. *The Atlantic.* Retrieved from www.theatlantic.com.

Karen, R. (1994). *Becoming attached: First relationships and how they shape our capacity to love.* New York: Oxford University Press. (Good introduction to attachment theory.)

Lieberman, A. F., Padron, E., Van Horn, P., & Harris, W. W. (2005). Angels in the nursery: The intergenerational transmission of benevolent parental influences. *Infant Mental Health Journal, 26*(6), 504-520.

Lyons-Ruth, K., & Process of Change Study Group. (1998). Implicit relational knowing: Its role in development and psychoanalytic treatment. *Infant Mental Health Journal, 19*(3), 282-289.

Masterson, J. F. (1985). *The real self: A developmental, self, and object relations approach.* New York: Brunner/Mazel.

Masterson, J. F. (1993). *The emerging self.* New York: Brunner/Mazel.

Powell, B., Cooper, G., Hoffman, K., & Marvin, B. (2014). *The Circle of Security intervention: Enhancing attachment in early parent-child relationships.* New York: Guilford Press.

Powell, B., Cooper, G., Hoffman, K., & Marvin, R. S. (2009). The Circle of Security. In C. H. Zeanah, Jr. (Ed.), *Handbook of infant mental health* (3rd ed., pp. 450-467). New York: Guilford Press.

Schore, A. N. (1996). The experience-dependent maturation of a regulatory system in the orbital prefrontal cortex and the origin of developmental psychopathology. *Development and Psychopathology, 8*(1), 59-87.

Schore, A. N. (2002). Dysregulation of the right brain: A fundamental mechanism of traumatic attachment and the psychopathogenesis of posttraumatic stress disorder. *Australian and New Zealand Journal of Psychiatry, 36*(1), 9–30.

Shonkoff, J. P., & Phillips, D. A. (Eds.). (2000). *From neurons to neighborhoods: The science of early child development.* Washington, DC: National Academy Press. (Excellent overview of the first 5 years of life; full text available at www.nap.edu.)

Siegel, D. J. (2012). *The developing mind: How relationships and the brain interact to shape who we are* (2nd ed.). New York: Guilford Press.

Siegel, D. J. (2014). *No-drama discipline: The whole-brain way to calm the chaos and nurture your child's developing mind.* New York: Bantam.

Siegel, D. J. (2015). *Brainstorm: The power and purpose of the teenage brain.* New York: Tarcher/Perigee.

Siegel, D. J., & Bryson, T. (2012). *The whole-brain child: 12 revolutionary strategies to nurture your child's developing mind.* New York: Bantam.

Siegel, D. J., & Hartzell, M. (2004). *Parenting from the inside out: How a deeper self-understanding can help you raise children who thrive.* New York: Penguin.

Sroufe, L. A., Egeland, B., Carlson, E. A., & Collins, W. A. (2005). *The development of the person: The Minnesota Study of Risk and Adaptation from Birth to Adulthood.* New York: Guilford Press.

Steele, H., & Steele, M. (2008). On the origins of reflective functioning. In F. Busch (Ed.), *Mentalization: Theoretical considerations, research findings, and clinical implications* (pp. 133–156). New York: Analytic Press.

Stern, D. N. (1977, 2002; with a new introduction). *The first relationship: Infant and mother.* Cambridge, MA: Harvard University Press.

Stern, D. N. (1985). *The interpersonal world of the infant: A view from psychoanalysis and developmental psychology.* New York: Basic Books.

Stern, D. N. (1990). *Diary of a baby: What your child sees, feels, and experiences.* New York: Basic Books.

Stern, D. N. (1995). *The motherhood constellation: A unified view of parent-infant psychotherapy.* New York: Basic Books.

Stern, D. N., & Bruschweiler-Stern, N. (1998). *The birth of a mother: How the motherhood experience changes you forever.* New York: Basic Books.

Tronick, E. (2007). *The neurobehavioral and social-emotional development of infants and children.* New York: Norton.

〈안정감 서클에 대한 논문과 글들〉

Avery, L., Matthews, J., Hoffman, K., Powell, B., & Cooper, G. (2008). Project Same Page: An evaluation of an attachment training seminar. *Journal of Public Child Welfare, 2*, 495–509.

Blome, W. W., Bennett, S., & Page, T. (2010). Organizational challenges to implementing attachment-based practices in public child welfare agencies: An example using the Circle of Security model. *Journal of Public Child Welfare, 4*(4), 427–449.

Cassidy, J., Woodhouse, S. S., Cooper, G., Hoffman, K., Powell, B., & Rodenberg, M. (2005). Examination of the precursors of infant attachment security: Implications for early intervention and intervention research. In L. J. Berlin, Y. Ziv, L. Amaya-Jackson, & M. T. Greenberg (Eds.), *Enhancing early attachments: Theory, research, intervention, and policy* (pp. 34–60). New York: Guilford Press.

Cassidy, J., Woodhouse, S. S., Sherman, L. J., Stupica, B., & Lejuez, C. W. (2011). Enhancing infant attachment security: An examination of treatment efficacy and differential susceptibility. *Journal of Development and Psychopathology, 23*, 131–148.

Cassidy, J., Ziv, Y., Stupica, B., Sherman, L. J., Butler, H., Karfgin, A., et al. (2010). Enhancing attachment security in the infants of women in a jaildiversion program. In J. Cassidy, J. Poehlmann, & P. R. Shaver (Eds.), An attachment perspective on incarcerated individuals and their children. *Attachment and Human Development, 12*(4), 333–353.

Cooper, G., Hoffman, K., Marvin, R., & Powell, B. (2007). Clinical application of attachment theory: The Circle of Security approach. In K. Golding (Ed.), *Attachment theory into practice* (Briefing Paper No. 26, pp. 38–43). Leicester, UK: British Psychological Society.

Cooper, G., Hoffman, K., Powell, B., & Marvin, R. (2005). The Circle of Security intervention: Differential diagnosis and differential treatment. In L. J. Berlin, Y. Ziv, L. Amaya-Jackson, & M. T. Greenberg (Eds.), *Enhancing early attachments: Theory, research, intervention, and policy* (pp. 127–151). New York: Guilford Press.

Hoffman, K., Marvin, R., Cooper, G., & Powell, B. (2006). Changing toddlers' and preschoolers' attachment classifications: The Circle of Security intervention. *Journal of Consulting and Clinical Psychology, 74*, 1017–1026.

Page, T., & Cain, D. S. (2009). "Why don't you just tell me how you feel?": A case study of a young mother in an attachment-based group intervention. *Child and Adolescent Social Work Journal, 26*(4), 333–350.

Powell, B., Cooper, G., Hoffman, K., & Marvin, R. (2007). The Circle of Security project: A case study-"It hurts to give that which you did not receive." In D. Oppenheim & D. F. Goldsmith (Eds.), *Attachment theory in clinical work with children: Bridging the gap between research and practice* (pp. 172-202). New York: Guilford Press.

Powell, B., Cooper, G., Hoffman, K., & Marvin, R. S. (2009). The Circle of Security. In C. H. Zeanah, Jr. (Ed.), *Handbook of infant mental health* (3rd ed., pp. 450-467). New York: Guilford Press.

Zanetti, C. A., Powell, B., Cooper, G., & Hoffman, K. (2011). The Circle of Security intervention: Using the therapeutic relationship to ameliorate attachment security in disorganized dyads. In J. Solomon & C. George (Eds.), *Disorganized attachment and caregiving* (pp. 318-342). New York: Guilford Press.

추가 정보 및 지원

국제 안정감 서클(Circle of Security International)

www.circleofsecurity.com

우리 웹사이트는 부모들을 위한 무료 다운로드, 만화, 교육 비디오 자료를 제공합니다. 여기에는 여러분에게 추가 정보와 지원이 필요한 경우, '안정감 서클 양육(Circle of Security Parenting)' 프로토콜에 대해 교육을 받은 전 세계의 전문가 및 촉진자들에 대한 소개를 포함하고 있습니다.

0에서 3세(Zero to Three): 영유아 및 가족을 위한 국가 센터(National Center for Infants, Toddlers, and Families)

www.zerotothree.org

이 비영리 조직은 모든 영유아가 인생에서 강력한 출발을 할 수 있도록 하는 사명을 가지고, 부모들과 전문가들, 정책 입안자들에게 조기 발달을 육성하기 위한 지식과 방법을 제공합니다. 이 사이트는 풍부한 독서 자료와 추천인, 훈련 기회, 그리고 국제 콘퍼런스를 제공합니다. '0세에서 3세(Zero to Three)'는 유아발달과 중재 영역의 선구자입니다.

찾아보기

👧 인명

Ainsworth, M. 41, 174

Bollas, C. 124
Bowlby, J. 38

Cassidy, J. 91

Fraiberg, S. 173

Goleman, D. 164
Gottman, J. 109

Harlow, H. 40

Klein, R. 234

Lorenz, K. 40

Masterson, J. 234

Schore, A. 41, 119
Siegel, D. 125
Sroufe, A. 74
Stern, D. 86

Trevarthen, C. 54
Tronic, E. 86

Winnicott, D. 31

내용

켄트 호프만 Kent Hoffman, ReID은 1972년부터 정신과 의사로 지냈습니다. 그는 뉴욕에 있는 매스터슨연구소(The Masterson Institute)에서 정신분석적 정신치료 인증을 받았고, 이 치료를 필요로 하는 많은 성인뿐만 아니라 노숙자들과 감옥에 있는 사람들과 함께 일해 왔습니다. 1990년대부터 그의 주된 초점은 어린 자녀가 있는 십대 길거리 청소년들을 위한 중재와 치료를 계획하고 실행하는 것에 있었습니다. 그의 생애 전체 작업의 기본 주제는 '무한한 가치(Infinite Worth)'라고 제목을 붙인 그의 테드(TEDx) 강연에서 찾을 수 있습니다. 1985년부터 호프만 박사는 워싱턴주의 스포캔(Spokane)에서 글렌 쿠퍼Glen Cooper, 버트 포웰Bert Powell과 함께 병원을 운영하고 있습니다. 그들은 함께 안정감 서클을 만들고 보급해 왔으며, 그로 인해 그들 모두가 '뉴욕애착협회의 볼비-에인스워스 상(New York Attachment Consortium's Bowlby-Ainsworth Award)'을 받았습니다. 그들은 『부모 교육서: 안정성의 순환 개입(The Circle of Security Intervention)』(전문가들을 위한 것)의 공동 저자들입니다.

글렌 쿠퍼 Glen Cooper, MA는 1970년대부터 개인과 가족을 대상으로 심리치료사로 일해 왔습니다. 그는 가족체계, 대상관계, 애착 이론, 영아 정신건강 평가 등의 광범위한 훈련을 받았습니다. 또한 치료 위탁 부모(treatment foster parent)이자 오랫동안 헤드 스타트(Head Start)의 자문위원으로 일해 왔습니다.

버트 포웰 Bert Powell, MA은 지역 정신건강센터에서 외래 가족치료사로 임상활동을 시작했습니다. 그곳에서 그는 다양한 가족이 그들의 문제를 다루는 데 있어서 무시되고 있었던 강점들을 찾아서 사용하도록 도왔습니다. 포웰은 뉴욕에 있는 매스터슨연구소에서 정신분석적 정신치료 인증을 받았습니다. 그는 곤자가대학교(Gonzaga University)의 상담심리 대학원에서 겸임조교수로 일하고 있으며, 『애착과 인간발달 학회지(Journal of Attachment and Human Development)』의 편집위원회에서 국제자문위원으로 활동하고 있습니다.

역자 소개

양명희Yang, Myounghee, Ph.D.는 미국 오리건대학교(University of Oregon) 대학원에서 '정서 · 행동장애'를 전공했으며, 전주대학교와 광신대학교에서 학생들을 가르쳤습니다. 현재는 다음 세대를 바르게 세우는 일환으로 우물가배움터에서 '애착교실' '수치심 공부방' '부모교실' 등의 강좌를 개설하여 가르치고 있으며, 저 · 역서로는 『장애유아 통합교육』(학지사, 2021), 『정서중심치료 사례개념화』 (공역, 학지사, 2018), 『행동지원』(2판, 학지사, 2016) 등이 있습니다.

이메일: euniceyang@hanmail.net

　　　　euniceyang1189@gmail.com

유중근Yoo, Joongkeun, Ph.D.은 한국애착심리 대표로서 임산부와 영아기 부모들을 위한 애착중심 양육 프로그램을 개발하여 온라인으로 양육 코칭을 받을 수 있도록 돕고 있습니다. 또한 애착전문가 양성을 위한 아카데미를 운영하고 있으며, 자녀관계와 부부관계에 대한 심리상담 및 각종 애착 관련 부모교육과 세미나 진행으로 활발히 활동 중입니다. 미국 리버티대학교(Liberty University)에서 애착 및 자살을 전공했으며, 현재 열린사이버대학교 상담심리학과 겸임교수로 학생들을 지도하고 있습니다. 저서로는 『나는 아이를 잘 키우는 걸까?』(비비투, 2022), 『애착 이론 Basic』 (MCInstitute, 2018), 『Wow! 임신했어요』(샘솟는기쁨, 2018)가 있습니다.

이메일: parentingupgrade@gmail.com

〈 애착중심 자녀양육 〉

안정감 있는 아이, 어떻게 키울까요?
Raising a Secure Child

2024년 2월 20일 1판 1쇄 인쇄
2024년 2월 25일 1판 1쇄 발행

지은이 • Kent Hoffman · Glen Cooper · Bert Powell
옮긴이 • 양명희 · 유중근
펴낸이 • 김진환
펴낸곳 • ㈜ 학지사

　　　　　04031 서울특별시 마포구 양화로 15길 20 마인드월드빌딩
대표전화 • 02)330-5114　　　 팩스 02)324-2345
등록번호 • 제313-2006-000265호

홈페이지 • http://www.hakjisa.co.kr
인스타그램 • https://www.instagram.com/hakjisabook

ISBN 978-89-997-3060-3 03180

정가 20,000원

역자와의 협약으로 인지는 생략합니다.
파본은 구입처에서 교환해 드립니다.

출판미디어기업 학지사

간호보건의학출판 **학지사메디컬** www.hakjisamd.co.kr
심리검사연구소 **인싸이트** www.inpsyt.co.kr
학술논문서비스 **뉴논문** www.newnonmun.com
교육연수원 **카운피아** www.counpia.com
대학교재전자책플랫폼 **캠퍼스북** www.campusbook.co.kr